Ursula Oppermann-Weber

HANDBUCH
Führungs-
praxis

Führung, Führungskräfte,
Führungskompetenzen

Organisation der Bereiche
der Mitarbeiterführung

Zielvereinbarungen,
Motivation
und Delegation

Cornelsen

Die Deutsche Bibliothek – CIP-Einheitsaufnahme

Ein Titeldatensatz für diese Publikation ist
bei Der Deutschen Bibliothek erhältlich.

Verlagsredaktion: Ralf Boden
Abbildungen: Holger Stoldt, Düsseldorf

 http://www.cornelsen.de

1. Auflage   €   Druck 4 3 2 1   Jahr 04 03 02 01

Druck: CS-Druck Cornelsen Stürtz, Berlin

ISBN 3-464-48975-2

Bestellnummer 489752

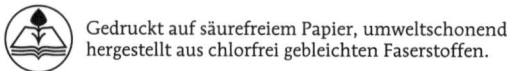 Gedruckt auf säurefreiem Papier, umweltschonend
hergestellt aus chlorfrei gebleichten Faserstoffen.

Die Autorin

Ursula Oppermann-Weber war nach dem Studium der Volks- und Betriebswirtschaft zunächst mehrere Jahre in leitender Funktion in verschiedenen Kommunikationsagenturen tätig. Heute arbeitet sie bundesweit als Beraterin und Trainerin für Unternehmen, Behörden und Institutionen. Ihre Tätigkeitsschwerpunkte sind: Entwicklung und Realisierung von Personalentwicklungskonzepten und Beratung sowie Training und Coaching von Fach- und Führungskräften. Ihre Themen sind: Optimierung der Kommunikation und Präsentation nach innen und außen, Organisation und Gestaltung von Führungsinstrumenten und Führungsverhalten sowie von Teamentwicklungsprozessen.

Vorwort

In den letzten 10 Jahren hat sich in der Führung der Unternehmen, Verwaltungen und Institutionen sehr viel verändert. Die immer größer werdende Komplexität der Anforderungen und Probleme und der Ansprüche der Menschen, mit denen man es täglich zu tun hat, fordert jede Führungskraft heraus. Das Heil liegt aber nicht in immer neuen Techniken zur Erreichung der Konformität der Mitarbeiter, sondern in der Erkenntnis, jeden einzelnen Mitarbeiter zu akzeptieren, auf ihn einzugehen, seine Stärken und Bedürfnisse zu erkennen und ihm im Unternehmen Entfaltungsmöglichkeiten aufzuzeigen, damit er seine Persönlichkeit und Individualität für das Unternehmen einsetzen kann. Dazu bedarf es eines neuen Selbstverständnisses der Führungskräfte und der Einsicht, dass Führen vor allem etwas mit der eigenen Einstellung und dem individuellen Selbstbewusstsein zu tun hat.

Mitarbeiter müssen langsam an die geforderte Verantwortungsübernahme herangeführt werden. Es reicht nicht, zu verkünden: „Wir machen jetzt Teamarbeit". Vielmehr muss ein neues Verständnis für die sich verändernden Strukturen, Prozesse und damit auch der Führung geschaffen werden. Aus den Mitarbeitern sind zumindest auf dem Papier „Mitdenker" geworden, die Unternehmensziele verinnerlicht haben, betriebswirtschaftlich denken und motiviert handeln. Tatsächlich jedoch lassen unternehmerische und institutionelle Rahmenbedingungen nach wie vor wenig Spielraum für mitdenkende Mitarbeiter. Immer neue Methoden sollen helfen, Mitarbeiter zu unternehmerisch angestrebten Zielen zu führen. Die alten Führungsprinzipien reichen längst nicht mehr aus.

Der Führungsstil des 21. Jahrhunderts wird sich ändern, weil Märkte und Kunden Management- und Führungsfehler in Unternehmen immer schonungsloser „bestrafen". Die eingesetzten Methoden erzielen nicht die gewünschten Erfolge in Bezug auf Übernahme von Verantwortung, Steigerung des Selbstbewusstseins und der Zufriedenheit, Motivation und höhere Effizienz. Im Gegenteil, die meisten Mitarbeiter sind unzufrieden mit ihren Führungskräften, sind demotiviert und fühlen sich eher manipuliert als geführt.

In dieser Situation ist ein Umdenken schon aus rein wirtschaftlichen Gründen ein Muss für die nächsten Jahre. Wenn Mitarbeiter mehr Selbstverantwortung, mehr Selbstvertrauen und Verlässlichkeit zeigen sollen, ist es notwendig, die Individualität des Einzelnen wahrzunehmen und ernst zu nehmen und diese in den Mittelpunkt der Überlegungen von Personalführung zu stellen.

In diesem Buch möchte ich eine Übersicht über wirkungsvolle Führungsansätze, Methoden und deren Umsetzung in der Praxis geben. Die Kommunikation mit dem Mitarbeiter spielt dabei die entscheidende Rolle.

Zugunsten der Lesbarkeit wird in der Folge von dem Mitarbeiter, dem Vorgesetzten und der Führungskraft gesprochen. Selbstverständlich sind auch alle weiblichen Mitarbeiter und Führungskräfte wertneutral in den Begriffen eingeschlossen.

Führen ist ein ständiger Prozess des Nehmens und Gebens. Führung ist etwas Lebendiges, etwas, das sich zwischen Menschen abspielt, ein Dialog und ein Austausch von Wissen, eine Beziehung, in der jeder sich auf den anderen verlassen kann, die aber auch immer wieder in Frage gestellt und weiterentwickelt werden muss. Nur so kann Führung auf Dauer erfolgreich sein.

Köln, im Sommer 2001 *Ursula Oppermann-Weber*

Inhaltsverzeichnis

Teil B Information der Mitarbeiter und Kommunikation mit den Mitarbeitern

Teil A

Führung,
Führungskräfte,
Führungskompetenzen

„Führung" – Was ist das?

Emotionale Intelligenz –
Grundlage der Führung

Die Handlungskompetenz
der Führungskraft

Corporate Identity –
Festlegung unternehmerischer
Wertvorstellungen

Das Führungsverhalten
Führungsstile

1 „Führung" – Was ist das?

Über Führung liegen zahlreiche und vielschichtige Konzepte vor. Insofern erscheint es wichtig, dieses Begriffsfeld einzugrenzen und eindeutig zu definieren. Obwohl der Mitarbeiter als Mensch mit seinen Fähigkeiten und Fertigkeiten heute unbestritten im Mittelpunkt der Führungsbemühungen steht, ist es unumgänglich, einige theoretische Grundlagen, die den Rahmen der Führungsverantwortung definieren und damit zur kompetenten Verwirklichung von Führung beitragen, mit zu betrachten. Führung ist ein zu komplexes Thema, als dass man es im Rahmen eines Buches erschöpfend bearbeiten könnte.

Im Folgenden liegt daher ein Schwerpunkt der Ausführungen auf dem Thema „Führung durch Kommunikation", da dieses Thema in der Führungspraxis heute von herausragender Bedeutung ist.

1.1 Merkmale der Führung

Führung ist die zielorientierte soziale Einflussnahme zur Erfüllung gemeinsamer Aufgaben.

Sie ist charakterisiert durch folgende Elemente:

Ziel-, Ergebnis- und Aufgabenorientierung
- Ziele, Ergebnis- und Aufgabenorientierung stellen den instrumentellen Wert der Führung da. Sie dienen als Messlatte für die Effektivität der Führung.

Gruppenprozesse
- Führung geschieht immer in Gruppen oder durch Gruppen (mehr als 1 Person). Mit Führung ist damit immer ein gruppendynamischer Prozess verbunden. Eine Gruppe sind mindestens 2 Personen, die durch Ziele, Normen, Bewusstsein und Rollendifferenzierung miteinander verbunden sind.

Rollendifferenzierung
- Rollendifferenzierung bedeutet, dass eine Summe von Erwartungen an eine Person, die eine bestimmte Positition/Funktion innehat, herangetragen wird (Rolle).

Einflussnahme
- Führung ist Einflussnahme auf Mitarbeiter. Dabei liegt es an der Führungskraft, auf welche Art und Weise sie Einfluss auf die Mitarbeiter nimmt. Einflussnahme ist ein wechselseitiger Prozess, sodass bei einer entsprechend „negativen Einflussnahme" der Führungskraft die Mitarbeiter mittelfristig das „Negative" an die Führungskraft zurückgeben werden (also ebenfalls Einfluss nehmen). Gleiches gilt natürlich auch für „Positives".

Soziale Interaktion
- Soziale Interaktion meint die wechselseitige Bedingtheit des Verhaltens von zwei oder mehreren Personen aufgrund verbaler oder nonverbaler Kommunikation, wobei das gemeinsame Verhalten als Ergebnis dieser Interaktion angesehen wird. Führung ist damit nicht Ur-

sache, sondern Folge einer Vielzahl von Ursachen, wie Persönlichkeit
der Führungskraft, Persönlichkeit des Mitarbeiters, der Aufgabe, der
Situation etc.

- Aufgrund der wechselseitigen Einflussnahme entstehen Normen, *Wert- und Normbildung*
  Werte und Prioritäten, die von der Führungskraft maßgeblich mit beeinflusst werden.
- Die Grundlage für die Führung sind Persönlichkeitsmerkmale, Fähig- *Persönlichkeits-*
  keiten und Fertigkeiten der Führungskraft. *eigenschaften*
- Konflikte sind Ausdruck unterschiedlicher subjektiver Wahrneh- *Konfliktprozesse*
  mungen und unterschiedlicher Interessen. Sie sind somit unvermeid-
  licher Bestandteil menschlichen Zusammenlebens. Durch Führung
  werden Konflikte sowohl hervorgerufen als auch erkannt und beseitigt; Führung beugt Konflikten aber auch vor.
- Führung umfasst die hierachieübergreifende, umfassende und wech- *Kommunikationsprozesse*
  selseitige Information und Kommunikation.
- Die Art der Entscheidungsbildung und Durchsetzung kennzeichnet *Entscheidungsprozesse*
  die jeweilig praktizierte Führung. Führung beinhaltet die Einbeziehung der Mitarbeiter in Entscheidungsprozesse. Umfang und Art der
  Einbeziehung sind situationsabhängig.
- Führung ist ein permanenter Prozess. Führung entwickelt sich im *Entwicklungsprozesse*
  Zeitverlauf weiter. Dies bezieht sich sowohl auf die Führungskraft als
  auch geführte Mitarbeiter.

Die primäre betriebswirtschaftliche Aufgabe der Führung ist, die Mitarbeiter zu einem definierten Ziel zu „führen".

1.2 Der Unterschied zwischen „Führung" und „Führer"

Der Begriff der Führung beschreibt das Konzept zur Gestaltung von In-
teraktionsprozessen in Unternehmen, Organisationen, Institutionen
oder sonstigen sozialen Systemen.

Der Begriff des Führers ist personenzentriert, wenn auch damit immer
entsprechende Interaktionen verbunden sind.

1.2.1 Was macht Menschen zu Führern bzw. zu Leadern?

Wenn man Menschen fragt, wer ein Leader war oder ist, dann fallen den
meisten Menschen Persönlichkeiten unterschiedlichsten Charakters
aus Politik, Militär, Kirche oder religiösen Gemeinschaften ein, die es
verstanden haben, große Massen zu bewegen und hinter sich zu bringen.
Nicht immer sind die Assoziationen zu „Leadern", ihren Taten und Hin-
terlassenschaften positiv.

Aber was zeichnet diese Menschen aus? Was macht Menschen zu
„Leadern"?

Merkmale von Leadern

- Leader sind entscheidungsfreudig. In einem Notfall entscheiden sie rasch und ergreifen die notwendigen Maßnahmen.
- Leader sind glaubwürdig und überzeugend. Sie tun, was sie versprochen haben. Ihr Verhalten stimmt mit den angekündigten Zielen überein.
- Leader sind starke Persönlichkeiten. Sie übernehmen persönliche Verantwortung und machen ihre Autorität geltend. Leader sind positiv dominant. Sie lähmen nicht, sie reißen die Menschen mit.
- Leader sind mutig. Sie führen durch ihr Beispiel, sie gehen kalkulierbare Risiken ein.
- Leader definieren Ziele, an denen sich andere orientieren können und sie wissen, was anzustreben ist.
- Leader sind gute Kommunikatoren. Sie können ihre Botschaft vermitteln.
- Leader sind vielfach kurz- und mittelfristig immer sehr erfolgreich. Die späteren Folgen des Leadership allerdings sind deshalb nicht notwendig auch immer für die Betroffenen positiv.

Leader werden noch viel zu oft mit politisch/militärisch geprägter Führung in Zusammenhang gebracht

- Leader werden noch viel zu oft mit politisch/militärisch geprägter Führung in Zusammenhang gebracht. Interessanterweise hat aber gerade die Vorbildfunktion der historischen Leaderships, die nicht mit Militär und Politik verknüpft sind, wesentlich länger Bestand. Als Beispiele wären hier etwa zu nennen der Papst (als Institution), Mutter Theresa, Golda Meir und Mahatma Gandhi im Gegensatz zu politisch/militärisch geprägten Leaderships wie z. B. Ronald Reagan, John F. Kennedy oder Margaret Thatcher, und zwar unabhängig davon, ob die betreffenden Leader Männer oder Frauen waren.

In Unternehmen findet man in der Gestalt der Gründer viele Menschen mit „Leader"-Eigenschaften. Ebenso bei herausragendenen Persönlichkeiten des Top-Managements.

Die „Leader" des Alltags werden in der Regel nicht mit „Führern" assoziiert, obwohl die an sie gestellten Anforderungen grundsätzlich nicht von den oben genannten abweichen.

1.3 Führungsdefinitionen

1.3.1 Führen ist mehr als Leiten

Im Allgemeinen wird von jedem, der eine Position als Leiter einnimmt, erwartet, dass er auch führt. Allerdings ist dies in Hinsicht auf zukunftsweisende Zielsetzungen und Gestaltung von Arbeitsprozessen sowie in Hinblick auf Führen von Mitarbeitern nicht immer gegeben.

persönliche Ziele von Leitenden

Eine Leitungsfunktion ist im hierarchischen System verankert und ermöglicht dem Leiter über seine Leitungsfunktion

- seine Autorität zu definieren,

- seine Ziele vorzugeben und durchzusetzen,
- den Spielraum seiner Mitarbeiter zu beeinflussen,
- seine Macht zu zeigen und Druck auszuüben,
- die soziale Distanz zu den Mitarbeitern zu bestimmen.

Das bedeutet, ein Leiter stellt zwar den sachlichen Prozess des Führens

- Ziele vorgeben,
- planen,
- entscheiden,
- realisieren und
- kontrollieren
  sicher.

Die optimale Gestaltung der Leitungsaufgaben, das „Führen" der Mitarbeiter zum Ziel, ist damit jedoch nicht notwendig ebenfalls sichergestellt. Dies gilt insbesondere für:

- die Form der Information,
- die Art und Weise der Kommunikation,
- die Motivation der Beteiligten und
- die Art und Weise der Delegation (Einbeziehung der Mitarbeiter).

Ein Leiter stellt zwar den sachlichen Prozess des Führens sicher …

… die optimale Gestaltung der Leitungsaufgaben ist damit jedoch nicht notwendig ebenfalls sichergestellt.

1.3.2 Führen ist mehr als Vorgesetzter sein

Führen geht über die hierarchisch definierte Position des Vorgesetzten hinaus. Vorgesetzter zu sein, bedeutet in erster Linie aufgrund struktureller betrieblicher Vorgabe die nächsthöhere Hierarchiestufe innezuhaben. Dies ist mit fest definierten Informations-, Kommunikations- und Entscheidungsbefugnissen verbunden. Es gibt Führungskräfte, die in der „Vorgesetztenposition" mehr den Status, die Kontrollfunktion, das Gehalt oder das Sprungbrett zu einer weiteren Karrierestufe sehen. Nimmt der „Vorgesetzte" keine Führung wahr, so übernehmen andere Personen diese Funktion. In jeder Organisation gibt es informelle Führer, die hier besonders zum Zuge kommen. Solche informellen Führer agieren beispielsweise als „Vorzimmerdrachen", „gute Geister des Hauses" oder „graue Eminenzen". Gewinnen diese Menschen so viel Macht, dass sie in der Lage sind, Prozesse zu steuern und zu beeinflussen, und zwar ohne den Vorgesetzten, liegen ganz klar gravierende Führungsmängel vor.

Vorgesetzter durch Hierarchie

Nimmt der „Vorgesetzte" keine Führung wahr, so übernehmen andere Personen diese Funktion.

informelle Führer

1.3.3 Führen ist mehr als Management

Management ist eine Sammlung spezifischer Funktionen (Aufgaben), die mit Hilfe bestimmter Techniken (Management-Techniken) von bestimmten Positionen mit geeigneter personeller Besetzung (Managern) wahrgenommen werden. Manager üben damit die Leitungsfunktion aus. Der Begriff des Managens (engl. – haushalten) wird aktuell in der Praxis gleichgesetzt mit der effizienten Organisation und Abwicklung bestimmter Abläufe und Vorgänge unter Einbeziehung der vorhandenen Ressourcen. So spricht man im Sekretariatsbereich von Officemanagement, im Personalbereich von Personalmanagement und im Bildungs-

Der Leitungsbegriff weicht immer mehr dem Managementbegriff

bereich von Bildungsmanagement, im Projektbereich von Projektmanagement etc. Entsprechend heißt ein Projektleiter Projektmanager etc. Das bedeutet, der Leitungsbegriff wie oben beschrieben weicht immer mehr dem Managementbegriff. Damit ist klar, dass nicht jeder „Manager" automatisch auch führt. Hier wird zwischen mittlerem und höherem Management differenziert. Bei höheren Managementfunktionen ist die Führungsfunktion per Definition mitenthalten. Umgekehrt, ist nicht jeder, der führt, auch notwendig ein Manager.

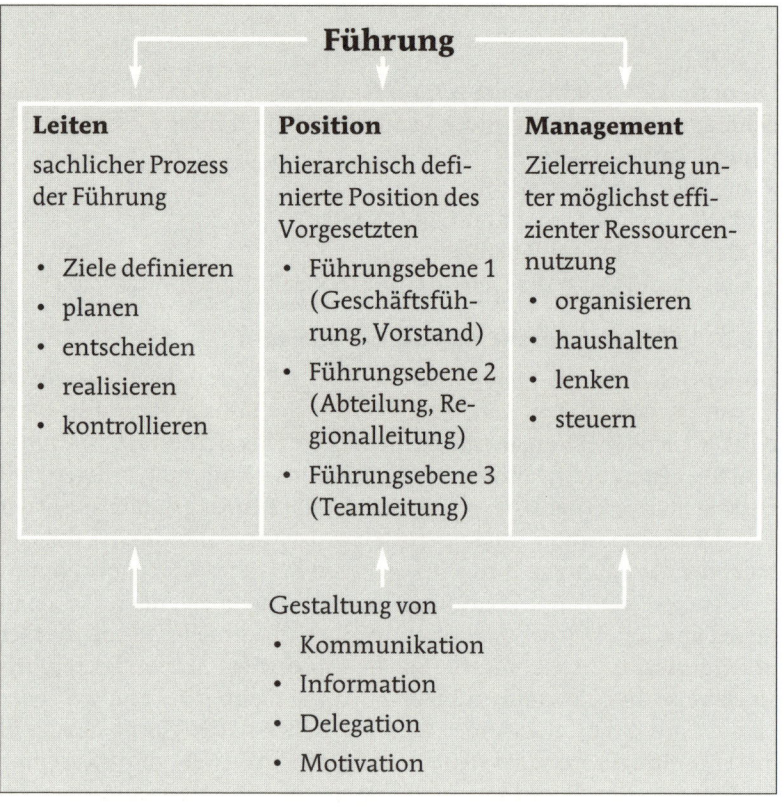

Abb. 1.1: Definition der Führung

Die Gestaltung des sachlichen Führungsprozesses fällt zunehmend in die Verantwortung des direkten Vorgesetzten.

In den letzten Jahren wurde die Gestaltung des sachlichen Führungsprozesses immer mehr in die Verantwortung der direkten Vorgesetzten gegeben. Teamleiter, betriebliche Leiter, Schichtführer u.a. müssen Mitarbeiterorientierungsgespräche führen, Beurteilungen machen, Feedback geben, Zielvereinbarungen mit ihren Mitarbeitern treffen. Sie gehören zum Führungskreis der Unternehmen. Sie sind am stärksten betroffen, was die Veränderung ihrer Rolle, ihres Selbstverständnisses und ihre Verantwortung als Führungskraft betrifft.

1.4 Historische Entwicklung der betrieblichen Führung

[handschriftlich: – Arbeitsteilung – Formalisierung – Hierarchiebildung]

Führung hat es schon immer gegeben. Die historische Entwicklung des Begriffs des Führens im unternehmerischen Zusammenhang geht auf drei Grundelemente zurück:

1.4.1 Die Arbeitsteilung

Die Arbeitsteilung ist die Grundlage für die Konzentration von Arbeitskräften auf bestimmte überschaubare Arbeitsbereiche. Diese verschiedenen Arbeitsbereiche zu koordinieren und dem unternehmerischen Ziel zuzuführen ist eine wesentliche Führungsaufgabe. Der Gestaltung von Information, Kommunikation und Zusammenarbeit mit dem Mitarbeiter durch die Führungskraft kommt hierbei besondere Bedeutung zu.

Die verschiedenen Arbeitsbereiche müssen koordiniert und dem unternehmerischen Ziel zugeführt werden

1.4.2 Die Formalisierung

Die Formalisierung (d.h. Formung und Gestaltung betrieblicher Zusammenhänge) versucht das Verhalten der Organisationsmitglieder zuverlässig, planbar und berechenbar zu machen. Dies geschieht durch Einführung von Organisationsplänen, Vorschriften, Vordrucken, Normen und Regeln. So bestätigt zum Beispiel die Qualitätszertifizierung in Unternehmen die erfolgreiche Formalisierung diverser Arbeitsschritte, die zur Erreichung eines Arbeitsergebnisses benötigt werden.

Das Verhalten der Organisationsmitglieder soll zuverlässig, planbar und berechenbar gemacht werden

Probleme entstehen, wenn die Formalisierung zum Selbstzweck wird, z.B. Sicherheitsvorschriften den Ablauf stören, zu viele Vorschriften existieren, sodass die Einzelnen nicht mehr als solche wahrgenommen werden (Vorschriftenflut) und Eigeninitiative, Spontanität und Selbstverantwortung bis auf ein Minimum reduziert werden.

[handschriftlich: aber Formalien/heit vermeiden]

1.4.3 Die Hierarchiebildung

Die Hierarchiebildung bezieht sich auf den Aufbau von Weisungsrechten innerhalb der Organisation. Sie unterteilt die Mitarbeiter in „leitende Mitarbeiter" und „normale Mitarbeiter". Sie hat sich als Steuerungsinstrument ebenso bewährt wie die Arbeitsteilung und Formalisierung, birgt aber genauso wie die beiden anderen Steuerungsinstrumente Nachteile:

- Die Machtausübung des Vorgesetzten tritt in den Vordergrund.
- Die offene Kommunikation ist durch die Hierarchiebildung gestört oder kommt ganz zum Erliegen.
- Die Konzentration aller Vorgänge auf den Vorgesetzten führt zu Engpässen und erweist sich als Störfaktor.
- Die Weisungsrechte führen zu einseitiger Kommunikation im Sinne von Befehlsempfängertum.
- Motivation, Eigenverantwortung und Aktivität nehmen ab.

mögliche Nachteile von Hierarchien

1.5 Definition der Mitarbeiterführung

Mitarbeiterführung bedeutet, auf Mitarbeiter bzw. eine Gruppe von Mitarbeitern unter Berücksichtigung der jeweiligen Situation so einzuwirken und sie so zu entfalten, dass sie bestimmte gemeinsame unternehmerische Ziele erreichen.

Inhalte der Mitarbeiterführung

Mitarbeiterführung beinhaltet:

- mit Menschen umgehen zu können
- sich auf die Mitarbeiter zu konzentrieren
- Ziele zu vereinbaren
- Visionen deutlich zu machen
- Spielregeln zu vereinbaren
- Vorbild zu sein
- Vertrauensklima zu schaffen
- zu inspirieren
- integrieren der Mitarbeiter
- abgrenzen, nicht ausgrenzen
- zu überzeugen
- für den Erfolg der Mitarbeiter zu sorgen
- Begeisterung zu entfachen
- motivieren, nicht manipulieren
- interessante und herausfordernde Aufgaben zu ermöglichen
- delegieren, Vertrauen schenken , Fehler zulassen
- Mitarbeiter fachlich zu fordern und fördern
- Selbstverantwortung der Mitarbeiter zu fördern und fordern
- zu informieren und kommunizieren
- Beziehungsnetze zu fördern
- Konflikte sozialverträglich ausräumen zu helfen
- Chancen zu ergreifen
- für Geschwindigkeit zu sorgen
- Veränderungen anzunehmen und umzusetzen
- kooperative Entscheidungen zu sichern
- zukunftsorientiert zu denken und zu handeln

1.6 Funktionen der Führungskraft

Mitarbeiterführung beinhaltet drei Funktionsbereiche.

1.6.1 Sachorientierter/aufgabenbezogener Funktionsbereich

- Ziele setzen oder interpretieren
- Situationen analysieren
- Probleme lösen
- Entscheidungen treffen
- planen
- organisieren
- koordinieren
- delegieren
- kontrollieren

1.6.2 Mitarbeiterorientierter Funktionsbereich

Einwirkung auf die Mitarbeiter
- ihre Mitarbeit im Unternehmen aufrechterhalten,
- den erwarteten Beitrag zur Erreichung der Ziele leisten.

Diesbezüglich nimmt die Führungkraft folgende Aktivitäten wahr:

- motivieren
- anregen, Initiative ergreifen
- anweisen, informieren, einführen
- anleiten
- Konflikte erkennen und lösen
- beraten, trainieren und coachen
- Gruppenstruktur aufbauen und die Zusammenarbeit in der Gruppe und zwischen den Gruppen fördern (Teambildung und Teamführung)
- persönliche Belange der Mitarbeiter berücksichtigen
- Fürsorge zeigen und sich um den Mitarbeiter kümmern
- Bedürfnisse der Mitarbeiter ernst nehmen
- Leistungen des Mitarbeiters beurteilen
- repräsentieren, symbolisieren (Vorbild sein)
- auf gruppenspezifische Besonderheiten eingehen (Alter, Geschlecht, Behinderungen, Krankheiten etc.)
- wahrnehmen sozialer Verantwortung

1.6.3 Die eigene Position und Person betreffender Funktionsbereich der Führungskraft

- persönlicher Arbeitsstil
- setzen eigener Prioritäten
- eigene Motivation und Zufriedenheit
- Wohlbefinden und Gesundheit der eigenen Person
- Umgang mit der eigenen Person
- Ausschöpfung des eigenen Kompetenz- und Einflussbereiches
- eigene Wertvorstellungen
- Verfolgung persönlicher Entwicklungs- und Karriereziele
- Wahrnehmung von Ausbildungsmaßnahmen
- Mitarbeit in Interessenvertretungen, Durchsetzung eigener Interessen
- Darstellung eigener Erfolge

Zielkonflikt

1.7 Der Grundkonflikt jeder Führungskraft

Durch das gleichzeitige Ausfüllen dieser drei unterschiedlichen Funktionsbereiche entsteht für die Führungskraft ein grundsätzlicher Zielkonflikt. Es ist nicht leicht, zwischen der Realisierung unternehmerischer Ziele, der Berücksichtigung von Mitarbeiterbedürfnissen und Wünschen sowie eigenen Vorstellungen, Wünschen und Bedürfnissen ein angemessenes Gleichgewicht zu finden. Die Ziele sind konkurrierend, das heißt, jedes Ziel lässt sich nur zu Lasten eines anderen Zieles realisieren. Alle Ziele zu 100 Prozent bzw. darüber zu realisieren ist in einem gleichen Zeithorizont nicht möglich.

Führungskräfte geraten unausweichlich in Zielkonflikte

Nehmen wir ein Beispiel: Bei hundertprozentiger Erreichung der unternehmerischen Zielvorgaben, fehlt in der Regel Zeit für Freizeit, Sport, Familie. Persönliche Interessen müssen zurückstehen. Bei individuellem Eingehen auf alle Mitarbeiter wird die Zeit für Sachaufgaben knapp. Bleiben Sachaufgaben liegen, müssen diese zu anderen Zeiten nachgeholt werden.

Defizite im einen oder anderen Bereich treten vielfach nicht immer direkt auf

Dies soll keine Aufforderung oder Entschuldigung für die Vernachlässigung des einen oder anderen Bereiches sein. Kein Vorgesetzter wird entschuldigen, wenn über einen längeren Zeitraum einer der drei Bereiche nicht sorgfältig gepflegt und bearbeitet wird. Nur treten die Defizite nicht immer direkt auf, sondern erst später, z.B. in Form von Konflikten mit Mitarbeitern, Effizienzrückgängen, schlechtem Klima oder bei Vernachlässigung persönlicher Bedürfnisse in Form von Gesundheitsstörungen, Überarbeitungs- und Stresssymptomen, fehlenden sozialen Beziehungen etc. Eine Führungskraft wird diesen Entscheidungskonflikt immer haben. Um so wichtiger ist es, dass sie Prioritäten aktuell zu setzen weiß.

Abb. 1.1: Das Bermuda-Dreieck einer Führungskraft

Die Bewusstmachung dieses Grundkonfliktes in jeder Führungsposition ist in den letzten Jahren immer wichtiger geworden. Die Zielerreichungsmarken wurden und werden immer höher gesetzt, überall wird Personal eingespart, werden Prozesse effizienter gestaltet. Instrumente der Mitarbeiterführung (insbesondere die der Kommunikation) werden verbindlich als „Muss" eingeführt, wie z.B. neue Beurteilungssysteme mit der Verpflichtung eines Beurteilungsgespräches, Präventionsgespräche und Rückkehrgespräche in Krankheitsfällen, Mitarbeiterorientierungsgespräche, Zielvereinbarungs- und Zielerreichungskontrollgespräche, Coachinggespräche und Fördergespräche etc. (siehe hierzu im

Allgemeinen auch Teil B, Kap. 3.3 und 3.4 sowie im Einzelnen die entsprechenden Kapitel in Teil C).

Dies nimmt Zeit in Anspruch, die sich bei systematischer Anwendung sicherlich mittel- bis langfristig bezahlt macht, aber erst einmal im täglichen Geschäft fehlt.

Das Zurücknehmen der eigenen Person ist in vielen Situationen absolut notwendig, jedoch sollte sich jede Führungskraft bewusst sein, dass Körper, Geist und Seele immer wieder aufgetankt werden müssen, um dauerhaft Höchstleistungen erbringen zu können.

1.8 Die Grundsäulen erfolgreicher Führung

Erfolgreich führen heißt einen ausgewogenen Mittelweg zwischen Mitarbeiterorientierung, Leistungsorientierung und Selbstorientierung zu finden.

Dies heißt:

- Eine Führungskraft kennt die unternehmerischen Bedürfnisse und deren Umsetzung und hat sich mit diesen auseinander gesetzt.
- Eine Führungskraft kennt die Bedürfnisse der Mitarbeiter, setzt sich mit diesen auseinander und berücksichtigt diese, soweit es geht, im unternehmerischen Alltag.
- Eine Führungskraft kennt sich selbst mit ihren Stärken und Grenzen und kann ihre eigenen Bedürfnisse in den unternehmerischen Alltag einbringen, ohne dass dies auf Kosten von Mitarbeitern oder des Unternehmens geschieht.

ausgewogener Mittelweg zwischen Mitarbeiter-, Leistungs- und Selbstorientierung

2 Emotionale Intelligenz – Grundlage der Führung

2.1 Definition der emotionalen Intelligenz

Emotionale Intelligenz oder die Intelligenz der Gefühle ist die Fähigkeit, die eigenen Emotionen zu erkennen, seine Gefühle zu managen, sich selbst zu motivieren und sich in andere hineinzuversetzen. Emotionale Intelligenz wird auch als EQ (Emotionaler Intelligenzquotient) bezeichnet.

Die EQ-Theorie wurde erstmals von dem Psychologen Peter Salovey an der Universität Yale formuliert.

Die emotionale Intelligenz entscheidet darüber, wie wir unsere sonstigen Fähigkeiten zu nutzen verstehen.

2.1.1   Das Prinzip der „emotionalen Intelligenz"

Unternehmerisches Denken ist von Rationalität geprägt. Emotionen – sowohl die eigenen als auch die der Mitarbeiter – spielen im Rahmen unternehmerischer Entscheidungs- und Kommunikationsprozesse (wenn überhaupt) nur eine untergeordnete Rolle.

Durch die Integration der emotionalen Komponente kann die Führungskraft lernen, die eigene Kommunikation erfolgreicher zu gestalten

Durch die Integration der emotionalen Komponente kann die Führungskraft lernen, die eigene Kommunikation erfolgreicher zu gestalten. Sie wird für Probleme, Bedürfnisse und Interessen ihres Gegenübers sensibilisiert.

Die Führungskraft erkennt Wege, persönliche Fähigkeiten wie Selbsterkenntnis, Selbstbeherrschung, Einfühlungsvermögen, Kooperationsbereitschaft und konstruktives Konfliktlösungsverhalten weiterzuentwickeln und in ihr unternehmerisches Handeln einzubeziehen.

Ziel ist es, mehr soziale und kommunikative Kompetenz im Umgang mit den Mitarbeitern zu erreichen und die persönlichen Führungsqualitäten weiterzuentwickeln.

2.1.2   Emotionale Intelligenz und die Chancen für Unternehmen und Institutionen

Die Vorteile dieser Vorgehensweise liegen klar auf der Hand:
- steigende Produktivität durch höhere Motivation und bessere Leistungen der Mitarbeiter,
- funktionierende Netzwerke (auch über Abteilungsgrenzen hinweg),
- Teamarbeit mit ausgeprägtem Teamzusammenhalt und konstruktiver gemeinsamer Problemlösung,
- Durchhaltevermögen in Krisensituationen,
- offene Kommunikation,
- wirkungsvoller Informations-, Ideen- und Meinungsaustausch,
- hoher Wissenstransfer,
- geringe Mitarbeiterfluktuation,
- geringer Krankenstand.

2.2   Die Elemente der emotionalen Intelligenz

2.2.1   Intrapersonale Fähigkeiten für das emotionale „Selbstmanagement"

- eigene Emotionen erkennen,
- Emotionen intelligent handhaben,
- Emotionen produktiv nutzen.

2.2.2   Interpersonale Fähigkeiten für die Gestaltung von Beziehungen

- Empathie – die Gefühle der Anderen richtig deuten,
- mit Beziehungen richtig umgehen.

Nur wer gut mit den eigenen Gefühlen umzugehen weiß, kann auch die Gefühle anderer richtig erkennen, deuten und eine Beziehung harmonisch gestalten.

Wirkungsvolle Führung beruht fast ausschließlich auf emotionaler Intelligenz und diese zeigt sich speziell in der unterschiedlichen Wahrnehmung von Tätigkeiten durch bloße Manager und echte Führungspersönlichkeiten – letztere beziehen Stellung, wissen was ihnen wichtig ist und verfolgen ihre Ziele in Partnerschaft mit Anderen.

Wirkungsvolle Führung beruht fast ausschließlich auf emotionaler Intelligenz

FÜHRUNG HEISST SOMIT AUCH – DIE FANTASIE VON ANDEREN ANZUREGEN UND SIE ANZUFEUERN, IN EINE GEWÜNSCHTE RICHTUNG ZU GEHEN. BLOSSE MACHT REICHT NICHT AUS, UM ANDERE ZU MOTIVIEREN UND ZU FÜHREN.

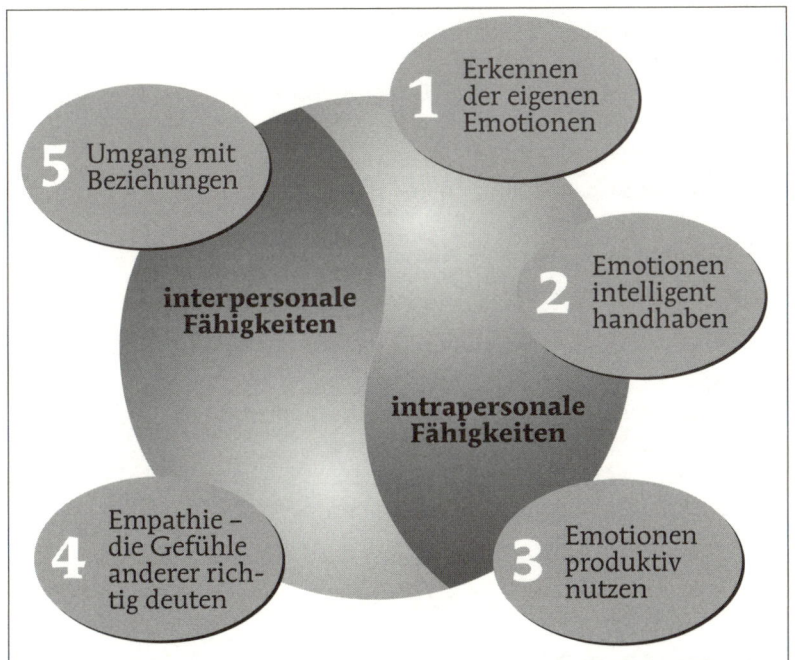

Abb. 2.1: *Die 5 Elemente der emotionalen Intelligenz*
(nach D. Goleman, Emotionale Intelligenz, 1996)

2.2.3 Schlüsselfähigkeiten der emotionalen Intelligenz

Intrapersonale (persönliche, innere) Fähigkeiten

Menschen mit hoher emotionaler Intelligenz zeichnen sich dadurch aus, dass sie

- die Initiative ergreifen,
- sich selbst gut motivieren können,
- Verantwortung auch außerhalb ihrer festgelegten Aufgabe übernehmen können,
- ziel- und ergebnisorientiert arbeiten,
- ihre persönlichen Ziele konsequent verfolgen,
- ihre Zeit und ihre Arbeitsverpflichtungen gut einteilen,
- sich selber „treu" sind,
- klar und offen kommunizieren,
- meinen, was sie sagen und das, was sie meinen, auch tun,
- „geradlinig" sind.

Interpersonale (zwischenmenschliche, äußere) Fähigkeiten

Menschen mit hoher emotionaler Intelligenz zeichnen sich dadurch aus, dass sie

- sensibel miteinander umgehen,
- ihr Gegenüber ernst nehmen,
- ihren zwischenmenschlichen Umgang von Respekt und Achtung leiten lassen,
- offen kommunizieren,
- Netzwerke aufbauen, pflegen und nutzen (nicht lediglich ausnutzen, oder Seilschaften bilden!),
- Tätigkeiten im Team koordinieren und auf Effektivität achten,
- Konsens herstellen,
- Konflikte erkennen, ansprechen und lösen helfen,
- ihr Gegenüber in der Selbstverantwortung stärken,
- Hilfe anbieten, aber nicht Verantwortung abnehmen,
- die Dinge mit den Augen des Anderen sehen bzw. auch andere Sichtweisen zulassen,
- kooperativ arbeiten und Kooperationen stärken,
- Feedback geben,
- loben und anerkennen.

2.3 Die fünf Dimensionen der emotionalen Intelligenz

- **Selbstwahrnehmung/Selbstreflexion**
  Kennzeichen: Selbstvertrauen, Selbsteinschätzung, das Wissen um die eigenen Stärken und Schwächen, selbstkritische Haltung.

- **Selbstkontrolle**
  Kennzeichen: Vertrauenswürdigkeit, Anpassungsfähigkeit, Offenheit gegenüber Veränderungen.

- **Selbstmotivation**
  Kennzeichen: Engagement, starker Wille zum Erfolg, optimistische Einstellung zur eigenen Leistung.

- **Empathie**
  Kennzeichen: Fähigkeit, andere Menschen zu fördern und weiterzuentwickeln, Kundenorientierung (Umgang mit Kunden), interkulturelle Sensibilität.

- **Sozialer Umgang**
  Kennzeichen: Teamfähigkeit, Kommunikationsgeschick, Konfliktfähigkeit, Überzeugungskraft, Fähigkeit, andere für Ideen und Ziele zu begeistern und Veränderungen herbeizuführen, Leadership-Fähigkeiten.

2.4 Der Weg zu mehr emotionaler Intelligenz

2.4.1 Schritt 1: Erkennen der eigenen Emotionen

Das Erkennen und Wahrnehmen des eigenen Gefühls – Selbstwahrnehmung – ist die Grundlage der emotionalen Intelligenz. Beobachten Sie sich selbst und erkennen Sie Ihre Gefühle. Nur dann können Sie im Einklang mit Ihren Gefühlen klare und schnelle Entscheidungen treffen. Zu wissen, welche Emotionen gerade Ihr Handeln bestimmen und diesen Prozess selbst zu steuern, ist Grundlage für effizientes Selbstmanagement.

Selbstwahrnehmung ist die Grundlage der emotionalen Intelligenz

   Wer seine eigenen Gefühle nicht erkennen und einordnen kann, ist ihnen ausgeliefert. Am besten reflektieren Sie einmal am Tag Ihre Gefühle. So können Sie sich klar werden über die Art Ihrer Gefühle, die Auslöser, Ihre Reaktionen und Ihre Frühwarnsysteme. Weiterhin ist es sehr gut, sich emotionale Rhythmen bewusst zu machen. Dies geht z.B. über ein Protokoll oder Tagebuch.

2.4.2 Schritt 2: Handhabung der eigenen Emotionen

   Der Umgang mit den eigenen Gefühlen baut auf der Selbstwahrnehmung auf. Wer eine schwache Selbstwahrnehmung hat, der hat mehr mit negativen Gefühlen zu tun, wer eine intensive Selbstwahrnehmung und vor allem in der Fähigkeit zur Reflexion geschult ist, wird sich rascher von Rückschlägen erholen, die negativen Aspekte nicht in den Vordergrund stellen und in der Regel eine positive Ausstrahlung haben.

2.4.2.1 Emotionale Steuerung –
Viele unserer Gefühle erzeugen wir selbst

Emotionen sind Gemüts- und Gefühlsbewegungen, die sich häufig nüchterner Kontrolle entziehen, indem sie den Menschen in bestimmte Stimmungen oder Zustände versetzen, ohne dass er sich der Ursachen

*Emotionen prägen unbe-
wusst unsere Wahrneh-
mung und unser Handeln*

bewusst ist. Das hat die emotionale Steuerung vieler Handlungen zur Folge. Bereits im Erkennen objektiver Sachverhalte drückt sich die emotionale Einfärbung aus, da Wahrnehmungsinhalte mit Gefühlen der Lust oder Unlust besetzt werden. Gemüthafte Zustände, emotionale Stauungen, berühren auch den Bereich der Affekte, die am ehesten bei Affektausbrüchen zu beobachten sind. Dann zeigt sich am deutlichsten das Ineinanderwirken von physiologischen und psychischen Kräften und Funktionen. Wer emotional bewegt und affektiv erregt ist, zeigt körperliche Begleiterscheinungen wie Veränderungen des Kreislaufes, der Drüsentätigkeit oder der Atmung.

Anhand des Beispiels „Angst" wird dies deutlich: Angst ist eine angeborene Gefühlsbewegung, von der in der Vorzeit buchstäblich das Überleben des Menschen abhing. Auch heute noch ist Angst ein wichtiges Gefühl, weil es uns in jeder ungewissen oder bedrohlichen Situation instinktiv zu erhöhter Aufmerksamkeit und vorsichtigem Handeln veranlasst.

Der bewusst konstruktive Umgang mit der Angst ist ein Zeichen für kompetente Nutzung emotionaler Intelligenz.

Beispiel:

*Beispiel:
bewusst konstruktiver
Umgang mit Angst als
Zeichen für die kompetente
Nutzung emotionaler
Intelligenz*

Sie sollen ein neues Projekt vorstellen. In der Nacht vor der Präsentation schlafen Sie schlecht bzw. gar nicht, weil Sie Angst vor der Veranstaltung am nächsten Morgen haben. Ihr Herz schlägt schnell, Ihnen bricht der Schweiß aus, Ihnen ist ganz schlecht, der Magen dreht sich buchstäblich um, Ihnen versagt die Stimme.

Wie entsteht diese Angst? Sie entsteht grundsätzlich durch die mit dieser Situation verbundenen Unwägbarkeiten, die Sie sich vergegenwärtigen:

- Durch Einbildung eines realistisch wirkenden Zukunftsbildes
  Sie lassen die Situation des morgigen Tages vor Ihrem geistigen Auge ablaufen (je mehr Fantasie Sie haben, desto besser funktioniert das) und denken an all die schrecklichen Pannen und Varianten, die eintreten könnten. Diesen „inneren Gruselfilm" spulen Sie immer wieder in immer neuen Varianten ab.
- Durch Einreden
  Ihre innere Stimme erzählt Ihnen immer wieder, was alles schief gehen kann und wie furchtbar alles sein wird.
- Durch Übertragung negativer Erfahrungen
  Sie übertragen negative Erlebnisse aus der Vergangenheit auf die zukünftige Situation. Gedanklich läuft die neue Situation entsprechend dem negativen Vergangenheitserlebnis vor Ihrem geistigen Auge ab.

Der Körper reagiert auf diese mentalen Signale mit Hormonausschüttungen, die zu Stress-Angstgefühlen mit den entsprechenden körperli-

chen Symptomen führen. Angst und Stress blockieren unsere Gehirnfunktionen und die Folge davon sind Verunsicherung, linkisches Verhalten, mangelndes Selbstbewusstsein, von fehlender Schlagfertigkeit
etc. ganz zu schweigen. In der Regel reagiert der Mensch in solchen Situationen mit Flucht oder verstärkter Aggression, um die Blockadefolgen
auszugleichen.

Wichtig ist es, sich diese Auslöser bewusst zu machen, um den inneren Mechanismus (Gruselfilm, negativer innerer Dialog oder alter Auslöser) zunächst begreifen und dann rechtzeitig gegensteuern zu können.
Ersetzen Sie negative Auslöser durch positive, realistische innere „Er-
folgsfilme" und einen aufbauenden inneren Dialog.

2.4.2.2 Der bewusste Umgang mit unseren inneren Mechanismen
Der bewusste Umgang mit diesen inneren Mechanismen ist sehr wichtig. Alle psychologischen Wissenschaften empfehlen:

Der bewusste Umgang mit unseren inneren Mechanismen hilft Stress abzubauen

* positive Selbstsuggestion und positive „Vorstellungen",
* Bearbeitung bzw. Aufarbeitung alter Auslöser und Problemfelder,
* aktiven Emotionsabbau in der entsprechenden Situation
  durch Entspannungstechniken oder Bewegungsübungen,
* sportlichen Ausgleich zur permanenten Unterstützung
  des aktiven Emotionsabbaus,
* Zerstreuung und Ablenkung.

2.4.3 Schritt 3: Produktive Nutzung von Emotionen
Persönlicher Erfolg entsteht nicht von allein, sondern durch langfristiges
und konsequentes Verfolgen persönlich gesetzter Ziele.

Hierzu muss man in der Lage sein, negative Impulse zu dämpfen, damit sie nicht zu sehr in den Vordergrund rücken, und auf positive Erlebnisse und Anerkennnung länger warten zu können. Positive Emotionen
wie Hoffnung, Begeisterung und Zuversicht muss man bewusst aktivieren können. Alle erfolgreichen Menschen zeichnet eine überdurchschnittliche Konsequenz in ihrem Tun und Hartnäckigkeit im Vorgehen
aus. Sie stellen sich immer wieder in Frage, um ihr Handeln zu überprüfen und zu verbessern. Sie üben so lange, bis sie ihr persönliches Ziel erreicht haben.

Fähigkeit, negative Impulse zu dämpfen und positive Impulse bewusst zu aktivieren

Der Grundstein für diese Disziplin und den bewussten Umgang mit
den eigenen Gefühlen und deren produktive Nutzung wird bereits in
früher Kindheit gelegt. So ist beispielsweise nachgewiesen, dass ein Kind,
welches seine eigenen Interessen in der Kindheit uneingeschränkt befriedigt bekommt, sich später sehr schwer tut, sich zurück zu nehmen
oder auf eine längerfristig angelegte Bedürfnisbefriedigung zu warten.

Eine Dame sagte einmal zu einem berühmten Geiger nach seinem
Konzert: *„Ich würde mein Leben geben, um so Geige spielen zu können wie
Sie."* Der Geiger antwortete ihr mit einem Lächeln: *„Genau das habe ich
getan."*

Selbstvertrauen und eine positive Grundhaltung führen zu besseren Beziehungen mit anderen Menschen und auch zu wirtschaftlich besseren Resultaten

Vertrauen in die eigenen Fähigkeiten, das gesteckte Ziel zu erreichen, ist elementar wichtig. Nachweislich führen Selbstvertrauen und eine positive Grundhaltung zu besseren Beziehungen mit anderen Menschen und auch zu wirtschaftlich besseren Resultaten. Dies gilt in gleicher Weise für Zielerreichungen z.B. im Vertriebsbereich und für die Wahrnehmung von Führungsaufgaben.

2.4.4   Schritt 4: Die richtige Deutung der Gefühle anderer

Wissen, was andere fühlen – diese Fähigkeit baut auf der emotionalen Selbstwahrnehmung auf. Sie ist Grundlage für Menschenkenntnis und Sympathie. Fehlt diese Fähigkeit, so tun wir uns schwer, Beziehungen aufzubauen oder mit anderen Menschen „warm" zu werden.

Emotionen werden nur selten explizit in Worte gefasst

Menschen fassen ihre Emotionen nur selten in Worte. Meistens drücken sie sie anders aus. Um die Gefühle anderer Menschen zu erfassen, muss man also gut beobachten und die nonverbalen Signale und Zeichen zu deuten wissen. Hierzu gehören zum Beispiel der Klang der Stimme, die Sprechgeschwindigkeit, die eingelegten Pausen, die Betonung des Gesagten, die Atmung – aber natürlich auch die Körperhaltung, die Mimik, der Gesichtsausdruck und die Gestik.

2.4.4.1   Das Wie ist wesentlich wichtiger als das Was!

Bereits in den Achtzigerjahren wurde von dem amerikanischen Wissenschaftler Argyle nachgewiesen, dass das Wie – die Beziehungsebene – eine wesentliche wichtigere Rolle in der Kommunikation spielt als das Was – die inhaltliche Ebene. Über 90 Prozent der Bedeutung von Kommunikation werden über Körpersprache und Sprechweise vermittelt, weniger als 10 Prozent entfallen auf den reinen Sachinhalt.

Daher ist mit eine der wichtigsten Fragen in der Kommunikation: „Welche Botschaft soll das Gegenüber empfangen? Welche Emotionen sollen beim Gegenüber erzeugt werden?"

Dementsprechend sollte der Sender seine Botschaft bewusst gestalten, sowohl emotional als auch inhaltlich. Ausgesendete Signale, z.B. ein Lächeln, spielen dabei eine zentrale Rolle.

Emotionen übertragen sich in der Kommunikation: Die stärkere Emotion setzt sich durch

Emotionen übertragen sich in der Kommunikation. Es gilt: Die stärkere Emotion setzt sich durch. Depressive Menschen können uns „runterziehen", Optimisten können uns „aufbauen".

Dadurch besitzen Menschen mit positiven Gefühlen, die andere inspirieren und motivieren oder deren negative Gefühle dämpfen können, einen gesellschaftlich besonders geschätzten Stellenwert. Ein sehr guter Redner zeichnet sich dadurch aus, dass er seine Zuhörer „mitzunehmen" vermag und im wahrsten Sinne des Wortes „bewegt". Nicht umsonst beinhaltet das Wort „Emotion" den gleichen Wortstamm wie Motivation (lateinisch movere – bewegen).

Emotional intelligente Menschen sind in der Lage, den emotionalen Ton anzugeben und so die Emotionen der anderen zu steuern. Dies entspricht sozusagen einer Führung auf einem sehr tiefen und persönlichen Niveau und bedeutet Macht und Einflussmöglichkeiten. Nicht alle „Führer" der Vergangenheit sind mit dieser Macht auch „intelligent" umgegangen.

2.4.5 Schritt 5: Optimierung der sozialen Beziehungen

Um soziale Beziehungen erfolgreich zu gestalten sind drei wichtige Faktoren zu beachten:
- die Beherrschung der eigenen Emotionen,
- die situative Anpassung des eigenen Verhaltens,
- den richtigen Umgang mit den Emotionen anderer.

Unsere Arbeitswelt wird zunehmend von Wissensexperten geprägt und immer flexibler im Rahmen von Projekten und Teams organisiert. Es kommt zukünftig also in entscheidendem Maße darauf an, Wissen und Know-how durch sinnvolle und motivierende Führung zielführend zu bündeln und durch Teams nutzbar zu machen.

Wissen und Know-how durch sinnvolle und motivierende Führung zielführend bündeln und durch Teams nutzbar machen

Um dies leisten zu können, ist in hohem Maße emotionale Intelligenz erforderlich. Sie wird in den nächsten Jahren zur Schlüsselkompetenz werden. Die Effektivität eines Mitarbeiters hängt im großen Maße davon ab, auf welche Art und Weise er mit anderen kommuniziert und wie er sein Beziehungsnetzwerk gestaltet.

Hierzu gehört auch das regelmäßige und konstruktive Feedback und die Fähigkeit den Menschen zu sagen, was sie können und gut bzw. sehr gut machen. Lob schadet nicht, im Gegenteil, Lob spornt an und beflügelt, sich in die gewünschte Richtung weiterzuentwickeln. Das Lob muss jedoch echt, d.h. begründet sein.

2.6 Mehr Leistung im Team

Die Teamleistung hängt im Wesentlichen davon ab, wie der Einzelne im Team seine Stärken einbringen kann und wie weit diese für das Gesamtteam zum Tragen kommen. Nur so können Teams eine gute Mannschaftsleistung erbringen.

Der wichtigste Faktor für das Gelingen eines Teams ist die Fähigkeit, einen Zustand der inneren Harmonie zu erzeugen, der es erlaubt, die Talente aller Mitglieder zu nutzen. Dies beinhaltet sowohl gegenseitigen Respekt sowie die Erkenntnis, dass nicht alle Teammitglieder sinnvollerweise das Gleiche können, das Gleiche tun oder alle Erlebnisse gleich wahrnehmen müssen.

Erst ein Zustand der inneren Harmonie ermöglicht es, die Talente aller Mitglieder zu nutzen

Das größte Problem ist nach wie vor, den Kollegen, den Menschen in seiner Andersartigkeit wahrzunehmen, zu respektieren und ihn als Bereicherung und Hilfe zu empfinden. Dies zu erkennen und zu fördern und damit auch gemeinsame Werte in einem Team zu implementieren, ist eine wichtige Aufgabe der Führungskraft.

In Gruppen mit emotionalen Spannungen und Konflikten können Teammitglieder nicht ihr Bestes geben. Herrscht dagegen Harmonie, kann ein Team aus den unterschiedlichen Fähigkeiten der einzelnen Teammitglieder den größtmöglichen Nutzen ziehen.

2.6.1   Mit informellen Netzwerken zu mehr Erfolg

Wie oben in Kap. 1.3 schon beschrieben, muss faktische Führung nicht notwendig mit der formalen Position innerhalb einer Hierarchie zusammenfallen. Führungskräfte, die etwas bewegen wollen, tun also gut daran, sich auch innerhalb des informellen Netzwerkes ihrer Organisation zu positionieren.

Grundsätzlich unterscheidet man 3 Arten informeller Netzwerke:
- Kommunikationsgeflecht: Wer mit wem spricht.
- Experten-Netzwerk: An wen sich wer um fachlichen Rat wendet.
- Vertrauens-Netzwerk: Wer wem Sorgen und Wünsche preisgibt.

Führungskräfte sollten sich auch in die informellen Netzwerke ihrer Organisation einbinden

Führungskräfte sollten in allen drei Netzwerken starke Beziehungen aufbauen, um so in das Kommunikationsgeflecht involviert zu sein (er oder sie weiß Bescheid, was so los ist), um Experten in Sachfragen zu fördern, anzuhören, Lösungen einzuholen, Herausforderungen zu schaffen, Stärken der Mitarbeiter einschätzen zu können (Wer kann was gut? Wer weiß am besten Bescheid?) und um Vertrauen zu schaffen, damit sich Mitarbeiter auch mit Sorgen und Wünschen an die Führungskraft wenden (Wer redet mit wem? Wer vertraut sich wem an?).

2.7   Von der emotionalen Intelligenz zur sozialen Kompetenz

Sozialkompetenz entwickelt sich dann, wenn emotionale Intelligenz mit sozialer Verantwortung gekoppelt ist.

Wer hohe emotionale Intelligenz besitzt, hat damit noch nicht die sozialen Kompetenzen erlernt, auf die es im Beruf ankommt, er hat allerdings eine exzellente Möglichkeit, sie zu erlernen.

Die Sozialkompetenz ist neben der Fachkompetenz das Auswahlkriterium für Führungskräfte

Die Sozialkompetenz ist unumstritten neben der Fachkompetenz das Auswahlkriterium für Führungskräfte. Welche spezifischen Kompetenzen noch hinzukommen, hängt von den jeweiligen Positionen und der Organisation ab. Jede Firma und jede Branche haben ihre eigene emotionale Umwelt, und entsprechend sind die Merkmale verschieden.

Davon einmal abgesehen gilt:

Emotionale Intelligenz + Soziale Verantwortung = Sozialkompetenz

Bei vielen Führungspersönlichkeiten in der Vergangenheit war zwar emotionale Intelligenz vorhanden, jedoch gingen die betroffenen Personen nicht immer sozial verantwortlich mit ihrer Macht um.

Ziel ist also nicht nur die Entwicklung und Förderung der emotionalen Intelligenz, sondern diese gleichzeitig mit der sozialen und ethischen Verantwortung zu entwickeln.

3 Die Handlungskompetenz der Führungskraft

Die Handlungskompetenz umschreibt alle Fähigkeiten und Fertigkeiten, die die Führungskraft benötigt, um den Anforderungen an eine Führungsposition gerecht zu werden. Die Handlungskompetenz lässt sich in verschiedene Kernkompetenzen unterteilen.

Fähigkeiten und Fertigkeiten um den Anforderungen an eine Führungsposition gerecht zu werden

Eine Kompetenz in diesem Sinne ist ein Persönlichkeitsmerkmal oder ein Komplex von Verhaltensgewohnheiten, der zu effektiverer oder überlegener beruflicher Leistung führt. Oder wie Goleman es ausdrückt: „Eine Fähigkeit, die die Anstrengungen, die einer in seine Arbeit investiert, mit einem eindeutigen ökonomischen Wert versieht."

Von dieser Erkenntnis ausgehend hat man die letzten fünfundzwanzig Jahre Hunderttausende von Beschäftigten bewertet, unabhängig von Hierarchieebene, Aufgabenfeld oder Größe des Unternehmens. Immer wieder stellte sich heraus, dass ein Grundbestand an persönlichen und sozialen Fähigkeiten für den Erfolg der Menschen neben den fachlichen Fähigkeiten entscheidend ist.

3.1 Die für Führungsaufgaben erforderlichen Kernkompetenzen

Die Kernkompetenzen im weiteren Sinn für Führungsaufgaben sind:
- Fachkompetenz,
- strategische Kompetenz,
- unternehmerische Kompetenz,
- Methodenkompetenz,
- Führungskompetenz,
- sozial und interkulturelle Kompetenz,
- Veränderungskompetenz,
- Persönlichkeitskompetenz.

In unterschiedlichen Unternehmen und Organisationen sowie in der Literatur werden die verschiedenen Kernkompetenzen ein wenig voneinander abweichend definiert. So werden unter Fachkompetenz auch die „strategische und unternehmerische Kompetenz" erfasst. Die Führungskompetenz wird vielfach auch unter Sozialkompetenz eingegliedert sowie die Veränderungskompetenz unter Persönlichkeitskompetenz.

erforderliche Kernkompe-
tenzen für Führungskräfte

Die Kernkompetenzen im engeren Sinn für Führungsaufgaben sind:
- Fachkompetenz,
- Sozialkompetenz,
- Methodenkompetenz,
- Persönlichkeitskompetenz.

3.1.1   Fachkompetenz

Merkmale:

- Fachliche Breite und Flexibiltät.
- Expertenwissen (fachliche Tiefe), spezielle Fertigkeiten.
- Produkt-/Branchen-/Marktkenntnisse und Erfahrungen.
- Interdisziplinäre Orientierung.

- Kommunikations-/Organisations-/ Informations- und Prozess-Know-how.
- Innovationsdenken.
- Lernbereitschaft und Lernfähigkeit.
- Kenntnisse über Arbeitsinhalte und Arbeitswertigkeiten.

Fachkompetenz bedeutet, dass die jeweilige Person ihr Aufgabengebiet beherrscht, d. h. in ihrem bisherigen Aufgabenbereich fachliche Kompetenz unter Beweis gestellt hat. Darüber hinaus muss die Person in der Lage sein, ihren spezifischen Erfahrungshintergrund auch für neue Aufgaben zu nutzen und, wo ihr einschlägige Erfahrung fehlt, rasch und gezielt das nötige Know-how zu erwerben. Ebenso muss sie in der Lage sein, Problemlösungen im Fach-Know-how weiterzuentwickeln, vorzugeben und innovativ zu bereichern.

Fachliche Kompetenz bedeutet weiterhin, eine gewisse Breite an fachlichen Kenntnissen, Fähigkeiten und Fertigkeiten sowie fachübergreifende Kenntnisse und Kompetenzen in Bezug auf Prozessabläufe, Kommunikations- und Informationsstrukturen sowie eine interdisziplinäre Orientierung, wodurch sich eine Person für ganz unterschiedliche Aufgaben qualifiziert.

Beobachtbare Verhaltensweisen

Positiv, beispielhaft:

- ist in der Lage, sich in neue Tätigkeitsfelder schnell und umfassend einzuarbeiten,
- ist fachlich auf dem Laufenden,
- gilt in seinem Aufgabenbereich als Experte,
- verfügt über breit angelegtes Fach- und Allgemeinwissen,
- schaut über den eigenen Tellerrand hinaus,
- tauscht sich regelmäßig mit Kollegen aus,

- kennt sich in seiner Branche aus,
- zeigt Eigeninitative in Bezug auf Weiterbildung,
- entscheidet prozessorientiert,
- strebt innovative Lösungen an,
- kennt Prozessabläufe (vor- und nachgelagert),

- erledigt Aufgaben zweckmäßig, termingerecht und rationell,
- arbeitet problemlösungsorientiert,

- eignet sich fehlendes Fachwissen eigenständig und schnell an.

negativ, beispielhaft:

- hat Mühe, fachlich am Ball zu bleiben,
- entscheidet und arbeitet linien- und nicht prozessorientiert,
- ist fachlich einseitig orientiert,
- orientiert sich ausschließlich an sich selbst.

- besitzt kein bereichsübergreifendes Netzwerk.
- bezieht sich nur auf seine Ausbildung (Schulabschlüsse, Studium etc.).

3.1.2 Strategische Kompetenz

Merkmale:

- visionäres Denken, Kreativität,
- Gespür für Entwicklungen,
- vernetztes Denken,

- konzeptionelle Fähigkeiten,
- analytische Fähigkeiten.

Strategische Kompetenz umfasst die Fähigkeiten, über den Tag hinaus zu denken, künftige Entwicklungen zu antizipieren und unternehmerische Entscheidungen daran auszurichten. Dabei werden vielfältige Vernetzungen von Ursache-Wirkungs-Zusammenhängen berücksichtigt: z.B. Fern-, Neben- und Rückwirkungen eigener Entscheidungen, Reaktionen des Kunden, der Wettbewerber, „des Marktes" auf eigene Handlungen sowie Einflüsse sich verändernder Rahmenbedingungen auf das Marktgeschehen und das Unternehmensergebnis.

Beobachtbare Verhaltensweisen

positiv, beispielhaft:

- setzt sich mit unternehmerischen Strategien aktiv auseinander,
- berücksichtigt Fremdeinflüsse wie Markt, Kunden, Wettbewerber,
- nutzt und baut übergreifendes Netzwerk im Unternehmen aus,
- kann die Auswirkungen der Strategie auf Prozesse, Struktur und einzelne Arbeitsbereiche ein- und abschätzen,
- denkt ganzheitlich,
- strukturiert und bewertet komplexe Zusammenhänge,

- steht Neuerungen aufgeschlossen gegenüber,
- denkt und handelt vorausschauend,
- findet für ein Problem mehrere Lösungsansätze,
- denkt bereichsübergreifend, holt sich Ideen aus anderen Bereichen,
- kennt Bereichsprojekte und deren Auswirkungen auf den eigenen Bereich,
- bringt neue, auch ungewöhnliche Ideen und Lösungswege ein.

negativ, beispielhaft:

- lebt und denkt in alten Strukturen,
- zeigt wenig Interesse für übergeordnete Zusammenhänge,
- verliert bei komplexen Zusammenhängen den Überblick,

- kann Auswirkungen von Strategien auf seinen Bereich nicht ab- und einschätzen,
- bewegt sich in alten Lösungsschienen, lässt wenig Neues zu.

3.1.3   Unternehmerische Kompetenz

Merkmale:

- Markt- und Wettbewerbsorientierung,
- Ausrichtung des Handelns am Kunden,
- Ergebnisorientierung,
- Gestaltungswille,
- zielorientiertes, konsequentes Handeln,
- Entscheidungsvermögen,

- Verantwortlichkeit im Handeln,
- Risikobereitschaft,
- Orientierung am Abteilungs-/ Unternehmenserfolg,
- Erfolgswille/Siegeswille.

Unternehmerische Kompetenz bedeutet die Bereitschaft und die Fähigkeit, in der Verantwortung für die Mitarbeiter wie für das Unternehmen insgesamt gewinnorientierte Entscheidungen zu treffen, neue Erfolg versprechende Aktionsfelder zu entdecken und zu erschließen, Risiken von Handlungsoptionen abzuwägen und aus eigener Initiative Prozesse und Entwicklungen am Markt anzustoßen und zu gestalten.

Diese unternehmerische Kompetenz setzt das konsequente Suchen nach Erkenntnissen über Marktstrukturen und Marktentwicklungen sowie das rasche und flexible Reagieren auf diese Erkenntnisse voraus. Dazu gehören die kontinuierliche gründliche Information über die Bedürfnisse externer und interner Kunden sowie die Bereitschaft, sich auf deren Wünsche einzustellen, und die aufmerksame Beobachtung der Wettbewerber, um dieses Wissen im Sinne von zielorientiertem und konsequentem Handeln zugunsten des Unternehmens einzusetzen.

Beobachtbare Verhaltensweisen

positiv, beispielhaft:

- setzt die strategischen Ziele von Abteilung/ Sparte/Niederlassung/Werk/Unternehmen konsequent um,
- ist in der Lage, Wichtiges von Unwichtigem zu trennen,
- trägt zu einem positiven Arbeitsklima bei,
- denkt zukunftsorientiert,

- verliert ganzheitliche Ziele nicht aus den Augen,
- verfügt über betriebswirtschaftliche Kenntnisse,
- stellt sich auch sozialer Verantwortung,
- stellt den Kunden in den Vordergrund, auch den internen Kunden,

- ist bereit unternehmerische Risiken einzugehen,
- versteht Markt und Wettbewerb als dynamischen Prozess,

- übernimmt Qualitätsverantwortung,
- gleicht Kundenforderungen und eigene Erfordernisse ab,
- übernimmt Kostenverantwortung.

negativ, beispielhaft:

- stellt sich selbst als Außenstehenden dar: „Man macht" anstelle von „Ich mache",
- ist sehr mit sich selbst beschäftigt,
- geht Problemen aus dem Weg,
- bezieht nicht klar Stellung,

- besitzt starkes Sicherheitsbewusstsein,
- denkt und handelt bereichsegoistisch,
- reines Budget-Denken,
- klebt an alten Erfolgsrezepten.

3.1.4 Methodenkompetenz

Merkmale

- Ausrichtung des Handelns am Ziel,
- Kenntnisse verschiedener Methoden zur Zielerreichung,
- Prozessorientierung,
- konzeptionelles Denken,
- systematisches Planen und Organisieren,
- Fähigkeit, Fachwissen zu kombinieren und zu ergänzen,
- Abstraktionsfähigkeit,
- Durchführung gemäß bestimmter Kriterien,
- Überwachung der Durchführung,
- Analyse der Zielerreichung,
- Entwicklung von Lösungsansätzen für Zielerreichungsabweichungen,

- auch bei Abweichung von der ursprünglichen Planung trotzdem Zielerreichung,
- Problemlösungs- und Entscheidungsfähigkeit,
- Fähigkeit zur Improvisation,
- systematisches Vorgehen auch bei kreativen Prozessen wie Ideenfindung, Konzepterstellung,
- kann die verschiedenen Methoden als Hilfsinstrumente verwenden,
- weiß die verschiedenen Methoden und Instrumente situationsgerecht einzusetzen,
- Zuverlässigkeit und Sorgfalt in Planung und Umsetzung.

Methodenkompetenz bedeutet die Bereitschaft und die Fähigkeit, verschiedene methodische Ansätze situationsgerecht und personengerecht anzuwenden, um damit effektiver das Ziel zu erreichen. Sie setzt voraus, dass die Person umfassend über die anzuwendenden Methoden informiert ist. Methodenkompetente Personen können sicher entscheiden, welche Methode jeweils anzuwenden ist, z.B. in der Gesprächsführung, in der Ideenfindung, in der Präsentation oder in der Vorgehensweise. Dies ist entweder unternehmerisch verbindlich vorgegeben, empfohlen oder liegt im Entscheidungsspielraum der jeweiligen Person.

Die Systematisierung von Vorgehensweisen hat den Vorteil, dass Prozesse berechenbarer, transparenter und zielorientierter ablaufen. Die

Methodenkompetenz sucht den effizientesten Weg zur Zielerreichung. Dazu gehört auch die Bereitschaft sich mit neuen Methoden vertraut zu machen, aber nicht die Methode zum Selbstzweck werden zu lassen, sondern situations- und zielgruppenbedingt abzuwägen, was wofür geeignet ist.

Beobachtbare Verhaltensweisen

positiv, beispielhaft:

- verfügt über Methoden-Know-how für unterschiedliche Anforderungen,
- weiß Methoden situationsgerecht einzusetzten,
- setzt Methoden nicht zum Selbstzweck ein,
- geht im Rahmen von Planung und Strategieentwicklung methodisch vor,
- bereitet sich gut vor,

- geht effizient vor,
- vergleicht Kosten-Nutzen,
- wägt verschiedene Vorgehensweisen gegeneinander ab,
- setzt Methoden als Hilfsmittel in unterschiedlichen Situationen ein,
- ist absolut zuverlässig,
- übt Sorgfalt in allen Dingen.

negativ, beispielhaft:

- macht alle Dinge „aus dem Bauch" heraus,
- informiert sich nicht über mögliche Methoden,
- bereitet sich nicht vor,
- ist nicht in der Lage, Methoden situationsgerecht abzuwandeln und einzusetzen,
- wird bei unvorhersehbaren Hindernissen und Situationen unsicher,
- macht keine Zielkontrolle,

- plant und strukturiert wenig,
- visualisiert nicht,
- hat alles im Kopf,
- vergisst auch schon mal was,
- Zuverlässigkeit und Sorgfalt sind nicht immer gegeben,
- möglicherweise Hang zu Überheblichkeit und Selbstüberschätzung.

3.1.5 Führungskompetenz

Merkmale:

- Schaffen von Orientierung,
- Motivations- und Überzeugungskraft,
- Begeisterungsfähigkeit,
- Delegationsvermögen,
- Koordinations- und Integrationsfähigkeit,
- Geben und Annehmen von Feedback,
- Entwicklung und Förderung von Mitarbeitern,
- Durchsetzungsvermögen,
- Glaubwürdigkeit,

- Gerechtigkeit,
- Zurückstellung eigener Interessen, Abbau von Egoismen,
- Stärkung der Eigenverantwortung der Mitarbeiter,
- konstruktive Konfliktsteuerung,
- Eigeninitiative,
- Prioritäten setzen,
- Werte vermitteln.

FÜHRUNGSKOMPETENZ LÄSST SICH DEFINIEREN ALS DIE BEREITSCHAFT UND DIE KOMPETENZ, VERANTWORTUNG FÜR ANDERE MENSCHEN ZU ÜBERNEHMEN UND ENTSCHEIDUNGEN ZU TREFFEN, DIE FOLGEN FÜR ANDERE HABEN.

Des weiteren bedeutet Führungskompetenz die Fähigkeit, Orientierung zu vermitteln, Visionen vorzugeben und zu verbreiten, Menschen von einer Sache, einem Auftrag zu überzeugen und sie dafür zu begeistern. Unternehmerische Führung ist am Unternehmensergebnis ausgerichtet und vermittelt diese Orientierung auch Mitarbeitern.

Führungskompetenz heißt weiterhin, die Leistungen der Mitarbeiter in Hinblick auf das Unternehmensergebnis einschätzen und bewerten zu können. Voraussetzung für die motivierende Wirkung auf andere ist persönliche Integrität, Glaubwürdigkeit, Offenheit und Vorbildlichkeit im eigenen Verhalten.

Beobachtbare Verhaltensweisen

positiv, beispielhaft:

- setzt Ziele über nachvollziebare, klare Zielvereinbarungen und überprüft deren Einhaltung,
- besitzt ein positives Menschenbild,
- fördert Eigenverantwortung und Kreativität der Mitarbeiter,
- bespricht bei Problemen konstruktiv die Ursachen, sucht nicht die Schuldigen,
- kann zu eigenen Fehlern stehen,
- lebt offenen Meinungsaustausch und akzeptiert andere Meinungen,
- kann Gespräche moderieren, erkennt den roten Faden, bringt es auf den Punkt,
- motiviert und vermittelt Spaß an der Arbeit,
- initiiert und steuert den Prozess im Rahmen seiner Verantwortung,

- ist Vorbild ohne Arroganz,
- erkennt das Qualifikationsniveau seiner Mitarbeiter, setzt sie entsprechend ein und entwickelt sie weiter,
- lässt die Mitarbeiter innerhalb ihres Zuständigkeitsbereiches selbst entscheiden,
- initiiert, entscheidet und verantwortet Personalmaßnahmen,
- weckt Interesse, Initiative und Aktivität der Mitarbeiter,
- überwindet Widerstände und schafft Akzeptanz,
- übt Kontrolle aus, ohne jedoch „Kontrolleur" zu sein.

negativ, beispielhaft:

- über Sinn und Zweck von Aufgaben wird nicht diskutiert („Dienst nach Vorschrift"),
- setzt unklare Ziele,
- setzt seine eigene Autorität nicht ein oder ist zu autoritär,
- wälzt Fehler ab oder verschweigt sie,

- ist Kritik gegenüber nicht zugänglich,
- gibt kein Feedback,
- spricht Probleme nicht an,
- handelt nur auf Anweisungen,
- lässt den Mitarbeitern keinen selbstständigen Entscheidungsspielraum.

3.1.6   Soziale und interkulturelle Kompetenz

Merkmale:

- Einfühlungsvermögen,
- Offenheit,
- Wertschätzung für andere,
- interkulturelle Sensibilität und Lernbereitschaft,

- Kontakt- und Kommunikationsfähigkeit,
- Teamfähigkeit,
- Bewältigung von Konflikten,
- Fairness und Verlässlichkeit.

Soziale Kompetenz beinhaltet die Fähigkeit, mit anderen Personen konstruktiv zusammenzuarbeiten sowie Aufgaben gemeinsam anzugehen und zu bewältigen. Voraussetzung dafür ist die Bereitschaft, andere Menschen in ihrer jeweiligen Eigenart, mit ihrem speziellen Hintergrund, ihren Normen und Werten kennen zu lernen und sie zu akzeptieren, wie sie sind, aber auch die Fähigkeit, sich in fremde Menschen hineinzuversetzen und sich auf sie einzustellen.

Besonders wichtig sind diese Fähigkeiten im Umgang mit Menschen mit einem anderen ethischen bzw. kulturellen Hintergrund. Dies gilt auch für die Zusammenarbeit mit Kollegen aus anderen Ländern und Unternehmensteilen. Hier sind Sensibilität und Wertschätzung für Anderes und andere in hohem Maße gefordert. Soziale Kompetenz äußert sich ferner im sachlichen und fairen Verhalten bei Konflikten sowie in der Fähigkeit zum Ausgleich verschiedener Interessen.

Beobachtbare Verhaltensweisen

positiv, beispielhaft:

- kann individuelle Bedürfnisse der Mitarbeiter in das Team integrieren,
- ist berechenbar,
- kann sich auf unterschiedliche Sichtweisen seiner Mitarbeiter einstellen,
- ist offen für fremde Kulturen, zeigt Respekt vor fremden Kulturen,
- kann Kritik annehmen und daraus Veränderungen ableiten,
- agiert bei Teamkonflikten ausgleichend,

- lebt ein offenes, zielgerichtetes Informations- und Kommunikationsverhalten – auch über den eigenen Bereich hinaus,
- stellt sich unangenehmen Situationen,
- lässt andere ausreden, kann zuhören,
- schildert berufliche Erfolge auch als Teamerfolge,
- versucht Zusammenarbeit zu optimieren,
- stellt die notwendigen Verbindungen für eine Aufgabenerledigung her und pflegt diese.

negativ, beispielhaft:

- kein Interesse für Mitarbeiterprobleme,
- beharrt auf eigenen Standpunkten,
- fällt anderen ins Wort,
- verschließt sich anderen Kulturen,

- geht Konflikten aus dem Weg,
- hört nicht zu, wartet nur darauf, seinen eigenen Standpunkt darzulegen,
- reagiert auf Kritik empfindlich.

3.1.7   Veränderungskompetenz

Merkmale:

- Infragestellen des Bestehenden,
- Offenheit für Neues,
- Kraft zum Aufbruch,
- Planen und Steuern von Prozessen,
- Durchstehvermögen,

- geistige, fachliche und sonstige Mobilität,
- Lernfähigkeit und Lernbereitschaft im unternehmerischen Umsetzungsprozess,
- initiativ.

Veränderungskompetenz bedeutet die Bereitschaft, den Wandel als Motor für die Beweglichkeit und die Entwicklungsfähigkeit eines Unternehmens zu begreifen, sowie die Fähigkeit, diesen stetigen Wandel zu initiieren, zu gestalten und zu steuern. Visionen können Richtschnur für einzuleitende Veränderungen sein.

Es gilt aber auch, vielfältige Signale innerhalb und außerhalb des Unternehmens wahrzunehmen und umzusetzen – sowohl auf inhaltlich-fachlicher Ebene (z.B. durch eine Neugestaltung der Produktpalette) als auch auf der Ebene der Verfahrensweisen (z.B. durch eine Veränderung der Kommunikations-, Interaktions- und Führungsprozesse).

Eine Person mit hoher Veränderungskompetenz ist willens und auch in der Lage, die notwendigen Veränderungen auch gegen Beharrungstendenzen in ihrer Umgebung und gegen aktive Widerstände durchzusetzen.

Beobachtbare Verhaltensweisen

positiv, beispielhaft:

- ist lernfähig,
- ist in der Lage, sich selbst und Bestehendes in Frage zu stellen,
- zeigt die Bereitschaft, neue Wege einzuschlagen,
- hat für Veränderungen das richtige Augenmaß,
- bezieht auch Ideen anderer mit ein,
- lässt sich von neuen Ideen begeistern,

- zeigt Beharrlichkeit, Veränderungen auch gegen Widerstände durchzuführen,
- zeigt Durchstehvermögen bei der Verarbeitung von Misserfolgen,
- schätzt Risiken realistisch ein,
- ist neugierig,
- zieht persönliche Konsequenzen aus dem jeweiligen Veränderungsprozess,
- sucht neue Wege und geht sie aktiv mit.

negativ, beispielhaft:

- geht Neuerungen aus dem Weg,
- findet an allem Neuen zuerst das Negative,
- empfindet Neues eher als Bedrohung,
- denkt in eingefahrenen Strukturen,
- entwickelt wenig Eigendynamik,

- handelt bestandswahrend,
- vermeidet das Eingehen von Risiken,
- bringt angefangene Arbeiten nicht zum Abschluss.

3.1.8   Persönlichkeitskompetenz

Merkmale:

- Zivilcourage,
- Mut zur Unbequemlichkeit,
- eigenständiges Urteilen und Handeln,
- Übernahme von Verantwortung für das eigene Denken und Handeln und der Konsequenzen,
- Selbstmotivation

- emotionale Stabilität und Belastbarkeit,
- Fähigkeit zum Umgang mit Unsicherheit,
- Selbstvertrauen,
- Einsatzwille, Engagement,
- eigene Wertvorstellungen, klare Prioritäten.

Menschen mit hoher Persönlichkeitskompetenz verfügen über eine innere Unabhängigkeit und zeichnen sich dadurch aus, dass sich ihre Arbeits- und Lebenszufriedenheit nicht in erster Linie aus der Anerkennung durch andere, aus Statussymbolen und materiellen Anreizen speist. Vielmehr schöpfen sie Kraft und Ansporn aus dem Reiz der Aufgaben, denen sie sich stellen, aus dem Erfolg der eigenen Anstrengungen, aber auch aus ihrem Privatleben, das den Ausgleich zur beruflichen Anspannung bildet. Innerlich unabhängige Menschen trauen sich auch neue Wege zu gehen.

Beobachtbare Verhaltensweisen

positiv, beispielhaft:

- vertritt abweichende Standpunkte auch gegenüber Hierarchien ohne Besserwisserei und Sturheit,
- bleibt auch unter Druck standfest,
- widersteht Gruppendruck,
- Status steht nicht im Vordergrund,
- bleibt auch in kritischen Situationen Mensch,
- lässt auch andere Meinungen gelten,
- lebt das, was er sagt,
- gibt Fehler zu,
- erlebt Widerstände als Herausforderung,
- erlebt Risiken als Chancen,

- gibt Unsicherheiten und Zweifel zu,
- lässt sich von Fakten und nicht nur von der Persönlichkeit anderer überzeugen,
- führt begonnene Aufgaben auch unter schwierigen Umständen aus eigenem Antrieb zum Ziel,
- hat klare Ziele, setzt diese jedoch nicht auf Kosten anderer um,
- setzt sich für eigene Meinungen und Ziele ein, aber auch für die Meinungen und Ziele anderer,
- präsentiert überzeugend und begeisternd.

negativ, beispielhaft:

- weicht konfliktbeladenen Situationen/ Diskussionen aus,
- hält seine Meinung zurück, bis andere ihre Meinung vertreten haben,

- lässt sich durch Äußerlichkeiten lenken und leiten,
- stellt Karrieredenken über alles, auch auf Kosten anderer,

- kann sich selbst nicht kritisieren,
- „hängt seine Fahne nach dem Wind",
- richtet sich in seiner Meinung immer nach anderen,

- ist „weder Fisch, noch Fleisch",
- hat keine eigene Linie,
- setzt sich nur für seine eigenen Belange ein,
- ist nur vordergründig überzeugend.

Im Zuge der Erweiterung des Anforderungsprofils von Führungspositionen werden auch die Kompetenzbereiche weiterentwickelt. Zum Beispiel im Bereich der Medienkompetenz.

3.1.9 Medienkompetenz

Merkmale:
- Nutzung von Informations- und Kommunikationstechnologien,
- Management von Wissen,
- Filtern von Informationen nach Wichtigkeit,
- Einsatz von Kreativitätstools,

- professioneller Umgang mit Medienvertretern,
- wirkungsvolle Präsentation und Auftritt in Medien sowohl in Bezug auf die eigene Person als auch in Bezug auf die Repräsentation des Unternehmens/der Institution.

Unter Medienkompetenz versteht man die Fähigkeit, die Informations- und Kommunikationstechnologien zur Aufgabengestaltung und Erledigung zu nutzen, z.B. für das Management von Wissen. Weiterhin bedeutet dies, dass die entsprechende Person in der Lage ist, die richtigen Medien zu selektieren und situationsgerecht zum Einsatz zu bringen. Dies setzt das entsprechende Know-how voraus. Weiterhin wird Medienkompetenz dort sichtbar, wo die entsprechende Person einen kompetenten Umgang mit den verschiedenen Medien unserer täglichen Landschaft, wie Presse, TV, Rundfunk etc. pflegt und sich und sein Unternehmen/seine Organisation entsprechend mediengerecht darstellen kann.

3.2 Führungskräfte arbeiten demnächst wie Filmregisseure

Unternehmen lagern Prozesse, die nicht zu ihren Kernkompetenzen gehören, zunehmend aus der eigenen Wertschöpfungskette aus und übertragen sie externen Dienstleistern oder Zulieferern. Führungskräfte müssen künftig also verstärkt vor allem die Service-Units und freien Dienstleister koordinieren, die alles das erledigen, was ihre eigenen Unternehmen nicht mehr selber machen können oder wollen. Dies erfordert gesteigertes Organisationsgeschick und gesteigerte Kommunikationsfähigkeit. In diesem Sinne vergleicht der Wirtschaftsprofessor Birger

Unternehmen lagern Prozesse, die nicht zu ihren Kernkompetenzen gehören, zunehmend aus der eigenen Wertschöpfungskette aus

P. Priddat die Arbeitsweise der Zukunftsunternehmen mit einer Film-
produktion und die Führungskräfte von morgen mit Regisseuren, die das
Chaos beherrschen lernen müssen: *„Einander völlig unbekannte Leute
müssen innerhalb kürzester Zeit hoch motiviert die Dinge zu einem exzellen-
ten Ergebnis bringen. Deshalb werden wir andere Managertypen bekommen
– nicht mehr die Chefs, die sich mit Schlipps und Nadelstreifen hinter ihrem
Schreibtisch verbarrikadieren, sondern Leute, die wie wild Bindungen erzeugen können: zeitlich befristete Bindungen ans Unternehmen, zwischen den
Beteiligten und ans Projekt."* (Prof. Dr. Hans-Jörg Bullinger in „manager-
Seminare" Heft 43, Juli 2000)

4   Corporate Identity – Festlegung un-
ternehmerischer Wertvorstellungen

Jeder Mitarbeiter eines Betriebes macht die Erfahrung, dass nicht nur das
äußere Erscheinungsbild, sondern auch der so genannte „Geist des Hauses" oder die Unternehmensatmosphäre von Unternehmen zu Unternehmen sehr unterschiedlich geprägt ist.

4.1   Definition

Unter Corporate Identity (Unternehmensidentität – Unternehmenspersönlichkeit) versteht man den schlüssigen Zusammenhang von Unternehmenserscheinungsbild (Corporate Design), Unternehmenskommunikation (Corporate Communication) und Unternehmensverhal-
ten bzw. Unternehmenskultur (Corporate Behaviour bzw. Corporate
Culture).

einheitliche Unterneh-   Unternehmenserscheinungsbild, Unternehmenskultur und Unter-
menspersönlichkeit   nehmenskommunikation sind einerseits die Instrumente, die zur Verwirklichung der Unternehmenspersönlichkeit zur Verfügung stehen,
andererseits sind sie der Maßstab, an dem die Öffentlichkeit und die eigenen Mitarbeiter das Unternehmen im Vergleich zu anderen Unternehmen bewerten. Diese Bewertung findet ihren sichtbaren Ausdruck im
Image des Unternehmens.

4.2   Die Unternehmensleitlinien

Die Unternehmensphilosophie bildet sozusagen das „Dach" über der
Identität eines Unternehmens. Sie ist der „rote Faden" im Unternehmen,
nach dem alle Ziele und Aktivitäten ausgerichtet werden müssen. Sie bil-

det die Grundlage für die Definition von Unternehmenszielen und -zwecken in ökonomischer und sozialer Hinsicht. So wird festgeschrieben, in welche Richtung zukünftige und vor allem langfristige Aktivitäten des Unternehmens gehen sollen.

Aus der Unternehmensphilosophie werden alle weiteren Grundsätze der Unternehmenskultur in Bezug auf Kommunikation, Erscheinung und Verhalten abgeleitet. Die gesamte Organisation, das Engagement der Mitarbeiter und das Führungsverhalten sowie der Eindruck nach außen müssen sich dieser Kompetenzformulierung anpassen und unterordnen.

Im Rahmen von Unternehmensleitlinien findet die Unternehmenskultur ihren Niederschlag in Richtung Umsetzung. In den Leitlinien werden unter anderem auch Führungs(verhaltens)grundsätze festgeschrieben, die für das Führungsverhalten jeder Führungskraft verbindlich sind.

Unternehmensleitlinien sorgen für die Umsetzung der Unternehmenskultur und der Führungskultur

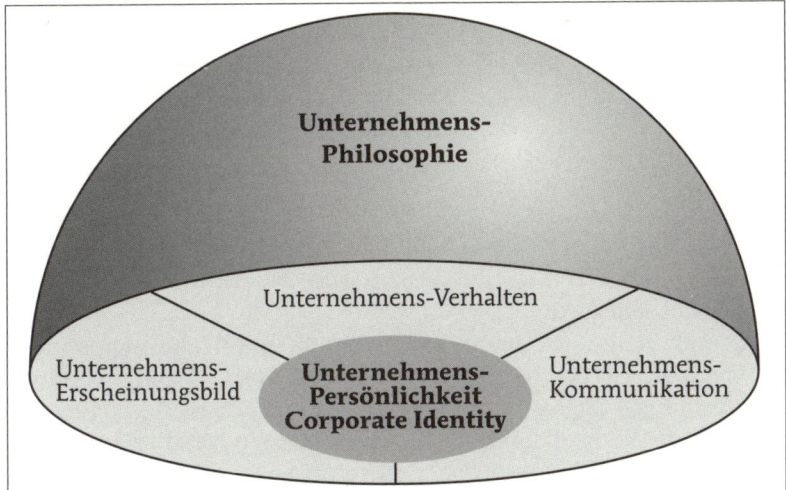

Abb. 4.1: Corporate Identity (nach Birkigt/Stadler, 1980)

4.3 Indikatoren der Unternehmenskultur

Innerhalb der betrieblichen Praxis lässt sich die Art und Weise der Unternehmenskultur anhand verschiedenartiger Indikatoren erkennen, von denen im Folgenden einige beispielhaft aufgezählt werden,

• Art und Weise der betrieblichen Kommunikation:
Dominieren Vorgesetzte die Gesprächsführung? Wirken Vorgesetzte im Sinne von Manipulation auf Mitarbeiter emotional ein? Finden Gespräche indiskret vor Kunden oder anderen Mitarbeitern statt? Gibt es

sporadische Mitarbeitergespräche, in denen der Mitarbeiter sowohl stellengebundene als auch persönliche Probleme äußern kann?

- Vorgehensweise bei der Kritik an Mitarbeitern:
  Wird Kritik indiskret, emotional, konstruktiv, sachlich, übertrieben, oder entmutigend geübt?
- Anerkennung guter Leistungen und Verhaltensweisen der Mitarbeiter:
  Wird Anerkennung selten, nie, manipulativ oder motivierend, schematisch oder individuell ausgesprochen?
- Art und Weise der Zusammenarbeit:
  Wird Teamwork organisiert oder findet die Tätigkeit der Mitarbeiter vorwiegend als Einzelkämpfer statt, was sich auch im bewussten Ausspielen gegeneinander ausdrückt?
- Art und Weise des Umgangs mit hierarchischen Strukturen:
  Wie wichtig wird die betriebliche Hierarchie genommen? Werden Titel überbetont?
- Art und Weise der betrieblichen Information:
  Findet ein gut ausgeprägter Informationsfluss von oben nach unten und umgekehrt bzw. in Form von Querinformationen unter den Mitarbeitern statt? Kann durch die Offenheit dieses Informationsflusses Gerüchten vorgebeugt werden?
- Art und Weise der Mitarbeiterförderung und -entwicklung:
  Findet eine leistungsbezogene Mitarbeiterförderung und Mitarbeiterentwicklung statt? Gibt es hier klare Beförderungsrichtlinien und transparente Verfahren, die auch für jeden Mitarbeiter einsichtig und nachvollziehbar sind?
- Art und Weise des Kommunikationsverhaltens von Führungskräften:
  Wodurch ist das Verhalten leitender Angestellter in Sitzungen und Besprechungen geprägt? Kommen nur die ranghöchsten Teilnehmer zu Wort oder können die fachlich kompetentesten Mitarbeiter ihre Argumente sachlich und angemessen vortragen?
- Engagement der Mitarbeiter:
  Besteht beispielsweise die Bereitschaft der Mitarbeiter, Überstunden zu leisten oder andere Mitarbeiter zu vertreten?
- Art und Weise der Kommunikation der Mitarbeiter gegenüber den Führungskräften:
  Benennen ausscheidende Mitarbeiter ihre wahren Fluktuationsgründe? Werden Probeme und Schwierigkeiten offen angesprochen? Wird Kritik offen geäußert? Wie findet der Umgang mit Ideen und Vorschlägen statt?
- Art und Weise der externen und internen schriftlichen Kommunikation:
  Ist der Briefstil des Hauses offen, direkt, freundlich, präzise, kunden- bzw. mitarbeiterbezogen, bürokratisch, autoritär, unpersönlich oder umständlich.

- Umgang mit Anfragen:
  Wie sind die Reaktionszeiten auf externe bzw. interne Schreiben? Sind Zwischenbescheide eingerichtet oder gibt es sehr lange Wartezeiten?
- Verhalten am Telefon gegenüber Kunden und Mitarbeitern:
  Herrscht ein freundlicher und gewinnender Ton? Werden Gespräche klar und deutlich eröffnet, tote Zeiten vermieden, insbesondere dann, wenn der andere das Gespräch bezahlt, werden Weiterverbindungen dem Kunden und Mitarbeiter gegenüber begründet und Fehlverbindungen entschuldigt?
- Behandlung von Reklamationen:
  Werden Reklamationen bagatellisiert oder gar blockiert? Wird mit so genannten Killerphrasen reagiert, wie etwa: „Das gibt's in diesem Hause nicht"?
- Umgang mit Verbesserungsvorschlägen:
  Werden Verbesserungsvorschläge der Mitarbeiter durch Vorgesetzte blockiert?

Unabhängig davon, welche dieser Themen und Werte ein Unternehmen aufgrund seiner Firmenphilosophie in den Vordergrund stellt, über ihre Bedeutung für die spezifische Unternehmenskultur und die Art und Weise der Umsetzung entscheidet in hohem Maße die Konsequenz, mit der sie von den Führungskräften aller hierarchischen Ebenen vorgelebt und somit von vielen Mitarbeitern wie selbstverständlich beachtet werden. Die Führungskräfte müssen sich dabei immer mehr bewusst machen, dass der entscheidende Wettbewerbsvorteil nicht nur auf der Fachkompetenz, sondern auf der sozialen Kompetenz der Mitarbeiter und Mitarbeiterinnen beruht.

Entscheidende Wettbewerbsvorteile beruhen neben fachlicher Kompetenz in hohem Maße auch auf der sozialen Kompetenz der Mitarbeiter

4.4 Festlegung der Führungsgrundsätze in einem Leitbild

Zur Verdeutlichung des Wertesystems eines Unternehmens werden Führungsgrundsätze und Führungsleitsätze formuliert. Sie weisen die von der Unternehmensleitung verfolgte Konzeption der Personalführungspolitik aus und bezwecken, das Verhalten der Mitarbeiter des Unternehmens an einheitlichen Gesichtspunkten auszurichten. Hier werden diejenigen Werte festgelegt, die als Ausdruck der Unternehmensidentität (Corporate Identity) gelten sollen, und durch die sich das betreffende Unternehmen vom Wettbewerb im positiven Sinne abheben möchte.

Festlegung von Werten, die als Ausdruck der Unternehmensidentität gelten sollen

Solche Grundsätze werden in der Regel schriftlich fixiert. Die Einführung von Führungsgrundsätzen ist aber nur dann Erfolg versprechend, wenn folgende Voraussetzungen vorliegen bzw. geschaffen werden:

- Die Unternehmensleitung muss sich zu den Führungsgrundsätzen bekennen, das eigene Verhalten daran ausrichten und bereit sein, das eigene Verhalten an den festgelegten Maßstäben messen zu lassen.
- Möglichst alle Führungskräfte sollten an der Erarbeitung der Führungsgrundsätze beteiligt sein und/oder die Möglichkeit haben, Anregungen und Vorschläge zu unterbreiten.
- Die Führungskräfte müssen hinsichtlich zielgerichteten Führungsverhaltens systematisch informiert und geschult werden.
- Eine zusätzliche Maßnahme bilden Beurteilungen der Führungskräfte durch ihre Mitarbeiter hinsichtlich ihres Führungsverhaltens, z.B. bezüglich der Art zu kritisieren, Anerkennung zu vergeben oder ob ein Vorgesetzter persönliche Stimmungen auf sein betriebliches Verhalten überträgt.

Den Führungsgrundsätzen sollten die von der Unternehmensleitung gesetzten unternehmenspolitischen Ziele vorangestellt werden, um den Mitarbeitern die für ihre Arbeit notwendige Orientierung an der Gesamtzielsetzung zu vermitteln.

Darin sollte vor allem Folgendes enthalten sein:

- Umschreibung des Unternehmenszwecks, Art der Produkte bzw. Dienstleistungen, Kunden- und Abnehmerkreis, Bedeutung für die Gesamtwirtschaft und die Gesellschaft,
- Darstellung der wirtschaftlichen und sozialen Zielsetzungen des Unternehmens,
- Verdeutlichung der Verhaltensgrundsätze, die die Unternehmensleitung gegenüber den verschiedenen Gruppen angewandt wissen möchte, die mit dem Unternehmen verbunden sind, z.B. Verhalten gegenüber Kunden, Lieferanten, Mitarbeitern, Partnern, Kapitalgebern, gegenüber Presse, Öffentlichkeit und Gesellschaft.

4.5   Acht zentrale Führungsgrundsätze

Je nach der Art der unternehmenspolitischen Ziele können einzelne der folgenden zentralen Führungsgrundsätze besonders verdeutlicht werden:

• Zusammenarbeit

Die im Unternehmen zu verrichtenden Aufgaben werden durch eine zielgerichtete, verantwortungsbewusste und leistungsbetonte Zusammenarbeit aller Mitarbeiter und im Rahmen gegenseitiger Unterstützung unter Zurückstellung des Eigen- und Ressortinteresses bewältigt.

• Loyalität

Unternehmen und Mitarbeiter arbeiten als Partner. Zwischen Vorgesetzten und Mitarbeitern findet ein offener und sachlicher Informationsaustausch statt.

• Delegation

Die Führungskräfte übertragen ihren Mitarbeitern soweit wie möglich Aufgaben und zugehörige Kompetenzen, die sie selbstständig bearbeiten können.

• Information

Informationen sind schnell, klar und unverfälscht an die Adressaten zu vermitteln. Vorgesetzte und Mitarbeiter haben gleichermaßen Informationspflichten. Die notwendigen Querinformationen zwischen Mitarbeitern, die ohne Einschaltung der Führungsebene vermittelt werden können, werden klar dargestellt und beschrieben.

• Kontrolle

Kontrolle wird nicht als Misstrauensbeweis des Vorgesetzten seinem Mitarbeiter gegenüber verstanden, sondern als auf allen Ebenen notwendig angesehen. Über Kontrolle werden betriebliche Abläufe gesteuert und Verhaltensweisen korrigiert. Entstandene Fehler und deren Ursachen werden erkannt und entsprechende geeignete Korrekturmaßnahmen festgelegt. Die Zielerreichungs-, Ergebnis- und Erfolgskontrolle wird planmäßig und systematisch in fairer Form durchgeführt und ihr Ergebnis mit den Mitarbeitern unter Verwendung konstruktiver Kritik durchgesprochen.

• Beurteilung

Beurteilungen der Mitarbeiter werden durch ihren Vorgesetzten gerecht gehandhabt und durch die jeweiligen direkten Vorgesetzten den Mitarbeitern im Rahmen von Beurteilungsgesprächen eröffnet, wobei auch zu erörtern ist, wie der Mitarbeiter erkannte Schwachstellen überwinden kann.

• Entgeltfindung

Es findet der Grundsatz der Lohngerechtigkeit Anwendung. Übereinstimmende und vergleichbare Arbeiten werden mit gleichen Entgelten angesetzt. Das Unternehmen erwartet, dass die Mitarbeiter eine unterschiedliche Dotierung für unterschiedliche Leistungen, überdurchschnittliche Arbeitsergebnisse und zusätzlich oder neu übernommene Aufgaben und Kompetenzen akzeptieren.

• Personalentwicklung

Jeder Mitarbeiter hat die Möglichkeit fachlicher und persönlicher Weiterbildung sowie die Chance eines beruflichen Aufstiegs. Auswahlmaßstab sind Leistung, Können, Erfahrung und persönliche Eignung.

Der bloße Ausweis von Führungsgrundsätzen allein reicht nicht; sie müssen auch mit Leben gefüllt werden

Diese Aufstellung muss von jedem Unternehmen individuell festgelegt werden. Die Führungsgrundsätze alleine reichen nicht aus, eine lebendige und dynamische Unternehmenskultur zu schaffen. Sie müssen mit „Leben gefüllt" werden.

In jedem Unternehmen gibt es Kräfte, die notwendige Anpassungsprozesse hemmen oder fördern.

4.6 Fördernde und hemmende Faktoren für die Verwirklichung der Führungsgrundsätze

4.6.1 Fördernde Faktoren

Fördernd für die Verwirklichung der Führungsgrundsätze sind:
- generelle Aufgeschlossenheit der Führungskräfte für Neuerungen und Weiterentwicklungen,
- anpassungsfähige und veränderungsbereite Mitarbeiter,
- die Erkenntnis, dass die Veränderungen nicht nur dem Unternehmen, sondern auch den einzelnen Mitarbeitern dienen,
- das Bewusstsein für sich ändernde Kundenbedürfnisse und Kundenerwartungen.

4.6.2 Hemmende Faktoren

Hemmend für die Verwirklichung der Führungsgrundsätze sind:
- mangelnde Betriebssolidarität,
- negative Erfahrungen des Personals mit Veränderungen in der Vergangenheit,
- stark ausgeprägtes Status- und Besitzstandsdenken,
- überstürzte Veränderungen,
- mangelnde Flexibilität bei den Führungskräften und bei den Mitarbeitern.

5 Das Führungsverhalten

5.1 Muster des Führungsverhaltens – Führungsstile

Auf welche Art und Weise werden Führungsfunktionen ausgefüllt?

Im Unterschied zu den Führungsfunktionen geht es beim Führungsstil um die charakteristische Art und Weise wie diese Funktionen ausgeführt werden.

Dabei kann es sich um den Führungsstil eines Einzelnen handeln, aber auch um den Führungsstil eines ganzen Unternehmens – nämlich dann, wenn die Mehrheit der Führungskräfte dasselbe Führungsverhalten prak-

tiziert. In der Regel wird der grundsätzliche Führungsstil in den Führungsgrundsätzen eines Unternehmens festgeschrieben.

Mit Führungsverhalten ist gemeint, wie Führungsaufgaben wahrgenom-
men werden. Das heißt:
• Ziele definieren,
• Entscheidungen treffen,
• mit Mitarbeitern, Kollegen kommunizieren,
• Mitarbeiter motivieren,
• Veränderungen und Konflikte managen,
• Leistungen beurteilen,
• Mitarbeiter auswählen und entwickeln.

Im Führungsstil wird die Art der bewussten und geplanten Einflussnahme auf Mitarbeiter zum Erreichen betrieblicher Ziele dokumentiert. In
ihm spiegelt sich die Grundeinstellung des Vorgesetzten zu seinen Mitarbeitern wider, kennzeichnet also die Verhaltensweisen – die gewählten
Führungsmittel des Vorgesetzten.

*Der Führungsstil doku-
mentiert die Art und Weise
der bewussten und geplan-
ten Einflussnahme auf
Mitarbeiter*

   Der Führungsstil wandelt sich im Laufe der Zeit und passt sich den gesellschaftlichen Veränderungen an. Ein nach dem Prinzip von Befehl
und Gehorsam führender Vorgesetzter mag in früheren Jahrhunderten
und Jahrzehnten akzeptabel gewesen sein. Heutzutage wäre ein strikt autoritärer Führungsstil nicht akzeptabel. In einem freiheitlichen Staats-
wesen wird ein politisch freier und mündiger Mensch nicht seine Identität ablegen und in die Haut eines gehorsamen Untertans schlüpfen.
Dies ist kein Widerspruch zu einem notwendigen und für alle akzepta-
blen Prinzip einer sinnvollen Einordnung und Zuordnung.

5.2   Die bekanntesten Führungsstile

5.2.1   Autoritärer Führungsstil

Die Führung geht von einem mit hoher Machtfülle ausgestatteten Vorgesetzten (Master next God) aus, der die notwendigen Entscheidungen
ohne die Mitwirkung seiner Mitarbeiter (Untergebenen) trifft. Die Untergebenen haben die Entscheidung unverfälscht und zuverlässig auszu-
führen, wobei sie ständiger Kontrolle unterworfen sind. Das Infragestellen von Entscheidungen, das Einbringen von eigenen Vorstellungen und
Ideen ist nicht gewünscht und wird vom Vorgesetzten abgelehnt. Das
Verhältnis zwischen Vorgesetztem und Untergebenen ist distanziert, da
der Vorgesetzte den „Herr-im-Haus-Standpunkt" vertritt. Sein vorrangi-
ges Ziel ist die Aufgabenerfüllung im sachlichen Bereich, während er die
individuellen Belange der Mitarbeiter vernachlässigt.

   Positiv ist die klare Zielvorgabe und Anweisung, die klare Struktur, sowie die Vorgabe einer Strategie.

5.2.2   Patriarchalischer Führungsstil

Beim patriarchalischen Führungsstile (Patriarchat = Vaterherrschaft) –
dem autoritären Führungsstil verwandt – fühlt sich der Vorgesetzte für seine in Abhängigkeit gehaltenen „Belegschaftskinder" verantwortlich. Er
entscheidet allein, was für sie gut oder schlecht ist. Beugen sich die „Kinder" dem Willen des „Vaters" nicht, greift der Vorgesetzte strafend ein.

5.2.3   Laissez-faire-Führungsstil

Der Laissez-faire Führungsstil wird gekennzeichnet durch den Effekt der
Desorganisation. Führen, d.h. Mitarbeiter auf ein gemeinsames Ziel hin
unter Berücksichtigung der jeweiligen Situation zu beeinflussen, findet
kaum statt. Zwar stellt der Vorgesetzte die zur Entscheidungsfindung erforderlichen Informationen bereit, macht im Entscheidungsprozess jedoch keinen oder nur einen geringen Einfluss geltend. Selbstentfaltung
jedes Einzelnen ist sehr wichtig. Alle Beteiligten sind „gleich". In diesem
Führungsstil sind viele Elemente der Kreativität, Kommunikation („Wir
sollten darüber reden") und der Gleichheitsgrundsatz verankert. Fragen
der Planung, Organisation, Durchführung und Kontrolle werden von
der Gruppe beantwortet oder aber wegen nicht integrierter widerstrei-
tender Meinungen nicht gelöst.

So neigt die Arbeitsgruppe zur Cliquenbildung und läuft Gefahr, sich
mangels klarer Linie nach kurzer Zeit in reinen emotionalen Aspekten zu
verfangen und zu zerfallen.

5.2.4   Kooperativer Führungsstil

bestmögliche Aufgaben-
erledigung bei gleichzeitig
größtmöglicher Zufrieden-
heit der Mitarbeiter

Der kooperative Führungstil sieht seine über allem stehende Funktion
darin, für bestmögliche Aufgabenerledigung bei gleichzeitig größtmöglicher Zufriedenheit der Mitarbeiter zu sorgen. Verschiedene Elemente des
autoritären Führungsstils, wie z.B. klare Anweisungen, klare Ziele, Stra-
tegieentwicklungen, Kontrolle sowie verschiedene Elemente des Laissez-
faire-Führungsstils wie Berücksichtigung der verschiedenen Interessen
unabhängig von Hierarchien, die menschliche Gleichberechtigung sowie die Betonung von Kommunikation finden sich im kooperativen Führungsstil miteinander verknüpft und modifiziert wieder.

Die Führungskraft betrachtet die Geführten als Mitarbeiter und Partner, die am Willensbildungsprozess im Rahmen ihrer Fähigkeiten, ihres
Wissens und ihrer Erfahrung aktiv mitwirken. Sie arbeiten gemeinsam
auf ein unternehmerisches Ziel hin, wobei sowohl die Führungskraft als
auch der Mitarbeiter Verantwortung für sein betriebswirtschaftliches
Handeln und persönliches Verhalten übernimmt.

Prinzip der Delegation von
Aufgaben, Kompetenzen
und Verantwortung

Durch das Herausstellen des Prinzips der Delegation von Aufgaben,
Kompetenzen und Verantwortung wird dem Mitarbeiter ein hohes Maß
an Selbstständigkeit ermöglicht. Unter Verzicht auf Zwang und persönliches Geltungs- und Machtstreben wird partnerschaftliches Denken
und Handeln praktiziert.

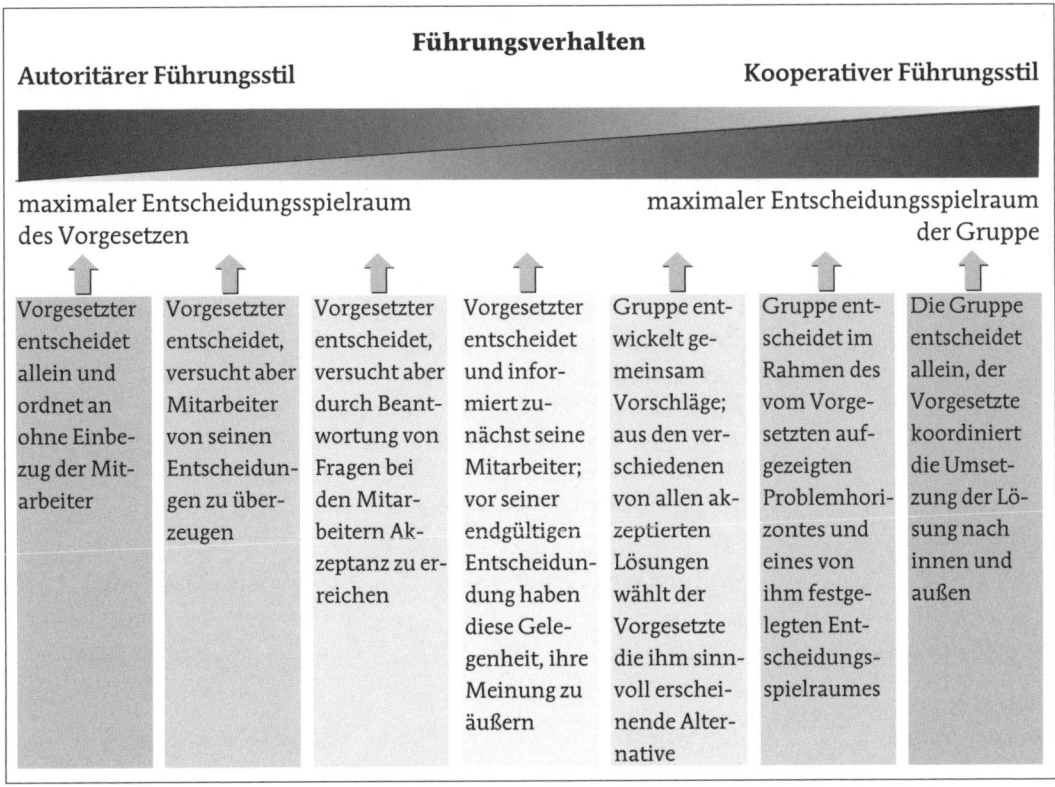

Führungsverhalten

Autoritärer Führungsstil						Kooperativer Führungsstil

maximaler Entscheidungsspielraum des Vorgesetzen

maximaler Entscheidungsspielraum der Gruppe

Vorgesetzter entscheidet allein und ordnet an ohne Einbezug der Mitarbeiter	Vorgesetzter entscheidet, versucht aber Mitarbeiter von seinen Entscheidungen zu überzeugen	Vorgesetzter entscheidet, versucht aber durch Beantwortung von Fragen bei den Mitarbeitern Akzeptanz zu erreichen	Vorgesetzter entscheidet und informiert zunächst seine Mitarbeiter; vor seiner endgültigen Entscheidung haben diese Gelegenheit, ihre Meinung zu äußern	Gruppe entwickelt gemeinsam Vorschläge; aus den verschiedenen von allen akzeptierten Lösungen wählt der Vorgesetzte die ihm sinnvoll erscheinende Alternative	Gruppe entscheidet im Rahmen des vom Vorgesetzten aufgezeigten Problemhorizontes und eines von ihm festgelegten Entscheidungsspielraumes	Die Gruppe entscheidet allein, der Vorgesetzte koordiniert die Umsetzung der Lösung nach innen und außen

Abb. 5.1: Autoritäre und kooperative Führung (nach Tannenbaum/Schmidt)

5.3 Grundlegende Unterschiede zwischen autoritärem und kooperativem Führungsstil

Grundsätzlich geht man heute davon aus, dass der kooperative Führungsstil die Grundlage zeitgemäßen Führungsverhaltens ist. Unter unterschiedlichen Bedingungen leidet die Akzeptanz der Führungskraft bei Wechsel des Führungsstils jedoch nicht, im Gegenteil z.B. in Krisensituation reagieren vielfach Mitarbeiter auf einen autoritären Führungstil mit Abstrichen sehr positiv.

Grundsätzlich geht man heute davon aus, dass der kooperative Führungsstil Grundlage zeitgemäßen Führungsverhaltens ist

Weiterhin wird angenommen, dass jeder Vorgesetzte in der Lage ist, kooperativ zu führen und damit auch willens dieses zu lernen und ein Gespür zu entwickeln, wann kooperativer Führungsstil angemessen ist.

Es gibt Bedingungen, unter denen kooperative Führung weniger Erfolg versprechend ist. Wenn man unter „Erfolg" kurzfristig Schnelligkeit, Kostengünstigkeit, Output, Kontrollierbarkeit, Umsetzung von festumrissenen Zielen und Ähnliches versteht, dann ist in vielen Fällen autoritäre Führung überlegen. Stehen dagegen langfristige Kriterien wie

Unterschiedliche Situationen und Umfeldbedingungen erfordern unterschiedliche Führungsstile

Akzeptanz der Mitarbeiter, Mitdenken, Qualität, stetige Produktivität oder Sicherheit im Vordergrund, dann bewährt sich kooperative Führung.

Wenn Mitarbeiter aufgrund ihrer Erziehung und Erfahrung nicht an Mitsprache gewöhnt und interessiert sind, muss der Führungsstilwechsel langsam und sensibel erfolgen, damit die Mitarbeiter nicht vor den Kopf gestoßen werden bzw. damit sie nicht das Gefühl bekommen ins Leere zu fallen.

Ein Wechsel des Führungs-stils sollte langsam und sensibel erfolgen

Wenn unter Zeitdruck gehandelt werden muss, wenn die vorgegebene technische Ausstattung oder Sicherheitsrücksichten kaum eine andere Wahl lassen, werden autoritäre Führungselemente als die bessere Führung empfunden.

Sind die Mitarbeiter dagegen kompetente Spezialisten in ihren Sachgebieten, oder kommt es vor allem auf freiwillige, spontane, kritische und kreative Zusammenarbeit an, dann wird eine kooperative Vorgehensweise größere Erfolgsaussichten haben.

	autoritärer Führungsstil	**kooperativer Führungsstil**
Qualität der Mitarbeiter	niedrig	hoher Reifegrad notwendig
Art der Aufgabe	überwiegend Routineaufgaben	schwierige und komplexe Aufgaben
Wahrnehmung der Beschäftigten als	Untergebene, Weisungsempfänger	selbstständige, motivierte Verantwortung übernehmend
Entscheidungen	Vorgesetzter allein	Mitarbeiter werden involviert
Kontrolle	laufend, total	Stichproben, Erfolgskontrolle
Ermessensspielraum der Mitarbeiter	gering, viele Vorschriften	im Rahmen des Delegationsspielraums voll
Motivation	Druck, Angst, Zwang	vielfältige Bedürfnisbefriedigung
Delegation	nur Aufgaben	Aufgaben, Verantwortung, Kompetenzen
Vorteile	schnelle Entscheidungen, diszipliniertes Vorgehen	kollegiales, partnerschaftliches Miteinander bei bestmöglicher Aufgabenerledigung
Nachteile	Entscheidungen werden einsam, u.U. falsch getroffen, Mitarbeiter bringen keine Ideen ein	Zeitverbrauch bis zur Konsensbildung

5.4 Zwischen Leistungs- und Mitarbeiterorientierung

Mit den möglichen Abstufungen des Führungsverhaltens haben sich besonders die amerikanischen Organisationspsychologen und Managementberater Blake und Mouton beschäftigt.

Sie haben insgesamt 81 Führungsstile zwischen Leistungsorientierung einerseits und Mitarbeiterorientierung andererseits herausgearbeitet.

Leistungsorientierung bedeutet: Was zählt sind einzig und allein die harten Fakten wie: Produktion, Produktivität, Effizienz, Ergebnisse. Der Mensch ist Mittel zum Zweck. Die Leistungsorientierung in dieser extremen Form entspricht uneingeschränkt dem autoritären Führungsstil.

Der Gegenpol dazu ist die Mitarbeiterorientierung. In seiner extremsten Ausprägung bedeutet dies, dass ausschließlich der Mensch und seine Bedürfnisse im Vordergrund stehen. Hauptsache ist, die Mitarbeiter sind zufrieden und es herrscht ein gutes Betriebsklima. Ergebnisse spielen keine oder nur eine untergeordnete Rolle. Dieser Führungsstil entspricht nicht dem Laissez-Faire-Führungsstil, sondern ist mehr eine Art „Human Touch"-Führungsstil, der nur auf die Qualität der Zusammenarbeit ausgerichtet ist.

Das Führungsmodell von Blake/Mouton macht deutlich, dass Mitarbeiterorientierung alleine den Erfolg heutiger Unternehmen nicht sicherstellt, ebenso wenig wie rein leistungsorientiertes Handeln längerfristig zum Erfolg führt.

Es gibt nicht den richtigen Führungsstil:
Erfolg versprechend ist vielmehr die von der jeweiligen Situation abhängige angemessene Mischung aus Mitarbeiter- und Leistungsorientierung

Von den vielen Führungsstilen haben jedoch nur 5 eine praktische Bedeutung (Abb. 5.2). Im Einzelnen führen Blake/Mouton auf:

- **autoritärer oder autoritär-direktiver Führungsstil**

  gekennzeichnet durch einsame Entscheidungen, genaue Anweisungen, harte Kontrollen. Ausschließliche Orientierung an Fakten, Ergebnissen, Leistungen. (9.1 Stil)

- **gemäßigt autoritärer Führungsstil**

  oder – weniger freundlich ausgedrückt – autoritär-instabiler Führungsstil. Vertreter dieses Führungsstils versuchen den Weg des geringsten Widerstandes zu gehen. Gemäßigtes Interesse sowohl an Produktion als auch an Menschen. Zufrieden stellende Ergebnisse und zufrieden stellende Atmosphäre. Versuch Konflikte zu vermeiden oder ihnen aus dem Weg zu gehen. Wenn es allerdings ernst wird und sie selbst unter Druck geraten, greifen solche Vorgesetzte rasch auf autoritäre Verhaltensweisen und Machtinstrumente zurück. (5.5 Stil)

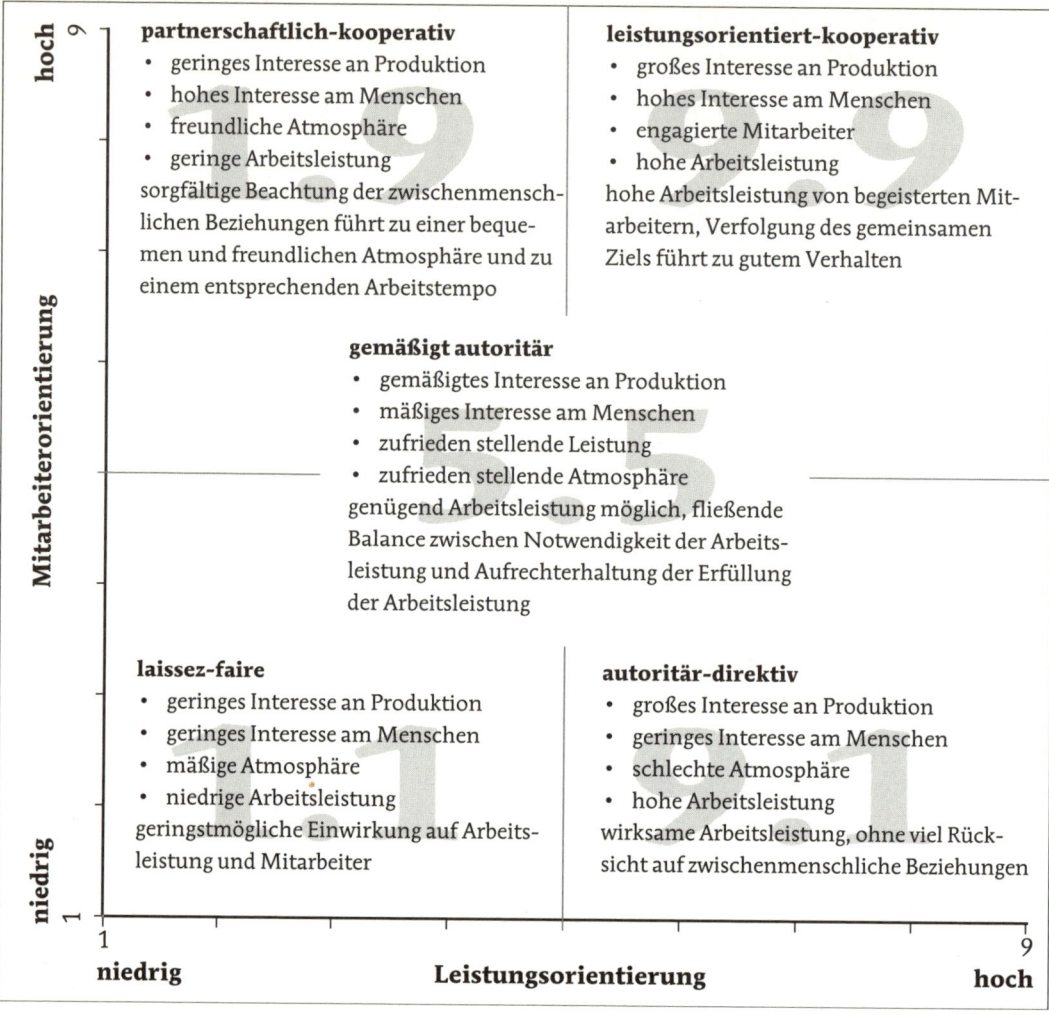

Abb. 5.2: *Führungsmodelle und Verhaltensgitter nach Blake und Mouton*

- **sach- oder leistungsorientiert-kooperativer Führungsstil**

  der ein hohes Maß an Leistungs- und Mitarbeiterorientierung miteinander verbinden will. Zeichnet sich aus durch ein großes Interesse an Produktion und Ergebnissen und durch ein hohes Interesse am Menschen. In der Folge sind die Mitarbeiter engagiert und die Arbeitsleistung ist hoch. (9.9 Stil)

- **der partnerschaftlich-kooperative Führungsstil**

  bei dem der Mensch und das menschliche Miteinander vor der Leistung, vor den Ergebnissen, kommen. Die Prioriäten sind eindeutig zugunsten der Mitarbeiterorientierung gesetzt. (1.9 Stil)

- **Laissez-faire Führungsstil**

  der sich in der Aufteilung von Blake/Mouton in dieser Form allerdings nicht wiederfindet.

5.5 Situations- und personenbezogener Führungsstil – Theorie und Praxis

Der kooperative Führungsstil bzw. eine Mischung aus Leistungsorientierung und Mitarbeiterorientierung ist aus allgemeinen Wertüberlegungen heraus immer anzustreben. Im konkreten Einzelfall können Bedingungen und Ziele gegeben sein, die seine Verwirklichung erschweren, verhindern oder nicht sinnvoll erscheinen lassen. Der einzelne Vorgesetzte hat zu prüfen, wann und wie er seinen Führungsstil optimieren kann.

Sachorientiert-kooperativ zu führen ist allgemein üblich. Jedoch muss die jeweilige Situation mit berücksichtigt werden. Das verpflichtet die Führungskraft, ihr Führungsverhalten den entsprechenden Situationen anzupassen. Sie kann beispielsweise autoritär sein, wenn keine Zeit für Diskussionen bleibt, sondern nur knappe und präzise Anweisungen gefragt sind. In anderen Fällen ist die Führungskraft demokratisch und kooperativ, weil Spielraum besteht oder sogar die Ausschöpfung dieses Spielraums notwendig ist. Wie zum Beispiel bei der Koordination von Expertenteams.

Wenn es die Situation erlaubt, ist sachorientiert-kooperativ zu führen allgemein üblich

Da sich Situationen und auch Personen ständig verändern, kann auch der Führungsstil nicht einmal als für immer passend „verabschiedet" werden, sondern es bedarf heute mehr denn je einer permanenten Auseinandersetzung mit den jeweiligen Mitarbeitern, ihren Bedürfnissen und Wünschen, ihren Fähigkeiten und Fertigkeiten, da jeder Mitarbeiter während seines Arbeitslebens verschiedene Phasen der „kompetenten Führung" durchläuft.

Da sich Situationen und auch Personen ständig verändern, kann auch der Führungsstil nicht einmal als für immer passend „verabschiedet" werden

Entwicklungsstand des Mitarbeiters	aktuelles Mitarbeiterverhalten	angemessener situationsbezogener Führungsstil
E1: wenig Kompetenz	hohes Engagement	Dirigieren
E2: etwas Kompetenz	wenig Engagement	Trainieren
E3: hohe Kompetenz	schwankendes Engagement	Sekundieren
E4: hohe Kompetenz	hohes Engagement	Delegieren

Abb. 5.3: Situationsbezogenes Führen nach Hersey/Blanchard

Dieser Grundgedanke wird von Hersey und Blanchard mit dem Modell des situationsbezogenen Führungsstils belegt, welches die Art und Wei-

situationsbezogener Führungsstil nach Hersey/Blanchard

se der Führung der Mitarbeiter vom jeweiligen Entwicklungsstand der Mitarbeiter abhängig macht.

Der Entwicklungsstand des Mitarbeiters wird durch die Komponenten

- Fachkompetenz und
- Engagement (Motivation) bestimmt.

Hersey/Blanchard unterscheiden 4 Entwicklungsstufen:

 Auf der ersten Entwicklungsstufe wird der Mitarbeiter, dem es noch an Kompetenz fehlt, sehr eng, sehr aufgabenorientiert, also direktiv, geführt.

 Auf der zweiten Entwicklungsstufe ist schon mehr Kompetenz, dafür aber oft etwas weniger Engagement vorhanden. Der Mitarbeiter braucht daher immer noch enge Führung, aber er kann auch schon eigene Ideen einbringen, um seine Motivationslage und das Engagement zu verbessern. Kompetenz und Engagement werden gleichermaßen trainiert.

 Auf der dritten Entwicklungsstufe stellt die Kompetenz des Mitarbeiters kein Problem mehr dar. Sie sekundieren deshalb den Mitarbeiter nur noch, was soviel heißt, wie sie stützen ihn seelisch und moralisch und beziehen ihn stärker in Entscheidungen mit ein, um sein Engagement und seine Motivation weiter zu stabilisieren.

④ Auf der vierten Entwicklungsstufe stimmen Kompetenz und Engagement (Motivation) des Mitarbeiters. An diesen Mitarbeiter können Aufgaben mit allen Kompetenzen und Pflichten delegiert werden.

5.6   Die Rolle der Führungskraft im Alltag

Kooperative Führung verlangt ein bestimmtes Verständnis der Vorgesetzten-Rolle. Der Vorgesetzte sieht sich nicht mehr als überlegener Einzelner, der seinen im Grunde arbeitsscheuen Untergebenen möglichst präzise Befehle zu geben und deren ordnungsgemäße Ausführung zu überwachen hat. Er hat stattdessen in Zusammenarbeit mit seinen Mitarbeitern die ihnen gemeinsam vorgegebenen Zielsetzungen unter Beachtung der ebenfalls vorgegebenen Randbedingungen (Kosten, Termine, Technik, Organisation, Gesetze usw.) zu erfüllen.

Die Führungskraft als vermittelnder und ausgleichender Partner

Seine Rolle ist weder die eines Herrschers, noch die eines Vereinsvorstandes, sondern die eines vermittelnden und ausgleichenden führenden Partners. Von den einzelnen Führungsaufgaben gewinnen dabei gerade das Beraten, Trainieren und prozesssteuernde Begleiten besondere Bedeutung. Die Führungskraft ist damit für den Mitarbeiter gewissermaßen wie ein Treppengeländer, das ihn bei seinem Weg durchs Arbeitsleben Stufe für Stufe führt (auch durch manche Nebelschwaden und Unsicherheiten). Die Führungskraft hat das Ziel vor Augen und lässt den Mitarbeiter über Motivation, Feedback, aber auch klare Anweisungen und Richtungsvorgaben und Kurskorrekturen seinen Weg gehen und bietet dem Mitarbeiter trotz Delegation und Selbständigkeit jederzeit die Möglichkeit auf ihn zurückzukommen. Das menschliche Verhältnis ist von Respekt, gegenseitiger Achtung und Offenheit geprägt.

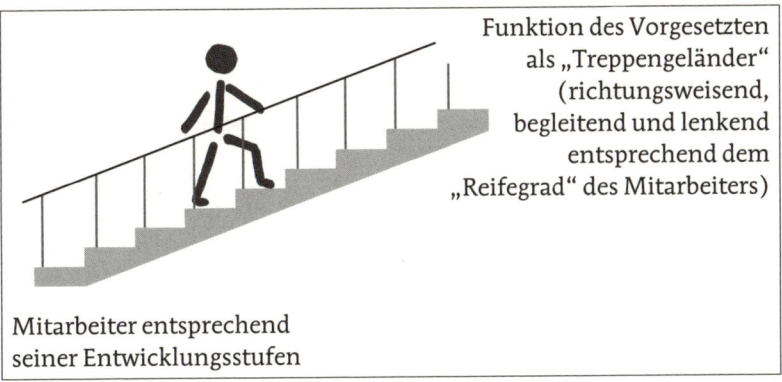

Funktion des Vorgesetzten als „Treppengeländer" (richtungsweisend, begleitend und lenkend entsprechend dem „Reifegrad" des Mitarbeiters)

Mitarbeiter entsprechend seiner Entwicklungsstufen

Abb. 5.4: Die Führungstreppe

Das situationsgerechte und individuelle Eingehen auf jeden Mitarbeiter kostet nicht nur Geduld, sondern auch Zeit. Es birgt die Gefahr in sich, dass man sich als Führungskraft in der Regel mit den Mitarbeitern, die die meisten Probleme haben oder machen, am intensivsten beschäftigt. Dies führt leicht dazu, dass die guten Mitarbeiter, bei denen alles läuft, die positiv zum Arbeitsklima beitragen, die keine Probleme machen, weniger Aufmerksamkeit durch die Führungskraft erfahren.

Wichtig ist, dass die Führungskraft diesen Tendenzen vorbeugt, indem sie regelmäßig allen Mitarbeitern Feedback gibt (besonders auch positives Feedback!).

5.7 Zusammenfassung: Ein erfolgreicher Führungsstil

Ein erfolgreicher Führungsstil setzt voraus:

- dass Sie sich einen Überblick über den Entwicklungsstand Ihrer Mitarbeiter verschaffen und sich darüber klar werden, wieviel Führung der Einzelne wirklich braucht,

- dass Sie regelmäßig Rückmeldungen an Ihre Mitarbeiter über ihre Leistungen und ihre Stärken und Schwächen geben,

- dass Sie den Mitarbeitern erläutern, was Sie zu tun gedenken, um sie zu fördern und sie zu entwickeln,

- dass Sie die Mitarbeiter partnerschaftlich und nicht von oben herab behandeln.

- dass Sie dem Mitarbeiter sagen, warum Sie ihn enger führen, wenn das notwendig ist, und dass es Ihr Ziel ist, ihn dadurch selbstständiger und erfolgreicher zu machen,

- dass Sie Ziele setzen, herausfordernd aber erreichbar. Vereinbaren Sie diese Ziele gemeinsam in regelmäßigen Gesprächen,

- dass Sie klare Maßstäbe setzen und eindeutige Spielregeln für Ihr Team formulieren. Sorgen Sie dafür, dass diese eingehalten werden. Behandeln Sie dabei alle Mitarbeiter gleich,

- dass Sie Haltungen und Werte, die Sie von Ihren Mitarbeitern fordern, auch selber leben und einhalten.

Teil B

Information der Mitarbeiter
und Kommunikation mit den Mitarbeitern

Information der Mitarbeiter

Kommunikation mit dem Mitarbeiter

Führen durch Kommunikation

1   Information der Mitarbeiter

1.1   Die Bedeutung der Information der Mitarbeiter

Ohne umfassende und offene Information können Mitarbeiter weder mitdenken noch selbstständig handeln, andere vertreten, unterstützen oder beraten

Die Information der Mitarbeiter ist eine wichtige Führungsaufgabe. Ohne umfassende und offene Information können Mitarbeiter weder mitdenken noch selbstständig handeln, andere vertreten, unterstützen oder beraten.

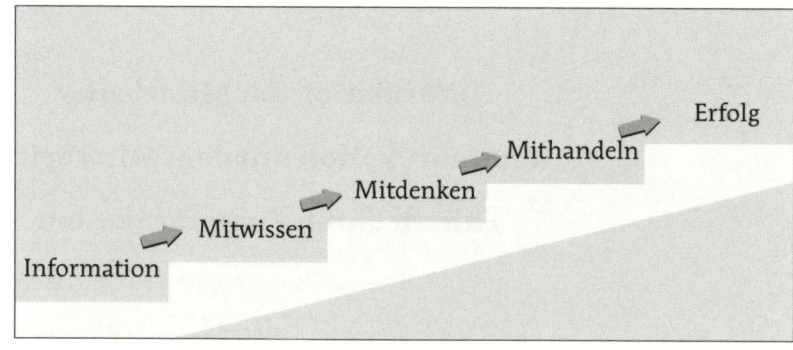

Abb. 1.1: Die Wichtigkeit der Mitarbeiterinformation

Informationen in diesem Sinne sind nur diejenigen Tatsachen und Ereignisse, die für den Empfänger einen relativen Neuigkeitswert haben und die er für die Aus- und Durchführung der ihm übertragenen Aufgaben benötigt oder die dafür zumindest zweckmäßig sind.

Ein Zuviel an Information ist genauso falsch, wie ein Zuwenig an Information, wobei das Problem heute nicht in der Beschaffung, sondern in der Auswahl der Information liegt.

1.1.1   Warum sollte die Führungskraft ihre Mitarbeiter informieren?

Allgemein herrschen hohe Informationserwartungen

- Jeder Bürger kann sich heute umfassend informieren. Für uns ist dies eine Selbstverständlichkeit geworden, die sogar überall gefordert wird. Damit ist die Erwartungshaltung eines jeden, auch im beruflichen Bereich umfassend und offen informiert zu werden.

In zunehmend spezialisierten Arbeitsumfeldern ist umfassende Information unerlässlich

- Wer seinen Job verantwortlich machen möchte, muss umfassende Informationen über sein Arbeitsgebiet haben. Er erwartet, dass er laufend über alles Wichtige informiert wird oder zumindest die Möglichkeit hat, sich zu informieren.
- Jeder Arbeitsplatz unterliegt einer gewissen Spezialisierung, schon aus Effizienzgründen. Durch die fortschreitende Prozessorientierung ist es notwendig, Informationen über den eigenen Arbeitsbereich hinaus

weiterzugeben. Eine Zusammenarbeit kann nur funktionieren wenn alle am Prozess Beteiligten die für sie wichtigen Informationen erhalten.

* Durch grundsätzliche Information über andere Arbeitsbereiche, Innovationen, Strategien etc. werden „Fachidiotie" und „-blindheit" vermieden.
* Offene, sachliche und uneingeschränkte Informationen verhindern Gerüchte, falsche Darstellungen und Missverständnisse.

Offene Information beugt Gerüchten und Missverständnissen vor

* Gute Information kommt den Bedürfnissen der Mitarbeiter entgegen und erhöht damit die Motivation. Ein Mitarbeiter wird sich stärker für sein Unternehmen und seine Arbeit einsetzen, wenn ihm bewusst ist, warum und wofür er arbeitet und wenn ihm sein Vorgesetzter auch ermöglicht, angehört zu werden.

Wer umfassend informiert ist, ist meist auch motiviert

* Die Akzeptanz der Führungskraft durch den Mitarbeiter wird steigen, da der Mitarbeiter die Argumentation und das Handeln des Vorgesetzten bei umfassender Information viel eher nachvollziehen kann.
* Fehlende Information hat Folgen wie Doppelarbeiten, Nachfragen, Suchen, Zeitverzögerungen, Konflikte, Demotivation und Unzufriedenheit, die zu einem schlechten Arbeitsklima und betriebswirtschaftlich unnötigen Kosten führen.
* Wissen gibt Sicherheit und Orientierung. Gerade im Umgang mit Veränderungen und Neuerungen ist es wichtig, Mitarbeiter nicht zusätzlich zu verunsichern, sondern ihnen soviel Sicherheit wie möglich zu geben.

Wissen verleiht Sicherheit und Orientierung

* Informationen sind die Grundlage, sich gegenseitig auszutauschen und mitzuteilen. Dies bedeutet Zugehörigkeit und Verbundenheit. Dementsprechend erfüllt die Informationspolitik auch eine soziale Funktion.
* Informationen bedeuten Bestätigung der Wichtigkeit einer Person. Wer Wissen hat, hat anderen etwas voraus. Das hebt ihn heraus und macht ihn wichtig.
* Nach dem Betriebsverfassungsgesetz sind vielfältige Belehrungen, Erläuterungen und Unterrichtungen vorgesehen.

1.2 Mitarbeiter informieren – Worauf müssen Sie achten?

* Informationen müssen wahr sein. Manipulationen in Form von Weglassen, Verschweigen, Verfälschen oder Hinzufügen von Informationen können zwar kurzfristig vielleicht zum Erfolg führen, jedoch längerfristig ist Vertrauensverlust die Folge.

Manipulation von Informationen führt langfristig zu Vertrauensverlust

* Informationen müssen vollständig sein. Erhält ein Mitarbeiter nicht alle für ihn notwendigen und vollständigen Informationen, so hat er keine reale Möglichkeit, fundierte und kompetente Entscheidungen zu treffen oder Prioritäten zu setzen. Erhält er nicht alle ihn betreffen-

den Informationen, wächst das Misstrauen gegenüber Vorgesetztem und Kollegen.

- Informationen müssen auf das Wesentliche beschränkt sein. Langatmigkeit und Abschweifungen sind zu vermeiden. Klare und übersichtliche Darstellung verhindert Informationsüberflutung.

Klare und übersichtliche Darstellung verhindert Informationsüberflutung

- Informationen müssen verständlich sein. Klare, präzise Informationen verhindern Missverständnisse, verschiedene Auslegungsmöglichkeiten und häufige Rückfragen.
- Informationen müssen kontinuierlich und regelmäßig weitergegeben werden.

Informationen müssen für den Empfänger einen Nutzen haben

- Informationen werden nur dann mit Aufmerksamkeit aufgenommen, wenn sie für den Empfänger einen Nutzen haben. Der Vorgesetzte sollte daher zu Beginn seiner Ausführungen den Nutzen seiner Information für den Mitarbeiter klar herausstellen.
- Informationen müssen umfassend sein, damit der Mitarbeiter Zusammenhänge versteht. Nur so kann der Mitarbeiter am allgemeinen betrieblichen Geschehen Anteil nehmen.
- Informationen müssen rechtzeitig übermittelt werden.
- Informationen müssen in einer geeigneten und angemessenen Form übermittelt werden. Die Entscheidung über das Kommunikationsinstrument und die Kommunikationsform ist ebenso wichtig wie die Frage nach dem Wie.
- Informationen müssen auf dem richtigen Weg vermittelt werden (als Gespräch, als Brief, im Rahmen einer Präsentation etc.).

Die Kontinuität des Informationsflusses muss sichergestellt werden

Als Vorgesetzter sollten Sie die Kontinuität des Informationsflusses sicherstellen. Dies können Sie erreichen, indem Sie kontrollieren, ob folgende Punkte in Ihrem Informationsfluss ausgewiesen sind.

Der Informationsfluss funktioniert, wenn:	
• die richtigen Informationen,	was?
• in der geeigneten Form,	
• auf dem geeigneten Weg,	wie?
• zur richtigen und passenden Zeit,	wann?
• zum richtigen Empfänger kommen,	wer?
• um dort das Handeln zu beeinflussen.	wozu?

Auch die Berücksichtigung der informellen Informationsströme ist wichtig

Innerhalb eines Unternehmens sind die Inhalte der Informationen einschließlich der vorgesehenen horizontalen und vertikalen Informationswege organisatorisch festgelegt. Der Informationsfluss in seiner Gesamtheit ergibt sich aber auch unabhängig von den „offiziellen Kanälen" aus den vorhandenen informellen Informationsstrukturen. Der informelle Informationsfluss kann die offizielle Informationsstruktur und den damit verbundenen offiziellen Informationsfluss unterstützen, aber auch in Form von Gerüchten und Fehlinformationen negativ beeinflussen.

1.3 Manipulationen sind Todsünden der Information

Manipulativ weitergegebene und verfälschte Informationen schaden dem Kommunikationsklima, da in der Regel langfristig die dahinter-stehende Taktik immer durchschaut wird.

Manipulation von Informationen verhindern eine offene und motivierende Kommunikationskultur

Im Sinne einer offenen und daher motivierenden Kommunikationskultur sollten daher folgende Praktiken unbedingt vermieden werden:
- Übertriebenes Ansprechen von Gefühlen mit der Absicht, Kritik zu verhindern und Widerstände abzubauen (z.B. übertriebenes Lob, Schmeicheleien und Anbiederei).
- Fehlinformationen, die den Mitarbeiter absichtlich zum Misserfolg führen. Danach äußert sich der Vorgesetzte etwa dahingehend: „Daran kann ich mich überhaupt nicht erinnern. Da haben Sie mich bestimmt falsch verstanden."
- Zurückhalten von Informationen. Es werden dem Mitarbeiter nur Dinge gesagt, die ihm vermutlich entgegenkommen. Mögliche Nachteile werden dagegen verschwiegen.
- Einsatz von rhetorischen „Killerphrasen", wie z.B:
  - persönliche Angriffe (lächerlich machen, Sachverstand anzweifeln etc.), um von einer Sache abzulenken.
  - Zitieren früherer Aussagen des Mitarbeiters, um ihn zu verunsichern.
  - Haarspalterei, externe Alternativen aufbauen.
  - Mit offensichtlichen Selbstverständlichkeiten argumentieren („Wie ja jeder weiß ...", „Ich darf daran erinnern, dass im Allgemeinen ...").
  - Äußerungen des Mitarbeiters verzerren; ihn nicht ausreden lassen.
  - Falsche Schlussfolgerungen ziehen, komplexe Probleme auf einfache Ursachen zurückführen, um so die Detailargumentation eines Mitarbeiters fragwürdig werden zu lassen.
- Einengen oder gar Verbieten von Kontakten zu anderen Abteilungen, Kunden oder strenge Einhaltung des „Dienstweges".
- Gerüchte und Flüsterpropaganda gegen einen unbequemen Mitarbeiter lancieren (Vorsicht, so beginnt auch Mobbing).
- Zitieren von historischen Autoritäten („Wie bereits schon unser Firmengründer zu Recht sagte ...") zur Stützung der eigenen Position. Dies nimmt dem Mitarbeiter die Chance, die vorgetragenen Argumente in Frage zu stellen.

2 Kommunikation mit dem Mitarbeiter

2.1 Definition

Unter Kommunikation verstehen wir alle Prozesse der Übertragung von Nachrichten oder Informationen durch Zeichen aller Art zwischen Lebewesen aber auch zwischen technischen Einrichtungen, wie etwa Computern und elektronischen Netzen. Zeichen werden durch biologische, psychologische, soziale, technische und andere Informationsvermittlungssysteme übertragen. Neben dem reinen Kommunikationsinhalt ist weiterhin die Art und Weise des Wahrnehmens und Erfassens von Informationen und auch die Erwartungshaltung und Motivation der Kommunikationspartner von Bedeutung.

MAN KANN NICHT NICHT KOMMUNIZIEREN.

Dieser Satz macht deutlich, dass selbst dann Kommunikation stattfindet, wenn nichts gesagt oder geschwiegen wird, da auch sämtliche nonverbal ausgesandten Signale vom Empfänger aufgenommen werden. Allerdings überlässt man diesem im Falle des „Nichtssagens" die Interpretation der Botschaft.

Das Gelingen von Kommunikation hängt nicht nur davon ab, ob der Informationsinhalt verstanden wird, sondern ganz entscheidend auch davon, ob die kommunikative Botschaft nachvollzogen wird

So entscheidet über das Gelingen von Kommunikation ganz allgemein die Frage, ob das, was man vermitteln will, auch dem entspricht, was letztendlich vom Gegenüber wahrgenommen wird. Kommt es hier zu einer Übereinstimmung, so gelingt die Kommunikation, weichen dagegen kommunikative Botschaft und das, was vom Empfänger aufgenommen wird, voneinander ab, misslingt die Kommunikation und muss dann entsprechend korrigiert werden.

2.2 Der Kommunikationsprozess

Kommunikation ist die wichtigste Form der menschlichen Interaktion (Handlungstheorie). Zum Kommunikationsprozess gehören:
- Direkte Kommunikation (zwischenmenschliche Kommunikation, sog. face-to-face-Kommunikation).
- Indirekte Kommunikation (Massenkommunikation, Telekommunikation).

Das Kommunikationsmodell (nach Paul Watzlawick)

Jeder Kommunikationsprozess besteht aus einem Sender, einer Nachricht und einem Empfänger. Der Sender „codiert" seine Nachricht (in Form von Sprache oder von Zeichen) und der Empfänger hat die Aufgabe, die Nachricht seinerseits zu „decodieren", die kommunikative Botschaft also in das individuelle System seiner Bedeutungsbezüge einzuordnen.

Jede Nachricht beinhaltet einen sachlichen Aspekt (die Nachricht selbst) und einen Beziehungsaspekt (die Art und Weise, wie ich aufgrund der Beziehung zu meinem Empfänger etwas sage).

Jede Kommunikation verfolgt einen Sachaspekt und einen Beziehungsaspekt

Die Kommunikation über die Kommunikation wird als Metakommunikation bezeichnet. Im Rahmen der Metakommunikation kann geklärt werden, was verstanden wurde. Instrument der Metakommunikation ist das Feedback.

Die vier Seiten einer Nachricht (nach Friedemann Schulz v. Thun)

Friedemann Schulz v. Thun hat das Kommunikationsmodell von Paul Watzlawick weiterentwickelt und unterscheidet vier Seiten einer Nachricht.

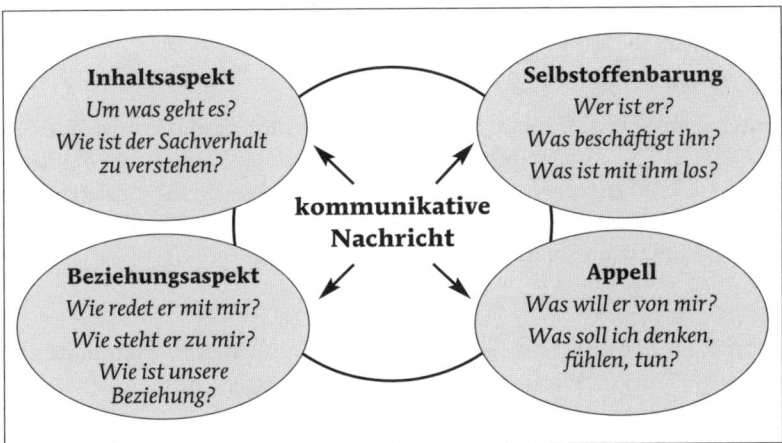

Abb. 2.1: Die vier Seiten einer Nachricht

Jeder Empfänger einer Botschaft nimmt eine Nachricht unter unterschiedlichen Aspekten auf. Friedemann Schulz v. Thun spricht hier von dem „vierohrigen Empfänger". Jedes der „vier Ohren" steht für einen Aspekt der empfangenen Botschaft.

Inhaltsaspekt

Beim Inhaltsaspekt geht es um den Inhalt einer Botschaft. Was will der Sender inhaltlich übermitteln? Worüber reden wir? Welche Begriffe werden verwendet und versteht auch der Sender das Gleiche darunter? Oder reden wir aneinander vorbei?

Beziehungsaspekt

Der Beziehungsaspekt spiegelt die Art und Weise der Beziehung zwischen den miteinander Kommunizierenden wider. Die optimale Beziehung wäre eine menschlich gleichberechtigte Beziehung. (ich bin okay/du bist okay). Die Fragen, die der Empfänger hier stellt, sind: Wie redet der andere mit mir, wen glaubt er vor sich zu haben?

Empirische Untersuchungen haben ergeben, dass es vor allem zwei Techniken gibt, den Empfänger auf der Beziehungsseite anzugreifen:

- durch Herabsetzung (ich bin okay /du bist nicht okay)
- durch Bevormundung (ich bin okay/ du bist nicht okay)

Bei der Herabsetzung behandelt der Sender den Empfänger als nicht gleichberechtigte Person, von oben herab. Der Empfänger wird je nach Selbstwertgefühl mit Auflehnung oder Unterwürfigkeit reagieren.

Im Falle der Bevormundung versucht der Sender den Empfänger in seinem Denken und Handeln unter den eigenen Einfluss zu bringen. Dies führt meist zur inneren Auflehnung, ist aber auch abhängig vom Selbstwertgefühl des Empfängers.

Die Botschaften auf der Gefühls- und Beziehungsebene werden hauptsächlich nonverbal übertragen.

Selbstoffenbarung

Unter dem Selbstoffenbarungsaspekt betrachtet man die vom Sender ausgesandte Nachricht unter dem Aspekt: Welches Gefühl will der Sender dem Empfänger vermitteln? – Was ist der Sender für ein Mensch? Wie geht es ihm? Was ist mit ihm los? Z.B. ist er im Stress, will er mir gar nicht helfen, störe ich ihn, hat er was gegen mich?

Appell

Für den Empfänger einer Botschaft ist es sehr wichtig, zu wissen, was er mit dieser Botschaft anfangen soll. Was soll er aufgrund der ihm mitgeteilten Botschaft denken, fühlen und tun?

Was wird von ihm erwartet, wenn das Gespräch zu Ende ist? Wer macht was, bis wann? Wollte der Sender nur etwas mitteilen oder erwartet er eine Reaktion oder Aktion meinerseits? Der Appell sollte gezielt aufgreifen, zusammenfassen, was zentrale Botschaft ist, was von wem bis wann zu tun ist und einwandfrei die Beziehungssituation abschließend (zumindest für das Gespräch) klarstellen, damit der Empfänger nicht mit den unterschiedlichsten „empfangenen Signalen" aus dem Gespräch geht und gar nicht weiß, worum es eigentlich ging, oder was der andere gemeint haben könnte, oder was der andere ihm sagen wollte.

Der verantwortliche Sender sichert ab, dass seine Botschaft auch richtig aufgenommen und verarbeitet wird

In Anbetracht dieser vielfältigen Ebenen, auf denen eine komunikative Botschaft wirkt, wird der verantwortliche Sender seine Nachricht also so fassen, dass er sich die Wirkung seiner Nachricht im Vorfeld überlegt, seine Nachricht entsprechend gestaltet und möglicherweise unklar gebliebene Aspekte nochmals eigens anspricht.

Nur so kann er absichern, dass der Empfänger seine Nachricht richtig aufnimmt und die entsprechenden Konsequenzen daraus zieht.

2.3 Verbale und nonverbale Kommunikation

Wie oben schon erläutert umfasst menschliche Kommunikation mehr als nur den Bereich der verbalen Kommunikation. Tatsächlich entstehen weniger als 10 Prozent der Eindrücke, die wir von einem anderen Menschen erhalten, durch verbale Kommunikation, also durch Worte.

Weniger als 10 Prozent der Eindrücke, die wir von anderen Menschen erhalten, entstehen durch verbale Kommunikation

Der wesentlich größere Anteil liegt im Bereich der nonverbalen Kommunikation; also in der Art und Weise, wie wir etwas sagen.

Die nonverbale Kommunikation umfasst:
- Körperhaltung/Gestik: Dazu gehören Stehen, Sitzen, Haltung und Bewegung von Armen, Beinen, Händen, Kopf, aber auch die Art und Weise, wie wir vom Gesprächspartenr körperlich Abstand halten oder Kontakt suchen (z.B. durch sich öffnende Armbewegungen)
- Mimik: Augen, Lächeln, Mund, Stirn, Gesicht, Zähne
- Äußeres Erscheinungsbild: Kleidung, Statussymbole, Modeartikel
- Visuelle Kommunikation: Art und Weise des Blickkontaktes
- Stimme: Lautstärke, Atmung, Stimmlage, Selbstsicherheit
- Sprechtechnik: Artikulation, Pausen, Betonung, Verwendung von „Ähs" und „Hms", Geschwindigkeit, Klarheit.

Da sich im Gegensatz zu konkreten Worten die meisten Signale nonverbaler Kommunikation nur sehr schwer bewusst kontrollieren lassen, können sie dem Empfänger einer Nachricht wichtige Aufschlüsse über die Befindlichkeit des Sprechers geben.

Wenn irgend möglich, sollte man sich auch seiner nonverbalen Kommunikationssignale bewusst werden

Wenn beispielseise ein Vorgesetzter seinen Mitarbeiter verbal ermuntert: „Ich höre Ihnen gerne zu", gleichzeitig aber die Arme vor der Brust verschränkt und ständig auf die Uhr sieht, wirkt er nur wenig glaubwürdig und vertut die Chance, etwas über seinen Mitarbeiter zu erfahren.

2.4 Eigenwahrnehmung und Fremdwahrnehmung

Gerade die unbeabsichtigte Wirkung vom Sprecher nicht reflektierter nonverbaler kommunikativer Signale zeigt, dass Selbst- und Fremdwahrnehmung durchaus nicht übereinstimmen müssen.

Führungskräfte sollten sich ihre Wirkung auf andere bewusst machen. Nimmt der andere die Botschaft auch so wahr, wie sie intendiert ist? Um dies sicherzustellen muss man sich bewusst werden, welche Eigenschaften in welcher Form wem bekannt sind, bzw. von wem wie wahrgenommen werden.

Führungskräfte sollten sich ihre Wirkung auf andere bewusst machen

Idealerweise stimmen Eigen- und Fremdbild überein. Um das Eigenbild mit dem Fremdbild in Einklang zu bringen oder es zumindest anzunähern ist es wichtig, ein regelmäßiges Feedback (Rückmeldung über das wahrgenommene Verhalten) zu erhalten.

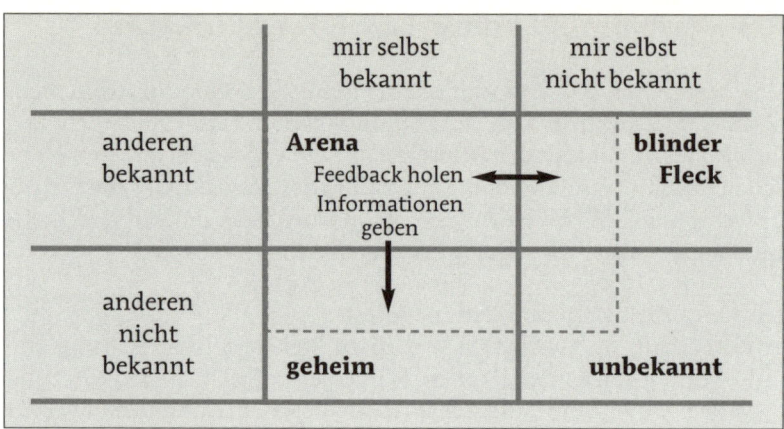

Abb. 2.2: Johari-Fenster

• Das Johari-Fenster

vier unterschiedliche Perspektiven, über die ein Ausgleich zwischen Selbst- und Fremdwahrnehmung angestrebt werden kann

Das Johari-Fenster (nach **J**osef Luft u. **Har**ry Ingham) ordnet hier jedem Menschen vier unterschiedliche Perspektiven zu, über die ein Ausgleich zwischen Selbst- und Fremdwahrnehmung angestrebt werden kann.

Die Eigenwahrnehmung

Unter Eigenwahrnehmung versteht man das Bild, das jeder Mensch subjektiv von sich selbst hat. Dieses Bild wird in der Kindheit geprägt durch Erziehung und Sozialisation. Das heißt, die Erfahrungen aus der Kindheit mit den Bezugspersonen entscheiden darüber, welches Bild ein Mensch von sich im Erwachsenenalter hat. Die Akzeptanz oder Nicht-Akzeptanz durch die Umwelt sind damit prägende Faktoren. Daneben entscheiden auch situative Faktoren darüber, wie sich jemand selbst sieht (das kann die Tagesform sein, oder auch ein Lebensabschnitt).

Die Selbstwahrnehmung funktioniert gewissermaßen wie ein inneres Barometer, das uns anzeigt, ob das, was wir tun (oder vorhaben) auch wirklich der Mühe wert ist. Wo wir wirklich stehen, zeigen uns unsere Gefühle. Besteht zwischen unserem Tun und unseren Wertvorstellungen eine Diskrepanz, so empfinden wir Unbehagen, sei es als Schuld- oder Schamgefühle, tiefe Zweifel, quälende Gedanken, Reizbarkeit oder Reue. Diese Gefühle wirken sich auf unser gesamtes Verhalten aus. Sind unsere Entscheidungen jedoch im Einklang mit diesem inneren Kompass, so gibt uns das Auftrieb. Nicht nur, dass wir dabei ein „gutes Gefühl" haben – es wächst die Kraft, die uns für die Verwirklichung unserer Ziele zur Verfügung steht.

Die Fremdwahrnehmung

Unter Fremdwahrnehmung versteht man das Bild, das ein Mensch von anderen Menschen hat. Dieses Bild ist rein subjektiv, da jede Wahrnehmung immer mit Erwartungen an den entsprechenden Menschen gekoppelt ist. Die Erfahrungen unseres bisherigen Lebens prägen unsere Wahrnehmung. In der Psychologie spricht man deshalb auch von der selektiven Wahrnehmung.

Die Wahrnehmung anderer Menschen ist immer mit einer Erwartungshaltung gekoppelt

Das Auftreten und Aussehen einer Person ruft immer eigene Erfahrungen und Emotionen hervor, auf deren Grundlage wir dann Personen beurteilen. Unsere Vorurteile helfen uns dabei andere einzuordnen, verstellen uns aber auch den Blick dafür, anderen unvoreingenommen zu begegnen.

Zum Beispiel sagt man zu verschiedenen Menschen: *„Der schafft das schon"* oder *„So, wie der aussieht …",* *„Natürlich hat der … Erfolg",* *„Worüber sollte der sich schon Sorgen machen?"* Viele dieser Äußerungen entsprechen nicht der Selbstwahrnehmung der betreffenden Person, weil diese z.B. ganz andere Ziele, Prioritäten und Wertevorstellungen hat.

Um als Führungskraft wirkungsvoll agieren zu können ist es notwendig, eigene Dispositionen, Gefühle und Stimmungen bewusst wahrzunehmen und sich über entsprechendes Feedback seiner Wirkung auf andere zu vergewissern; also (wie in Abb. 2.2 dargestellt) den „blinden Fleck" in Bezug auf die Fremdwahrnehmung zu verkleinern und den Bereich der „Arena", innerhalb dessen Selbst- und Fremdwahrnehmung weitestgehend ausgeglichen sind, möglichst weit auszudehnen.

2.5 Grundprobleme in der Kommunikation

Wenn Worte gesprochen worden sind, wenn man miteinander geredet oder sich nonverbal ausgetauscht hat, ist nicht notwendig sichergestellt, dass die Kommunikation auch geglückt ist.

Es gibt eine Reihe von grundlegenden Problemen, die verhindern, dass Kommunikation zu wirklicher Verständigung führt.

• **Die Gesprächspartner reden nicht wirklich miteinander**

Die Gesprächspartner treffen sich zwar und reden auch. Sie kommunizieren aber nicht richtig miteinander. Jeder der Gesprächspartner macht zwar Aussagen, diese werden aber vom Gegenüber weder kommentiert noch erfolgen Rückfragen. Jeder nutzt die Aussage des anderen gewissermaßen lediglich als Plattform für eigene Beiträge, sodass kein Gespräch stattfindet, sondern zwei Monologe nebeneinander herlaufen (beispielsweise: A: *„Mir geht es gut."* B: *„Ich fahre in zwei Wochen in Urlaub.")*

man redet aneinander vorbei

• **Die Gesprächspartner hören einander nicht wirklich zu**

Die Gesprächspartner reden zwar miteinander, jedoch hören sie dem Gesagten nur teilweise zu, weil sie etwa voreingenommen sind oder verallgemeinernd annehmen, dass das Gespräch in dieser Form unnötig ist.

Damit entgehen den Gesprächspartnern oft Details, die von der Norm abweichen. Nicht selten sind genau diese nicht wahrgenommenen Details dann Anlass für spätere Streitigkeiten. (Beispielsweise: Sie erklären Ihrem Gesprächspartner eine Vorgehensweise in einem aktuellen Projekt, und er denkt oder sagt schon nach Ihren ersten Worten: *„Ich weiß schon, wie das läuft"*, oder *„Das wird schon nicht passieren"* und hört Ihnen nicht weiter zu.)

- **Die Gesprächspartner interpretieren das Gesagte falsch**

Das Gesagte kommt zwar beim Gesprächspartner an, jedoch ordnet dieser den Beitrag anders ein, als ihn der Sprecher verstanden wissen will. Er geht hierbei von eigenen Vorstellungen aus, die häufig nicht mit denen des Gesprächspartners übereinstimmen. (Sagt z.B. ein Vorgesetzter *„Machen Sie sich mal ein paar Gedanken"*, oder *„Wir müssen schnell handlungsfähig werden"*, bleibt die konkrete inhaltliche Füllung der Redewendungen *„ein paar Gedanken machen"* und *„schnell handlungsfähig"* völlig der Interpretation des Mitarbeiters überlassen. Präzisiert der Vorgesetzte nicht, was er damit meint oder klärt durch eine Frage, ob sein Gegenüber seine Aussage „richtig" interpretiert, sind Missverständnisse vorprogrammiert.)

2.5.1 Häufige Fehler aufseiten des Sprechenden

Häufige Fehler auf der Seite des Sprechenden sind:
- denkt nicht nach, bevor er spricht,
- drückt sich unklar aus,
- formuliert zu lange Sätze, die Aussagen werden verwirrend,
- redet immer weiter, ohne die Aufmerksamkeitskapazität des Zuhörers abzuschätzen,
- übersieht gewisse Punkte im Beitrag des Gesprächspartners, sodass er im Rahmen einer Entgegnung nicht alle maßgebenden Aspekte berücksichtigen kann.

Die Folge davon ist, das Gespräch kommt nicht vorwärts.

2.5.2 Häufige Fehler aufseiten des Zuhörers

Häufige Fehler auf der Seite des Zuhörers sind:
- hat keine volle Aufmerksamkeit, beschäftigt sich gedanklich mit etwas anderem,
- überlegt sich schon eine Antwort, während der Gesprächspartner noch redet, (bekommt nicht alles mit und vergisst gegebenenfalls seine eigene Antwort),
- neigt dazu auf Details zu achten, über die er sich aufregt, statt auf das Wesentliche zu hören,
- denkt den Gedanken des Gesprächspartner weiter, unterbricht diesen und führt den Gedanken im eigenen Sinne weiter.

Die Folge davon ist, es entsteht keine gemeinsame Gesprächsebene.

2.5.3 Kommunikationssperren, die das Gespräch negativ beeinflussen:

Hierzu zählen alle Kommunikationsvarianten, die sich hemmend auf den Kommunikationsverlauf auswirken.
Dies sind im Einzelnen:
- befehlen, anordnen,
- warnen, mahnen, drohen,
- moralisieren, predigen, beschwören,
- beschimpfen, beschämen, aufziehen, lächerlich machen,
- verurteilen, persönlich angreifen, Vorwürfe machen,
- Unterstellungen machen, unmittelbar interpretieren und analysieren,
- ablenken, ausweichen.

2.5.4 Kommunikationöffner, die das Gespräch positiv beeinflussen:

Hierzu zählen alle Kommunikationsvarianten, die das Gespräch positiv beeinflussen. Insbesondere sind dies:
- persönliche Ansprache mit Namen,
- direkte Anrede mit Du oder Sie,
- Gebrauch persönlicher Personalpronomen wie ich, du, Sie, wir, ihr, mein, dein, Ihr, unser und euer,
- Themen, die den Gesprächspartner persönlich berühren und betreffen oder ihm Interesse an seiner Person signalisieren, ihn also gewissermaßen für ein Gespräch „öffnen" (oft zu Gesprächsbeginn sinnvoll, bevor man auf das eigentliche Thema kommt),
- positive Signale setzen, die Interesse an der Person zeigen, wie Kopfnicken, Äußerungen, Wiederholungen, Nachfragen.

Kommunikationsöffner müssen ernst gemeintes Interesse signalisieren, sonst werden sie zur Farce und führen zur Ablehnung des Gesprächspartners.

[handschriftlich am Rand: Positive Gespräch]

2.5.5 Verunsichernde Faktoren in der Kommunikation

• nicht zutreffende Fakten	Trennen Sie die Person vom Problem und bitten Sie um Erklärungen, ohne Ihr Gegenüber anzugreifen.
• Rückzug auf übergeordnete Autoritäten	Klären Sie die Verhandlungskompetenz Ihres Gegenübers zu Beginn eines Gespräches.
• Stresserzeugende Umgebung	Machen Sie sich klar, was den Stress erzeugt und sprechen Sie es an.
• Persönliche Verunsicherungen	Erkennen Sie den Verunsicherungsfaktor und klären Sie ihn für sich.
• Extreme Forderungen	Verlangen Sie vernünftige Begründungen für gestellte Forderungen.

2.6   Wer fragt, der führt!

Führungskräfte sind notwendig auf Informationen angewiesen

Führungskräfte, die Projekte koordinieren oder umfassend Aufgaben delegieren, sind notwendig auf Informationen angewiesen, gerade auch auf solche, die nicht über die institutionalisierten Kommunikationskanäle laufen.

Vor diesem Hintergrund gewinnt der Grundsatz: „Wer fragt, der führt" besondere Bedeutung:

*   Fragen werden selten als Angriff verstanden.
*   Fragen regen zum Nachdenken an.
*   Fragen signalisieren Anerkennung und Respekt für den anderen. Daher bauen sie „Brücken" zum Anderen und verhindern ein Aneinandervorbeireden.
*   Fragen helfen die Beziehungsebene positiv zu halten.
*   Fragen ermöglichen eine Überprüfung der Informationen des Gesprächspartners. Missverständnisse werden so erkannt.
*   Fragen verhelfen dazu, Argumente zu erfahren.
*   Fragen führen den Gesprächspartner dorthin, wo man ihn haben möchte.
*   Fragen schaffen Freiraum; während Ihr Gesprächspartner „am Zug ist" können Sie nachdenken: Über das, was der andere sagt und was das für Sie bedeutet.

Die Anwendung bestimmter Fragearten und -techniken verhilft dazu, Fragen gezielter einzusetzen.

2.6.1   Geschlossene Fragen

Geschlossene Fragen präzisieren, schließen ab und legen fest

Geschlossene Fragen können in der Regel nur bejaht oder verneint werden oder geben die Möglichkeit einer Auswahl. Geschlossene Fragen setzen Sie daher in der Gesprächsführung am besten zu Kontroll- und Verständniszwecken ein:

*   *Verstehe ich Sie richtig, dass ... ?*   *   *Ist es richtig, dass ... ?*
*   *Meinten Sie das so ... ?*   *   *Sie meinen also, dass ... ?*

Weiterhin sind geschlossene Fragen geeignet um Entscheidungen einzuleiten oder abschließende Fragestellungen auszuweisen:

*   *Möchten Sie a oder b?*   *   *Können wir an diesem Punkt das Thema abschließen?*
*   *Stimmen Sie dem zu?*
*   *Spricht noch irgendwas dagegen?*

Gelegentlich muss nach Bestätigung oder Verneinung gefragt werden. In diesen Fällen sind folgende geschlossene Fragen angebracht:

*   Suggestivfrage:*Sie sind doch auch der Meinung, dass ... ?*
*   Kontrollfrage: *Sind wir uns einig, dass ... ?*

2.6.2 Offene Fragen

Offene Fragen sind Fragen, die eine tiefer gehende Antwort erwarten lassen und die zu neuen Inhalten im Gespräch führen. Offene Fragen setzten Sie in der Gesprächsführung immer dann ein, wenn Sie umfassendere Informationen benötigen, Ihren Gesprächspartner zum Reden auffordern wollen um Hintergrundinformationen zu bekommen oder wenn Sie das Gespräch zu neuen Inhalten lenken möchten.

Offene Fragen regen zum Reden an und motivieren den Gesprächspartner zu persönlicher, umfassender und detaillierter Information

In Anlehnung an die journalistischen Grundfragen (wer?, was?, wann?, wo?, wie?, warum?) spricht man auch von „W-Fragen".
- *Wer ist an diesem Projekt beteiligt gewesen?*
- *Was spricht dafür oder dagegen?*
- *Wann sollen die Ergebnisse vorliegen?*
- *Wo liegen Ihre Bedenken?*
- *Wie wollen wir weiter vorgehen?*
- *Warum haben Sie dieses Projekt nicht weitergeführt?*

Möchten Sie nicht nur Informationen, sondern auch Einschätzungen erfahren, so spricht man von Wertfragen:
- Prioritäten: *Was halten Sie für besonders wichtig?*
- Analogien: *Kennen Sie ähnliche Fälle und wie wurden diese gelöst?*
- Gründe: *Warum glauben Sie, ist das so?*
- Ergänzungen: *Was spielt Ihrer Meinung nach auch eine Rolle?*
- Schwierigkeiten: *Wo sehen Sie die größten Schwierigkeiten?*
- Vorschläge: *Was schlagen Sie vor?*

2.6.3 Fragetechniken

- Steuerungsfrage, das Gespräch kann in eine andere Richtung gesteuert werden: *Wie ist eigentlich der Fall xx damals gelöst worden?*
- Gegenfrage, vertauscht die Rollen und irritiert oft den anderen: *Warum fragen Sie das?*
- Weiterfrage, klärt, ob Übereinstimmung herrscht: *Vorausgesetzt wir können diesen Punkt klären, sind Sie dann einverstanden?*
- Projektive Frage, verlagert die Antwort auf eine dritte Person: *Was würde Ihr Chef dazu sagen?*
- Provokante Frage, fordert den anderen heraus: *Trauen Sie sich zu, diese Aufgabe zu übernehmen?*

2.7 Tipps zur besseren Kommunikation

- Definieren Sie das Ziel Ihres Gespräches. Was will ich erreichen?
- Formulieren Sie mündliche Aussagen so, dass der Gesprächspartner sie auch „versteht".
- Bauen Sie positive Äußerungen ein.

- Achten Sie auf eine überzeugende Formulierung.
- Vermitteln Sie komplexe Inhalte und Ausführungen mithilfe passender Beispiele oder Analogien. Dies hilft Ihrem Gesprächspartner, komplexe Inhalte leichter zu verstehen.
- Vermeiden Sie Verallgemeinerungen. Machen Sie deutlich, dass Sie lediglich Ihre Meinung äußern. Formulieren Sie „Ich-Botschaften". Vermeiden Sie „Man-Botschaften".
- Bleiben Sie fair; teilen Sie offen und ehrlich mit, was Ihnen nicht gefällt, aber vermeiden Sie Anklagen, Urteile etc.
- Wiederholen Sie wichtige Aussagen und drücken Sie sich klar aus. So bleiben Ihre Ausführungen besser im Gedächtnis.
- Keine Monologe, sondern Dialoge.
- Konzentrieren Sie sich auf Ihren Gesprächspartner und auf das, was er „tatsächlich" sagt. Dadurch wird Zuhören effektiver. Ist Ihnen etwas nicht klar, fragen Sie nach.
- Urteilen Sie erst, wenn Ihr Gesprächspartner seine Sicht der Dinge dargestellt hat, nicht schon vorher.
- Tragen Sie durch Wiederholungen wichtiger Aussagen Ihres Gesprächspartners zum Verständnis bei.
- Stellen Sie Fragen – und lenken Sie dadurch das Gespräch.
- Halten Sie Blickkontakt. Dadurch wird das Gesprächsklima verbessert.
- Teilen Sie Wahrnehmungen als Wahrnehmungen, Vermutungen als Vermutungen und Gefühle als Gefühle mit: *„Ich habe bemerkt …", „Ich vermute …", „Ich empfinde, dass …".*
- Machen Sie Pausen, setzen Sie Ihre Stimme und Lautstärke ein.
- Unterscheiden Sie zwischen dem Problem und der Person.

Gehen Sie mit Gefühlen bewusst um!

- Versuchen Sie die bestehenden Gefühle zu verstehen, Ihre eigenen und die Ihres Partners.
- Sprechen Sie über Ihre Gefühle und akzeptieren Sie diese als legitim.
- Geben Sie der anderen Seite Gelegenheit gegebenenfalls „Dampf abzulassen".
- Reagieren Sie nicht direkt und unmittelbar auf Gefühlsausbrüche auf der anderen Seite.
- Benutzen Sie symbolische Gesten; sie sind geeignet, trotz inhaltlicher Differenzen einen bestehenden Grundkonsens zu betonen.

2.8 Offene Kommunikation

Eine offene Kommunikation ist motivierend und schafft ein positives Arbeitsklima. Wo dagegen Informationen taktisch eingesetzt werden, wo Herrschaftswissen kultiviert wird und Informationsflüsse blockiert werden, können Misstrauen und Gerüchte gedeihen.

Eine offene Kommunikation ist motivierend und schafft ein positives Arbeitsklima

2.8.1 Was bedeutet „offene Kommunikation"?

* Jeder ist für sich selbst verantwortlich.
  Bestimmen Sie selbst, was Sie sagen, wann und wo Sie etwas sagen. Sie haben die Verantwortung, was Sie aus dem Umgang mit Ihren Mitarbeitern machen. Ermutigen Sie Ihre Mitarbeiter, auch für sich selbst die Verantwortung zu übernehmen.
* Sagen Sie, wie Sie sich fühlen.
  Wenn Sie sich nicht konzentrieren können, Stress haben, unzufrieden sind etc. sprechen Sie diese Gefühle Ihrerseits an. Dann kann sich Ihr Mitarbeiter besser auf Sie einstellen.
* Achten Sie auf Sachinhalt und Körpersprache gleichermaßen.
  Denken Sie daran, die meisten Informationen werden nonverbal vermittelt.
* Verstecken Sie sich nicht hinter „man-" oder „wir"- Formulierungen.
  Kleiden Sie Ihre Mitteilungen in „Ich-Botschaften". Sprechen Sie für Ihre eigene Person und nicht für andere.
* Geben Sie Feedback
  über die Wirkung, die die Botschaft Ihres Mitarbeiters auf Sie hat. Nur so vermeiden Sie Spekulationen, Interpretationen, Missverständnisse und Aussagen wie: *„Ich dachte, Sie meinten ..."*
* Nehmen Sie Feedback
  vom Mitarbeiter an; auch wenn es negativ ist. Es ist sehr wichtig, dass er Ihnen seine Sicht der Dinge zugänglich macht. Nur so haben Sie die Chance, eine andere Sichtweise kennen zu lernen.

Mit offener Kommunikation gelingt es Ihnen eher,
* Missverständnisse zu beseitigen,
* genaue Gesprächsergebnisse zu erzielen,
* weniger oft beleidigt zu sein,
* das Miteinander im Verhältnis zu anderen Menschen zu stärken und
* Vertrauen aufzubauen.

2.8.2 Hemmnisse einer offenen Kommunikation im Unternehmen und auf den verschiedenen Hierarchieebenen

Offene Kommunikation ist eine der wichtigsten Voraussetzungen für langfristigen Führungserfolg. Deshalb ist eine gute Kommunikationskultur im Unternehmen so wichtig. Viele Hemmnisse stehen aber im Unternehmen einer offenen Kommunikation entgegen.

Offene Kommunikation ist eine der wichtigsten Voraussetzungen für langfristigen Führungserfolg auf Unternehmensleitungsebene:

- die Auffassung, nicht zuviel „aus der Schule zu plaudern" über Fragen, die niemanden etwas angehen,
- mangelndes Verständnis für die Arbeitssituation mittlerer Führungskräfte,
- eine sehr technische Betriebsführung,
- Prestige- und Statusdenken sowie das Einhalten von Privilegien,
- die räumliche Distanz zu den Mitarbeitern.

auf der mittleren Führungsebene:

- mangelndes Verständnis für die Verantwortung der Unternehmensleitung,
- mangelndes Verständnis der Mitarbeiterschaft gegenüber,
- der Wunsch, sich mit der Unternehmensleitung gut zu stellen,
- der Wunsch, mit den Mitarbeitern immer gut auszukommen,
- der Wunsch, ehrgeizige Ziele unbedingt durchsetzen zu wollen,
- fehlende Kenntnisse der Präsentation und Darstellung,
- fehlende Kommunikationsfähigkeiten und -fertigkeiten.

auf der Mitarbeiterebene:

- mangelnde Kenntnisse betriebswirtschaftlicher Zusammenhänge,
- mangelnde Kenntnisse von Informations- und Kommunikationsstrukturen und -prozessen,
- mangelndes Verständnis für die Aufgaben der Unternehmensleitung und der Führungskräfte,
- Misstrauen gegenüber den Motiven der Unternehmensleitung und der Führungskräfte,
- der Wunsch nach Ansehen im Betrieb,
- räumliche und geistige Distanz zur Unternehmensleitung und zum Vorgesetzten.

3   Führen durch Kommunikation

3.1   Der Prozess der Führung als Grundlage für die Kommunikation mit dem Mitarbeiter

Der Führungsprozess ist der gesamte Verlauf, innerhalb dessen Führung stattfindet. Er lässt sich grundsätzlich in vier Bestandteile unterteilen:
- Orientierung geben und Ziele vereinbaren,
- Loslassen (Delegieren) und Leistungsüberprüfung,
- Bilanz ziehen und Leistungen beurteilen,
- Mitarbeiter fördern und entwickeln.

Die zur Verfügung stehenden kommunikativen Instrumente (Mitarbeitergespräche) müssen von der Führungskraft so zum Einsatz gebracht werden, dass sich daraus ein Regelkreis ergibt, der sowohl für die Führungskraft als auch für den Mitarbeiter die „Führung" verständlich und transparent macht.

kommunikativer Regelkreis, der für die Führungskraft ebenso wie für den Mitarbeiter „Führung" verständlich und transparent macht

• Orientierung geben und Ziele vereinbaren

Tragende Säulen dieses Führungsprozesses sind die Instrumente des Mitarbeiter(jahres)gesprächs oder Zielvereinbarungsgesprächs. Einige Unternehmen führen ausschließlich über Zielvereinbarungen, während andere unter dem Begriff „Mitarbeitergespräch" oder Mitarbeiterjahresgespräch einen eher offenen Austausch mit Entwicklung von Perspektiven sehen, der nicht mit der verbindlichen Vereinbarung von Zielen wie im Zielvereinbarungsgespräch verbunden ist. Diese Gespräche werden mittlerweile von der Mehrheit der Unternehmen als verbindliches Führungsinstrument definiert und regelmäßig mit den Mitarbeitern geführt.

Zielvereinbarungsgespräch
Mitarbeiterjahresgespräch

• Loslassen (Delegieren) und Leistungen überprüfen

Diese Führungsaufgabe umschreibt das Führen im gewöhnlichen Arbeitsalltag über das Jahr. Der Begriff des „Loslassens" ist in Verbindung mit dem Grundprinzip der Führung durch Delegation zu sehen. Jedoch wird dies von der Führungsseite manchmal als „Fallenlassen" oder „allein lassen" missverstanden. Loslassen ist jedoch so zu verstehen, dass die Führungskraft dem Mitarbeiter den nötigen Freiraum gewährt, dass er sich aktiv einbringen kann und so die Möglichkeit erhält, entsprechend seinen Kompetenzen aufgabengerecht und selbstständig zu agieren.

Wichtigste Kommunikationsinstrumente sind das Feedback in Form von Anerkennung und konstruktiver Kritik, weiterhin die Motivation der Mitarbeiter und das Ansprechen, Steuern und Lösen von Konflikten, damit der Leistungsprozess nicht gestört wird. In Ausnahmefällen gehört dazu auch das Führen eines Tadelgespräches als Konsequenz auf wiederholte folgenlos gebliebene Kritik, bevor es zu disziplinarischen Maßnahmen kommt. Weiterhin ist die Gestaltung der Überprüfung der Leistung in Form von Kontrolle ein wichtiger Bestandteil des täglichen Führungsprozesses.

Feedback
Anerkennung
konstruktive Kritik
Motivation
Leistungsüberprüfung

Die konstruktive kommunikative Gestaltung des Arbeitsalltags ist nicht selbstverständlich und wird im Gegensatz zu den anderen Instrumenten eher als „Kür" denn als „Pflicht" verstanden. Die Aufmerksamkeit wendet sich aber mehr und mehr auch diesem Bereich zu.

• Bilanz ziehen und Leistungen beurteilen

Die dritte Säule im Führungsprozess ist die Führungsaufgabe „Bilanz ziehen und Leistungen beurteilen". Bei der Vorgabe von Zielen, dem Reali-

Zielerreichungsgespräch

sieren und Verfolgen von Zielen ist der letzte Schritt die Bewertung über Grad und Maß der Zielerreichung, das Zielerreichungsgespräch. Ähnlich verläuft es beim Mitarbeiter(jahres)gespräch. Wenn Vorgesetzter und Mitarbeiter am Anfang des Jahres über Ziele, Aufgaben und Perspektiven gesprochen haben, der Mitarbeiter diese das ganze Jahr verfolgt hat, während dieser Zeit ein Feedback bekommen hat, sodass er immer wusste, wo er gerade leistungsmäßig steht, dann ist die Beurteilung und das Beurteilungsgespräch die logische Konsequenz im Führungsprozess. Diese Führungsaufgabe ist fester Bestandteil der Aufgaben der Führungskraft.

• Mitarbeiter fördern und entwickeln

„Mitarbeiter fördern und entwickeln" ist die vierte Säule im Führungsprozess. Personalentwicklung fordert von den Führungskräften die Einschätzung von Stärken und Schwächen der Mitarbeiter, das Erkennen von nicht ausgeschöpften Potenzialen (*Potenzialanalyse*), um sie dann entsprechend zu fördern und zu entwickeln (*Personalentwicklung*).

Potenzialanalyse
Personalentwicklung

Die Führungskraft wird vom Unternehmen durch verschiedene Entwicklungs- und Förderkonzepte, die in der Regel unternehmensspezifisch festgelegt sind, in ihrer Führungsaufgabe unterstützt (Förderkreise, High-Potenzial-Programme, Projektarbeit, Jobrotation, Patenschaften etc.). So kann die Führungskraft „Talente" identifizieren und dem Unternehmen für weitere Aufgaben zuführen. Das steigert die Motivation der betroffenen Mitarbeiter, trägt zur effizienteren Personalbeschaffung und zu höherer Produktivität bei.

Es wird immer schwieriger, Mitarbeiter mit Schlüsselqualifikationen zu finden

Personalentwicklung ist eine der wichtigsten Aufgaben der Zukunft, da es auf dem freien Markt immer schwieriger wird, Mitarbeiter mit entsprechenden Qualifikationen (Schlüsselqualifikationen) und angemessenen Gehaltsvorstellungen zu gewinnen und im Unternehmen auch für längere Zeit zu binden. Deshalb gehen auch mittelständische Firmen verstärkt dazu über, längerfristige Verträge mit den Mitarbeitern abzuschließen, die eine wertvolle Zukunftsperspektive erwarten lassen. Diese Verträge beinhalten Ausbildungsprogramme bis hin zu FH-Studiengängen.

Ergänzt werden die oben genannten Führungsaufgaben und deren Instrumente durch strategische Steuerungsinstrumente wie z.B. die Präventionsgespräche, die das Ziel haben, Hintergründe von Krankenständen aufzudecken und die Führungskräfte im Rahmen ihrer Fürsorgepflicht für die Mitarbeiter zu unterstützen. Diese werden anlassorientiert eingesetzt und können für einen bestimmten Zeitraum und Zweck vorgesehen sein. Gleiches gilt z.B. für den Weiterbildungsbedarf, welcher etwa durch Mitarbeiterqualifikations- und -bedarfsanalysegespräche ermittelt wird.

3.2 Führung verschiedener Charaktere

Kennen Sie diese Situation? Sie führen Ihre Mitarbeiter ziel- und ergebnisorientiert und motivieren sie regelmäßig. Trotzdem gibt es Menschen, mit denen Sie gut zusammen arbeiten können – und andere, mit denen es nicht so gut klappt: Ihr Führungsstil erreicht zwar die eine, aber nicht die andere Gruppe. Menschen reagieren auf ein und dieselbe Verhaltensweise (z. B. Humor, Motivation, Anerkennung, Tadel, Art des Führungsstils etc.) völlig unterschiedlich. Wenn Sie erfolgreich mit verschiedenen Menschen zusammenarbeiten möchten, müssen Sie Ihren Führungsstil so anpassen, dass Sie deren verschiedene Charaktere erreichen.

Wenn Sie erfolgreich mit verschiedenen Menschen zusammen arbeiten möchten, müssen Sie Ihren Führungsstil so anpassen, dass Sie deren verschiedene Charaktere erreichen

Wenig Erfolg versprechend ist es, pauschal mit finanziellen Anreizen, Umstrukturierungen des Aufgabengebietes etc. zu arbeiten. Sinnvoll ist es, vorab zu analysieren, worauf Ihre Mitarbeiter eigentlich „anspringen", welcher Charaktere sie repräsentieren.

Lernen Sie die Charaktere Ihrer Mitarbeiter kennen. Dann wissen Sie, wie Sie sie motivieren, ihnen die richtigen Aufgaben übertragen, Konflikten vorbeugen bzw. sie bereinigen können.

3.2.1 Grundlegende Persönlichkeitspräferenzen

Anhaltspunkte für das Erkennen grundlegender Persönlichkeitspräferenzen bietet der sog. Myers-Briggs-Typenindikator, den zwei amerikanische Psychologinnen entwickelt haben.

Sie haben herausgefunden, dass jeder Mensch 8 grundsätzliche Präferenzen des Verhaltens in unterschiedlich starker Ausprägung und Zusammensetzung aufweist. Isoliert in reiner Form treten die Präferenzen nicht auf, sondern stellen eher eine Grunddisposition dar.

acht grundlegende Persönlichkeitspräferenzen

• **Der Kontaktfreudige (der Extrovertierte)**

Der Kontaktfreudige liebt die Geselligkeit und unterhält sich gerne. Er tankt Energie aus dem Kontakt mit anderen. Er beobachtet engagiert alles, was um ihn herum passiert und hat breit gefächerte Interessen (tanzt aber auch auf vielen Hochzeiten gleichzeitig). Der Kontaktfreudige ist lieber im Unternehmen oder außerhalb unterwegs, als auf seinem Platz zu bleiben. Seine Bürotür ist offen, wann immer man mit ihm reden will.

• **Der Introvertierte**

Der Introvertierte hält die Bürotür lieber geschlossen. Er ist ein guter Zuhörer und schätzt das Alleinsein. Er wartet eher ruhig und still ab, bis andere auf ihn zukommen. Er schöpft Kraft aus der Abgeschiedenheit. Seine Interessen sind nicht so zahlreich, dafür aber tief. Er beobachtet gerne das eigene innere Geschehen.

- **Der Realist (der Sensitive)**

Der Realist liebt Details und hat einen ausgeprägten Sinn für die realen Gegebenheiten des täglichen Lebens. Er lebt in der Gegenwart und vertraut auf seine Erfahrungswerte. Er orientiert sich an Tatsachen und verlässt sich auf seine 5 Sinne.

- **Der Kreative (der Intuitive)**

Der Kreative orientiert sich am „großen Ganzen". Er hat einen ausgeprägten Blick für die Möglichkeiten, die sich in Zukunft auftun. Er lebt eher für das Morgen und vertraut auf seinen „sechsten Sinn". Er hat viel Fantasie und ist schöpferisch.

- **Der Denker**

Der Denker geht logisch vor und entscheidet mit dem Kopf. Nach außen erscheint er sachlich und abgeklärt. Er geht analytisch an Probleme heran und misst sich (und andere) an festen Grundsätzen. Er hat einen ausgeprägten Sinn für Fairness.

- **Der Einfühlsame**

Der Einfühlsame pflegt soziale Werte und entscheidet „aus dem Bauch" heraus. Er zeigt Anteilnahme und ist Gefühlen anderer gegenüber empfänglich. Problemen nähert er sich eher subjektiv.

- **Der Planer**

Der Planer liebt Ordnung. Er organisiert gerne langfristig und führt einen detaillierten Zeitplaner. Er mag es, wenn alles geregelt ist und arbeitet ergebnisorientiert. Seine Entscheidungen trifft er leicht und endgültig.

- **Der Flexible**

Der Flexible liebt das kreative Chaos. Er ist flexibel und spontan und kann sich gut an veränderte Situationen anpassen. Er arbeitet prozessorientiert. Seine Entscheidungen schiebt er eher auf oder wirft sie wieder um, wenn er es sich anders überlegt hat.

3.2.2   Die Grunddimensionen des menschlichen Verhaltens

Bringt man diese acht Grunddispositionen in Gegensatzpaare, ergeben sich folgende unterschiedliche Dimensionen menschlichen Verhaltens:

Lenkung der Aufmerksamkeit	Der Introvertierte: Orientierung nach innen	Der Kontaktfreudige: Orientierung nach außen

Art der Wahrnehmung	**Der Realist:** Konzentriert sich auf Fakten und Konkretes	**Der Kreative:** Konzentriert sich auf Möglichkeiten und Muster
Art der Entscheidung	**Der Denker:** Fällt Entscheidungen aufgrund objektiver Schverhalte und von Analysen	**Der Einfühlsame:** Fällt Entscheidungen auf der Basis von Gefühlen und Werten
Art des Kontaktes mit der Außenwelt	**Der Planer:** Reagiert geplant und organisiert	**Der Flexible:** Reagiert spontan und flexibel

3.2.3 Tipps für den Umgang mit den verschiedenen Persönlichkeitsdispositionen

Es ist sehr wichtig für die Führungskraft zu erkennen, welche Präferenzausprägungen ihre Mitarbeiter haben. Nur so ist es möglich, die Mitarbeiter auch entsprechend ihren Präferenzen gezielt anzusprechen, zu beteiligen, herauszufordern oder ihnen Grenzen zu setzen.

Die folgenden Tipps verstehen sich als Hinweise, wie man mit Mitarbeitern, deren grundlegende Persönlichkeitsdisposition man erkannt zu haben glaubt, besser umgehen kann. Natürlich sind diese Dispositionen und die ihnen entsprechenden Verhaltensausprägungen in ihrer Reinform im Alltag kaum zu finden, sondern es handelt sich um idealtypische Abstraktionen, die allerdings Verhaltenstendenzen aufzeigen, deren Kenntnis es erlaubt, individuell auf Mitarbeiter einzugehen.

Es ist sehr wichtig für die Führungskraft zu erkennen, welche Präferenzausprägungen ihre Mitarbeiter haben

Der Kontaktfreudige

- Aufgaben entsprechend den Neigungen erteilen, gut geeignet für Akquisition, Verhandlungen, Kundenbetreuung, Präsentation (guter Redner).
- Leicht zu weckende Begeisterungsfähigkeit und vorhandenes Engagement in die gewünschte Richtung lenken.
- Im Gespräch: Die moderierende Führungskraft sollte Rededrang und Neigung zur Selbstdarstellung des Kontaktfreudigen dämpfen, damit andere Teilnehmer auch zu Wort kommen.
- Durch seine starke Überzeugungskraft dominiert der Kontaktfreudige leicht das Gespräch und zwingt den anderen seine Meinung auf.

Der Introvertierte

- Aufgaben entsprechend den Neigungen, d.h. eher selbstständige Arbeitsweise, gut geeignet für inhaltliches, konzentriertes Arbeiten.

- Guter Zuhörer, kennt sich in seinen Interessengebieten sehr gut aus (guter Ratgeber in Fachfragen).
- Sollte vom Moderator in das Gespräch einbezogen werden, da er eher zurückhaltend reagiert, z.B. mit W-Fragen, direkte Stellungnahme erfragen.
- Bei Konfrontationen lenkend eingreifen, da der Introvertierte Auseinandersetzungen eher aus dem Wege geht bzw. leicht nachgibt.

Der Realist

- Ist gegenwartsorientiert und gut geeignet, um die Umsetzung von Projekten realistisch abzuschätzen und ihre Auswirkungen (im Rahmen seiner Erfahrungswelt) zu betrachten.
- Neigt dazu sich an Details zu klammern (Spezialist) und verliert dabei oft das große Ganze aus den Augen.
- Liebt Aufgaben, bei denen er detailgenau arbeiten kann, arbeitet selbstständig, solange er seine Erfahrungen nutzen kann.
- Stellt sich Neuerungen, die nicht seinem Erfahrungsschatz entsprechen, leicht entgegen, lehnt Visionen als unrealistische „Fantastereien" schnell ab.
- Im Gespräch: Neigt dazu, die Ideen, die nicht zu seinen Vorstellungen passen, abzuwürgen und zu unterbrechen.
- Zieht durch seine Detailverliebtheit das Gespräch in die Länge.

Der Kreative

- Ist zukunftsorientiert, hat Visionen und spielt mit möglichen Szenarien, hat ein gutes Gespür für Chancen.
- Sieht als Generalist das große Ganze, ist aber bei der konkreten Umsetzung seiner Ideen eher hilflos und gelangweilt.
- Tut sich schwer, wenn seine Ideen an der realen Umsetzbarkeit scheitern oder auf Widerstand treffen.
- Hat wenig Verständnis für Menschen, die sich an Details festklammern, tut sich schwer im Umgang mit Spezialisten.
- Im Gespräch: Gemeinsame Gesprächsebene schaffen (Generalist-Spezialist), Inhalte zusammenfassen und Verständnis bei den Teilnehmern überprüfen, um Erläuterungen bitten.

Der Denker

- Ist aufgrund seiner analytischen Denkweise und seines strukturierten Vorgehens gut geeignet für die Analyse und die bedarfsorientierte Maßnahmenentwicklung (auch bei fremden Themengebieten).
- Als „Kopfmensch" lehnt der Denker emotionale „Bauch"-Entscheidungen ab, da sie für ihn keine sachliche Grundlage darstellen.
- Neigt dazu, stur an seinen Grundsätzen festzuhalten.
- Lehnt spontane Entscheidungen ab, ist gegenüber kreativen Lösungen etwas schwerfällig, hört aber zu.

- Tut sich manchmal etwas schwer im zwischenmenschlichen Umgang.
- Im Gespräch: Guter Gesprächspartner, da sachlich und durchdacht, effizient im Umgang mit Spezialisten.
- Hat kein Verständnis für emotionale Reaktionen im Gespräch, reagiert dann kalt und abweisend bzw. unsicher.
- Filtert die wesentlichen Informationen im Gespräch heraus und bringt sie auf den Punkt.

Der Einfühlsame

- Guter Zuhörer, menschlich und warm im Umgang mit anderen.
- Gut geeignet für Aufgaben, die soziale Kompetenz erfordern (z. B. Kundenberatung, Service), guter Ratgeber im zwischenmenschlichen Bereich, Vertrauensperson.
- Trifft Entscheidungen aus dem Bauch heraus, häufig ohne sachliche Grundlage.
- Im Gespräch: Bei Konfrontationen eingreifen, der Einfühlsame geht Auseinandersetzungen aus dem Weg, gibt leicht nach oder versucht zu schlichten.
- Moderator muss eine klare Stellungnahme einfordern.
- Neigt dazu, die Fehler anderer zu übersehen und zu entschuldigen.
- „Verzettelt" sich, da er versucht, es mit seinen Entscheidungen allen recht zu machen.

Der Planer

- Denkt ergebnisorientiert, liebt Ordnung und plant gerne alles voraus (Zeitplaner).
- Trifft seine Entscheidungen leicht und endgültig, tut sich aber schwer, wenn sich die Situation ändert und die Dinge nicht ihren geregelten Gang gehen.
- Gut geeignet für die konkreten Aufgaben, die innerhalb eines festgelegten Zeitrahmens erledigt werden müssen, bringt Ordnung ins Chaos und kann gut organisieren.
- Im Gespräch: Neigt zur Kompromisslosigkeit, wenn er sich einmal eine Meinung gebildet oder eine Entscheidung getroffen hat („endgültige Lösungen").
- Versucht, anderen sein System der Planung aufzuzwingen.
- Will alles sofort in konkreten Schritten und mit Terminen planen.
- Moderator muss den Meinungsaustausch in Gang bringen, den „offenen" Charakter der Besprechung betonen und schwächere Gesprächsteilnehmer vor der „Planungswut" in Schutz nehmen.

Der Flexible

- Denkt prozessorientiert, scheut „endgültige Lösungen" und feste Planungen, die er als persönliche Einengung empfindet.

- Fällt spontane Entscheidungen oder schiebt sie lieber auf und wirft sie genauso schnell wieder um, verliert daher leicht das Ziel aus den Augen, sollte gesteuert werden.
- Liebt das „kreative Chaos", zeichnet sich häufig durch einen chaotischen Arbeitsstil aus, mangelndes Zeitmanagement und fehlende Prioritätensetzung.
- Im Gespräch: greift Ideen von anderen leicht auf, integriert sie und entwickelt sie weiter.
- Springt häufig von Thema zu Thema, verursacht endlose Diskussionen, verlängert das Gespräch und will sich nicht auf eine Entscheidung festlegen.
- reagiert ablehnend, wenn jemand versucht, ihn einzuengen oder zu verplanen.

3.3   Das Mitarbeitergespräch

3.3.1   Grundsätzliches zum Mitarbeitergespräch

In der Mitarbeiterführung ist die selbstverständlichste und jeden Tag praktizitierte Kommunikation das unmittelbare Gespräch (sog. face-to-face-Kommunikation).

Das persönliche Gespräch zwischen Vorgesetzten und Mitarbeiter wird auch auf absehbare Zeit das wichtigste kommunikative Grundinstrument der Führung bleiben

Obwohl mit dem Anwachsen der technischen Möglichkeiten die interne Kommunikation zwischen Vorgesetzten und Mitarbeitern zunehmend virtuell vermittelt wird, sind viele Themen nicht dazu geeignet, über Telefon, E-Mail oder in Schriftform abgehandelt zu werden, sodass das wichtigste kommunikative Grundinstrument der Führung auch auf absehbare Zeit das persönliche Gespräch zwischen Vorgesetzten und Mitarbeiter bleiben wird.

Zum Mitarbeitergespräch zählen alle Gespräche zwischen Vorgesetzten und ihren Mitarbeitern, die über die routinemäßige Alltagskommunikation hinausgehen. Kommunikation, die im direkten Zusammenhang mit der Erledigung der Arbeit steht, wie z. B. laufende Arbeitsanweisungen des Vorgesetzten oder das Einholen einer kurzen Information durch den Mitarbeiter, um im Arbeitsprozess voranzukommen, fallen nicht unter den Begriff Mitarbeitergespräch. Es geht vielmehr um besondere Anlässe oder Themen, die den Vorgesetzten und den Mitarbeiter veranlassen, sich zusammenzusetzen und ihre Meinungen und Standpunkte miteinander auszutauschen.

3.3.2   Merkmale des Mitarbeitergespräches

Mitarbeitergespräche sind: ... sowohl turnusmäßig als auch anlassbezogen

Folgende Merkmale definieren das Mitarbeitergespräch zusätzlich:
- Mitarbeitergespräche können sowohl zu regelmäßigen geplanten Terminen (z.B. Beurteilungs-, Mitarbeiterjahres-, Fördergespräche) als auch anlassbezogen (z.B. Feedback-, Konflikt-, Motivations-, Präventionsgespräche) stattfinden.

- Mitarbeitergespräche werden in der Regel vom direkten Vorgesetzten geführt. Nur in Ausnahmefällen wird diese Aufgabe vom nächsthöheren Vorgesetzten oder von Mitarbeitern der Personalabteilung begleitet oder übernommen (z. B. bei Eskalationen oder bei wiederholten Gesprächen zum gleichen Thema).

  ... Aufgabe des direkten Vorgesetzten

- Mitarbeitergespräche sind zumeist Vier-Augen-Gespräche. In verschiedenen Fällen können auf Wunsch oder Anraten der nächsthöhere Vorgesetzte oder eine weitere Person wie Mitarbeiter der Personalabteilung oder/und Betriebsrat bzw. Personalrat hinzugezogen werden (z. B. bei Eskalationen, disziplinarischen Inhalten, oder sich ausweitenden Konflikten). In bestimmten, vom Gesetz genannten Fällen kann der Mitarbeiter die Teilnahme eines Betriebsratsmitglieds sogar verlangen (§ 82 Abs. 2 BetrVG).

  ... Vier-Augen-Gespräche

- Mitarbeitergespräche haben einen bestimmten Sachinhalt und ein bestimmtes Ziel. Sie sind also nicht nur zur Kontaktpflege gedacht, sondern stellen wichtige Führungsinstrumente dar.

  ... sachorientiert

- Mitarbeitergespräche sind nicht delegierbar.

  ... nicht delegierbar

3.3.3 Anlässe und Themen von Mitarbeitergesprächen

Orientierung geben und Ziele vereinbaren

- Ziele vereinbaren (Zielvereinbarungsgespräch)
- Sichtweisen des Mitarbeiters kennen lernen, Perspektiven entwickeln (Mitarbeiter(jahres)gespräch)

Loslassen und Leistungsüberprüfung

- Sachaufgaben besprechen (Sach- und Fachgespräch)
- Informationen gewinnen und weitergeben (Informationsgespräch)
- Kompetenzen und Verantwortung übertragen (Delegationsgespräch)
- Rückmeldungen geben (Feedbackgespräch)
- Gute Leistungen anerkennen (Anerkennungsgespräch)
- Unzureichende Leistungen ansprechen (Kritikgespräch)
- Veränderung bei bewussten und wiederholten Fehlern zur Veränderung einfordern (Tadelgespräch)
- Ziel-, Arbeits- und Leistungsüberprüfung (Kontrollgespräch)
- Probleme ansprechen (Konfliktgespräch)
- Mitarbeiter motivieren (Motivationsgespräch)
- Krankensitutation von Mitarbeitern ansprechen (Präventions- und Rückkehrgespräche)
- Klärung disziplinarischer Fragestellungen (Diziplinargespräch)
- Suchtproblematiken ansprechen (stufenweises Rückkehrgespräch)

Bilanz ziehen und Leistungen beurteilen

- Mitteilung der Leistungseinschätzung des Mitarbeiters (Beurteilungsgespräch)

- Zielerreichungsgrad und Maß mitteilen (Zielerreichungsgespräch)
- Erkennen von Stärken und Potenzialen (Potenzialgespräch)

Mitarbeiter fördern und entwickeln

- Besprechung von Fördermaßnahmen (Fördergespräch)
- Unterstützung der Mitarbeiter in betrieblichen und persönlichen Fragestellungen (Coachinggespräch)
- Kenntnisse und Fertigkeiten an die Mitarbeiter weitergeben (Unterweisungsgespräch)

Personalgewinnung, Auswahl und Trennung

- Mitarbeiter auswählen (Personalauswahlgespräche)
- Einführung von Mitarbeitern in das Team (Einführungsgespräche)
- Trennung von Mitarbeitern (Trennungsgespräche, Austrittsgespräch)

Vom Mitarbeitergespräch ist die Mitarbeiterbesprechung (siehe Kap. 3.4) zu unterscheiden, die der Vorgesetzte in der Regel mit einer Gruppe von Mitarbeitern führt.

3.3.4 Die besondere Situation des Mitarbeitergesprächs

Sowohl dem Vorgesetzten als auch dem Mitarbeiter ist immer klar, dass es einen bestehenden Rangunterschied gibt

In einem Mitarbeitergespräch kommen zu den allgemeinen Regeln der Kommunikation (siehe Kap. 2) noch einige Aspekte hinzu. Sowohl dem Vorgesetzten als auch dem Mitarbeiter ist immer klar, dass es einen bestehenden Rangunterschied gibt. Aufgrund dieser Machtverteilung kann der Vorgesetzte immer Entscheidungen treffen, die der Mitarbeiter akzeptieren muss. Dies stellt grundsätzlich die kooperative Führung vonseiten des Vorgesetzten nicht in Frage, obwohl dies einige Mitarbeiter immer wieder irrtümlicherweise annehmen.

Das kann dazu führen, dass Mitarbeiter Dinge nicht offen ansprechen, aussprechen oder schweigen, wenn sie anderer Meinung sind. Es kann auch sein, dass der Vorgesetzte seine Entscheidung schon getroffen hat und das Mitarbeitergespräch nur pro forma führt, weil die Führungsrichtlinien nun mal vorsehen, dass Mitarbeiter gefragt werden sollen. Weiterhin besteht die Gefahr, dass Vorgesetzte Monologe halten und es eigentlich gar nicht zu einem echten Meinungsaustausch kommt.

Mitarbeitergespräche bieten aber mehr Chancen als Risiken – und zwar für beide Seiten. Sie müssen allerdings auch richtig eingesetzt und ehrlich gemeint sein, sonst verfehlen sie ihr Ziel und tragen nicht zur besseren Kommunikation zwischen Führung und Mitarbeiter bei.

Vorteile von Mitarbeitergesprächen

Vorteile von Mitarbeitergesprächen sind:
- Die sachliche Kommunikation wird gefördert.
- Der Dialog wird verstärkt.

- Probleme werden nicht auf die lange Bank geschoben, sondern möglichst zeitnah angesprochen und gelöst.
- Der Mitarbeiter erfährt „wo er steht". Dies ist in Bezug auf seine Motivation und seine Leistung sehr wichtig zu wissen.
- Es werden Perspektiven aufgezeigt und entwickelt.
- Der Vorgesetzte erfährt viel über den Mitarbeiter und seine Bedürfnisse.
- Missverständnisse und Vorurteile werden reduziert.
- Das „Wir-Gefühl" wird unabhängig von Hierarchieebenen gefördert.

3.3.5 Die Vorbereitung eines Mitarbeitergesprächs

Alle Mitarbeitergespräche sollten gut vorbereitet sein: Die verschiedenen Mitarbeitergespräche haben unterschiedliche Intentionen und verlaufen damit sowohl von der Zielsetzung als auch im Aufbau ganz unterschiedlich. Sie sind jeweils in den einzelnen Kapiteln von Teil C näher beschrieben. An dieser Stelle wird zunächst nur auf die Punkte eingegangen, die für alle Mitarbeitergespräche unabhängig ihrer Zielsetzung wichtig sind.

Da sie von ihrer Zielsetzung her immer unterschiedlich sind, sollten Mitarbeitergespräche gut vorbereitet werden

Folgende Überlegungen sollten Ihre Vorbereitung immer beinhalten:

organisatorisch

- Welcher Termin bietet sich an?
- Wo sollte das Gespräch stattfinden?
- Welchen Zeitrahmen sollte das Gespräch haben?
- Welche Unterlagen werden für das Gespräch benötigt?
- Welche Daten muss ich mir im Vorfeld besorgen?

inhaltlich

- Welches Ziel hat dieses Gespräch?
- Welche Themen sollen angesprochen werden?
- Sollte das Thema weiter aufgeteilt werden?
- Welche Lösungen könnte ich mir zu den einzelnen Punkten, die anzusprechen sind, vorstellen?
- Welche Einwände könnten kommen, wie argumentiere ich?
- In welchen Schritten sollte das Gespräch verlaufen?
- Müssen die Ergebnisse des Gesprächs mit anderen Personen abgestimmt werden?

in Bezug auf den Gesprächspartner

- Braucht der Mitarbeiter außer den Eckdaten weitere Informationen im Vorfeld, um sich seinerseits auf das Gespräch vorbereiten zu können?
- Was möchte ich wie rüberbringen? Mit welchem Gefühl sollte der Mitarbeiter aus dem Gespräch gehen?

- Wie ist meine Einstellung zum Mitarbeiter?
- Wie verliefen frühere Gespräche?
- Welche Ziele und Motive bewegen den Mitarbeiter?
- Wie agiert und reagiert er im Gespräch?

3.5.6   Die Gesprächsführung im Mitarbeitergespräch

Die Verantwortung für den Gesprächsablauf liegt beim Vorgesetzten

Die Verantwortung für den Gesprächsablauf liegt beim Vorgesetzten. Er hat auf die Einhaltung der Gesprächsregeln zu achten und die Aufgabe, das Gespräch zu lenken sowie eine entsprechende Gesprächsatmosphäre sicherzustellen. Von ihm ist es abhängig, ob es sich um ein wirkliches Gespräch handelt oder eher um ein Taktieren oder Umsetzen bestimmter Gesprächsstrategien.

Nur wenn der Vorgesetzte das Gespräch als Führungsinstrument erkennt, ernst nimmt und damit ehrlich und wertschätzend umgeht, wird der Mitarbeiter dies auch seinerseits annehmen. Es ist auch nicht mit einem einmaligen Mitarbeitergespräch getan, sondern es muss sichergestellt werden, dass regelmäßige Gespräche innerhalb des Führungsprozesses zwischen Vorgesetzten und Mitarbeitern stattfinden. Ansonsten bleiben die Mitarbeitergespräche eher „spontane Gespräche", die abhängig sind von der Führungsperson, die aber keine Sicherstellung des Führungsprozesses im Sinne der Verfolgung von Unternehmenszielen gewährleisten.

Regelmäßige Mitarbeitergespräche stellen den Führungsprozess im Sinne der Verfolgung von Unternehmenszielen sicher

Werden Mitarbeitergespräche nicht zielorientiert wahrgenommen, entgehen einem Unternehmen viele Chancen, Mitarbeiter zu halten, zu entwickeln, zu motivieren, aber auch Fehler zu erkennen, offen zu legen, zu korrigieren und Konflikte zu beseitigen. Gleiches gilt für die Sicherstellung von Ergebnissen und das Feedback über den Verlauf eines Arbeitsprozesses bis zu den Ergebnissen.

Regeln für die Gesprächsführung im Mitarbeitergespräch:

- Achten Sie darauf, dass Ihr Mitarbeiter nicht als Verlierer aus diesem Gespräch geht.
- Lassen Sie sich ausführlich seine Sichtweisen und Bedürfnisse beschreiben.
- Stellen Sie Ihre eigene Meinung und Ihre Motive dar.
- Arbeiten Sie die daraus resultierenden Unterschiede heraus.
- Versuchen Sie die Bedürfnisse Ihres Mitarbeiters wenigstens teilweise in einer Lösung zu berücksichtigen.
- Drücken Sie im Gespräch Ihre Wertschätzung Ihrem Mitarbeiter gegenüber aus.
- Nehmen Sie sich Zeit und vermeiden Sie Störungen.

- Versuchen Sie seinen Standpunkt nachzuvollziehen und zeigen Sie Verständnis für seine Sichtweise.
- Suchen Sie nach Lösungen, die von beiden Seiten annehmbar sind.
- Seien Sie offen und ehrlich, verhalten Sie sich authentisch, bleiben Sie „echt": Jedes Verstellen führt zu Unglaubwürdigkeit.
- Sagen Sie nicht alles, was Sie meinen, aber was Sie sagen, sollten Sie auch so meinen.
- Nennen Sie die Dinge beim Namen und versuchen Sie nicht alles „schön zu reden".
- Seien Sie konstruktiv.
- Achten Sie darauf, dass verbale und nonverbale Signale übereinstimmen.
- Überzeugen Sie und überreden Sie nicht.

3.3.7 Der grundsätzliche Aufbau eines Mitarbeitergesprächs

Alle themen- und zielorientierten Mitarbeitergespräche bauen auf einem grundsätzlichen Vorgehen auf. Die sachliche Argumentation sowie die situationsbezogene Anpassung kann hier natürlich nicht für jeden Fall vorgegeben werden, sondern bleibt dem jeweiligen Vorgesetzten vorbehalten. Für die Wahrnehmung der verschiedenen Führungsaufgaben finden Sie allerdings in den nachfolgenden Kapiteln die entsprechenden detaillierteren Gesprächsstrukturen.

Der Gesprächsaufbau trägt dazu bei, das Gespräch zu strukturieren, wesentliche Aspekte nicht zu vergessen und das Gesprächsziel nicht aus den Augen zu verlieren. Auch ein geplanter Gesprächsablauf bietet genügend Spielraum für unerwartete Entwicklungen.

Auch ein geplanter Gesprächsablauf bietet genügend Spielraum für unerwartete Entwicklungen

Phase 1: Begrüßung
- Höflichkeit und Freundlichkeit sind immer Grundvoraussetzung.
- Begrüßen Sie den Mitarbeiter, gehen Sie auf ihn zu und danken ihm für sein Kommen.
- Bieten Sie einen Platz an einem geeigneten Tisch an, setzen Sie sich und nennen Sie Thema und Bedeutung des Gespräches. Achten Sie auf angemessene Distanz.
- Stellen Sie sicher, dass Ihr Mitarbeiter auch gesprächs- und aufnahmebereit ist.
- Schaffen Sie ein positives und offenes Gesprächsklima.

Phase 2: Klärung der Umstände
- Darstellung von Thema und Ziel des Gespräches.
- Legen Sie Ablauf, Zeitumfang, und die geplante Vorgehensweise dar.

Phase 3: Darstellung der Sicht des Mitarbeiters

- Fordern Sie den Mitarbeiter auf, **seine** Sichtweise der Dinge zu schildern (bei einigen Themen hat er sich idealerweise auch vorbereitet bzw. Gelegenheit dazu gehabt).
- Machen Sie sich Notizen in dieser Phase, damit Sie die Argumente des Mitarbeiters später wieder aufgreifen können. So müssen Sie ihn auch nicht unterbrechen.
- Geben Sie dem Mitarbeiter Gelegenheit Frust abzubauen und seinen Gefühlen Luft zu machen.
- Erwarten Sie keine rhetorische Höchstleistung oder zuviel Sachlichkeit, sonst gehen Ihnen wertvolle Informationen verloren.
- Halten Sie sich zurück. Kommentieren und bewerten Sie die emotionalen Aussagen Ihres Mitarbeiters nicht.

Phase 4: Darstellung der Sicht des Vorgesetzten

- Stellen Sie nun Ihre Sichtweise der Dinge dar. Falls sich aus den Äußerungen des Mitarbeiters Fragen ergeben, klären Sie diese zuerst ab.
- Bestätigen, korrigieren oder führen Sie die Aussagen des Mitarbeiters weiter.

Phase 5: Problemlösung

- Leiten Sie zum sachlichen Kerngespräch über.
- Arbeiten Sie die Unterschiede der verschiedenen Sichtweisen heraus.
- Suchen Sie gemeinsam die Ursachen für die unterschiedlichen Wahrnehmungen.
- Entwickeln Sie gemeinsam Lösungen, die für Sie und den Mitarbeiter akzeptabel sind.
- Seien Sie so flexibel, Ihre Meinung im Gespräch zu verändern, wenn sich hierzu sachlich begründete Ansätze ergeben.
- Fassen Sie zusammen und bilden Sie Zwischenergebnisse.
- Verlieren Sie das Gesprächsziel und den roten Faden nicht aus den Augen.

Phase 6: Zusammenfassung und Ausblick

- Fassen Sie alle wichtigen Punkte nochmals zusammen.
- Vereinbaren Sie konkrete Punkte und Termine zur weiteren Vorgehensweise und halten Sie diese gegebenenfalls schriftlich fest.
- Finden Sie einen positiven, motivierenden Abschluss.

Beispiel eines Mitarbeitergesprächs (Anlass Unpünktlichkeit)

- **Positiver Verlauf**

Vorgesetzter (V): „Guten Tag, Herr Müller, bitte nehmen Sie doch Platz. Kann ich Ihnen einen Kaffee anbieten?"

Mitarbeiter (M): „Ja, gerne. Vielen Dank.“

V: „Herr Müller, Sie wissen, dass ich Ihre Mitarbeit, Ihre Aktivitäten und Ihre Ideen grundsätzlich sehr schätze. Aber gestern fand ich irritierend, dass Sie 40 Minuten zu spät zur Teamsitzung kamen. Finden Sie das in Ordnung, dass wir so lange auf Sie warten mussten?“

M: „Tut mit leid, ich wäre normalerweise auch pünktlich gewesen, eigentlich bin ich ja immer pünktlich zu den Sitzungen da. Aber gestern hat mich ein Kunde am Telefon festgehalten. Ich musste dann dringend noch Unterlagen für ihn raussuchen und kopieren, weil die Sachen dringend noch mit der Post raus mussten.“

V: „Ich möchte gerne wissen, finden Sie das in Ordnung, dass die ganze Gruppe auf Sie warten musste, in der begonnenen Arbeit unterbrochen wurde und Ihnen eine separate Einführung geben musste?“

M: „Nein, das war sicher nicht effektiv, weil dadurch viel Zeit verloren ging.“

V: „Schön, dass Sie das auch so sehen. Was wollen Sie unternehmen, damit das in Zukunft anders wird?“

M: „Ich werde versuchen, den Tag so zu planen und einzuteilen, dass mir genügend Zeit für die Sitzung bleibt.“

V: „Wie wollen Sie das erreichen und sicherstellen?“

M: „Ich werde vor dem Treffen einen Kollegen bitten, die Anrufe meiner Kunden entgegenzunehmen. Die Kunden rufe ich dann nach der Sitzung zurück.“

V: „Also können wir beim nächsten Mal davon ausgehen, dass Sie pünktlich sind und wir gemeinsam beginnen können?“

M: „Selbstverständlich.“

V: „Schön, ich verlasse mich darauf.“

• **Negativer Verlauf**

V: „Guten Tag, Herr Müller, bitte nehmen Sie doch Platz. Möchten Sie auch einen Kaffee?“

M: „Ja, gerne. Vielen Dank.“

V: „Herr Müller, Sie sind gestern 40 Minuten zu spät zur Teamsitzung gekommen. Können Sie mir sagen, warum?“

M: „Ein Kunde hat mich kurz vor der Sitzung angerufen. Ich musste ihm im Anschluss dringend noch einige Unterlagen kopieren und mit der Tagespost schicken.“

V: „Sie hätten ja auch einem Kollegen sagen können, dass er Ihre Anrufe entgegennimmt. Schließlich wussten Sie ja, wann die Sitzung beginnt. Dann hätten wir auch nicht alle auf Sie warten müssen, um Ihnen dann noch mal von A bis Z alles zu erklären.“

M: „Heißt das, ich soll in Zukunft meine Kunden links liegen lassen, wenn eine Teamsitzung anberaumt ist?“

V. „Selbstverständlich nicht. Aber Sie können ja auch Ihre Kunden nach der Teamsitzung anrufen.“

M: „Wenn Sie meinen."
V: „Ich wäre Ihnen sehr dankbar, wenn Sie dafür sorgen würden, dass Sie
    beim nächsten Mal pünktlich zur Teamsitzung erscheinen."
M: „Ich werde darauf achten."

Hier ist zu erkennen, dass der Mitarbeiter die Aussagen des Vorgesetzten lediglich passiv entgegennimmt. Es wird nicht sichergestellt, dass der Mitarbeiter zukünftig unter ähnlichen Umständen pünktlich ist. Dass hauptsächlich die Kritik im Gedächtnis des Mitarbeiters haften bleibt wirkt demotivierend.
Im positiven Beispiel wird der Mitarbeiter dagegen durch den Vorgesetzten angeregt, eine Lösung vorzuschlagen und aktiv selber zu gestalten. Dies wirkt sich motivierend auf den Mitarbeiter aus.

3.3.8 Die Nachbereitung und Auswertung eines Mitarbeitergesprächs

in Hinblick auf den Sachinhalt:

- Welche Maßnahmen müssen Sie veranlassen?
- Welche (Gesprächs-)Ziele haben Sie erreicht?
- Sind alle notwendigen Informationen ausgetauscht worden?
- Ist die Vorgehensweise (was, wer, bis wann, an wen) komplett festgelegt?
- Müssen andere Personen involviert oder informiert werden?
- Muss in Bezug auf die Rahmenbedingungen beim nächsten Gespräch etwas verändert werden?

in Hinblick auf den Gesprächspartner:

- Welche neuen Erkenntnisse haben Sie über Ihren Gesprächspartner gewonnen?
- Was sollten Sie bei zukünftigen Gesprächen beachten?
- Welches Bild hat Ihr Gesprächspartner von Ihnen gewonnen?
- Haben Sie sich im Gespräch richtig verhalten?
- Was würden Sie beim nächsten Gespräch anders machen?

3.4 Besprechungen leiten, lenken, moderieren

Mitarbeiterbesprechungen führt der Vorgesetzte mit mehreren Mitarbeitern

Mitarbeiterbesprechungen führt der Vorgesetzte turnusmäßig oder anlassbezogen mit mehreren Mitarbeitern. Durch eine gute Besprechungsleitung und -steuerung können Sie sehr zur Effizienzsteigerung beitragen. Die folgenden Ausführungen beziehen sich auf Mitarbeiterbesprechungen. Viele der genannten Punkte gelten aber auch für alle anderen Besprechungen.

3.4.1 „Besprechungschaos" – typische Symptome

Viele Besprechungen werden als überflüssig oder als Zeitfresser empfunden. Gründe hierfür liegen zum einen in organisatorischen, zum anderen in kommunikativen Punkten und in der Leitung und Steuerung der Besprechung. Hauptkritikpunkte sind: die Länge der Besprechungen, die erzielten bzw. nicht erzielten Ergebnisse sowie das Kommunikationsverhalten der Besprechungsteilnehmer.

Viele Besprechungen werden als überflüssig oder als Zeitfresser empfunden

Gründe für das Misslingen von Besprechungen sind
- Die äußeren Bedingungen erlauben keine ungestörte, produktive Besprechung:
    - ungeeigneter Raum (zu klein, zu groß, zu dunkel, zu ungemütlich etc.),
    - ungeeignete Sitzordnung,
    - mangelnde Visualisierungsmöglichkeiten (Overhead, Flipchart etc.),
    - Kaffee, kalte Getränke etc. fehlen,
    - Störungen von außen (Telefonate, plötzliche Unterbrechungen).
- Mitarbeiter müssen die Besprechung wegen überschneidender Termine früher verlassen oder kommen zu spät.
- Die Besprechung beginnt nicht rechtzeitig, die Teilnehmer finden sich nur „schleppend" ein.
- Der Zeitrahmen der Besprechung wird überschritten.
- Die Mitarbeiter wissen nicht, worum es in der Besprechung überhaupt geht.
- Die Teilnehmer sind unmotiviert, da sie die Erfahrung gemacht haben, dass Besprechungen nicht zu konkreten Ergebnissen führen.
- Die Besprechung wird als „Zeitfresser" empfunden, der die Beteiligten von der Arbeit abhält.
- Die Besprechung ist nicht richtig vorbereitet, die Inhalte sind unstrukturiert und laufen „aus dem Ruder".
- Die Mitarbeiter verlieren das Ziel der Besprechung aus den Augen.
- Die Besprechungsleitung versucht, die Mitarbeiter zu manipulieren und ihre persönliche Meinung durchzudrücken.
- Einzelne Mitarbeiter oder die Besprechungsleitung nutzen die Besprechung als Plattform zur Selbstdarstellung. Andere, eher zurückhaltende Mitarbeiter kommen nicht zu Wort.
- Unterschwellige Konflikte stören die sachliche Diskussion. Einzelne Mitarbeiter tragen persönliche Konflikte aus.
- Endlose Diskussionen führen zu keinem Ergebnis. Oft diskutieren die falschen Personen zur falschen Zeit über das falsche Thema.
- Es kommt zu keiner Einigung, die weitere Vorgehensweise bleibt offen.
- Erreichte Ergebnisse und Vorgehensweisen aus vorangegangenen Besprechungen werden nicht umgesetzt, daher sinkt die Motivation der Mitarbeiter, gemeinsam nach Lösungen zu suchen.

- Die nächste Besprechung wird nicht vorab abgesprochen, der Termin rückt in weite Ferne, da die Besprechung als nebensächlich empfunden wird.

3.4.2 To meet or not to meet ... ?
Ist die Durchführung der Besprechung sinnvoll?

Anlass und Umstände einer geplanten Besprechung sollten einer kritischen Überprüfung standhalten können

- Ist das Problem hinreichend definiert?
- Ist das Ziel genau und konkret genug beschrieben?
- Ist der Sachverstand, der zur Lösung des Problems nötig ist, bei den teilnehmenden Personen zu finden?
- Ist es nötig, alle diese Personen zu einem gemeinsamen Gespräch zusammenzuholen, oder reicht es aus, ihr Wissen einzeln abzurufen?
- Bleibt die Besprechung auch vor dem Hintergrund einer Kosten-Nutzen-Rechnung sinnvoll (Besprechungszeit = Arbeitszeit)?
- Erlaubt die notwendige Größe der Gruppe eine sinnvolle Besprechung?
- Können bei der Besprechung Konflikte entstehen, denen vorher begegnet werden sollte?

3.4.3 Vorbereitung von Mitarbeiterbesprechungen:

- Formulieren Sie Themen und gliedern Sie sie.
- Stellen Sie Informationen und Unterlagen zu den Themen zusammen.
- Legen Sie Termin, Dauer, Beginn und Ende der Besprechung fest.
- Planen Sie gegebenenfalls Pausen mit ein.
- Legen Sie die teilnehmenden Mitarbeiter fest.
- Laden Sie die Besprechungsteilnehmer rechtzeitig ein.
- Bestimmen Sie einen Besprechungsraum.
- Sehen Sie eine günstige Sitz- und Tischordnung vor.
- Bedenken Sie frühzeitig benötigte Visualisierungsmöglichkeiten.

Legen Sie die Rollenverteilung in der Besprechung fest:

- Besprechungsleitung,
- Entscheider,
- Diskussionsleiter /Fachkompetenz/Vortragender zu einem Thema,
- Protokollführung.

3.4.4 Die Rollenverteilung in der Besprechung

Der Erfolg einer Besprechung hängt unter anderem davon ab, ob jeder der Beteiligten seine Rolle in der Besprechung kennt und auch mit Kompetenz ausfüllt.

Die wichtigsten Rollen und ihre Aufgaben sind:

Aufgaben der Besprechungsleitung:

- Aufgabe der Themensicherstellung,
- Leitung und Moderation der Diskussion,

- Überleitung zu Fachvorträgen und vortragender Person,
- Sicherstellung der Einhaltung von Regeln,
- Achten auf Zeiteinhaltung,
- Prüfen der Rahmenbedingungen,
- Involvierung aller Teilnehmer,
- Achten auf Sachlichkeit,
- Sicherstellung des wertschätzenden Umgangs miteinander,
- zielorientiere Vorgehensweise.

Aufgaben des/der Entscheider/s:

- zur Entscheidung notwendige Informationen zu erfragen,
- Sachverhalte und Diskussionsbeiträge zu hinterfragen,
- Expertenmeinungen in die Entscheidungsfindung zu involvieren.

Aufgaben der Diskussionsleitung,
(wenn nicht mit Besprechungsleitung identisch):

- temporäre Leitung z.B. zu einem bestimmten Thema,
- Ansprechpartner für weiterführende Informationen.

Aufgaben der Protokollführung:

- Dokumentation von Ergebnissen,
- Dokumentation von Verantwortlichkeiten,
- Dokumentation von Terminvorgaben und
- Dokumentation der weiteren Vorgehensweise.

3.4.5   Der Weg zur effektiven Besprechung

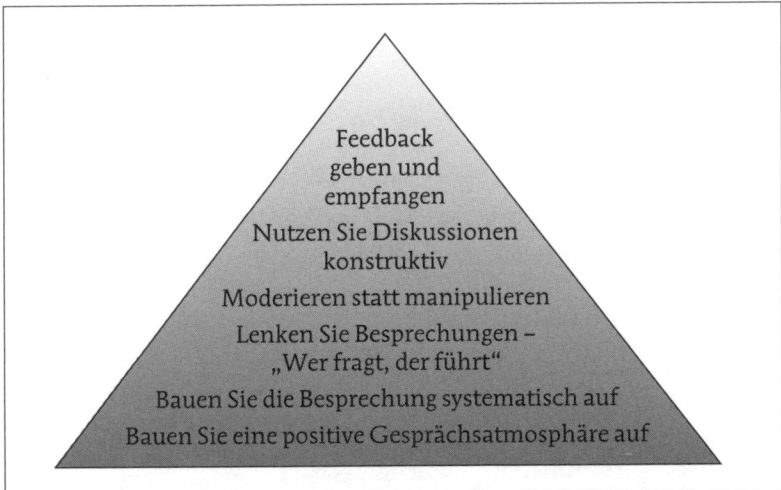

Abb. 3.1: Optimale Rahmenbedingungen einer erfolgreichen Besprechung

Schritt 1: Bauen Sie eine positive Gesprächsatmosphäre auf

- Begrüßen Sie die Teilnehmer.
- Stellen Sie die Teilnehmer einander vor (falls diese sich nicht kennen sollten).
- Bleiben Sie von Beginn an immer freundlich, wohlwollend und ruhig (innere Ruhe).
- Lockern Sie die Atmosphäre mit warmherzigen oder scherzhaften Bemerkungen (aber niemals auf Kosten einer Person!) auf.
- Vermeiden Sie negative Formulierungen („unmöglich", „leider", „zweifelhaft" etc.) und Killerphrasen.

Ein Wir-Gefühl verdeut-
licht, dass alle gemeinsam
an einem Strang ziehen

- Erzeugen Sie ein „Wir-Gefühl", bei dem sich die einzelnen Besprechungsteilnehmer mit dem Teilnehmerkreis identifizieren. Sprechen Sie daher immer die Gesamtgruppe an: *„Unsere Besprechung …", „Wir wollen gemeinsam … „* (Nicht: *„Sie sollten sich …"* oder *„Ihr Problem lautet …"*)
- Verwenden Sie – wenn es passt – Cartoons, Karikaturen etc. bei der Visualisierung.

Schritt 2: Bauen Sie die Besprechung systematisch auf

Grundsätzlich sollten Sie die Besprechung und die einzelnen in sich geschlossenen Besprechungspunkte systematisch aufbauen:

Einleitung:
- Anrede
- Eröffnung
- Begrüßung
- Bekanntgabe der Präliminarien und Regularien (falls vorhanden, z. B. Rauchregelung, Pausenzeiten, Menübestellung, Anwesenheitslisten etc.)
- Einführung ins Thema mit Zielvorstellung

Hauptteil:
- Diskussion und Sachbehandlung

Schluss:
- Zusammenfassung
- Ergebnis
- Protokollanfertigung.

Schritt 3: Lenken Sie die Besprechung – „Wer fragt, der führt."

Als guter Besprechungsleiter stellen Sie Fragen (siehe Kap. 2.6), um

Fragen lenken sowohl
die Inhaltlichkeit …

- den Inhalt von Beiträgen deutlich werden zu lassen.
  „An was denken Sie im Einzelnen?"
  „Können Sie uns ein Beispiel geben?"
- Abschweifungen und Nebensächlichkeiten erkennbar zu machen.
  „Ist das für unser Thema wichtig?"
  „Ist dies ein wichtiger Punkt?"
  „Bringt uns dieser Beitrag dem Ziel näher?"

… als auch das Procedere

- entstehenen Konflikten entgegenwirken.
  „Sollten wir uns nicht auf das Thema konzentrieren?"
  „Wollen Sie dies nicht lieber später in kleinerem Kreis weiter diskutieren?"

- deutlich zu machen, dass Sie auf die Einhaltung von Spielregeln Wert
  legen.
  „Meinen Sie nicht, dass alle ausreden können sollten?"
  „Erst Sie, dann Sie , dann Sie … Sind Sie einverstanden?"
  *„Könnten Sie den Beitrag nochmal wiederholen, ich glaube hinten konnte
  man Ihnen nicht folgen."*
- Einverständnis festzustellen und zu kontrollieren.
  „Sind Sie einverstanden?"
  „Können Sie mit diesem Vorschlag leben?"
  „Ist Ihre Frage damit beantwortet?"

Schritt 4: Moderieren statt manipulieren

Eine Moderation ist das Begleiten und Vermitteln von Gesprächsinhalten der verschiedenen Teilnehmer. Sie bedeutet hautsächlich ein planmäßiges Vorgehen, um bestimmte Ziele zu erreichen.

Der Moderator hat die Aufgabe, die Tagesordnung der Veranstaltung zu präsentieren und auf ihre Einhaltung zu achten und er soll die Zwischenergebnisse zusammenfassen. Er präsentiert keine eigenen Ergebnisse oder Meinungen. Seine Fachkompetenz setzt er nur ein, um die Beiträge der Mitarbeiter zu ordnen, zu sortieren oder zur Weiterführung anzustoßen.

Der Moderator vermittelt die Gesprächsinhalte , achtet auf die Einhaltung der Regeln und baut Spannungen ab

Seine Aufgabe ist die Vermittlung von Gesprächsinhalten, Festlegung der Regeln sowie Schlichtung von Streitigkeiten und Abbau von Spannungen.

Äußerungen eines Moderators in Besprechungen:

- *„Versuchen wir doch einmal …"*
  Vorschlag für neue Vorgehensweisen bei Sackgassendiskussionen
- *„Was meinen Sie dazu?"*
  Integration von Teilnehmern, Meinungen erfragen
- *„Sie denken also, dass …"*
  Mehr Klarheit über zuletzt Gesagtes erlangen, Missverständnisse vermeiden durch Formulierungen mit eigenen Worten
- *„Dieser Gedanke gefällt mir gut …!"*
  Lob und Anerkennung für positive Beiträge, Motivation
- *„Kommen wir jetzt nicht zu sehr vom Thema ab?"*
  Gruppe bei zeitraubenden Abweichungen um Hilfe bitten, statt Anordnungen zu treffen
- *„Bleiben Sie doch bitte sachlich!"*
  Teilnehmer zur Mäßigung anhalten, andere vor scharfen Angriffen schützen
- *„Zuerst sind Sie an der Reihe, dann Sie …"*
  Reihenfolge der Wortmeldungen mit Namen schriftlich festhalten, um auch in stürmischen Diskussionen die Ordnung wahren zu können.

- *„Worauf können wir uns einigen?"*
  Periodische Zusammenfassung des bisher Erreichten im Verlauf und am Ende einer Besprechung fördert Klarheit und Effizienz der Kommunikation.
- *„Wer wird was bis wann tun?"*
  Eine produktive Besprechung zieht Aktionen und Aufgabenteilungen nach sich.

Moderatoren sollten maximal 20 Prozent der Redezeit beanspruchen und hauptsächlich für den Fortgang und die Entscheidungsfindung sorgen, nicht dominieren.

Präsentation

Innerhalb einer Bespre-
chung lassen sich notwen-
dige Aspekte im Rahmen ei-
ner Präsentation darstellen

Innerhalb einer Besprechung können auch verschiedene Themen präsentiert werden. In der Regel präsentiert entweder der Besprechungsleiter und/oder ein Besprechungsmitglied zu einem bestimmten Thema. Dies könnten z. B. Ergebnisse eines Arbeitsprozesses sein oder fachliche Aspekte, die für eine anschließende Diskussion abgeklärt werden müssen, um zu einer Entscheidung gelangen zu können. Weiterhin kann ein Mitarbeiter Vorschläge zu einem Thema, welches alle Teilnehmer betrifft, präsentieren, damit die anderen Mitarbeiter eine gemeinsame Grundlage für eine spätere Entscheidungsfindung haben.

Worauf Sie bei einer Präsentation achten sollten:

- Ihre positive mentale Grundhaltung
- Organisatorische Vorbereitung
  - geeignete Räumlichkeiten
  - Teilnehmerkreis und deren Einladung
  - Präsentationstechnik und Präsentationsmaterial
  - ggf. Bewirtung
- Aufbereitung des Themas
  - Ist das Thema für die Teilnehmer verständlich
  - Ist die Gliederung nachvollziehbar?
  - Sind Schwerpunkte gesetzt?
  - Ist die Sprache angemessen?
  - Sind die Beispiele praxisnah?
  - Stehen zum besseren Verständnis Grafiken und Visualisierungen zur Verfügung?
  - Ist der „rote Faden" nachvollziehbar?
  - Steht am Ende der Präsentation ein auffordernder Appell?
- Methodik und eingesetzte Medien
  - Sind die Methodik und die eingesetzten Medien dem Publikum angemessen?
  - Ist die zur Verfügung stehende Zeit ausreichend?
  - Ist die Visualisierung auf das Thema abgestimmt?
  - Unterstützen die gewählten Medien die Thematik?

- Sind die Unterlagen mit der Präsentation abgestimmt?
- Die Darstellung der eigenen Person
  - Ist das äußere Erscheinungsbild angemessen?
  - Sind die Teilnehmer aktiv involviert?
  - Stimmt Blickkontakt und Körpersprache?
  - Ist die Stimme laut und deutlich?
  - Ist es gelungen, die Teilnehmer zu „bewegen"?
  - Ist es gelungen, eine Beziehung zu den Teilnehmern herzustellen?

Der Erfolg einer Präsentation ist abhängig von der gewählten Präsentationsform und den hierfür benutzten Materialien und Medien. Nicht jedes Medium ist gleichermaßen geeignet. Weiterhin sind der Raum, die technischen Möglichkeiten sowie Zielsetzung und Inhalt der Präsentation zu bedenken. In einer überzeugennden Präsentation gelingt es dem Präsentierenden, die Zuhörer für seine Argumentation zu gewinnen und zu überzeugen.

In einer überzeugennden Präsentation gelingt es dem Präsentierenden, die Zuhörer für seine Argumentation zu gewinnen und zu überzeugen

Schritt 5: Nutzen Sie Diskussionen konstruktiv

Eine Diskussion bedeutet, zu einem Thema verschiedene Meinungen anzuhören, auszutauschen und gegebenenfalls zu einer gemeinsam verabschiedeten Lösung zu gelangen.

Merkmale der konstruktiven Diskussion:

- Zielorientierung,
- Strenger formaler Rahmen,
- Optimale Gruppengröße 7 – 12 Teilnehmer,
- Gleichberechtigung der Teilnehmer,
- Diskussionsleitung führt.

Aufgaben der Diskussionsleitung

- Gliederung des Ablaufs im Einzelnen,
- Zusammenfassung, Überleitungen,
- Ergebnissicherung,
- Worterteilung und Ablauforganisation.

Wesentliche Aspekte der Diskussionsleitung

- Zuhören
  - Interesse für die Sache und die Menschen zeigen,
  - positive Reaktionen erkennen lassen,
  - auf andere eingehen,
  - dem Anderen die Möglichkeit zur Selbstdarstellung geben.
- Fragen stellen
  - die kurz sind und keine Unterfragen enthalten,
  - auf deren Antwort man gespannt ist,
  - die so beantwortet werden können, dass klar wird, wie die Gruppe zur Sache steht.

- Keine Fragen stellen, die
  - nur Ja-/Nein-Antworten zulassen (Verhörfragen/geschlossene Fragen),
  - schon auf eine bestimmte Antwort hinzielen (Suggestivfragen),
  - zu eng spezialisiert sind.
- Antworten geben, die
  - zum Sprechen ermuntern,
  - eine Diskussion weiterführen und nicht abwürgen.
- Antworten vermeiden, die
  - den Fragesteller lächerlich machen,
  - die mangelnde Kompetenz des anderen herausstellen,
  - nur der Selbstdarstellung dienen,
  - darauf angelegt sind, zu belehren,
  - der eigenen Rechtfertigung dienen.

Schritt 6: Feedback geben und empfangen

konstruktives Feedback sichert die Konsensfähigkeit

- Geben Sie immer höflich, taktvoll und nicht verletzend Feedback. Ihre Gesprächspartner sollten in jedem Fall das Gesicht wahren können.
- Beschreiben Sie das jeweilige Verhalten möglichst konkret.
- Geben Sie Feedback nur aufgrund eigener Beobachtungen und nicht auf Grundlage von Mutmaßungen und von anderen Ihnen zugetragenen Vermutungen.
- Sprechen Sie in der eigenen Person (Ich –Botschaften).
- Stellen Sie Ihre Sicht der Dinge dar, ohne in eine Abwehr- oder Verteidigungssituation sich zu begeben.
- Machen Sie Ihrem Gesprächspartner deutlich, dass das Feedback bei Ihnen angekommen ist.

3.4.6 Systematisches Vorgehen zur Problemlösung und konstruktiven Diskussionsführung

Im Sinne einer konstruktiven Problemlösung sollte ein bestimmtes Vorgehen gewählt werden

Phase 0: **Begrüßung, Vorstellung aller Teilnehmer, Rollen und Funktionen der Teilnehmer, positive Atmosphäre.**

Phase 1: **Problemdefinition und Zielformulierung**
- Was ist das Problem?
- Was soll erreicht werden?

Phase 2: **Problemanalyse**
- Was ist vorgefallen, wo ist es passiert? Wann? Problemausmaß fesstellen.
- Möglichst verschiedene Sichtweisen einholen, am besten alle Betroffenen zur Meinungsäußerung auffordern.

Phase 3: **Zusammenfassung**
- Fassen Sie als Besprechungsleiter die Beiträge kurz zusammen.

- Fragen Sie gegebenenfalls zur besseren Darstellung des Problems nach und lenken Sie auf das Diskussionsziel hin mit der Aufforderung an alle zur Problemlösung beizutragen.

Phase 4: **Sammeln von Lösungsmöglichkeiten**
- Welche Problemlösungsmöglichkeiten gibt es?
- Nach Möglichkeit alle Teilnehmer zur Meinungsäußerung auffordern.
- Wenn keine Vorschläge von Ihren Mitarbeitern kommen, machen Sie als Vorgesetzter einen Vorschlag (nicht vorher – sonst wird dieser von Ihren Mitarbeitern als Wertung und Vorgabe empfunden und damit erübrigt sich jede Diskussion) und stellen diesen zur Diskussion.

Phase 5: **Bewertung der Lösungsmöglichkeiten**
- Welches ist die beste Problemlösung?
- Prüfen Sie die Lösung auf Realisierbarkeit! Gegebenenfalls müssen Sie als Besprechungsleiter und Vorgesetzter hier korrigierend eingreifen.

Phase 6: **Realisierungsplanung**
- Wie gehen wir vor?

Phase 7: **Follow Up**
- Wer macht was bis wann?
- Achten Sie darauf, dass alle Personen die Möglichkeit haben, mitzumachen.

Phase 8: **Verabschiedung**

3.4.7   Voraussetzungen für den idealen Besprechungsleiter

Sie sind ein idealer Besprechungsleiter, wenn Sie:
- gut vorbereitet in die Mitarbeiterbesprechung kommen,
- die Besprechung pünktlich beginnen und rechtzeitig beenden,
- sich um Neutralität bemühen und die Anwesenden nicht durch ein vorzeitiges Nennen der eigenen Meinung manipulieren,
- zu erkennen geben, welche Inhalte und Themen der Besprechung lediglich zur Kenntnisnahme bestimmt sind (reine Informationsvermittlung), welche Themen diskutiert werden sollen (Meinungsaustausch mit gemeinsamer Lösungsfindung) und welche Themen von wem präsentiert (aufbereitet und vorbereitet) werden,
- die Besprechungsziele im Auge behalten und immer auf das Thema zurückkommen,
- auf ein gutes Besprechungsklima achten und keine persönlichen Angriffe zulassen,
- störende Konflikte abbauen helfen, damit die Kontrahenten anschließend wieder mitarbeiten oder diese auf ein anderes Gespräch und einen anderen Zeitpunkt verweisen,

- den Zeitbedarf überwachen,
- die Besprechung über Fragen leiten,
- zum richtigen Zeitpunkt eine Pause machen,
- zurückhaltende Teilnehmer aktiv einbeziehen und in den Vordergrund drängende Teilnehmer höflich aber bestimmt unterbrechen bzw. zurückführen,
- auf einen systematischen Ablauf achten,
- Ergebnisse zusammenfassen, Wichtiges wiederholen, unterstreichen, herausstellen und gegebenenfalls visualisieren,
- sich am Ende bei Ihren Besprechungsteilnehmern bedanken,
- darauf achten, dass die erzielten Ergebnisse auch in die Praxis umgesetzt werden.

3.4.8 Das Ergebnisprotokoll

Das Ergebnisprotokoll dokumentiert die in der Besprechung erzielten Ergebnisse und dient im weiteren Verlauf als Unterlage für die Steuerung der notwendigen Prozesse. Sollten sich im Rahmen der Umsetzung der Beschlüsse Konflikte ergeben, kann es der Nachweis für den einmal erzielten Konsens sein und dazu benutzt werden, die handelnden Personen gewissermaßen wieder auf „Linie bringen". Es enthält:
- Kopfteil mit:
  - Art der Besprechung, ggf. Nummerierung (falls fortgesetzte Reihe),
  - Datum, Uhrzeit, Ort
  - Teilnehmerliste.
- Hauptteil mit:
  - Gesprächsinhalten/erarbeiteten Lösungsvorschlägen
  - Ergebnis
  - Beschluss der Besprechung (inklusive Handlungsaufträge an die einzelnen Besprechungsteilnehmer mit Terminen).

Die Besprechungsleitung unterzeichnet das Protokoll und veranlasst die Weiterleitung an die Besprechungsteilnehmer.

3.4.9 Auswertung der Besprechung

Überprüfung der eigenen Leistung der Besprechungsleitung:
- Habe ich meinen Beitrag zur erfolgreichen Besprechung geleistet?
- Habe ich die Zielvorgaben, die Teilaspekte verständlich und präzise genug formuliert?
- Waren meine Zusammenfassungen hilfreich, um auf das Tempo und die Effektivität der Besprechung einzuwirken?
- Habe ich zuviel bzw. zu lange geredet?
- Habe ich mich in den Vordergrund gedrängt?
- Habe ich die Diskussion mit hilfreichen Fragen belebt?
- War ich freundlich genug und habe innere Ruhe bewahrt?
- Habe ich verständnisvoll und aufgeschlossen zugehört?

Mitarbeiterbesprechung	Nr.:	
Beteiligte: (intern)	Name, Funktion	
Beteiligte: (extern)	Name, Funktion	
Ort:		
Gespräch am/um:		
Notiz enthält:	Seiten:	

Notiz	To do: Wer?	To do: Wann?
• Gesprächsinhalte • Ergebnis • Beschluss Ort, Datum Unterschrift Besprechungsleitung Verteiler:		

Abb. 3.2: Beispiel für ein Gesprächsprotokoll

- Habe ich die Teilnehmer ermutigt?
- Habe ich den Zeitbedarf richtig kalkuliert und eingeteilt?
- Was muss ich das nächste Mal anders machen?

Überprüfung des Sachverhaltes der Besprechung:

- War im Nachhinein die Besprechung geeigneter als die Einzelbefragung von Mitarbeitern und Experten?
- Hat die Besprechung die erhofften Resultate erbracht?
- Was sollte zukünftig bezüglich der Organisation verbessert werden?

- Waren die Räumlichkeiten und technischen Hilfsgeräte zufrieden stellend?
- Welche Fragen und Probleme müssen noch von wem nachbearbeitet werden?

Einhaltung von Beschlüssen

Um die Ergebnisse, Vorgehensweisen und Beschlüsse aus vorangegangenen Besprechungen umzusetzen, muss gewährleistet sein, dass
- Verantwortlichkeiten und Kompetenzen geklärt sind,
- die Betroffenen die notwendigen Informationen austauschen und ihr Vorgehen bei Bedarf miteinander abstimmen,
- Handlungsaufträge und getroffene Zusagen erfüllt werden,
- erreichte Ergebnisse den Beteiligten mitgeteilt werden.

3.4.10 Typische Probleme bei Besprechungen – und wie man sie bewältigt

Problem: *Langatmige, endlose Beiträge eines/einer einzelnen Teilnehmers/in*

Nicht: *„Sie sind ein lästiger Dauerredner."*

Sondern: *„Sie haben Ihren Sachbeitrag so ausführlich dargelegt, dass wir Gefahr laufen, unseren Zeitplan nicht einzuhalten."*

oder: *„Wie wäre es, wenn die Anderen auch ihre Auffassung dazu äußern?"*

Problem: *Ein Teilnehmer ist dominierend und Argumenten nicht zugänglich*

Nicht: *„Sie sind rücksichtslos."*

Sondern: *„Sie vermitteln mir und ich glaube auch den anderen den Eindruck, dass Sie uns und unsere Ansichten nicht respektieren."*

Problem: *Ein Teilnehmer greift einen anderen persönlich an*

Nicht: *„Sie sind unfreundlich und aggressiv."*

Sondern: *„Wir bemühen uns um Sachprobleme, daher ist es nicht verständlich, warum Sie persönliche Angriffe starten."*

oder: *„Sollten wir uns nicht um Sachlichkeit bemühen?"*

Problem: *Ein Teilnehmer stellt Behauptungen in den Raum*

Nicht: *„Was Sie da sagen, ist purer Quatsch!"*

Sondern: *„Was Sie uns vortragen, sind Spekulationen."*

oder: *„Würden Sie uns bitte Fakten und Beweise geben."*

Problem: *Ein Teilnehmer fällt einem anderen immer wieder ins Wort*

Nicht: *„Jetzt quatschen Sie doch nicht immer dazwischen!"*

Sondern: *„Wollen wir uns nicht zuerst Herrn/Frau ... zu Ende anhören?"*
oder: *„Lassen Sie doch bitte Frau ... erst ausreden."*

Problem: **Ein Teilnehmer verwendet Killerphrasen, um die Diskussion „abzuwürgen"**

           (z. B. „Das haben wir schon immer so gemacht." „Wer soll denn das bezahlen?" etc.)

Nicht: *„Das bringt uns doch nicht weiter."*
Sondern: *„Ein interessanter Vorschlag! Lassen Sie uns doch mal sehen, ob und wie wir diesen realisieren könnten."*

Teil C

Der Führungs-
und Leistungsprozess

Dem Mitarbeiter Orientierung geben

Ziele vereinbaren

Loslassen und Rückmeldungen geben

**Bilanz ziehen – Mitarbeiter beurteilen
und Zielerreichungen feststellen**

Entwicklung und Förderung der Mitarbeiter

Die vier elementaren Schritte

Mitarbeiter und Führungskräfte wünschen sich produktive und befriedigende Arbeitsverhältnisse sowie offene, faire, kooperative und berechenbare Arbeitsbeziehungen. Diese zu gestalten und die Personalfortentwicklung der Mitarbeiter in Form von Weiterbildung, Fortbildung und beruflicher Entwicklung zu unterstützen, gehört zu den wesentlichen Führungsaufgaben.

fest eingeplante Mitarbeitergespräche sichern die Kontinuität des Führungsprozesses

Mitarbeitergespräche helfen Vorgesetzten und Mitarbeitern, diese Ziele zu erreichen. Wegen der Bedeutung vereinbarter Ziele und der Einschätzung der Leistung sowie der Planung der weiteren beruflichen Entwicklung des Mitarbeiters sollten in diesen Bereichen regelmäßige (in der Regel jährlich wiederkehrende) Gespräche stattfinden. Damit trägt die Führungskraft nicht nur zur Effizenz, sondern auch zur Kontinuität des Führungs- und Leistungsprozesses bei.

Die 4 elementaren Schritte des Führungs- und Leistungsprozesses:

Schritt 1:
Orientierung geben
- Ziele vereinbaren
- Perspektiven eröffnen

Schritt 2:
Loslassen
- Realisierung der Delegation – Ziele umsetzen lassen
- Rückmeldungen zu erbrachten Leistungen geben – Feedback gestalten
- Motivieren in Hinblick auf zukünftige Entwicklungen
- Aktuelle Probleme ansprechen und gezielt bearbeiten
- Fürsorgegestaltung gegenüber Mitarbeitern
- Hindernisse entfernen und Konflikte lösen
- Zwischenergebnisse überprüfen, kontrollieren

Schritt 3:
Bilanz ziehen
- Leistungen beurteilen
- Zielerreichung feststellen und beurteilen
- Potenziale feststellen
- Beurteilung neuer Mitarbeiter

Schritt 4:
Fördern und entwickeln
- Potenziale erkennen
- Mitarbeiter gezielt entwickeln
- Neue Mitarbeiter einarbeiten
- Coaching, schulen, trainieren

Alle folgenden Ausführungen orientieren sich an diesem Führungs- und Leistungsprozess. Die Kapitel sind entsprechend aufgebaut.

1 Dem Mitarbeiter Orientierung geben

Eine wichtige Führungsaufgabe ist es, dem Mitarbeiter die Möglichkeit der Orientierung zu geben und dazu entsprechende Hilfestellungen anzubieten. Da dies innerhalb eines Unternehmens in relativ einheitlicher Form erfolgen sollte, gibt es inhaltlich definierte Mitarbeitergespräche, um dies zu leisten.

1.1 Das Mitarbeiter(jahres)/ orientierungsgespräch

Das Gespräch als Instrument des offenen Gedanken- und Erfahrungsaustauschs verbindet und plant alle Aspekte der Arbeit und Zusammenarbeit. Das Mitarbeiter(jahres)gespräch ist Basis für die Schaffung von Perspektiven für den Mitarbeiter und das Erreichen gemeinsamer Ziele und dient dem Mitarbeiter zur Orientierung.

Entwicklung persönlicher Perspektiven für den Mitarbeiter

Es handelt sich nicht um eine Beurteilung der Arbeitsleistung und auch nicht notwendig um eine Zielvereinbarung (auch wenn diese sehr oft mit dem Mitarbeiter(jahres)/orientierungsgespräch verbunden ist).

Hat das Unternehmen zu erreichende Ziele definiert, so führt es in der Regel „Zielvereinbarungsgespräche" (siehe Kap. 2). Da diese sich an quantitativ und qualitativ messbaren Unternehmenszielen orientieren, ist die persönliche Perspektivenentwicklung nicht Gegenstand von Zielvereinbarungsgesprächen. Zumeist werden dann zusätzlich „Fördergespräche" in diesem Unternehmen eingeführt, um mögliche Perspektiven mit dem Mitarbeiter zu besprechen um den Aspekt der Förderung und Entwicklung des Mitarbeiters nicht zu vernachlässigen.

1.1.1 Philosophie

Mitarbeiter(jahres)/orientierungsgespräche können Folgendes leisten:
* Darstellung der persönlichen Arbeitssituation,
* Schaffung von Orientierungshilfen,
* Offenheit, Entwicklung und Vertiefung gegenseitigen Vertrauens,
* Verantwortung von Vorgesetzten fördern,
* Eigeninitiative von Mitarbeitern fordern und fördern,
* Verständnis des Vorgesetzten für das Erleben der persönlichen Arbeitssituation des Mitarbeiters vertiefen,

- Kommunikation des Vorgesetzten mit den Mitarbeitern fördern und fordern.

1.1.2   Abgrenzung des Mitarbeiter(jahres)/orientierungsgespräches zum Beurteilungsgespräch

Das Mitarbeitergespräch ist kein Beurteilungsgespräch, sondern ein Positionierungsgespräch

Das Mitarbeiter(jahres)/orientierungsgespräch ist **kein Beurteilungsgespräch**, sondern ein **Positionierungsgespräch**.

Es geht hier also nicht um die Mitteilung der Beurteilung der Arbeitsleistung des Mitarbeiters in einem bestimmten Zeitraum, sondern um den Meinungs- und Gedankenaustausch über verschiedene Aspekte der Arbeitssituation und das subjektive Erleben des Arbeitsumfeldes.

Das Mitarbeiter(jahres)/orientierungsgespräch ist in der Regel ein unternehmerisch individuelles Pflichtgespräch und muss somit vom Vorgesetzten angeboten werden. Der Mitarbeiter sollte dieses Gespräch im eigenen Interesse wahrnehmen.

Hierbei stehen, wie das Wort „Mitarbeiter(jahres)/orientierungsgespräch" bereits ausdrückt, der Mitarbeiter und sein „Erleben" der gesamten Arbeitssituation im Mittelpunkt. Das Gespräch sollte also so geführt werden, dass der Mitarbeiter die Möglichkeit hat, sich frei zu äußern, ohne dass ihm im weiteren Verlauf daraus in irgendeiner Form Sanktionen entstehen.

Da es sich um den Austausch über ein „unterschiedliches Erleben der gemeinsamen Arbeitssituation" zu einem bestimmten Zeitpunkt handelt, wird synonym der Begriff „Positionierungsgespräch" verwendet.

Das Mitarbeiter(jahres)/orientierungsgespräch ist kein Spontangespräch. Der Mitarbeiter ist zu diesem Gespräch mit einem angemessenen zeitlichen Vorlauf einzuladen. Beide Parteien können sich vorbereiten. Es findet grundsätzlich als „Vier-Augen-Gespräch" statt. Ein positives Gesprächsklima ist angestrebt.

Das Mitarbeiter(jahres)/orientierungsgespräch unterscheidet sich vom Beurteilungsgespräch in folgenden Punkten:

Unterschiede zum Beurteilungsgespräch

- eher informeller als formaler Charakter
- partnerschaftliche statt hierachische Ebene
- wertfreier statt wertender Charakter
- das Erleben nicht die Auswirkung der Leistung steht im Vordergrund
- offener Gedankenaustausch über alle Aspekte der Arbeit, d. h. persönlich und fachlich über Leistung, die Zusammenarbeit, den Umgang miteinander und die Perspektiven sowie ein Feedback in Hinblick auf das Verhalten in Hinsicht auf die Anforderungen des jeweiligen Arbeitsplatzes; weniger ein Mitteilungsgespräch vonseiten des Vorgesetzten
- Protokoll verbleibt bei den Gesprächspartnern und kommt nicht in die Personalakte
- die Führung des Gespräches hat keine finanziellen Auswirkungen

- es dient unter anderem auch der Ermittlung von Fortbildungswünschen/-bedarf.

1.1.3 Rahmenbedingungen

Wer ist beteiligt?	der Mitarbeiter sowie sein nächster Vorgesetzter
Wann findet das Gespräch statt?	sinnvollerweise in größerem zeitlichen Abstand zu den Beurteilungsgesprächen
Wo sollte das Gespräch stattfinden?	an einem freundlichen Besprechungsort – möglichst nicht im Zimmer des Vorgesetzten, evtl. im allgemeinen Besprechungsraum
Wie sollte das Gespräch vorbereitet werden?	durch persönliche, mündliche rechtzeitige Einladung (ca. 1 Woche vorher), sodass den Beteiligten eine inhaltliche und gedankliche Vorarbeit auf das Gespräch möglich ist
Wie lange soll das Gespräch dauern?	keine konkrete Zeitbegrenzung. Manche Gespräche dauern sehr lange, andere relativ kurz. Keine künstliche Verlängerung anstreben.
Wieviele Gespräche sollte ein Vorgesetzter an einem Tag führen?	möglichst nicht mehr als zwei Gespräche pro Tag (Gefahr von Ermüdungserscheinungen. Außerdem bedarf jedes Gespräch der Nachbereitung – dafür muss Zeit eingeplant werden).

1.1.4 Inhalt

Das Mitarbeiter(jahres)/orientierungsgespräch soll sowohl fachliche als auch persönliche Perspektiven aufzeigen und eine realistische Rückmeldung bezüglich Zusammenarbeit, Information, Kommunikation und Organisation geben sowie den Umgang miteinander thematisieren und negative aber auch positive Erlebnisse im Team oder direkt mit dem Vorgesetzten ansprechen.

Das Mitarbeiter(jahres)/orientierungsgespräch soll sowohl fachliche als auch persönliche Perspektiven aufzeigen

Die Arbeitssituation des Mitarbeiters (Ausgangspunkt)

Den Rahmen zur Beschreibung der Arbeitssituation bilden:
- Aufgaben
- Arbeitsplatz

Analyse des Ist-Zustands mit Rückblick

- Persönliche Erfolge
- gut gelungene Arbeitsergebnisse
- vom Mitarbeiter als weniger gut gelungen empfundene Aktionen
- besondere Behinderungen
- behobene Schwierigkeiten

Maßgebend ist, dass der Mitarbeiter die Möglichkeit erhält, diese Punkte aus seiner Sicht darzustellen.

Arbeitszufriedenheit des Mitarbeiters im Allgemeinen:

- Aufgaben
- Zusammenarbeit mit anderen
- Arbeitsorganisation und -ablauf
- berufliche Entwicklung
  Auch hier ist wieder entscheidend, dass der Mitarbeiter ausreichend Gelegenheit erhält, diese Punkte aus seiner Sicht zu schildern.

Ausblick – persönliche Ziele

- persönliche Ziele des Mitarbeiters in Hinblick auf seine Arbeit in der nächsten Zeit
- persönlicher Förderungsbedarf oder Fortbildungswunsch
  Achtung! Auch hier stehen der Mitarbeiter und seine persönlichen Vorstellungen und Vorschläge im Vordergrund.

1.1.5   Vorbereitung

Eine wesentliche Voraussetzung für ein erfolgreiches Mitarbeiter(jahres)/orientierungsgespräch ist die gründliche Vorbereitung sowohl des Vorgesetzen als auch des Mitarbeiters.

1.1.5.1   Die Vorbereitung des Vorgesetzten

Der Vorgesetzte sollte bei seiner Vorbereitung folgende Punkte berücksichtigen:

- Informationsstand
- Geprächsziele festlegen
- Angebote bedenken
- Vorgehensweise/Organisatorisches
- Gesprächsaufbau

Informationsstand

Vor dem Mitarbeiter(jahres)/orientierungsgespräch sollte der Vorgesetzte überlegen, was er über die Aufgaben des Mitarbeiters und über ihn persönlich weiß (es ist hilfreich, die Informationen schriftlich zu notieren):

in Bezug auf die Tätigkeit des Mitarbeiters:

- Aufgaben, Sonderaufgaben, Projekte, Pflichten
- Kompetenzen, Verantwortlichkeiten
- kritische Punkte bei der Aufgabe

in Bezug auf das Verhalten des Mitarbeiters:

- fachlich:
  - Neigungen und Interessenschwerpunkte

- Einstellung zur Arbeit
- Wünsche zur beruflichen Entwicklung
- persönlich:
  - Haltung zu Kollegen
  - Haltung zu mir als Vorgesetztem
  - Worauf spricht er besonders an?
  - besondere Eigenschaften
  - außergewöhnliche Probleme
- privat:
  - Situation? Besondere Probleme?

in Bezug auf die Einstellung zum Mitarbeiter:

- Welche Einstellung habe ich dem Mitarbeiter gegenüber?

Gesprächsziele festlegen
(Was will ich mit dem Gespräch erreichen?)

- Information und Feedback zur Arbeit und den Arbeitsabläufen in der Vergangenheit
- Abstimmung über Perspektiven und Erwartungen (Wollen wir das gleiche?)
- Stärkung des gegenseitigen Vertrauens
- Einstellungen und Haltung des Mitarbeiters kennen lernen
- Fortbildungsbedarf und-wunsch ermitteln
- ein Gesprächsergebnis, das von beiden Parteien gemeinsam getragen werden kann

Angebote überlegen

Was kann ich dem Mitarbeiter anbieten:
- Aus- und Weiterbildung
- Fachliche Perspektive
- persönliche Perspektive des Mitarbeiters
- Arbeitsumfeld.

Vorgehensweise/Organisatorisches

- Bedenken Sie Ort und Zeitpunkt und sprechen Sie die Einladung aus, evtl. zwei Vorschläge zu machen.
- Vermeiden Sie Störungen.

Dieses Gespräch hat die gleiche Priorität wie jeder andere Besprechungstermin – also Sekretariat oder andere Mitarbeiter informieren, um Ablenkungen zu vermeiden.

Gesprächseinleitung und Gesprächsaufbau bedenken und Zeit zur Nachbereitung einkalkulieren

- Notieren Sie Ergebnisse gegebenenfalls schriftlich.

1.1.5.2 Vorbereitung des Mitarbeiters

Um das Gespräch umfassend planen und Überraschungen weitestgehend ausschalten zu können, kann der Vorgesetzte versuchen, sich in die Lage seines Mitarbeiters hineinzuversetzen. Welche Erwartungshaltung könnte der Mitarbeiter in Bezug auf das Mitarbeiter(jahres)/orientierungsgespräch haben? Letztlich sind auch Führungskräfte wiederum Mitarbeiter ihres Vorgesetzten und müssen sich auf ihr eigenes Mitarbeiter(jahres)/orientierungsgespräch vorbereiten.

Was weiß ich? Wovon kann ich ausgehen?

- Worin bestehen meine Aufgaben? (Stellenbeschreibung/Tätigkeitsbeschreibung)
- Wie sind meine Kompetenzen und mein Verantwortungsbereich definiert?
- Welchen Entscheidungsspielraum habe ich zur Verfügung?
- Ist alles gut gelaufen? Was betrachte ich als besonderen Erfolg?

Was war weniger gut? Warum?

- Durch welche Maßnahmen könnte aus meiner Sicht Abhilfe geschaffen werden? Was könnte ich dazu beitragen, die Dinge zum Erfolg zu führen?
- Wie könnte mein Vorgesetzter mich dabei unterstützen?
- Kann ich meine Kenntnisse, Fähigkeiten und Neigungen anwenden? Wenn nicht, wie könnte man dies ändern? Durch welche Maßnahmen?
- Welche Fortbildung halte ich für sinnvoll bzw. bin ich bereit zu machen?
- Bin ich zufrieden mit meiner Arbeit? Wenn nicht, warum? Wie könnte dies geändert werden? Was trage ich dazu bei? Was erwarte ich von meinem Vorgesetzten?
- Wie funktioniert die Zusammenarbeit mit den Kollegen und mit dem Vorgesetzen? Gibt es Verbesserungsmöglichkeiten? Was erwarte ich? Was bin ich bereit dazu beizutragen? Was soll mein Vorgesetzter tun?
- Welche persönlichen Ziele habe ich für die kommende Zeit? Was will ich erreichen? Wie kann mein Vorgesetzter mich unterstützen?
- Was ärgert/stört mich in der Zusammenarbeit mit meinem Vorgesetzten? Wie könnten wir aus meiner Sicht eine zufrieden stellendere Lösung finden? Wie sieht es mit der Kommunikation zwischen uns aus? Erhalte ich das Feedback, welches ich brauche? Weiß ich, was von mir erwartet wird?

Was möchte ich in diesem Gespräch erreichen?

- Feedback des Vorgesetzten zu meiner persönlichen Arbeitssituation.
- Austausch von Meinungen und Erwartungen mit dem Vorgesetzten hinsichtlich meiner persönlichen Arbeitssituation.

- Stärkung des gegenseitigen Vertrauens und eine gemeinsame Gesprächsbasis finden.
- Mitteilung von Fortbildungsbedarf und -wünschen.

1.1.6 Tipps zur Gesprächsführung für den Vorgesetzten

- Machen Sie sich während des Gespräches Notizen, damit Sie während des Gesprächsverlaufes auf maßgebliche Punkte zurückgreifen können. (Achtung! Notizen nicht zur anschließenden Dokumentation, sondern nur zur besseren Gesprächsführung nutzen.)
- Keine Diskussion über Gehälter! (Vorsicht! Die Gefahr in ein Beurteilungs- und Bewertungsgespräch zu geraten ist sehr groß.)
- Charakter, Weltanschauung, politische Gesinnung oder Lebensweise des Gegenübers sind nicht Thema des Gesprächs!
- Verfallen Sie nicht in Plauderei!
- Spielen Sie Ihre Kollegen und Mitarbeiter nicht gegeneinander aus!
- Blocken Sie nicht ab, wenn nicht alles in Ihrem Sinne läuft. Sprechen Sie vielmehr Ihre eigenen Gefühle an (*„Ich habe das Gefühl, …"* *„Ich habe den Eindruck, dass …"*). Versuchen Sie mit Ruhe und Verständnis für die andere Person das Gespräch wieder konstruktiv zu gestalten (*„Wie geht es weiter?"* *„Was könnten wir machen?"*).
- Gestehen Sie Fehler ein, wenn Sie welche gemacht haben; das erhöht Ihre Gaubwürdigkeit. Niemand ist unfehlbar.
- Machen Sie während des Gespräches positive anerkennende Äußerungen.
- Würgen Sie keine aufkommende Kritik ab!
- Machen Sie keine leeren Versprechungen!
- Leiten Sie keine Verallgemeinerungen aus Einzelfällen ab.
- Ist das Gespräch zu verfahren und verläuft nicht in sachlichen ruhigen Bahnen, haben Sie den Mut, das Gespräch abzubrechen. Suchen Sie aber zu einem späteren Zeitpunkt erneut das Gespräch und klären Sie den Konflikt.

1.1.7 Tipps zur Gesprächsführung für den Mitarbeiter

- Überlassen Sie die Gesprächseröffnung Ihrem Vorgesetzten.
- Bei allgemeinem Lob oder Kritik versuchen Sie, dieses durch Rückfragen zu präzisieren (welche Situation, wie – wo – wann – was). Lob und Kritik sollten an einem konkreten Ereignis zu belegen sein.
- Überlegen Sie eigene Lösungsvorschläge für etwaige Probleme und bringen Sie diese an. Ihr Vorgesetzter ist auf mitdenkende Mitarbeiter angewiesen.
- Sagen Sie Ihre Meinung, auch wenn Sie eine andere Meinung haben als Ihr Chef.
- Bei persönlichen Angriffen bitten Sie darum, das Gespräch auf einer sachlichen Ebene zu führen und weisen Sie auf den Sinn und Zweck des Gesprächs hin.

- Sie sollten das Gespräch nur dann abbrechen, wenn es Ihnen zu persönlich wird. Sie können vorschlagen, einen neuen Termin für das Gespräch zu vereinbaren.
- Äußern Sie sich auch zustimmend und motivierend.
- Sie dürfen darauf bestehen, dass der Inhalt des Mitarbeitergesprächs schriftlich fixiert wird. Ob Sie oder Ihr Chef diese Notiz abfassen, ist unwichtig. Wesentlich ist, dass der Inhalt der Notiz von beiden Gesprächspartnern getragen wird.

1.1.8   Der Aufbau eines Mitarbeiter(jahres)/ orientierungsgesprächs

Der Ablauf eines Mitarbeiter(jahres)/orientierungsgespräches umfasst folgende Punkte
- Aufbau einer positiven Atmosphäre,
- Aufgabendefinition, Stärken und Schwächen erfragen,
- erreichte Arbeitsergebnisse festlegen, Rahmenbedingungen definieren,
- Anforderungen des Arbeitsplatzes, kommunikative Kompetenz,
- Erwartungsausgleich und Vereinbarungen,
- Bestätigungen und Verabschiedung.

1. Phase: *Die Einführung / Aufbau einer positiven Atmosphäre / Gesprächseröffnung*

- Schaffen Sie eine zwanglose, freundliche Atmosphäre.
- Sprechen Sie Ihr Gegenüber persönlich an, wecken Sie sein Interesse.
- Informieren Sie ihn über den Sinn des Gespräches und skizzieren Sie den Gesprächsablauf.

Beispiele

„Schön, dass Sie heute hier sind ... "
„Darf ich Ihnen einen Kaffee anbieten ... "
„Ich weiß, Sie sind Teetrinker ... "
„Ich freue mich, dass wir heute Gelegenheit haben, über ... zu sprechen. "
„Wie lange sind Sie schon im Unternehmen? "
„Wie lange sind Sie schon in der Abteilung? "
„Wie gefällt Ihnen Ihr Arbeitsplatz / Ihre Position / Ihre Aufgabe? "

2. Phase: *Aufgaben des vergangenen Zeitraums definieren; Stärken und Schwächen in diesem Zusammenhang erfragen. Positive und negative Erlebnisse, persönliche Erfahrungen des Mitarbeiters in diesem Zusammenhang*

- Lenken Sie mittels Fragetechnik das Gespräch so, dass der Mitarbeiter sich äußert.
- Stellen Sie offene Fragen, die dem Mitarbeiter Gelegenheit zu einer ausführlichen differenzierten Darstellung geben.

Beispiele

„*Was waren Ihre konkreten Aufgaben im vergangen Jahr?*"
„*Was ist Ihnen besonders gut gelungen?*"
„*Worin sehen Sie Ihre Stärken in Bezug auf ... ?*"
„*Was lief im vergangen Jahr nicht besonders gut?*"
„*Worauf führen Sie das zurück?*"
„*Was haben Sie dagegen unternommen?*"
„*Sie haben doch im letzten Jahr ... gemacht? Wie waren Ihre Erfahrungen?*"
„*Womit waren Sie konkret befasst?*"
„*Was ist Ihnen besonders positiv in Erinnerung?*"
„*Warum war das für Sie so zufrieden stellend?*"
„*Was war für Sie in diesem Zusammenhang besonders wichtig?*"
„*Was lief weniger gut?*"
„*Worauf führen Sie das zurück?*"
„*Wie konnten Sie Schwierigkeiten beseitigen?*"
„*Wer oder was hat Ihnen geholfen?*"

3. Phase: Erreichte Arbeitsergebnisse festlegen, Rahmenbedingungen definieren. Hintergründe erfragen, Anerkennung zeigen

* Erfragen Sie, was Ihr Mitarbeiter konkret erreicht zu haben glaubt.
* Welche Arbeitsbedingungen hat er als positiv oder negativ erlebt.
* Was lässt sich daran ändern?
* Sprechen Sie Anerkennung aus!

Beispiele

„*Was haben Sie im vergangen Jahr im Hinblick auf ... konkret erreicht?*"
„*Welche Rahmenbedingungen spielten dafür eine Rolle?*"
„*Was würden Sie sich im Hinblick auf Ihre Aufgaben ... wünschen?*"
„*Das, was Sie gerade beschrieben haben, war eingebettet in, begleitet von ...*
„*Wie haben Sie denn ... erlebt?*"
„*Welche Erfahrungen haben Sie mit ... gemacht?*"
„*Hat das ... etwas gebracht, aus Ihrer Sicht?*"
„*Was halten Sie von ... ?*"
„*Welche Bedingungen spielten dafür eine Rolle?*"
„*Wie sehen Sie die Unterstützung für Ihre Arbeit (auch meinerseits)?*"
„*Was würden Sie sich wünschen?*"

4. Phase: Erfüllung der Anforderungen des Arbeitsplatzes erfragen; kommunikative Kompetenz abschätzen. Persönliches Einbringen des Mitarbeiters. Zufriedenheit, Störfaktoren in der Kommunikation, Organisation und Information zwischen Kollegen und zwischen Mitarbeiter und Vorgesetzten erfragen und hinterfragen.

* Bei Problemen: Erfragen Sie konkrete Lösungsvorschläge Ihres Mitarbeiters und diskutieren Sie diese.

- Bieten Sie Ihre Unterstützung an.

Beispiele

„Wie schätzen Sie Ihre Leistungen in Bezug auf … ein?"
„Wie haben Sie konkret gehandelt, als … ?"
„Wie hat sich die Zusammenarbeit mit Kunden/Kollegen/Vorgesetzten im letzten Jahr gestaltet?"
„Was würden Sie vorschlagen, um die Kundenorientierung, Zusammenarbeit, Kommunikation, Problemlösung, Engagement, Ergebnisorientierung, etc. noch weiter zu verbessern?"
„Was würden Sie sich für die weitere Zusammenarbeit wünschen?"
„Können Sie Ihre Fähigkeiten gegenwärtig voll einsetzen?"
„Können Sie sich persönlich einbringen?"

5. Phase: Erwartungsabgleich/Vereinbarungen.
Persönliche Perspektiven entwickeln

- Stellen Sie fest, welche Erwartungen und Wünsche Ihr Mitarbeiter in Bezug auf Fortbildungsmaßnahmen und seine eigene berufliche Entwicklung hat.

Beispiele

„Was wollen wir uns/Sie sich in Hinblick auf … für das nächste Jahr vornehmen?"
„Wäre es auch in Ihrem Sinne, wenn … ?"
„Wie schätzen Sie die Möglichkeiten, das Ziel/Zwischenziel … zu erreichen?"
„Was möchten Sie bei Ihrer persönlichen beruflichen Entwicklung mittelfristig/im nächsten Jahr erreichen?"
„Wie können Ihnen das Unternehmen, der Vorgesetzte, die Mitarbeiter … dabei helfen?"
„Was könnten Sie sich vorstellen?"
„Was wünschen Sie sich für unsere gemeinsame Arbeit?"
„Welche Unterstützung kann ich Ihnen geben?"
„Wäre das etwas für Sie, wenn … ?"
„Könnten Sie sich vorstellen, sich in Bezug auf … mehr einzubringen?"
„Optimal wäre es, wenn … "
„Wäre es auch in Ihrem Sinne, wenn … "
„Welche Weiterbildungsmaßnahmen sehen Sie für sich als wichtig an?"

6. Phase: Bestätigung/ Verabschiedung

- Fassen Sie das Gespräch kurz zusammen und bitten Sie den Mitarbeiter um Bestätigung.
- Danken Sie dem Mitarbeiter für die Gesprächsbereitschaft.

Beispiele

„Vielen Dank, dass Sie sich Zeit für ein Gespräch genommen haben. "

„Vielen Dank für das offene Gespräch. "
„Ich werde mich mit Ihnen in Verbindung setzen und Ihnen mitteilen, wie wir Ihrem Wunsch nach ... entgegenkommen können. "

Mögliche Leitthemen als Anregung für das Mitarbeiter(jahres)/orientierungsgespräch

- Was wurde in den vergangenen 12 Monaten hauptsächlich erreicht?
- Was hat die Bewältigung der Aufgabe besonders gefördert oder behindert?
- Falls Schwierigkeiten auftraten: Wie konnten diese behoben werden?
- Welche Hauptarbeitsziele werden für die nächsten 12 Monate erwartet?
- Was sollen sich Mitarbeiter und Vorgesetzter vornehmen, damit diese Ziele erreicht werden?
- Werden bestimmte Förderungs- und Fortbildungsmaßnahmen angestrebt?
- Wie ist die Arbeitszufriedenheit des Mitarbeiters insgesamt?

1.1.9 Ergebnisdokumentation

Schriftliche Zusammenfassung als Gesprächsnotiz

Es wird in der Regel eine schriftliche Zusammenfassung des Mitarbeiter(jahres)/orientierungsgespräches angefertigt. Dadurch ist es möglich, Gesprächsinhalte und Vereinbarungen ins Gedächtnis zu rufen und deren Umsetzungen zu überprüfen. Gleichzeitig dient die Gesprächsnotiz als Grundlage für das nächste Orientierungsgespräch im kommenden Jahr.

Eine Gesprächsnotiz erlaubt es, die Umsetzung gemeinsam gefasster Vereinbarungen und Maßnahmen zu überprüfen

Die Gesprächsnotiz kann während des Gesprächs oder gleich im Anschluss daran von beiden Gesprächspartnern zusammen erstellt werden.

Es besteht auch die Möglichkeit, dass der Mitarbeiter die Notiz verfasst und der Vorgesetzte sie nur mit unterschreibt. Der Mitarbeiter erhält eine Kopie, das Orginal verbleibt beim Vorgesetzten. Der ermittelte Fortbildungsbedarf wird intern weitergegeben, um die Umsetzungsmöglichkeiten im Rahmen der Bildungssteuerung zu prüfen.

Persönliche Nachbereitung des Gespräches durch den Vorgesetzten

Genauso, wie das Gespräch vorbereitet wurde, sollte auch die Auswertung erfolgen.
Folgende Fragen dienen als Anregung:
- Habe ich meine persönlichen Ziele erreicht?
- Habe ich mein Gesprächsziel erreicht?
- Habe ich dem Mitarbeiter genügend Zeit für die Darstellung seiner sicht der Dinge gegeben?
- Habe ich zugehört und die Äußerungen meines Gegenübers ernst genommen?

- Ist das Gespräch strukturiert verlaufen?
- Habe ich vermitteln können, dass seine Meinung mir wichtig ist?
- Habe ich konkrete Angebote machen können, konkrete Hilfestellung leisten können, bzw. erfahren?
- Ist das Gespräch in angenehmer, positiver Atmosphäre verlaufen?
- War es ein gemeinsames Gespräch, aus dem jeder Teilnehmer als „Gewinner" herausgeht?
- Wie würde ich das Gespräch reflektieren, wenn ich mich in die Lage meines Gegenübers versetze?

Regen Sie auch die persönliche Nachbereitung des Gesprächs durch den Mitarbeiter an.

Persönliche Nachbereitung des Gespräches durch den Mitarbeiter

Folgende Fragen dienen für den Mitarbeiter als Anregung:
- Habe ich meine persönlichen Ziele erreicht?
- Wurde meinem Fortbildungswunsch entsprochen?
- Wenn ja, sind Maßnahmen zur Umsetzung angeboten worden?
- Fand das Gespräch ohne Druck in einer offenen Atmosphäre statt?
- Konnte ich auch die Dinge ansprechen, die aus meiner Sicht verbessert werden können?
- Wie wurden meine Vorschläge aufgenommen?
- Hat mein Vorgesetzter Interesse an meinen Verbesserungsvorschlägen?
- Hatte ich ausreichend Möglichkeit mich zu äußern?
- Unterstützt mich mein Vorgesetzter?
- Habe ich das Vertrauen zu meinem Vorgesetzten stärken können?
- Wurde in meinem Sinne mit dem schriftlichen Protokoll verfahren?

2   Ziele vereinbaren

2.1   Wozu Ziele?

Es ist unumstritten, dass ein an Zielen orientiertes Handeln effizienter und in der Regel auch erfolgreicher ist, als ein Handeln auf gut Glück oder ein bloßes Reagieren auf die Umstände. Das Planen und Vereinbaren von Zielen kostet aber Zeit und belastet damit das Tagesgeschäft, sodass die Planung von Zielen oft zu kurz kommt.

Management by objectives

Die Zielvereinbarung ist ein Instrument des „Management by objectives". Sie trägt zur Verbesserung des Führungsverhältnisses bei, da der Vorgesetzte und der Mitarbeiter ihre Erwartungen klar definieren und miteinander abstimmen.

Von allen Beteiligten getragene Zielvereinbarungen sollten getroffen werden, damit

- Mitarbeiter und Unternehmen wissen, wohin sie wollen.
  Denn: Wer nicht weiß, wohin er will, darf sich nicht wundern, wenn er ganz woanders ankommt.
- Jeder die richtigen Maßnahmen ergreift, um das Ziel zu erreichen.
  Denn: Wer das Ziel nicht kennt, findet auch die Mittel und Wege nicht, um es zu erreichen.
- Jeder das Erreichte mit dem Erstrebten vergleichen kann. Ziele sind Maßstäbe, an denen Ergebnisse gemessen werden.
  Daher gilt:
  KEINE KONTROLLE OHNE ZIELVEREINBARUNG!   aber auch
  KEINE ZIELVEREINBARUNG OHNE KONTROLLE!

2.2   Was heißt Zielvereinbarung?

Vorgesetzter und Mitarbeiter legen gemeinsam fest, welche operativen Ergebnisse für einen bestimmten Zeitraum anzustreben sind. Zielvereinbarungen sind wichtig, denn so erfährt der Mitarbeiter konkret, was der Vorgesetzte von ihm erwartet. Beide sprechen über die konkreten Aufgaben des Mitarbeiters gemeinsam und verbessern somit ihre Kommunikation miteinander. Ein weiterer wichtiger Punkt ist, dass die Zielvereinbarung eine gute Grundlage für eine objektivere Leistungseinschätzung ist. Wenn der Mitarbeiter weiß, was von ihm erwartet wird und mit welchem Maßstab seine Leistung gemessen wird, dann kann er sich und seine Leistung viel besser selbst einschätzen und sein Handeln entsprechend darauf ausrichten. In der Regel werden durch diese Transparenz die Leistungen der Mitarbeiter gesteigert.

Zielvereinbarungen bieten eine gute Grundlage für eine objektive Leistungseinschätzung

Ziele geben dem Mitarbeiter auch eine Orientierung über die Unternehmensziele und wie er daran mitarbeiten kann. Er ist damit in der Lage, auch im Tagesgeschäft entsprechende Prioritäten zu setzen.

Im Rahmen der Zielvereinbarung geht es darum, dem Mitarbeiter in ehrlicher Form zu vermitteln,

- welchen Weg das Unternehmen wählt
- warum die Mitarbeiter sich engagieren und einsetzten sollen
- wofür die Mitarbeiter arbeiten
- woran die Mitarbeiter gemessen werden.

ZIELVEREINBARUNGEN GEHÖREN NEBEN DER MITARBEITERBEURTEILUNG BZW. DEN ZIELERREICHUNGSGESPRÄCHEN ZU DEN ELEMENTAREN FÜHRUNGSINSTRUMENTEN.

Konkretisierung der unternehmerischen Ziele für den Mitarbeiter und sein Aufgabengebiet

Die Führungskraft hat die wichtige Aufgabe, die unternehmerischen Ziele für den Mitarbeiter und sein Aufgabengebiet zu konkretisieren. Damit

Nur wenn ein Mitarbeiter weiß, wofür er arbeitet, wird er sich auch entsprechend einsetzen und engagieren

wird der Zusammenhang zwischen den unternehmerischen Zielen und den Zielen der einzelnen Mitarbeiter hergestellt. Nur wenn ein Mitarbeiter weiß, wofür er arbeitet, wird er sich auch entsprechend einsetzen und engagieren.

2.3 Wie sollten Zielvereinbarungen formuliert werden?

Ziele müssen in ihren Auswirkungen für den einzelnen Mitarbeiter konkretisiert werden

Ein Ziel als solches (z.B. eine Umsatzsteigerung um 15 Prozent) ist nicht für jeden Mitarbeiter notwendig auch motivierend. Motivierend können dagegen die Begleitumstände wirken, die für den einzelnen Mitarbeiter eintreten, wenn das Ziel erreicht ist. Ziele sollten daher in ihren Auswirkungen für den einzelnen Mitarbeiter als konkretes Ergebnis formuliert werden. Welcher Zustand soll mit Erreichung des Zieles für den einzelnen Mitarbeiter eintreten? Welche positiven Umstände werden damit für ihn verbunden sein? (Für den Mitarbeiter im Marketing könnte das beispielsweise im Ergebnis konkret bedeuten: Wenn die Umsatzsteigerung von 15 Prozent erreicht ist, wird der Werbeetat um den Betrag X aufgestockt, sodass interessante Möglichkeiten für die Akquise neuer Kunden entstehen.)

Zielvereinbarungen geben das Ergebnis, nicht aber die jeweiligen Mittel und Wege der Zielerreichung vor. Ein Ziel als solches stellt noch keine konkrete Aufgabe dar. Erst die aus dem Ziel abgeleitete Aufgabenbeschreibung gibt vor, mit welchen konkreten Mitteln und Methoden ein Ziel erreicht werden soll. (Für den Mitarbeiter im Marketing könnte dies beispielsweise eine Nachfassaktion sein, die bei Kunden, die im letzten halben Jahr einen Abschluss in Höhe X getätigt haben, für ein Nachfolgeprodukt wirbt.)

Gerade in diesem Punkt der Konkretisierung von Ergebnissen der Zielerreichung und der Maßnahmenplanung ist die aktive und zugleich kreative Einbringung der Mitarbeiter gefordert. Ziele müssen realisierbar sein. Führungskräfte müssen sich daher stets die Frage stellen, ob bei einem vernünftigen Mitteleinsatz das angestrebte Ergebnis erreicht werden kann. Ziele sollten konkret sein. Definieren Sie konkrete Mengen, Werte und Zeitangaben. Ziele sollten nach Möglichkeit quantitativ formuliert sein. Qualitativ formulierte Ziele lassen sich nur sehr bedingt überprüfen und kontrollieren. Die Beschränkung auf eine bewusst begrenzte Zahl von Zielen steigert den Erfolg durch die zwangsläufig notwendig werdende Schwerpunktsteuerung.

Im Gegensatz zu Zielvorgabe und Anweisung setzt die Zielvereinbarung den Konsens der Beteiligten voraus

Zielvereinbarung steht im Gegensatz zur **Zielvorgabe** und **Anweisung**. Zielvorgabe entspricht der Durchsetzung von Macht, die Anweisung ist Vorschrift, Befehl und zu befolgen. Es besteht kein Gestaltungsspielraum. Der Mitarbeiter empfindet dies als Druck oder Zwang.

Daraus können resultieren: Passivität, Lähmung und Einengung spontaner und schöpferischer Handlungen, Spannungen und Konflikte, in letzter Konsequenz Ablehnung der Ziele und Widerstand und damit schlechte Ergebnisse. Dies stellt die Notwendigkeit von Anweisungen nicht in Frage, nur ist es im Zusammenhang mit Zielen, die der Mitarbeiter über einen längeren Zeitraum realisieren soll, effektiver weil motivierender, ihn in die Definition des Leistungshorizontes mit einzubeziehen. Denn Zielvereinbarungen führen zur Gemeinsamkeit der Ziele, zur Integration der Ziele von Mitarbeitern und Unternehmen, zur Zielidentifikation. Mitarbeiter können sich innerhalb eines definierten Gestaltungsspielraumes frei entfalten. Das Resultat sind ein gutes Arbeitsergebnis und zufriedene Mitarbeiter.

Zielvereinbarungen führen zur Integration der Ziele von Mitarbeitern und Unternehmen

Ziele sind so zu formulieren, dass
- alle Mitarbeiter das Gleiche darunter verstehen,
- die Zielerreichung gemessen werden kann.

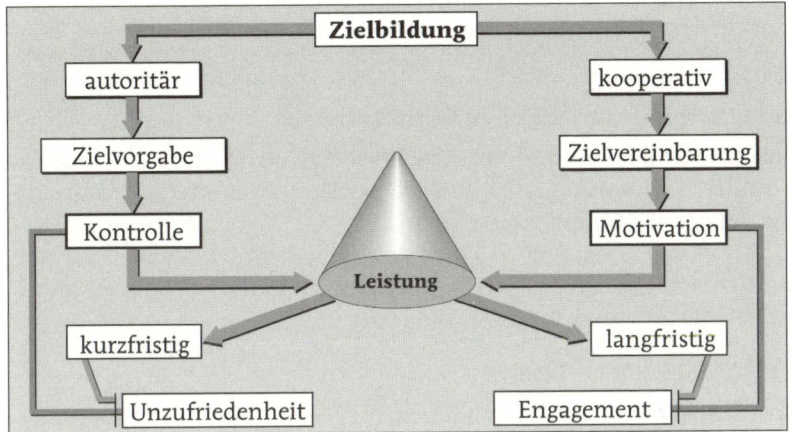

Abb. 2.1: Unterschiedliche Wirkung von Zielvorgabe und Zielvereinbarung

2.4 Anforderungen an Zielvereinbarungen

Es ist unerlässlich, dass die Führungskräfte hinter den Zielen und dem System der Zielvereinbarung stehen.

Die Führung mittels Zielvereinbarungen muss auf allen Hierarchieebenen konsequent durchgeführt werden, ansonsten fühlen sich diejenigen Führungskräfte und Mitarbeiter, die den vereinbarten Zielen genügen müssen, ungerecht behandelt und gering geschätzt.

Wichtig ist hierbei, dass gerade die Entscheidungsträger des Unternehmens klar Stellung beziehen (z.B. kurze Berichte über geführte Zielvereinbarungsgespräche von Leitern der Geschäftsbereiche/Niederlassungen einfordern).

Ziele müssen spezifisch und messbar sein

Die Ziele müssen inhaltlich, zeitlich und quantitativ messbar und nach-vollziehbar sein. Das Ergebnis muss dann einer Prüfung gegenüber dem vorherigen Zustand standhalten.

Ziele müssen Indentifikationsmöglichkeiten bieten

Wenn irgend möglich sollte der Mitarbeiter an der Zielfestlegung betei-ligt werden oder zumindest den Sinn der Ziele und die individuellen Kon-sequenzen der Zielerreichung erläutert bekommen.

Die Mittel für die Zielerreichung müssen klar ausgewiesen werden

Im Rahmen der Vereinbarung muss geklärt werden, welche Mittel dem Mitarbeiter zur Zielerreichung zur Verfügung stehen, was noch fehlt und was vielleicht im Wege stehen könnte.

Sind diese Dinge geklärt, hat der Mitarbeiter die alleinige Ergebnisver-antwortung und kann sich am Ende des vereinbarten Zeitraums nicht auf externe Verantwortlichkeiten berufen (z.B. auf mangelnde Unter-stützung seitens der Kollegen.)

Schaffung einer ausreichenden Motivationsbasis

Wenn irgend möglich sollte versucht werden, den Mitarbeiter so zu in-formieren und einzubinden, dass er ein persönliches Interesse daran ent-wickeln kann, das Ziel zu erreichen.

Mitarbeiter, die Ziele lediglich aufgrund externer Anreize (wie bei-spielsweise Prämien etc.) verfolgen, handeln weniger effektiv als Mitar-beiter, die inhaltlich motiviert sind.

Regelmäßige Rückmeldungen

Ein Fehler, der in der Praxis häufiger begangen wird, sind zu lange Zeit-abstände zwischen Rückmeldungen, etwa nur am Ende eines Geschäfts-jahres. Im Falle von Fehlentwiclkungen ist es dann meistens zu spät, ge-gebenenfalls noch korrigierend eingreifen zu können. Um diese Mög-lichkeit zu erhalten, sind regelmäßige Rückmeldungen innerhalb fest definierter Zeitperioden erforderlich.

2.5 Vorteile von Zielvereinbarungen

Die Vorteile von Zielvereinbarungen sind im Einzelnen:

für das Unternehmen:

- Es werden strategische Ziele entwickelt, die von allen akzeptiert und damit auch von allen getragen werden.
- Zukünftige Entwicklungen werden früher erkannt und ermöglichen ein aktives Agieren statt passives Reagieren.

- Die Mittel zur Realisierung der unternehmerischen Ziele werden gezielt ausgewählt.
- Eine einheitliche Unternehmenskommunikation und Führungskultur wird aufgebaut.
- Die Effizienz und Zufriedenheit der Mitarbeiter wird gesteigert.
- Fehlverhalten und Fehlentwicklungen lassen sich frühzeitig erkennen und korrigieren.
- Die Identifikation der Mitarbeiter mit den unternehmerischen Zielen steigt.
- Mitarbeiter denken mehr mit und zeigen größere Eigendynamik in Kreativität und Aktivität.
- Es werden Prioritäten gesetzt und die Konzentration auf bestimmte Aufgaben, Bereiche etc. steigt.

für die Führungskraft

- Es wird Klarheit über Unternehmensziele und unternehmerische Zusammenhänge geschaffen.
- Die Abstimmung zwischen verschiedenen Bereichen wird verbessert.
- Der Mitarbeiter übernimmt mehr Verantwortung.
- Der Mitarbeiter erhält größere Gestaltungsfreiheit.
- Weniger Reibungsverluste, die durch Unklarheit, Interpretation und Improvisation entstehen.
- Die Kontrolle reduziert sich auf „Zielerreichungskontrolle", Abweichungsanalyse, sowie Zwischenergebniskontrollen.
- Der Maßstab zur Beurteilung der Mitarbeiter ist objektiver.
- Steigerung der Sachlichkeit, z.B. bei Konflikten.

für die Mitarbeiter:

- Mehr Kenntnisse der Unternehmensziele und Erwartungen.
- Selbstverantwortung und Freiraum werden erweitert.
- Größere Zufriedenheit und mehr Motivation.
- Es treten weniger Konflikte auf, die durch Missverständnisse oder unterschiedliche Erwartungen entstehen.
- Über- und Unterforderungen gehen zurück.
- Der Mitarbeiter erhält einen Maßstab zur eigenen Leistungseinschätzung.
- Er bekommt mehr Sicherheit im Umgang mit den Leistungsanforderungen.
- Realisierbare Erfolgserlebnisse bei Erreichung der Ziele.

2.6 Zielvereinbarungen – Chance oder Drohung?

Der Erfolg von Zielvereinbarungen hängt entscheidend von der Persönlichkeit der Mitarbeiter und ihrem jeweiligen Reifegrad ab.

Der Erfolg von Zielvereinbarungen hängt entscheidend von der Persönlichkeit der Mitarbeiter und ihrem jeweiligen Reifegrad ab

Grundsätzlich unterscheidet man in diesem Zusammenhang zwei Mitarbeitertypen:

Der selbstbewusste und erfolgsorientierte Mitarbeiter

Für erfolgsorientierte Mitarbeiter sind Ziele selbstverständlich

Für den erfolgsorientierten Mitarbeiter sind Ziele selbstverständlich, er kann Prioritäten setzen, Ziele zu erreichen und anzustreben ist für ihn eine Herausforderung. Objektive Leistungsmessung und entsprechende Belohnung für die Erreichung der angestrebten Ziele sind für ihn Selbstverständlichkeiten im Führungsverhältnis. Er kann sich realistisch selbst einschätzen, Entscheidungen treffen und Wege zur Zielerreichung finden. Erfolg ist für ihn die logische Konsequenz zielgerichteten, aufrechten und engagierten Handelns.

Der unsicherere und misserfolgsvermeidungsorientierte Mitarbeiter

Für misserfolgsvermeidungsorientierte Mitarbeiter können Ziele zu Bedrohung werden

Dieser Mitarbeiter achtet in seinem Handeln verstärkt darauf, Misserfolge zu vermeiden. Für ihn sind Zielvereinbarungen keine Herausforderung. Sein gesamtes Verhalten ist durch Rückzug, Vermeidung, Unkonkretheit, Unsicherheit und Unselbstständigkeit geprägt. Dieser Mitarbeiter muss langsam an Zielvereinbarungen herangeführt werden. So wählt man am Anfang am besten einfache Ziele und steigert das Niveau in kleinen Schritten. Diese Mitarbeiter brauchen sehr viel Feedback, vor allem Anerkennung für erreichte Erfolge, um allmählich mehr Sicherheit zu gewinnen und den Mut aufzubringen, Dinge selbstständig anzugehen.

Misserfolgsorientierte Mitarbeiter müssen langsam zu mehr Selbstständigkeit angeleitet werden

Der Weg zu mehr Verantwortungsübernahme geht Hand in Hand mit dem Aufbau eines größeren Selbstvertrauens und Selbstbewusstseins und erfordert vonseiten der Führungskraft viel Empathie und Feingefühl. Vor allem geht das nicht von heute auf morgen. Viele Unternehmen führen Zielvereinbarungssysteme ein, ohne den Reifegrad der Mitarbeiter und den damit verbundenen Schwierigkeiten bei der Umsetzung von Zielvereinbarungssystemen genügend Beachtung zu schenken. Den Mitarbeitern sollten dabei von Unternehmensseite durch Personalentwicklungsmaßnahmen entsprechende Hilfestellungen angeboten werden. Sonst fühlen sich viele Mitarbeiter überfordert, werden unsicher, machen Fehler oder lehnen das neue System ab.

Ähnliches ist in Bezug auf die Kommunikationssituationen des Führungsalltags zu beobachten, wenn innerhalb der internen Kommunikation von Unternehmen Änderungen stattfinden und beispielsweise Beurteilungen oder ein Vorschlagswesen eingeführt oder ein offener Umgang mit Kritik angestrebt wird.

Vielfach geht man hier von der Annahme eines selbstbewussten und selbstverantwortlichen Mitarbeiters aus. In vielen Fällen ist es aber zunächst Aufgabe der Führungskraft, das Selbstbewusstsein und die Selbstverantwortung der Mitarbeiter entsprechend zu fordern und zu fördern, damit eine offene Kommunikation überhaupt erst möglich wird.

2.7 Die zur Einführung von Zielvereinbarungen im Unternehmen erforderlichen Schritte

Entschließt sich ein Unternehmen mit Zielvereinbarungen zu führen, sollte es systematisch vorgehen. Dafür sind folgende konzeptionelle und organisatorische Schritte notwendig:

Das Führen mit Zielvereinbarungen bedarf systematischer Vorbereitung

1. Start und Terminierung des Zielvereinbarungsprozesses auf Unternehmensebene.
2. Festlegung der Unternehmensziele für den definierten Zeitraum.

Vorbereitungsphase:

- Terminfestlegung
- Information (Inhalt und Empfänger festlegen)
- Schulungen/Workshops mit Einladungen und entsprechender Information und Organisation
- Erläuterungen (Themen und Form)
- Formular für Zielvereinbarungsgespräche (erstellen/vervielfältigen)
- Anschreiben mit entsprechender Information zum System und Versand der Gesprächsbögen
- Daten der Beteiligten festhalten (Zeit und Verantwortlichen für Datensätze festlegen)

Durchführungsphase:

- Beratung der Vorgesetzten (Erstellung der Ziele)
- Vorbereitungsbögen für Mitarbeiter und Vorgesetzte (Zielfestlegung)
- Erläuterungen zur Erstellung von Zielen
- Prüfung und Auswertung der Formulare
- Vorgehen bei fehlerhaften Zielen
- Vorgehen bei Konflikten
- Führen der Zielvereinbarungsgespräche
- Gesprächsaufbau

Nachbereitungsphase:

- Rücklauf der Formulare organisieren
- Aufbereitung der Rücklaufdaten
- Dokumentation und Archivierung der Daten
- Aufbereitung für das Zielerreichungsgespräch
- Verfügbarkeit der Daten (Datenschutz, Zugriffsrechte, Archivierung)

2.8 Das Zielvereinbarungsgespräch

Die Vorbereitung des Zielvereinbarungsgespräches läuft entsprechend den Vorbereitungen zum Mitarbeiter(jahres)/orientierungsgespräch ab. Im Unterschied hierzu steht im Rahmen des Zielvereinbarungsgesprä-

Das Zielvereinbarungsgespräch thematisiert objektivierbare Sachverhalte ches neben der organisatorischen Vorbereitung und der Vorbereitung auf den Gesprächspartner (s. a. Kap. 1.1.5) aber nicht die persönliche Wahrnehmung der Arbeitssituation, sondern ein objektivierbarer Sachverhalt im Vordergrund.

2.8.1 Der Aufbau eines Zielvereinbarungsgespräches

Der Aufbau eines Zielvereinbarungsgespräches im Einzelnen:

1. Phase: Einstimmung

* Gesprächsziele und Gesprächsablauf erläutern
* Informationen zum Thema Führen mit Zielen
* Bisherige Erfahrungen mit dem Zielvereinbarungssystem.

2. Phase: Ziele im abgelaufenen Jahr

* Welche Ziele wurden im abgelaufenen Jahr vereinbart?
* Wie schätzt der Mitarbeiter die Zielerreichung ein?

3. Phase: Diskussion über die Zielerreichung/Zielabweichung

* Wie ist es gelaufen?
* Was war hinderlich? Was hat die Zielerreichung gefördert?
* Wie kann die Zusammenarbeit verbessert werden?
* Wie wird die Zielerreichung vom Mitarbeiter eingeschätzt?

4. Phase: Unternehmens- und Abteilungsziele für die nächste Periode

* Welche Entwicklungen sind in der nächsten Zeit absehbar?
* Anstehende Aufgaben/Ziele für das kommende Jahr.
* Konkretisieren der Unternehmens- und Abteilungsziele auf den Aufgabenbereich des Mitarbeiters.

5. Phase: Ableitung der vorgesehenen Ziele für den Mitarbeiter

* Welche Maßnahmen/Aktivitäten sind möglich?
* Wie kann der Mitarbeiter einen Beitrag zur Erreichung der Abteilungsziele leisten?
* Welche Ziele kommen sonst in Frage? (Leistungsziele, Bestandsziele, Projekte, Kompetenzziele etc.; Achtung, auf die Messbarkeit der Zielerreichung achten!)
* Welche Anforderungen an den Arbeitsplatz ergeben sich?

6. Phase: Ziele des Mitarbeiters

* Hat der Mitarbeiter Ziele vorbereitet?
* Welche Ziele kann sich der Mitarbeiter vorstellen?

7. Phase: Diskussion der Zielvorschläge,
Formulierung der Zielvereinbarung

* Welche Ziele sollen vereinbart werden?

- Wie kann die Zielhöhe vereinbart/ausgehandelt werden?
- Wie kann das Ziel messbar gemacht werden?
- Wie kann das Ziel formuliert werden?
- Welche Gewichtung erhalten die Ziele?
- Vereinbarung über Prioritäten und Schwerpunkte.
- Diskussion über vorhersehbare Probleme und Schwierigkeiten bei der Zielerreichung.

8. Phase: Vereinbarung von flankierenden Maßnahmen bzw. Bereitstellung von Ressourcen

- Welche Teilziele/Arbeitsschritte können sinnvoll unterschieden werden?
- Wie kann die Zielerreichung unterstützt werden? (Maßnahmen/Methoden etc.)
- In welchen Zeiträumen soll ein Zwischenergebnis geprüft werden.
- Wann muss das Endergebnis vorliegen?
- Welche Hilfsmittel müssen bereitgestellt werden?
- Verfügt der Mitarbeiter über die notwendigen Kenntnisse und/oder Fertigkeiten? Besteht Qualifizierungsbedarf?
- Verfügt der Mitarbeiter/bzw. verfügen seine Mitarbeiter über die notwendigen Zeitressourcen?
- Welche finanziellen Mittel werden benötigt?

9. Phase: Zusammenfassung und Protokollierung der Ergebnisse

- Gemeinsame Zusammenfassung des Besprochenen
- Was soll im Einzelnen dokumentiert werden? (auf dem Formular/ für den internen Gebrauch?)

10. Phase: Positiver Gesprächsabschluss.

2.8.2 Tipps zur Gesprächsführung im Zielvereinbarungsgespräch

- Erläutern Sie zu Beginn das Ziel des Gespräches und den vorgesehenen Verlauf.
- Überlassen Sie zunächst dem Mitarbeiter selbst die Einschätzung – fordern Sie jedoch gegebenenfalls eine konkrete Begründung seiner Ausführungen. So können Sie bei unterschiedlichen Meinungen besser eine Annäherung der Positionen erreichen.
- Tragen Sie danach Ihre Einschätzung vor. Versuchen Sie dabei in einem ersten Schritt, die Ursachen für negative Zielabweichungen herauszuarbeiten.
- Gemeinsam mit dem Mitarbeiter werden nun die negativen Abweichungen Stufe für Stufe konkretisiert. Berücksichtigen Sie dabei

> auch die Rahmenbedingungen der Zielerreichung, wie z.B. die
> Quantität und Qualität der Zuarbeit anderer Mitarbeiter. Nehmen
> Sie sich gerade für diesen Vorgang viel Zeit und überspringen Sie
> keinen Schritt der Konkretisierung durch unbedachte Pauschalin-
> terpretationen.
>
> • Fassen Sie die Einschätzung zusammen. Versuchen Sie, die Punkte,
>   bei denen Sie mehr oder minder übereinstimmende Einschätzun-
>   gen haben, voranzustellen. Bei mangelndem Konsens sollten Sie
>   auch die Beurteilung des Mitarbeiters in eigenen Worten kurz zu-
>   sammenfassen.
>
> • Erörtern Sie auf dieser Basis gemeinsame Möglichkeiten der Leis-
>   tungsverbesserung.

3   Loslassen und Rückmeldungen geben

Der zweite Schritt des Führungs- und Leistungsprozesses ist das „Loslassen". Darunter ist der gesamte Zeitraum zwischen „Orientierung geben"
zu Beginn der Führungsperiode und der „Beurteilung" zum Ende der
Führungsperiode zu verstehen. Dieser Zeitraum muss von der Führungskraft gestaltet werden.

Management
by Delegation

Verstünde man „Loslassen" als Realisierung des Managements by Delegation in Form von „Laufen und Machen lassen" ohne weiteres Nach-
kontrollieren, Absprechen, Korrigieren, Anerkennen, so würde dies dem
Anspruch an die Gestaltung der Führungsaufgaben nicht gerecht. Viel-

„führungstechnisch"
sinnvolle Gestaltung des
„Loslassens"

mehr geht es hier um die „führungstechnisch" sinnvolle Gestaltung dieses Prozesses. Diese Gestaltung liegt in großem Umfang im Ermessens-
spielraum des Vorgesetzten. Begrifflichkeiten wie Feedback geben, Coachen, Rückmeldungen geben und Zwischenkontrollen durchführen
sind zwar bekannt, werden aber zumeist nicht systematisch im Führungsprozess umgesetzt. Dabei liegt gerade in der „führungstechni-
schen" Gestaltung des Loslassens die kompetente Umsetzung der Konsequenzen des Orientierungsgespräches mit dem Mitarbeiter. So entsteht
auch die sachliche Grundlage für die Beurteilung des Mitarbeiters, die
unweigerlich zeitlich folgt. Aus diesem Grund kommt der Gestaltung des
zweiten Schritts des Führungs- und Leistungsprozesses eine hohe aktuelle Bedeutung zu. Im Rahmen dieses Schrittes sind sowohl die Realisierung der Ziele sowie deren Zwischenprüfungen vorgesehen.

Die Gestaltung dieser „Begleitung" des Mitarbeiters bei der Realisierung seiner Aufgaben umfasst dabei:
• das Feedback der Führungskraft in Form von Anerkennung und Kritik,
• das Motivieren des Mitarbeiters in Hinblick auf die Zielsetzungen,

- die Gestaltung der Fürsorge um den Mitarbeiter,
- dem Mitarbeiter Grenzen aufzeigen und Konsequenzen einleiten,
- Probleme ansprechen, Hindernisse auf dem Weg zum Ziel beseitigen,
- Konflikte erkennen, ansprechen und vorbeugend handeln
- Zwischenergebnisse hinsichtlich getroffener Zielvereinbarungen reflektieren.

3.1 Delegation als Grundlage des Loslassens

Delegieren entlastet nicht nur den Vorgesetzten. Es fördert die Zusammenarbeit, das selbstverantwortliche Denken und den gesunden Ehrgeiz.

3.1.1 Definition

Delegieren heißt – unter Berücksichtigung geltender Bestimmungen – Mitarbeitern Aufgaben mit genau abgegrenzten Kompetenzen und Verantwortlichkeiten zur selbstständigen Erledigung zu übertragen. Der Vorgesetzte wird dabei nicht seiner Verantwortung und Kontrolle enthoben. Delegation setzt voraus, dass

Mitarbeitern Aufgaben mit genau abgegrenzten Kompetenzen und Verantwortlichkeiten zur selbstständigen Erledigung übertragen

- der Vorgesetzte unter sachlichen Beurteilungsgesichtspunkten die richtige Person auswählt,
- Mitarbeiter in entsprechender Weise fachlich geschult und für die Aufgabenübernahme vorbereitet werden,
- die Mitarbeiter eindeutige Aufgabengebiete haben,
- die Aufgaben definiert sind,
- die Aufgaben entsprechend kontrolliert werden können und auch kontrolliert werden,
- dass der Vorgesetzte in den Mitarbeiter Vertrauen hat und bei entsprechender Entwicklung und Unterstützung an dessen Erfolg glaubt,
- dass der Vorgesetzte seine Mitarbeiter zur Übernahme persönlicher und betrieblicher Verantwortung anleitet. Ohne selbstständig arbeitende Mitarbeiter, die Verantwortung übernehmen, ist die Delegation zum Scheitern verurteilt,
- dass der Vorgesetzte innerhalb der Arbeitsprozesse Möglichkeiten zur Delegation schafft und Hindernisse, die der Delegation im Wege stehen, beiseite räumt,
- dass der Vorgesetzte sich von dem Gedanken löst, alles selbst tun zu müssen, weil keiner es ihm gut genug macht. Der Vorgesetzte muss sich grundsätzlich die Frage stellen, ob eine Aufgabe zu seinen Führungsaufgaben gehört oder nicht. Ist dies nicht der Fall, kann die Aufgabe delegiert werden. Die Frage, ob ein Mitarbeiter sie sofort in der gewünschten Form erledigen kann, ist nicht entscheidend,

Der Vorgesetzte muss sich von dem Gedanken lösen, alles selbst tun zu müssen

- dass der Vorgesetzte Mitarbeiter zur Delegationsübernahme heranbildet, durch langsam wachsende Anforderungen an selbstständiges Arbeiten gewöhnt und schrittweise Teilverantwortlichkeiten einräumt,

- dass der Vorgesetzte lernt, einen kleinen Teil seiner Macht mit Mitarbeitern zu teilen und er erkennt, dass seine Furcht, durch Delegation Autorität und Achtung zu verlieren, unbegründet ist.

Letztendlich ist der Erfolg der Mitarbeiter immer auch der Erfolg des Vorgesetzten!

Im Gegenteil, Mitarbeiter achten nicht den Vorgesetzten am meisten, der alles allein macht, sondern den, der sie wirklich selbstständig mitarbeiten lässt. Letztendlich ist der Erfolg der Mitarbeiter immer auch der Erfolg des Vorgesetzten!

3.1.2   Was Sie nicht delegieren sollten!

Kernkompetenzen von Führungskräften sollten nicht delegiert werden

Folgende Punkte gehören zu den Kernkompetenzen von Führungskräften und sollten deshalb nicht delegiert werden:
- Motivierung der Mitarbeiter,
- Planung für den eigenen Gesamtbereich,
- Entscheidungen treffen, wer etwas machen soll,
- Aufträge erteilen,
- kontrollieren, ob die Ziele erreicht worden sind,
- Überprüfung des Ablaufes,
- Lösung von Konflikten,
- Förderung und Entwicklung der Mitarbeiter,
- Ansprachemöglichkeit der Mitarbeiter bei persönlichen Sorgen,
- Zusammenarbeit mit der nächsten Führungsebene,
- außergewöhnliche Fälle (hohes Risiko, hohe Verantwortung, hoher Zeitdruck, hohes Konfliktpotenzial),
- vertrauliche Angelegenheiten.

3.1.3   Was Sie besser vermeiden sollten!

Dem Gelingen von Delegation abträglich ist
- sichtbare Zweifel an den Fähigkeiten des Mitarbeiters zu zeigen,
- sich in alles einzumischen und den Mitarbeitern ständig über die Schulter zu schauen,
- nicht einzugreifen, obwohl offenkundig ist, dass der Mitarbeiter aus zeitlichen, organisatorischen oder persönlichen Gründen die Arbeit nicht erfolgreich beenden kann,
- unerbetene Ratschläge zu erteilen, die zwar gut gemeint sind, aber dem Mitarbeiter das Gefühl der Bevormundung geben,
- sofort Skepsis zu zeigen, wenn ein Mitarbeiter eine andere Arbeitsmethodik anwendet,

zu starke Kontrolle wirkt kontraproduktiv

- bei jeder Rückfrage des Mitarbeiters direkt die Verantwortung wieder zu übernehmen,
- wenn kleinere Probleme auftreten sofort eine Rückdelegation einzuleiten,
- den Mitarbeiter bewusst Fehler machen zu lassen, auch wenn schon vorher klar war, dass eine bestimmte Handlungsweise fehlschlägt,
- intensive dauernde Kontrolle,
- dem Mitarbeiter für gute Leistungen keine Anerkennung zu geben,

- in ungewohnten Situationen durch Perfektion und übertriebene Sorgfalt zusätzlichen Druck auf den Mitarbeiter auszuüben,
- jeden Fehler zu einem intensiven Kritikgespräch zu nutzen,
- dem Mitarbeiter nicht zudanken, sondern seinen Einsatz und seine Leistung als Selbstverständlichkeit anzusehen.

3.1.4 Anregungen für das Delegationsgespräch:

- Habe ich den Mitarbeiter frühzeitig in das Delegationsvorhaben einbezogen und hatte er ausreichend Gelegenheit, eigene Vorstellungen einzubringen?
- Ist ihm die Bedeutung der Delegation bewusst?
- Ist der Mitarbeiter motiviert und vom Delegationsvorhaben überzeugt?
- Kennt er die Zielsetzung?
- Weiß er, was bis wann und warum zu tun ist?
- Ist die Abgrenzung der Aufgaben und Kompetenzen klar und eindeutig verstanden?
- Auf welchen Wegen will der Mitarbeiter das Ziel erreichen?
- Hat er die dafür erforderlichen Kenntnisse und Fertigkeiten?
- Sind die Rahmenbedingungen gegeben?
- Sind die definierten Kompetenzen für den Mitarbeiter ausreichend?
- Gibt es bestimmte Punkte, wo der Mitarbeiter auf Hilfe zurückgreifen muss?
- Benötigt der Mitarbeiter noch Ressourcen?
- Hat der Mitarbeiter genügend Informationen?
- Welche Schwierigkeiten und Risiken sieht der Mitarbeiter?
- Ist die vorgesehene Delegation für den Mitarbeiter eine Herausforderung?

3.2 Feedback und Rückmeldungen geben

Eines der wichtigsten kommunikativen Instrumente zur Gestaltung des „Loslassens" ist das regelmäßige Rückmelden und Geben von Feedback gegenüber dem Mitarbeiter im laufenden Prozess. So weiß der Mitarbeiter, ob seine Leistungen und sein Verhalten stimmen oder ob Leistungen und Verhalten korrekturbedürftig sind. Somit sind in Hinblick auf die unternehmerische Zielrealisierung Änderungen in Leistung und Verhalten des Mitarbeiters auch kurzfristig möglich, was viel effizienter ist, als über einen längeren Zeitraum Fehler zu tolerieren oder schlimmstenfalls erst gar nicht zu bemerken. Für den Mitarbeiter ist es viel motivierender, zeitnah eine Rückmeldung über seine Leistungen und sein Verhalten zu erhalten, als einmal im Jahr alles zusammen mitgeteilt zu bekommen, dann jedoch ohne die konkrete Chance, an den Einzelfällen noch etwas korrigieren oder positiv verändern zu können.

Gestaltungs- und Korrekturmöglichkeiten im Führungsprozess

zeitnahe Rückmeldungen wirken motivierend

3.2.1   Das Feedback

Feedback geben und Feedback empfangen sind im Gespräch die geeigneten Instrumente um sicherzustellen, dass die beabsichtigte kommunikative Botschaft das Gegenüber auch erreicht.

Feedback findet zwischen handelnden Personen statt und informiert sie darüber, wie ihre Verhaltensweisen von anderen wahrgenommen, verstanden und erlebt werden.

Wirkungsvolles Feedback sollte sein

- **beschreibend, nicht wertend**

Bewertungen, Interpretationen oder Motivzuschreibungen sollten unterbleiben. Entsprechende Aussagen fordern in der Regel beim anderen Rechtfertigungsversuche heraus, die verhindern, dass das Feedback konstruktiv aufgenommen wird.

- **konkret, nicht allgemein**

Allgemeine, pauschale Aussagen helfen dem Betroffenen in konkreten Situationen wenig. Beispiel: Wenn man jemandem sagt, er sei dominierend, so ist das innerhalb einer konkreten Situation viel weniger wirkungsvoll als wenn man sagt: *„Gerade jetzt, als wir in dieser Sache zu einer Entscheidung kommen wollten, haben Sie nicht auf das gehört, was andere sagten."*

- **angemessen, nicht rücksichtslos und überzogen**

Feedback kann zerstörend wirken, wenn wir dabei nur auf unsere eigenen Bedürfnisse schauen und dabei die Bedürfnisse und Umstände der anderen Person, der wir diese Informationen geben wollen, nicht genügend berücksichtigen. Wirkungsvolles Feedback sollte daher die Bedürfnisse aller beteiligten Personen in angemessener Weise berücksichtigen.

- **realistisch, nicht unrealistisch**

Feedback muss sich auf Verhaltensweisen beziehen, die der Empfänger zu ändern fähig ist. Wenn jemand auf Unzulänglichkeiten aufmerksam gemacht wird, auf die er keinen wirksamen Einfluss ausüben kann, fühlt er sich nur umso mehr frustriert.

- **unmittelbar, nicht verzögert**

In der Regel ist Feedback dann am wirksamsten, je kürzer die Zeit zwischen dem betreffenden Verhalten und der Information über die Wirkung dieses Verhaltens ist. Es müssen jedoch auch noch andere Gegebenheiten berücksichtigt werden, wie etwa die grundsätzliche Bereitschaft der betreffenden Person, solche Informationen überhaupt anzunehmen und auch die äußeren Umstände (z.B. Abwesenheit anderer Mitarbeiter, genügend Zeit etc.).

- **klar und genau formuliert, nicht schwammig**

Dies kann man nachprüfen, indem man den Empfänger des Feedbacks auffordert, die gegebene Information mit eigenen Worten zu wiederholen und dann mit der Intention des Feedbackgebers vergleicht.

3.2.2 Tipps für das Geben und Empfangen von Feedback

Feedback geben	Feedback empfangen
• **Bieten Sie Ihre Informationen an**, zwingen Sie diese dem Empfänger nicht auf.	• **Hören Sie genau zu** und klären Sie Missverständnisse.
• Geben Sie Ihr Feedback, **um dem Anderen zu helfen.**	• **Verzichten Sie auf Rechtfertigungen.**
• Geben Sie Ihr Feedback möglichst bald nach der Beobachtung.	• **Bedanken** Sie sich für das Feedback und **überdenken** Sie es kritisch.
• **Beschreiben** Sie Ihre Beobachtung, bewerten diese aber nicht, z. B. *„Das hat mir gefallen / hat mich gestört"* statt *„Das war gut / war schlecht."*	• **Überprüfen** Sie das Feedback durch Einschätzung von anderen, z. B. *„Wirke ich auf Sie auch so autoritär?"*
• Schließen Sie die **Möglichkeit des Irrtums** nicht aus.	• **Wehren Sie sich dagegen,** sich Verhaltensweisen vorschreiben zu lassen. Treffen Sie die Entscheidungen über Ihr Verhalten selbst.
• Beziehen Sie sich auf **konkrete Einzelheiten**, die Sie selber beobachtet haben. Belegen Sie alle Punkte mit Beispielen, so wie sie im Alltag passiert sind. Zeigen Sie die konkreten **Auswirkungen** auf. Drücken Sie Ihre **Gefühle** bzw. Ihre Betroffenheit darüber aus.	

3.2.3 Feedback geben – Rückmeldegespräche (Anerkennung und Kritik)

Definition

Es geht im Feedbackgespräch um das gemeinsame, zeitnahe und situationsbezogene Besprechen von konkreten Leistungen, Erfolgen und Feh-

*Feedback sollte immer
konstruktiv sein!*

lern, einschließlich der damit verbundenen Anerkennung und Kritik.
Ziel ist es, eine gute Leistung des Mitarbeiters sicherzustellen. Feedback
sollte immer konstruktiv sein!

Philosophie

- Durch regelmäßiges Feedback können Missverständnisse zwischen
  den Gesprächspartnern weitgehend vermieden werden.

*Lob und Anerkennung
werden in der Praxis viel
zu selten ausgesprochen*

- Lob und Anerkennung gehören zu den täglichen Führungsaufgaben.
  Sie werden in der Praxis viel zu selten ausgesprochen, weil gute Leistungen oft als Selbstverständlichkeit angesehen werden. (Angemessenes) Lob trägt zum Aufbau des Selbstbewusstseins des Mitarbeiters
  bei.
- Kritik ist ein Instrument zum richtigen Umgang mit Fehlern und Fehlverhalten. Konstruktive Kritik gibt Mitarbeitern die Chance, fehlerhaftes Verhalten zeitnah zu korrigieren.
- Im Vordergrund steht der Austausch von Informationen aus Sicht beider Gesprächspartner (siehe auch Tipps zum Feedback Kap. 3.2.2).
- Die Führungskraft geht ehrlich mit Lob um (kein Vehikel für schlechte Nachrichten oder „Mittel zum Zweck", z. B. zur Übertragung unangenehmer Aufgaben etc.).
- Die Führungskraft zeigt ein angemessenes Kritikverhalten. Sie spricht
  Fehler dem Mitarbeiter gegenüber offen an. Manchem Vorgesetzten
  fällt dies schwer. Ursachen hierfür können Harmoniebedürfnis, fehlendes Selbstvertrauen oder mangelnde Konfliktbereitschaft sein.
- Die Führungskraft gibt den betroffenen Mitarbeitern Feedback in einem Gespräch unter vier Augen. Anerkennung und Kritik sind nur für
  den betroffenen Mitarbeiter bestimmt.

3.2.3.1   Anerkennung ausdrücken

Definition

Anerkennung unserer Leistungen steigert die Freude an der Arbeit,
spornt zu höheren Leistungen an und wirkt sich positiv auf das Betriebsklima aus.

*Anerkennung steigert die
Freude an der Arbeit und
sorgt so für ein gutes
Betriebsklima*

Aufmerksamkeit und Beachtung sind sehr wichtige Ressourcen, über
die zwar jede Führungskraft verfügt, diesen in der Regel jedoch zu wenig
Wirkung zutraut und diese Motivationsmittel daher auch nicht genügend
einsetzt. Wenn man sich die Wirkung von Nichtbeachtung und fehlender Aufmerksamkeit ansieht, z.B. bei Kindern, und bedenkt, was Menschen alles tun, um Beachtung und Aufmerksamkeit zu erlangen, wird einem bewusst, welches Potenzial in der Führung genutzt werden kann,
wenn man Mitarbeitern Anerkennung für ihre Leistung zollt und ihrer
Arbeit Beachtung schenkt. Nichts wirkt sich auf die Leistung so anfeuernd
aus wie ein Lob, eine Anerkennung oder ein freundliches Wort, das signalisiert, dass der Vorgesetzte eine Leistung zur Kenntnis genommen hat.

Selbstverständlich kann man Anerkennung und Aufmerksamkeit auch durch nonverbale Signale und Botschaften sowie materielle Kleinigkeiten ausdrücken. Nicht jedesmal ist ein Anerkennungsgespräch erforderlich oder notwendig. Aber das Ausdrücken von Anerkennung und Aufmerksamkeit ist absolut erforderlich, egal welchen Weg Sie nehmen.

Philosophie

Anerkennung ist unerlässlich um

- das Selbstwertgefühl und die Selbstsicherheit Ihrer Mitarbeiter zu steigern,
- Ihren Mitarbeitern ein Erfolgserlebnis zu geben,
- Ihre Mitarbeiter in ihrer Position innerhalb der Organisationsstruktur zu bestätigen,
- Ihre Mitarbeiter zu weiteren guten Leistungen anzuspornen,
- Ihre Mitarbeiter langfristig an das Unternehmen zu binden,
- einen Multiplikationseffekt zu erreichen, da auch andere Mitarbeiter nach Anerkennung streben werden,
- Ihre Mitarbeiter zu Mitdenkern zu machen.

Gerade auch schwächere Mitarbeiter brauchen Anerkennung und Bestätigung. Die Anerkennung muss aufrichtig sein und sich auf ein konkretes Leistungsergebnis beziehen. Das Anerkennungsgespräch ist ein Vier-Augen-Gespräch. Anerkennung spricht man nicht in Gegenwart von Dritten aus, das kann zu Überheblichkeit und Eitelkeit beim Betroffenen und zu Neid bei den anderen führen. Die Anerkennung sollte sachorientiert, differenziert und konkret sein und situationsbezogen möglichst unmittelbar nach der guten Leistung vermittelt werden. Anerkennung darf nicht zusammen mit Kritik geäußert werden, sonst reduziert man die Wirkung von beiden Instrumenten.

Gerade auch schwächere Mitarbeiter brauchen Anerkennung und Bestätigung

Das Anerkennungsgespräch führt der direkte Vorgesetzte. Angesprochen werden Leistungen und Verhaltensweisen (keine Charakterzüge), wobei Spitzen- und Dauerleistungen im Vordergrund stehen. Auch richtige Ansätze und Teilerfolge sollten vom Vorgesetzten bestätigt werden.

Das Anerkennungsgespräch führt der direkte Vorgesetzte

Gruppenleistungen sollten selbstverständlich der ganzen Gruppe gegenüber artikuliert werden und nicht nur einzelnen Mitarbeitern gegenüber.

Methode

Folgende Punkte sind zu beachten, wenn Anerkennung wirkungsvoll eingesetzt werden soll:

- Alle Mitarbeiter ungeachtet persönlicher Sympathien oder Antipathien gleich behandeln.
- Die Anerkennung einer konkreten Handlung, Leistung oder eines Teilerfolgs sollte möglichst zeitnah erfolgen (keine Standardfloskeln).

- Andere Mitarbeiter sollten nicht als Maßstab dienen. Anerkannt wird jeweils die individuell von einem bestimmten Mitarbeiter erwartbare Leistung, zu der er in der Lage ist.
- Die Aussprache von Lob und Anerkennung sollte immer unter vier Augen erfolgen, damit sich andere nicht indirekt kritisiert oder benachteiligt fühlen.
- Anerkennungsgespräche können vom direkten Vorgesetzten nicht delegiert werden.

Der Ablauf eines Anerkennungsgespräches

1. Phase: Aufbau einer positiven Atmosphäre

„Ich weiß, dass ich immer mit Ihnen rechnen kann!"
„Ich freue mich, dass wir uns heute in Ruhe unterhalten können."

2. Phase: Sachverhalt lobend darstellen

„Die Angelegenheit ... haben Sie sehr gut geregelt."
„Sie sind ein sehr guter Mitarbeiter! Das ist mir bei der Sache ... bewusst geworden."
„Ich finde gut, wie Sie sich in letzter Zeit für ... engagiert haben!"
„Der Kunde ... hat sich sehr lobend darüber geäußert, wie Sie ... "

3. Phase: Stellungnahme und Meinung anhören

„Wie ist Ihre Meinung dazu?"
„Wie sind Sie mit dieser Angelegenheit zufrieden?"
„Wie stellt sich das aus Ihrer Sicht dar?"

4. Phase: Anerkennung klar und deutlich aussprechen

„Ich schätze insbesondere die Art und Weise, wie Sie ... "
„Wie Sie die Angelegenheit ... geregelt haben, hat mich sehr positiv beeindruckt. Ich meine damit insbesondere Ihre Fähigkeit ... "
„Sie haben in diesem Zusammenhang sehr kompetent gehandelt."
„Ich bin sehr zufrieden mit ... (konkrete Leistung)."

5. Phase: Mögliche positive Perspektiven klar und deutlich aufzeigen, Nennen eines Anreizes

„Ich habe großes Vertrauen in Ihre Fähigkeiten in Bezug auf ... und würde gerne Ihre Meinung zu ... hören. Wäre das ein interessantes Tätigkeitsfeld für Sie?"
„Sie haben einige interessante Ideen ins Gespräch gebracht, die ich gerne gemeinsam mit Ihnen umsetzen würde. Was schlagen Sie vor?"
„Ich würde Ihnen gerne die Möglichkeit bieten, Ihre Fähigkeiten noch besser als bisher einzusetzen. Wäre ... für Sie eine Perspektive? Was würden Sie sich wünschen?"

6. Phase: Verabschiedung mit positivem Abschluss

3.2.3.2 Konstruktive Kritik üben

Kritik üben wir immer dann, wenn der Mitarbeiter Fehler gemacht hat, sich dessen aber nicht bewusst ist oder nicht bewusst werden will.

Vielen Vorgesetzten fällt es nach wie vor schwer, konstruktive Kritik zu üben. Dabei gehört die konstruktive Kritik zu den selbstverständlichen täglichen Führungsaufgaben, genauso wie die Anerkennung von guten Leistungen.

Wenn jemand Kritik übt, konfrontiert er sein Gegenüber mit einem Fehlverhalten, welches von ihm korrigiert werden soll. Dies führt bei der kritisierten Person zunächst einmal zu Erstaunen, zu Schock oder Ablehnung (also zu einer Abwehrreaktion). Wer lässt sich schon gerne sagen, dass er etwas falsch macht. Im nächsten Schritt verlangt das Gegenüber dann eine Begründung, eine Erklärung, was und warum etwas falsch gewesen ist und an welchem Beispiel, bzw. konkreten Tatbestand die Kritik festgemacht wird. Kann der Kritikübende hier seine Kritik nicht sachlich begründen und ausführen, verliert er sich in Allgemeinplätzen wie „Das kann ich Ihnen auch nicht genau sagen, das habe ich von anderen gehört." etc., wird er unglaubwürdig. Der Kritisierte wird sich entweder persönlich verletzt und angegriffen oder zumindest doch ungerechtfertigt kritisiert fühlen und entsprechend wenig konkret oder ausweichend auf die Kritik reagieren. Letztlich entsteht der Eindruck, dass der Kritisierende „nichts in der Hand hat". So führt die Kritik nicht zu dem gewünschten Effekt, dass der Mitarbeiter sein Fehlverhalten einsieht und sein Verhalten dementsprechend ändert.

Kritik erfolgt in der Regel unerwartet

Kritik sollte immer begründet werden

Verfügt der Kritikübende dagegen über sachliche Informationen, Beispiele oder kann konkrete Vorfälle anführen und begründen, warum das in Frage stehende Verhalten geändert werden soll, erhält der Mitarbeiter die Gelegenheit, die kritischen Punkte zu reflektieren und zu rekonstruieren, um dann zu überlegen, was verbessert werden muss und welche Maßnahmen zur Verbesserung führen.

An dem Punkt wo der Mitarbeiter nicht nur die Kritik „entgegennimmt" und dann wieder geht, nach dem Motto „Haben wir uns verstanden?", sondern gemeinsam mit dem Vorgesetzten Wege und Möglichkeiten der Verbesserung und Änderung entwirft und sich der Hilfe des Vorgesetzten sicher ist, wird sein logischerweise angegriffenes Selbstwertgefühl wieder aufgebaut.

das Selbstbewusstsein des Kritisierten wieder aufbauen

In Bezug auf Kritik heißt es im Sprachgebrauch: „Er hat ihn einen Kopf kürzer gemacht" oder „Kritik muss richtig weh tun" oder „Die Kritik war niederschmetternd". Wenn es dabei bleibt und der aufbauende Teil in der Kritik fehlt, handelt es sich um „destruktive" und nicht um „konstruktive" Kritik. Der Mitarbeiter geht dann mit einem Gefühl aus dem Gespräch, zu Unrecht angegriffen worden zu sein, weil er die Hintergründe nicht versteht oder der Argumentation nicht folgen konnte. Das Gefühl „niedergemacht" worden zu sein, ohne eine Chance der Korrektur seines Verhaltens bekommen zu haben, wirkt sich nicht förderlich

destruktive Kritik wirkt kontraproduktiv

auf Motivation und Leistung aus. Entsteht aufseiten des Mitarbeiters wiederholt der Eindruck, ungerechtfertigterweise kritisiert worden zu sein, kommt es zu einem ständigen Konfliktfeld, das dann mit hohem Zeit- und Kommunikationsaufwand bearbeitet werden muss. Nicht immer ist der Erfolg garantiert und nicht immer können Vertrauen und Offenheit des Mitarbeiters zurückgewonnen werden.

Die Konsequenz aus diesem Sachverhalt für Führungskräfte ist, dass sie sich über Anerkennung und Beachtung von Leistungen ihrer Mitarbeiter, zeitnah und konstrukiv geübte Kritik und regelmäßige Kontrolle viele Konflikte und Probleme im laufenden Führungsprozess ersparen können.

Philosophie

Wir können andere nicht motivieren, wir können ihnen nur helfen, sich selber zu motivieren

- Wir können andere nicht motivieren, wir können ihnen nur helfen, sich selber zu motivieren.
- Bringen Sie alltäglicher, kontinuierlicher Arbeit eine hohe Wertschätzung entgegen.
- Lassen Sie den Mitarbeiter nicht Kleinigkeiten, sondern „Heldentaten" vollbringen.
- Setzen Sie Ziele, auf deren Erreichen der Mitarbeiter aus seiner Sicht stolz ist.
- Helfen Sie dem Mitarbeiter, einen Mangel abzustellen und es künftig besser zu machen.

Methode

In der Regel führen Sie als Vorgesetzter ein Kritikgespräch, wenn der Mitarbeiter aus Ihrer Sicht einen Fehler gemacht hat, dieses aber nicht bewusst getan hat und damit auch nicht weiß, dass sein Verhalten einen Fehler beinhaltet.

Die Aufgabe des Vorgesetzten ist es, den Mitarbeiter auf diesen Fehler aufmerksam zu machen und gemeinsam mit ihm Wege und Möglichkeiten abzustimmen, diesen Fehler abzustellen.

So gelingt konstruktive Kritik

Die Beachtung folgender Punkte kann helfen, Kritik zu konstruktiver Kritik werden zu lassen:
- Überprüfen Sie Ihre persönliche Einstellung.
  Wollen Sie wirklich helfen?
- Sprechen Sie das Problem offen an.
- Hinterfragen Sie begründet die Wirkung des in Frage stehenden Verhaltens.
- Führen Sie eine Einsicht herbei.
- Erbitten Sie Verständnis.
- Verdeutlichen Sie die Vorteile eines veränderten Verhaltens.
- Bieten Sie im Rahmen der Handlungskorrektur Ihre Mithilfe an.
- Bestätigen Sie die Vorgehensweise und treffen Sie konkrete und überprüfbare Vereinbarungen.

Häufige Fehler der Führungskraft im Kritikgespräch

- Übt autoritäre Kritik.
- Übt persönliche Kritik.
- Übt verallgemeinernde Kritik.
- Übt ironische oder sarkastische Kritik.
- Übt Kritik in Gegenwart Dritter.
- Übt telefonische Kritik.
- Übt schriftliche Kritik.
- Übt Kritik durch Dritte.
- Übt stillschweigende Kritik (schweigende Missachtung).
- Übt Kritik an abwesenden Mitarbeitern.
- Übt gesammelte Kritik (kein aktueller Zusammenhang, Aufsparen der Kritik).
- Übt wiederholt Kritik aus demselben Anlass.
- Übt Kritik vor Abwesenheit (denken Sie mal darüber nach, wenn ich weg bin).
- Übt Kritik bei Unwesentlichem.
- Übt Kritik in Form einer allgemeinen Anweisung.

Der Ablauf eines Kritikgespräches

Der Ablauf eines Kritikgespräches im Einzelnen:

1. Phase: Persönliche Einstellung prüfen

Mag ich den Mitarbeiter?
Will ich ihm persönlich helfen?

2. Phase: Problem offen ansprechen / Konfrontation

„Wir haben mit (Vorgang, Sache, Person) ein Problem, Frau/Herr ... "
„Mir ist aufgefallen, dass Sie ... ! "
„Sie neigen dazu, Frau/Herr ... , oft ... ! "
„Ich will Ihnen da ein konkretes Beispiel nennen: ... , das führt zu (Ablehnung, Organisationsproblemen etc.) "

3. Phase: Wirkung hinterfragen

„Hat Sie das nicht auch schon geärgert? "
„Ist Ihnen das nicht auch schon aufgefallen? "
„Fiel Ihnen die Reaktion (der Kunden, der Kollegen, Ihrer Umgebung) nicht auf? "

4. Phase: Einsicht herbeiführen

„Indem Sie das ändern, würden Sie viel Zeit gewinnen! "
„Ihre Kollegen brauchen Sie dann nicht so häufig fragen! "
„Sie würden enorm an Ansehen gewinnen, wenn Sie diese Eigenschaft ablegen würden! "
„Sie würden zu einem reibungslosen Ablauf des Projektes beitragen! "

5. Phase: Verständnis erbitten

„Bitte haben Sie Verständnis, dass ich die Sache angesprochen habe, aber es ist in Ihrem Sinne."

„Es ist mir nicht leicht gefallen, die Sache anzusprechen, aber ich habe gedacht, es könnte Ihnen persönlich helfen."

6. Phase: Handlungsvorteile aufzeigen

„Sie hätten es wesentlich leichter, weil Sie an Zeit gewinnen werden und dann weniger Stress haben."

„Eine Änderung kommt nicht nur Ihnen selbst, sondern auch Ihren Kollegen und mir zugute, weil wir nicht mehr so lange suchen müssten."

7. Phase: Mut machen zur Verhaltenskorrektur/Bestätigung/Einsicht

„Welche Vorteile sehen Sie in einer Veränderung Ihrer Arbeitsweise, für sich selbst und Ihre Kollegen, die Firma?"

„Könnten Sie sich vorstellen, dass es sich positiv auf Sie selbst und Ihre Kollegen auswirken würde, wenn Sie das ändern?"

„Wie kann ich Ihnen und den Kollegen dabei helfen?"

8. Phase: Lob und Anerkennung für die Einsicht

„Es freut mich, dass Sie in diesem Punkt mit mir übereinstimmen."

„Ich wusste, dass ich mich auf Sie verlassen kann, Herr/Frau … "

9. Phase: Konkrete Vereinbarungen/Sicherstellungen

„Was werden Sie in Zukunft tun, damit wir uns darüber nicht mehr unterhalten müssen?"

„Wie können wir sicherstellen, dass sich das in Zukunft ändert?"

„Was schlagen Sie konkret vor, Herr/Frau … ?"

(Zielvereinbarungen sollten schriftlich festgehalten werden).

10. Phase: Rückkopplungsgespräch

Die vereinbarten und schriftlich festgehaltenen Änderungen des Mitarbeiters (Soll) werden mit den erreichten Erfolgen (Ist) verglichen.
Der Mitarbeiter erhält Lob und Anerkennung, oder es folgt ein weiteres Kritikgespräch und danach ein Tadelgespräch.

3.2.3.3   Wenn die Kritik nicht angenommen wird – Der Tadel infolge wiederholter Kritik

Definition

Tadel erfolgt, wenn der Mitarbeiter sich wissentlich fehlverhält oder Vereinbarungen nicht nachkommt

Tadel wird immer dann angewendet, wenn der Mitarbeiter wissentlich, also bewusst etwas falsch macht oder Vereinbarungen nicht einhält.

DEM TADELGESPRÄCH MUSS IMMER MINDESTENS EIN KRITIKGESPRÄCH (I. D. R. ZWEI ODER MEHR KRITIKGESPRÄCHE) VORAUSGEGANGEN SEIN.

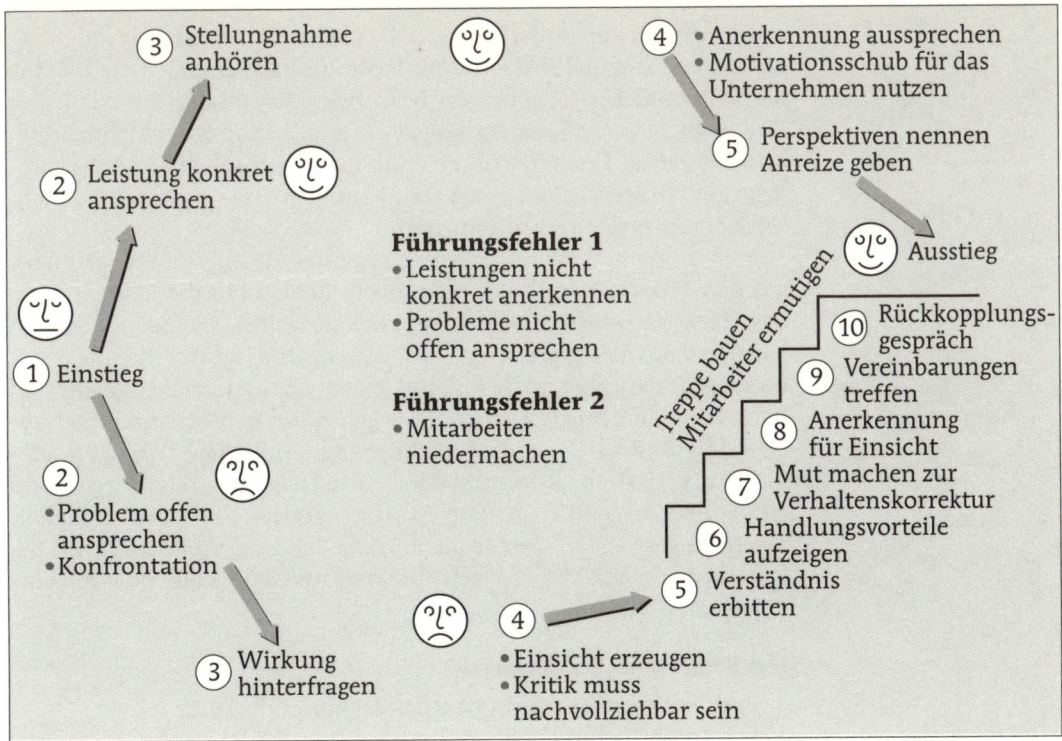

Abb. 3.1: Die Wirkungen im Anerkennungs- und Kritikgespräch

In Abgrenzung zum Kritikgespräch findet das Tadelgespräch immer dann Anwendung, wenn trotz Klärung und getroffener Vereinbarung Mitarbeiter ihr Verhalten nicht in gewünschter Weise ändern, sondern so weitermachen wie bisher, obwohl sie wissen, dass ihr Verhalten nicht korrekt ist. In diesem Fall ist es wichtig, ein Instrument zu haben, welches die Grenzen und Konsequenzen aufzeigt, die eine Fortsetzung des Fehlverhaltens des Mitarbeiters zur Folge haben wird.

Konsequenzen andauernden Fehlverhaltens aufzeigen

Der Mitarbeiter wird also noch ohne offizielle Dokumentation wie Abmahnung etc. letztmalig vom Vorgesetzten aufgefordert, dazu Stellung zu nehmen, warum er trotz wiederholter Abstimmung sein Verhalten immer noch nicht geändert hat und unter Hinweis auf beurteilungsbedingte, personalrechtliche, organisatorische oder stellenspezifische Konsequenzen dazu angehalten, sein Verhalten entsprechend zu ändern. Vielen Mitarbeitern wird erst unter „Androhung" von Konsequenzen klar, dass auch sie etwas zur Änderung beitragen müssen. In der Regel findet sich eine Vielfalt von Gründen, warum sich nichts ändern lässt.

Natürlich widerspricht die Androhung von Konsequenzen dem Grundgedanken des kooperativen Führens und dem Konzept des verantwortungsbewussten Mitarbeiters. In der Praxis geht man allerdings davon aus, dass in der Regel ein bis max. zwei Kritikgespräche reichen, um einem Mitarbeiter seinen Fehler so bewusst zu machen, dass er ihn nachvollziehen kann und abstellt. Damit wäre das Tadelgespräch nur für eine bestimmte kleine Gruppe von Mitarbeitern relevant, die nur unter Druck reagieren und einer offenen Kommunikation eher ablehnend gegenüberstehen. Sie werden ihren Freiraum im Umgehen von Anweisungen und Nichteinhalten von Vereinbarungen sehen, solange sie nicht mit Konsequenzen rechnen müssen.

Wenn bewusstes Fehlverhalten keine Konsequenzen nach sich zieht, leidet das Arbeitsklima

Stehen einem Vorgesetzten keine Instrumente zur Verfügung, um bei solchen Mitarbeitern Druck auszuüben, dann kann dies dazu führen, dass die Mitarbeiter tun und lassen, was sie wollen. Sie meinen, „ihnen kann sowieso nichts passieren". Vor diesem Hintergrund wird die Autorität des Vorgesetzten entsprechend leiden. Die anderen Mitarbeiter sehen, dass sich die betreffenden Kollegen keine Konsequenzen einhandeln und fühlen sich gegebenenfalls wenig verpflichtet, sich selber adäquat zu verhalten. Bestimmte Verhaltensweisen „reißen ein" und werden zur Gewohnheit. Die Führungskraft steht dem Geschehen machtlos gegenüber. Gerade die mittlere Führungsebene ist davon betroffen, da sie dem Mitarbeiterhandeln relativ wenig Konsequenzen entgegensetzen kann.

Das Vorgehen im Tadelgespräch

- Positiver Einstieg mit entsprechender Einschränkung
- Fakten wertneutral nennen
- Selbstbeurteilung anregen
- Ursachenforschung
- Konsequenzen in Aussicht stellen
- Erneute Vereinbarungen mit dem Mitarbeiter treffen

Der Aufbau eines Tadelgespräches

Der Aufbau eines Tadelgespräches im Einzelnen:

1.Phase: Positiver Einstieg mit Einschränkungen

„Grundsätzlich schätze ich Ihre Arbeit Herr/ Frau … !"
„Im Prinzip bin ich ja mit Ihrer Arbeit zufrieden, Herr/Frau … !"

2. Phase: Fakten wertneutral nennen

„Es geht um Folgendes, Herr/Frau … !"
„Folgendes ist wiederholt geschehen:..!"

3. Phase: Selbstbeurteilung

„Finden Sie es in Ordnung, dass … ?"
„Wie sehen Sie das Ihren Kollegen und mir gegenüber?"
„Wie wäre das für Sie, wenn Sie mit jemandem Vereinbarungen getroffen hätten (z.B. mit Ihrem Sohn, Partner …) und sich diese Person nicht an die Vereinbarungen gehalten hätte?"

4. Phase: Ursachenerforschung

„Welche Gründe gibt es dafür, dass Sie das nicht geändert haben?"
„Brauchen Sie Hilfe oder Unterstützung?"
„Wie können wir Ihnen helfen?"

5. Phase: Konsequenzen

„Wenn Sie keine Veränderung herbeiführen, wird das Konsequenzen für einen reibungslosen Arbeitsablauf haben, Herr / Frau ... !"
„Es könnte Konsequenzen für Sie selbst haben, Herr / Frau ... !"

6. Phase: Erneute Vereinbarungen mit dem Mitarbeiter treffen

„Was schlagen Sie vor, wie wir eine Änderung sicherstellen?"
„Welche konkreten Hilfen können wir Ihnen geben!"
„Bis wann werden Sie das konkret geändert haben?"
„Sind Sie damit einverstanden, wenn wir in einer Woche nochmals darüber sprechen?" (beide halten die Vereinbarung schriftlich fest!)

7. Phase: Anerkennung für die Einsicht und Verabschiedung

„Ich weiß, dass Sie das schaffen werden, Herr / Frau ... !"
„Es freut mich, dass Sie verstehen, dass eine Änderung unabdingbar ist!"
„Ich werde mich auf Sie verlassen können, Herr / Frau ... !"

8. Phase: Rückkoppelungsgespräch/Kontrollgespräch

Der Mitarbeiter erfährt Lob und Anerkennung dafür, dass er es geschafft hat, sich zu ändern.
Dem Mitarbeiter werden ernsthafte Konsequenzen verdeutlicht!

Entsprechend einem adäquaten Führungsverhalten steht im Tadelgespräch der eindringliche Appell des Vorgesetzten an den Mitarbeiter, sein Verhalten zu ändern, im Vordergrund. Dem Gespräch liegt die Unterstellung zugrunde, dass der Mitarbeiter sich vielleicht gar nicht bewusst ist, dass sein Verhalten zu Konsequenzen führt. Im Gespräch wird darum auch die Frage gestellt, ob der Mitarbeiter diese Konsequenzen will, bzw. bereit ist, diese in Kauf zu nehmen.

eindringlicher Appell an den Mitarbeiter, die Verantwortung für sein Handeln zu übernehmen

Wenn ja, dann muss dies als Entscheidung des Mitarbeiters akzeptiert werden. Wenn nein, dann gibt es keinen Grund für den Mitarbeiter sein Verhalten nicht zu ändern.

3.2.3.4 Kontrolle ausüben

Definition

Kontrolle ist die allgemeine Überwachung des betrieblichen Geschehens. Sie ist eine Chance erfolgreich zu führen.
Bei allem Vertrauen ist Kontrolle ein unverzichtbares Element im Prozess der Mitarbeiterführung. Die Kontrolle bietet die Möglichkeit Fehler

auftretende Fehler unmittelbar korrigieren

direkt zu korrigieren und gute Leistungen anzuerkennen. Sie ermöglicht der Führungskraft Sachthemen zu kontrollieren und dieses mit Feedback zu verbinden.

Kontrolle ist als Führungsaufgabe nicht delegierbar

Kontrolle ist als Führungsaufgabe nicht delegierbar. In der Regel übt nur der unmittelbare Vorgesetzte innerhalb seines Verantwortungsbereiches Kontrollen aus. In abweichenden Fällen muss der jeweilig unmittelbare Vorgesetzte des betroffenen Verantwortungsbereiches sofort informiert werden. Kontrolle sollte bei allen Mitarbeitern im gleichen Maße ausgeübt werden. Werden leistungsschwache Mitarbeiter sehr häufig kontrolliert, leistungsstarke Mitarbeiter nur sehr selten, so könnte dies missverstanden werden. Kontrolle ist immer zielorientiert einzusetzen. Allgemeine Floskeln wie „Alles klar?" sind eher dazu gedacht Kontrolle zu vermeiden und von dieser Aufgabe entbunden zu werden.

Kontrolle ist ein Ist-Soll-Vergleich

Kontrolle ist ein Ist-Soll-Vergleich. Keine Kontrolle ohne vorherige Vereinbarung, was erreicht werden soll. Keine Vereinbarung, was erreicht werden soll, wenn es keine Kontrolle gibt. Ansonsten wird Kontrolle für den Mitarbeiter sinnlos, ist wenig hilfreich und vor allem auch nicht notwendig. Ist eine Vereinbarung getroffen und der Vorgesetzte kontrolliert nicht, ist das für den Mitarbeiter nicht motivierend, da er bei gutem Ergebnis eine Anerkennung erwartet. Wenn etwas nicht der Aufgabenstellung entspricht, erwartet der Mitarbeiter von seinem Vorgesetzten konstruktive Kritik, um bei der nächsten Kontrolle für die entsprechende Korrektur der Leistung oder des Verhaltens vom Vorgesetzten gelobt und anerkannt zu werden.

Zu empfehlende Kontrollarten

In welchem Umfang wurden Arbeits- oder Teilziele erreicht?

- **Ergebnis- und Endkontrollen** betreffen das Arbeitsergebnis und zeigen den Beteiligten, in welchem Umfang Arbeits- oder Teilziele erreicht wurden. Der Weg der Ergebniserreichung bleibt bei dieser Kontrollart außer Betracht. Sie ist eine ausschließlich vergangenheitsorientierte Betrachtung und bietet keine Möglichkeit, innerhalb eines Prozesses zu steuern und bei Fehlern zu korrigieren. Deshalb ist es wichtig, die Ergebniskontrolle mit Stichprobenkontrollen bzw. so genannten „Meilensteinen" zu verbinden, um temporäre Abstimmungen zu gewährleisten.

Möglichkeit frühzeitiger Kurskorrektur

- **Stichprobenkontrollen** dienen der Prophylaxe, sofern sie kontinuierlich und unter Wahrung der Zufälligkeit vorgenommen werden. Das Erreichen von Zielen wird bei Stichprobenkontrollen durch die gegebene Möglichkeit der Korrektur erleichtert. Der Vorgesetzte kann somit erkennen, ob der Mitarbeiter sich richtig verhält und gegebenenfalls durch sachliche konstruktive Kritik den Kurs korrigieren.

Förderung der Eigenverantwortlichkeit der Mitarbeiter

- **Selbstkontrolle:** Wenn der Mitarbeiter seine Ergebnisse selbst kontrolliert, spricht man von Selbstkontrolle. Sie entspricht dem Bild des eigenverantwortlichen und kompetenten Mitarbeiters. Mit jeder Verminderung des Anteils der Fremdkontrolle lässt sich die Selbstverant-

wortung des Mitarbeiters steigern. Die Mitarbeiter, die diese Herausforderung annehmen, werden durch die Selbstkontrolle motiviert
und erzielen auch bessere Leistungsergebnisse. Der Vorgesetzte wird
durch die Selbstkontrolle der Mitarbeiter entlastet und der Mitarbeiter bekommt die Chance, Fehler durch Gegenmaßnahmen selbst zu
beseitigen.

Weniger zu empfehlende Kontrollarten

* **Ausführungs- und Verhaltenskontrollen**: Diese Kontrolle dient der
Überprüfung des Tuns der Mitarbeiter, also der Feststellung, auf welche Art und Weise er eine Aufgabe erledigt. In der Regel wird diese Art
von Kontrolle vom Mitarbeiter als einengend und überflüssig empfunden. Eine Ausführungs- und Verhaltenskontrolle ist in folgenden
Ausnahmefällen förderlich: wenn das fehlerhafte Verhalten zu um-
ständlicher, zeit- oder kostenintensiver Aufgabenerledigung führt
oder bei dem Verhalten in Zukunft gravierende Misserfolge nicht aus-
zuschließen sind. Dies gilt z.B. für die Einarbeitungszeit neuer Mitarbeiter.

Auf welche Art und Weise wird eine Aufgabe erledigt?

* **Totalkontrollen**: Auch Totalkontrollen sollten auf den Ausnahmefall
beschränkt bleiben, der sich nach der Art einer Arbeit (z.B. besonders
risikoreiche Arbeit oder überhaupt keine Fachkenntnisse) und nach
dem Stand der Einarbeitung der Mitarbeiter definiert. Die totale Überwachung der Arbeit führt in der Regel nicht zur Steigerung der Eigenverantwortlichkeit des Mitarbeiters und trägt auch nicht zur Motivation und Leistungssteigerung bei. Zudem stellt sie für den Vorgesetzten eine große Belastung dar.
* **Fremdkontrolle**: Erfolgt die Kontrolle durch den Vorgesetzten, so
sprechen wir von Fremdkontrolle. Fremdkontrolle ermöglicht die Sicherstellung von sachlichen Ergebnissen und hilft Selbsttäuschung
und Misserfolge durch Alleingänge zu vermeiden. Nimmt die Fremdkontrolle zuviel Raum ein, so wird sie vom Mitarbeiter als einengend
und störend empfunden. Die Führungskraft sollte im Führungsprozess die Fremdkontrolle daher bewusst immer weiter abbauen, um damit Eigenverantwortung und Selbstkontrolle des Mitarbeiters zu stärken und zu fördern.

Philosophie der Kontrolle

* Zukunft hat Vorrang vor Vergangenheit.
* Gute Kontrolle ist für den Kontrollierten vorhersehbar.
* Keine Jagd auf Fehler!
* Kontrolle – um einen Anlass zum Lob zu finden!

Methode des Kontrollgesprächs

* Allgemein positiver Einstieg!
* Ergebnisse Punkt für Punkt durchgehen!

- Fragen – Fragen – Fragen.
  Jedes Resultat hinterfragen!
- Gute Bestätigungen der Antworten!
- Konkrete Vereinbarungen!

Der Aufbau eines Kontrollgespräches

Der Aufbau eines Kontrollgespräches im Einzelnen:

1. Phase: Aufbau einer positiven Atmosphäre

„Ein gutes Stück Arbeit liegt hinter uns, Herr/Frau ... !"
„Mit Ihrer Arbeit bin ich sehr zufrieden, Herr/Frau ... !"

2. Phase: Ergebnis Punkt für Punkt durchgehen

„Folgende Ergebnisse können wir heute festhalten: ... "
„Stimmen Sie mit den Ergebnissen so überein ?"

3. Phase: Resultate hinterfragen

„Wie haben Sie das erreicht?"
„Welche Schwerpunkte haben Sie bei der Arbeit gesetzt?"
„Was hat Ihnen besonders geholfen?"

4. Phase: Bestätigung erfragen

„Haben Sie positive Erfolge für sich selbst erfahren?"
„Sind Sie mit sich selbst zufrieden?"
„Was hat Ihnen besonders geholfen?"

5. Phase: Bestätigung erteilen und Verabschiedung

„Das wird Sie sicherlich weiterbringen!"
„Ich wusste, dass Sie es schaffen werden!"
„Sie haben uns allen geholfen!"
„Ich vertraue auf Sie, dass Sie auch in Zukunft so erfolgreich weiterarbeiten Herr/Frau ... !"
„Vielen Dank, dass Sie sich Zeit für unser Gespräch genommen haben, Herr/Frau ... !"

3.3   Motivation der Mitarbeiter

3.3.1   Definition:

Motivation ist die „Triebfeder" unseres Handelns, der innere Antrieb, der uns zum Handeln veranlasst. Motivation ist Bewegungs- und Veränderungsursache, stellt Energie dar, die – wenn sie nicht gehemmt wird – Aktivität verursacht. Das Wort „Motivation" kommt vom Ausdruck Motiv und movement (englisch) und movere (lateinisch) Bewegung/bewegen.

Motivation bezieht sich also auf die Gründe und Ziele, die jemanden veranlassen aktiv zu werden, zu handeln, etwas zu bewegen.

Die Motive zu handeln treten nicht isoliert auf, sondern in Kombination. Es sind also stets mehrere Motive, die das Verhalten einer Person bestimmen. Jeder Mensch hat eine unterschiedliche Motivationsstruktur. Es gibt also kein einheitliches Motiv, das alle Mitarbeiter bewegt, ihre Leistungen und ihren Einsatz im Sinne des Unternehmens zu steigern.

Jeder Mensch hat eine unterschiedliche Motivationsstruktur

Die Ziele des Unternehmens sind nicht notwendig identisch mit den Zielen der Mitarbeiter. Geht es dem Unternehmen um Effizienzsteigerung, bestmögliche Aufgabenerledigung und Zielerreichung, so geht es den Mitarbeitern um Selbstentfaltung, Anerkennung ihrer Leistung und ihrer Person, sinnvolle Arbeit, gutes Arbeitsklima, nette Kollegen, Bestätigung persönlicher Wertvorstellungen und um Geld.

Die Ziele des Unternehmens sind nicht notwendig identisch mit den Zielen der Mitarbeiter

> DIE AUFGABE DER FÜHRUNGSKRAFT IST ES, DIE MITARBEITERBEDÜRFNISSE – UND DAMIT DIE MITARBEITERZIELE – DEN UNTERNEHMENSZIELEN ANZUNÄHERN. IDEALERWEISE SOLLTEN DIE UNTERNEHMENSZIELE BESTANDTEIL DER MITARBEITERZIELE SEIN.

Motivation und verstärktes Engagement werden dann erreicht, wenn die Bedürfnisse des Mitarbeiters – zumindest im Ansatz – bei der Arbeit berücksichtigt werden.

Die Führungskraft hat die Aufgabe, die Mitarbeiter zu entwickeln und ihre Potenziale auf die unternehmerischen Zielvorstellungen hin zu entfalten. Dabei sollten die Bedürfnisse der Mitarbeiter so weit wie möglich mit einbezogen werden. Es geht im Rahmen der Motivation also in erster Linie darum, die unbefriedigten Bedürfnisse der Mitarbeiter zu erkennen. Erst wenn die Führungskraft über die jeweils individuellen Ansprüche ihrer Mitarbeiter Aufschluss gewonnen hat, kann sie ihnen Aufgaben übertragen, im Zuge deren Lösung gleichzeitig auch persönliche Bedürfnisse erfüllt werden.

Es ist notwendig, die Bedürfnisse der Mitarbeiter zu erkennen

Der Mitarbeiter seinerseits muss grundsätzlich bereit sein, sein Denken und Handeln zu Problemlösungen einzusetzen. Diese Bereitschaft muss unter Umständen neu geweckt oder wiederhergestellt werden. Erst dann sind auch Erfolgserlebnisse für den Mitarbeiter möglich, die die dauerhafte Grundlage für eine positive Arbeitseinstellung und optimale Leistung ist.

3.3.2 Warum ist Motivation so wichtig?

Motivation ist die Grundlage für Engagement, Leistung und positives Betriebsklima. Motivierte Mitarbeiter arbeiten zufriedener, sind eher bereit Verantwortung zu übernehmen und sich für betriebliche Belange zu engagieren und einzusetzen. Gerade in Zeiten, in denen Flexibilität und über das Normale hinausgehende Leistung vielfach für den Unternehmenserfolg unabdingbar sind, geht ohne Motivation der Mitarbeiter

Motivierte Mitarbeiter arbeiten zufriedener und leisten daher mehr

*Mitarbeiter, die sich ausge-
nutzt fühlen, gleiten in die
„innere Kündigung" ab*
nichts mehr. Mit Mitarbeitern, die Dienst nach Vorschrift machen, immer pünktlich „den Griffel fallen lassen" und jede Arbeit, die zusätzlich zu leisten ist, ablehnen oder aufrechnen, kann ein Unternehmen im Konkurrenzkampf nicht bestehen. Wichtig ist, dass die grundsätzliche Bereitschaft der Mitarbeiter sich zu engagieren nicht ausgenutzt wird und dass zusätzliches Engagement ohne finanzielle oder andersartige Vergütung nicht als Selbstverständlichkeit erwartet wird. Dies kann zwar kurzfristig funktionieren, aber mittelfristig wird eine solche Erwartungshaltung der Unternehmensleitung bei den Mitarbeitern Enttäuschung und Frustration hervorrufen, die bis zur inneren Kündigung (siehe hierzu auch Kap. 3.4) führen kann.

Ein weiterer wichtiger Aspekt ist die aktive Rolle des Mitarbeiters im Motivationsprozess. Was er einbringt, was er bewegt, was er tut, macht ihn stolz. Es ist seine Leistung. Mag diese auch im Verhältnis zum gesamtunternehmerischen Geschehen noch so unbedeutend sein, für ihn ist seine jeweils aktuelle Aktivität maßgebend. Dieses Aktivität als persönliche Leistung anzuerkennen ist wesentliches Mittel der Führungskraft, wenn sie mehr Motivation bei den Mitarbeitern erreichen möchte (siehe auch Kap. 3.2.3.1).

3.3.3   Philosophie

- Dem Mitarbeiter ist die eigene Idee tausendmal lieber als die beste Idee des Chefs.
- Das größte Kapital des Unternehmers steckt nicht in den Bilanzen, sondern in den Köpfen der Mitarbeiter.
- Zeitgewinn und Leistung sind die Folge erhöhter Motivation.
- Machen Sie Ihre Mitarbeiter zu Mitdenkern.

3.3.4   Die wichtigsten Motivationstheorien

Um die Bedürfnisstruktur Ihrer Mitarbeiter einschätzen und entsprechende Motivationsanreize setzen zu können, ist es sinnvoll, die Ansätze der maßgebenden Motivationstheorien zu kennen, die im Folgenden kurz dargestellt werden.

3.3.4.1   Hygiene- und Anspornfaktoren

Das Wohlbefinden des Menschen hängt zum einen davon ab, dass bestimmte Dinge und Gegebenheiten vermieden werden und zum anderen davon, dass bestimmte Dinge und Gegebenheiten eintreten. In Bezug auf die Arbeitszufriedenheit von Menschen und ihre Motivation unterscheidet Herzberg hier zwischen Hygiene- und Anspornfaktoren.

Vermeidungsbedürfnisse
Um überhaupt für sich eine tragfähige Ausgangssituation schaffen zu können, strebt jeder Mensch grundsätzlich danach, unangenehme Situationen und umweltbedingtes Leid zu vermeiden.

Damit diese so genannten Vermeidungsbedürfnisse befriedigt werden können, müssen zunächst einmal bestimmte „Hygienefaktoren" eingelöst werden, die sich in Bezug auf die Arbeitsumgebung folgendermaßen darstellen:

Hygienefaktoren – die Minimalausstattung

- grundsätzlich positive Arbeitsbedingungen,
- erwartbare tarifliche Gehaltserhöhungen,
- ausreichende Lichtverhältnisse und ergonomische Ausstattung des Arbeitsplatzes,
- akzeptable Arbeitszeiten und Sozialleistungen,
- Sicherheit des Arbeitsplatzes,
- gutes Verhältnis zu Vorgesetzten und Kollegen,
- gerechte Behandlung und Beurteilung.

Erst wenn diese grundlegenden Faktoren (gewissermaßen die Minimalausstattung) gegeben sind, greifen die so genannten Anspornfaktoren, die sich auf die individuellen Entfaltungsbedürfnisse des Menschen beziehen. Jeder Mensch versucht sich in seinem Lebensbereich zu verwirklichen oder wenigstens einzubringen; seine Arbeit spielt dabei die wichtigste Rolle. Zu den Anspornfaktoren gehören:

Anspornfaktoren – individuelle Entfaltungsbedürfnisse

- attraktive Entscheidungs- und Gestaltungsspielräume,
- Möglichkeit Verantwortung zu übernehmen,
- Erhöhung des Anteils selbstständiger Arbeit,
- Anerkennung, Beförderung, Lob,
- Herausforderung durch neue interessante Aufgaben,
- Rückgriff auf das Expertenwissen des Mitarbeiters,
- Möglichkeit in Entscheidungsprozesse einbezogen zu werden,
- individuelle Entwicklungsmöglichkeiten.

Herzbergs Erkenntnisse liegen den Grundsätzen der aktuellen Personalentwicklung maßgeblich zugrunde. Dies sind im Einzelnen:

Grundsätze der aktuellen Personalentwicklung

- Nur die richtige Person auf dem richtigen Platz bringt optimale Leistungen.
- Nur die richtige Aufgabe schafft Leistung und Selbstzufriedenheit.
- Mitarbeiter müssen mit allen Fähigkeiten und Interessen wahrgenommen werden, um wirkungsvoll motiviert werden zu können.
- Erlebnisse intensiver Befriedigung im Arbeitsleben resultieren immer aus Leistung und Aufgabe.
- Die wichtigsten Motivationsfaktoren sind:
  - Lösen angemessen schwieriger Aufgaben (besser als Routinearbeiten) mit der damit verbundenen Anerkennung.
  - Die Zunahme an Verantwortung und die Möglichkeit sich weiterzuentwickeln.
- Motivierendes Leistungsverhalten basiert immer auf Zielen, die der Mitarbeiter auch persönlich erreichen möchte.

> • Unzufriedenheit resultiert immer aus:
>   - unbefriedigenden sozialen Kontakten oder unbefriedigender Kommunikation mit den Kollegen und der Arbeitsgruppe
>   - dem Verhalten des Vorgesetzten
>   - der Vergütung
>   - schlechten bzw. unzureichenden Rahmenbedingungen wie Arbeitsplatzausstattung (IV-Systeme, Lärm, Licht, Großraumbüro, Rauchen etc).

In Bezug auf die Motivationsstruktur bedeutet dies:

EIGENE LEISTUNG IN VERBINDUNG MIT EINER SINNVOLLEN, INTERESSANTEN VIELSEITIGEN UND VERANTWORTUNGSVOLLEN AUFGABE UND DEM DAMIT VERBUNDENEN ERFOLGS- UND ANERKENNUNGSERLEBNIS MOTIVIERT DIE MENSCHEN AM MEISTEN.

Wichtig ist, den Mitarbeiter nicht einfach nur mit den Anforderungen zu konfrontieren, sondern ihm die Chance zu geben, zu lernen und zu wachsen. So kann er auch in Zukunft die ihm zugedachten Aufgaben erfüllen, ohne dass seine Motivation abnimmt.

3.3.4.2   Die Bedürfniskategorien

hierarchisch geordnete Bedürfniskategorien

Abraham Harold Maslow legte in den Fünfzigerjahren mit der Theorie einer vielschichtigen Bedürfnisstruktur (Bedürfnispyramide) einen wichtigen Grundstein der Motivationstheorie. Er geht in seinem Modell von streng hierarchisch geordneten Bedürfniskategorien aus und von zwei Arten von Bedürfnissen – den so genannten Defizit- und Wachstumsbedürfnissen. Der Gedanke dabei ist, dass jeder Mensch zunächst eine Befriedigung der Defizitbedürfnisse anstrebt, bevor die Wachstumsbedürfnisse aktiviert werden. Weiterhin wird jeder Mensch zuerst die Befriedigung der Stufen 1 und 2 anstreben, bevor sich seine Bedürfnisse den Stufen 3 bis 5 zuwenden.

1. Physiologische Bedürfnisse

Die pysiologischen Bedürfnisse der Stufe 1 sind heute normalerweise befriedigt bzw. sind relativ leicht zu befriedigen. Sind diese nicht sichergestellt oder werden unterdrückt, so gewinnen sie an Bedeutung und werden zum beherrschenden Faktor unseres Verhaltens.
- Allgemein:
  Essen, Trinken, Schlafen, Geschlechtstrieb, Gesundheit, saubere Umwelt, Luft, Kleidung, Wohnung.
- Im Berufsleben:
  Gesunder Arbeitsplatz, ausreichende Beleuchtung, Klimatisierung,

Lärm, ärztliche Betreuung bei gesundheitsgefährdenden Tätigkeiten, Schutzkleidung, Urlaub, Pausen, Erholzeiten, Schutzfristen, Kantine und Mittagstisch, finanzielles Existenzminimum.

2. Sicherheitsbedürfnisse

Sicherheitsbedürfnisse sind bei Menschen unterschiedlich ausgeprägt. Es gibt Unternehmen, bei denen viele Mitarbeiter mit einem ausgeprägten Sicherheitsbewusstsein zu finden sind. Diese haben sich bewusst für diesen Beruf und Arbeitsplatz entschieden. Insgesamt ist die Wagnis- und Veränderungsbereitschaft der Mitarbeiter in den letzten Jahren stark gestiegen. Aber in Hinblick auf die Rentenentwicklung ergeben sich für Unternehmen interessante Ansatzpunkte dieses Bedürfnis aufzugreifen, z.B. mit finanziellen Absicherungen im Alter (Betriebsfonds, Ansparmodelle, Betriebsrenten).

- Allgemein:
  Aspekte der materiellen Sicherheit, Bedürfnis nach Stabilität, Schutz, Ordnung, Gesetz, Sicherheit vor Risiken durch Krankheit, Alter oder durch sonstige Gefahren des täglichen Lebens, soziale Sicherung über Versicherungen.
- Im Berufsleben:
  Sicherheit des Arbeitsplatzes, des Einsatzortes, der Tätigkeit, Stellvertreterregelungen und Stellenbeschreibungen, festgeschriebene Prozesse, definierte Abläufe, Einbeziehung von Arbeitnehmervertretungen in Entscheidungsprozesse, die betriebliche Altersvorsorge, betriebliche Weiterbildungsmöglichkeiten.

3. Soziale Bedürfnisse

Wer möchte nicht zu einer Gruppe gehören und sich gleichermaßen von Kollegen und Vorgesetzten angenommen wissen? Soziale Bedürfnisse äußern sich so. Auf Dauer ist es für den Einzelnen untragbar, einen Platz außerhalb seiner Arbeitsgruppe einzunehmen und ausgeschlossen zu sein. Die Befriedigung der sozialen Bedürfnisse wird durch die Virtualisierung unserer Arbeitswelt und der Kommuniktion stark beeinflusst. Die Zusammenarbeit verändert sich. Man trifft sich nicht mehr so oft, kommuniziert per E-Mail und arbeitet viel auf sich gestellt. Viele Mitarbeiter empfinden diese Veränderungen als negativ. Wichtig ist es, die unbefriedigten Bedürfnisse zu erkennen und aufzugreifen. So kann die Abnahme der sozialen Kontakte durch andere Aktivitäten wie Teamtreffen, gemeinsame Unternehmungen etc. teilweise aufgefangen werden.

- Allgemein:
  Streben nach Zuneigung, nach Geborgenheit und nach Identifizierung mit der Gruppe.
- Im Berufsleben:
  Stärkung des Wir-Gefühls durch Beseitigung von Konflikten in der

Abb. 3.2: Die Bedürfnispyramide nach Maslow

Arbeitsgruppe, Integration isolierter Mitarbeiter, vertrauensvolle Kommunikation mit den Mitarbeitern, Gespräche mit den Mitarbeitern, kooperative Führung, rechtzeitige Information der Mitarbeiter über organisatorische Veränderungen, welche die Gruppenzusammengehörigkeit tangieren, Betriebsausflüge, Betriebsfeste, Betriebsklima.

4. Psychologische Bedürfnisse

Die Befriedigung der psychologischen Bedürfnisse ist für die Motivation besonders maßgebend

Eine weitere wichtige Bedürfnisgruppe sind die psychologischen Bedürfnisse. Hier geht es um Anerkennung, sozialen Status, Prestige, Erfolg. Da die meisten Bedürfnisse der ersten drei Kategorien relativ einfach zu befriedigen sind, kommt dieser Bedürfnisgruppe besondere Bedeutung zu. Mitarbeiter möchten anständig behandelt werden, sinnvolle Arbeit tun, anerkannt werden und gelobt werden. Viele Untersuchungen haben festgestellt, dass diese Bedürfnisse im Vordergrund der Arbeitsmotivation stehen.

- Allgemein:
  Streben nach Erfolg, Anerkennung, Status, Prestige.
- Im Berufsleben:
  Aufstiegsmöglichkeiten, übertragene Kompetenzen und Verantwortung, Einkommenshöhe (höheres Einkommen, das die Wichtigkeit der eigenen Person unterstreicht und die Anerkennung der Firma mit den gezeigten Leistungen verdeutlicht, auch um sich mehr leisten zu können und damit Anerkennung aus der Umwelt zu erfahren), Anerkennung durch den Vorgesetzten, Beteiligung an betrieblichen Prozessen und Sonderaufgaben, Größe und Ausstattung des Arbeitszimmers, eigenes Sekretariat, Zusatzausstattungen wie Laptop, Handy, Firmenwagen, offizielle Befreiung von festen Arbeitszeiten, wohlklingende Bezeichnungen wie Assistent, Manager, Pfleger statt Putzkraft, Organisator statt Hilfskraft, leistungsbezogene Prämien.

5. Bedürfnisse nach Selbstentfaltung

Das Bedürfnis nach Selbstentfaltung wird vielen Menschen ein Leben lang gar nicht bewusst, andere Menschen dagegen können sich ein Leben ohne Selbstentfaltung und Eigenbestimmung gar nicht vorstellen. Das Gelingen von Selbstentfaltung ist nicht von Hierarchien oder finanzieller Vergütung abhängig. So finden wir Schriftsteller, Sänger, Architekten, aber auch den „Mann der Straße mit seinem LKW", der um nichts in der Welt seine Freiheit und Selbstbestimmung aufgeben würde. Versetzt man diese Menschen in eine Organisation mit starren Regeln und von Anpassung geprägten Tagesabläufen, fühlen sie sich sehr unglücklich und werden oftmals tatsächlich krank, da sie sich zu sehr eingeschränkt fühlen.

Wer die Möglichkeit hat, sich im Rahmen seiner Arbeit selbst zu verwirklichen, ist immer auch stark motiviert

- Allgemein:
  Streben nach Freiraum und Freiheit, Eigengestaltung, Selbstverantwortung.
- Im Berufsleben:
  Erteilung von Entscheidungsbefugnissen, herausfordernde Tätigkeiten, Selbstkontrolle der Ergebnisse, freie Entscheidung hinsichtlich Arbeitsdurchführung, Einbringen seiner persönlichen Stärken, Darstellung der eigenen Person, Übernahme von Verantwortung.

3.3.4.3   Die Einstellung zur Arbeit

Douglas McGregor hat später die Bedürfniskategorien von Maslow weiterentwickelt und speziell auf die Arbeitsmotivation der Menschen im Betrieb angewandt. Er hat dazu die sog. XY-Theorie entwickelt, die davon ausgeht, dass es zwei Menschenbilder gibt, – das pessimistische und das optimistische Menschenbild. Dies hat er auf die Einstellung der Mitarbeiter zur Arbeit übertragen.

Unterschiedliche Annahmen über die Einstellung zur Arbeit

Theorie X geht davon aus, dass der durchschnittliche Mitarbeiter sich durch folgende Eigenschaften auszeichnet:

Theorie X:
Der Mensch ist grundsätzlich arbeitsscheu

- Er hat eine angeborene Abneigung gegen Arbeit und versucht sich zu drücken, wo er kann. Folglich muss er kontrolliert werden, damit er seiner Arbeit auch nachkommt.
- Er ist arbeitsunlustig und muss deswegen unter Zwang gelenkt und geführt werden. Die unternehmerischen Zielsetzungen sind nur mittels Kontrolle und Strafandrohung umzusetzen.
- Er möchte eher gelenkt werden und auf Anweisung hin arbeiten als Gestaltungsspielräume zu haben und selbstständig zu handeln.
- Er ist nicht kreativ, möchte nicht mitdenken und will klare Arbeitsvorgaben.
- Er will sich nicht engagieren, entwickelt wenig Ehrgeiz und ist vor allem auf Sicherheit aus.

Daraus folgt, dass die Führungsaufgaben darin bestehen, klare Vorgaben zu machen, die Umsetzung zu kontrollieren und das Verhalten im Sinne des Unternehmens zu beeinflussen. Ohne diese Aktivitäten der Führung

XY-Theorie
h. McGregor

würden sich die Mitarbeiter dieses Menschenbildes passiv oder ablehnend verhalten.

Theorie Y:
Arbeit ist ein positiver
Bestandteil des Lebens

Theorie Y umschreibt den Mitarbeiter mit positiver Arbeitseinstellung, der sich durch ein konträres Verhalten auszeichnet:

- Er empfindet die Arbeit an sich normal.
- Er hat Freude daran zu arbeiten.
- Er ist bereit Leistungen zu erbringen und seine Fähigkeiten für das Unternehmen einzubringen. Er möchte Verantwortung übernehmen und sich für Ziele einsetzen.
- Er ist bereit sich zu entwickeln und nimmt angebotene Hilfestellungen und Angebote an.

Der hier beschriebene Mitarbeiter entspricht dem Mitarbeiterbild aktueller Führungstheorien.

Grundsätzlich hat jeder
Mensch den Willen und
die Möglichkeit sich
einzubringen und sich
zu entwickeln

Grundsätzlich hat jeder Mensch den Willen und die Möglichkeit sich einzubringen und sich zu entwickeln. Der in der Theorie X beschriebene Mensch mit der negativen Haltung gegenüber Arbeit ist das Resultat traditioneller Unternehmensführung, geprägt durch Anweisungen, fehlende Kompetenzen und Gestaltungsspielräume, unklare Organisationsstrukturen, fehlende Stellen- und Arbeitsplatzbeschreibungen, unklare Prozessabläufe sowie fehlende Kommunikation und Information.

Die Führung muss den Mitarbeitern Möglichkeiten aufzeigen, wie sie sich selbst, ihre Fähigkeiten und Fertigkeiten am besten einbringen können, wie sie ihre Ziele mit denen des Unternehmens vereinbaren können und welche Möglichkeiten der Entwicklung und Weiterentwicklung im Unternehmen für sie existieren.

3.3.4.4 Motivation – heute

Aus den Motivationstheorien kann folgende Schlussfolgerung gezogen werden:

1. Es gibt kein Patentrezept. Jeder Mensch hat andere Bedürfnisse.
2. Die Eigenmotivation und Einstellung eines Menschen ist Ausgangspunkt aller Motivationsüberlegungen.
3. Bevor eine Führungskraft motivieren kann, muss sie sich zunächst mit der Bedürfnisstruktur des Mitarbeiters beschäftigen.
4. Alle Motivationsansätze bauen auf einer positiven Grundeinstellung des Menschens auf. (Dies ist grundsätzlich richtig, jedoch wird diese positive Grundhaltung durch vielfältige negative Erfahrungen oftmals bis auf ein Minimum reduziert.)

Beeinflussung der Motiva-
tion der Mitarbeiter durch
die Führungskraft

Eigenmotivation als Ausgangspunkt

Wenn wir in der Mitarbeiterführung über Motivation sprechen, so meinen wir die Beeinflussung der Motivation der Mitarbeiter durch die

Führungskraft. Motivation ist die zentrale Kraft in jeder Person, die Veränderungen ermöglicht, herbeiführt und gestaltet. Dies gilt für die Führungskraft ebenso wie für den Mitarbeiter.

Wenn z.B. ein Vorgesetzter jeden Morgen das Büro betritt und muffelig guckt, wird er seine Mitarbeiter kaum begeistern können. Wenn er durch sein Verhalten signalisiert, dass der Kunde, mit dem er gerade spricht, ihn eigentlich stört, wird er seine Mitarbeiter nicht zu mehr Kundenfreundlichkeit motivieren können. Wenn er Veränderungen als bedrohlich empfindet, wird er seinen Mitarbeitern entsprechende demotivierende Signale geben. Somit wirkt sich seine eigene Motivation auch auf die Gestaltung der Beziehung zu seinen Mitarbeitern aus. Dies gilt ebenfalls für den Mitarbeiter. Seine eigene Motivation beeinflusst die Wahrnehmung seiner Arbeitsumgebung und hat so auch Auswirkungen auf die Gestaltung seines Arbeitsverhältnisses.

Nicht motivierte Vorgesetzte haben auch nicht motivierte Mitarbeiter

der Vorgesetzte muss Vorbild sein.

Motivation ist Energie und Aktion und ist damit veränderbar. Dies bedeutet: Grundsätzlich kann jeder Mensch seine negative Grundhaltung zugunsten einer positiven Grundhaltung aufgeben oder zumindest daran arbeiten, seine Einstellungen überprüfen und verändern. Dies gilt gleichermaßen für Mitarbeiter wie Vorgesetzte.

Grundsätzlich kann jeder Mensch seine negative Grundhaltung zugunsten einer positiven Grundhaltung aufgeben

So erkennen Sie die nicht zufrieden gestellten Bedürfnisse Ihrer Mitarbeiter!

Erst wenn Sie die Einstellung eines Mitarbeiters zu seiner Arbeit und seine diesbezüglichen individuellen Vorstellungen und Wünsche kennen, können Sie ihn – an seine Eigenmotivation anknüpfend – wirkungsvoll motivieren.

- **Beobachten Sie das Verhalten Ihres Mitarbeiters am Arbeitsplatz:**
  - Werden die gegenwärtigen Aufgaben gut, bereitwillig, mit großem Engagement erfüllt oder wird nur das Minimum getan?
  - Macht der Mitarbeiter Verbesserungsvorschläge?
  - Häufen sich Klagen oder Beschwerden (vonseiten des Mitarbeiters, Kunden oder anderen Mitarbeitern)?
  - Wie oft fehlt der Mitarbeiter?
  - Ist er in seine Arbeitsgruppe integriert?
  - Ist der Mitarbeiter belastbar?
  - Hält er sich an Pausenregelungen oder nutzt er jede Gelegenheit, sich zu drücken?
  - Wird er von den Kollegen bei Problemen um Rat gefragt?
  - Hilft der Mitarbeiter anderen?
  - Wird er von den Kollegen anerkannt, wertgeschätzt?
  - Ist er eine treibende oder hemmende Kraft?
  - Welche Prioritäten (Werte) sind für ihn wichtig?
  - Übernimmt er Verantwortung?
  - Verhält er sich in Konfliktsituationen kollegial und integrativ?

Ermitteln Sie die nicht zufrieden gestellten Bedürfnisse Ihrer Mitarbeiter

- **Berücksichtigen Sie das Ihnen bekannte Freizeitverhalten des Mitarbeiters!**
  - Übernimmt er in Gruppen, Vereinen etc. Verantwortung?
  - Übt er eine Nebentätigkeit aus?
  - Hat er spezielle Interessen auf kulturellem Gebiet?
  - Wie pflegt er Urlaub zu machen?
  - Wie gestaltet er sein soziales Umfeld?
  - Welche Wertigkeit haben Familie, Kinder, Eltern?
  - Wie hält er sich fit, was tut er für sein Wohlbefinden?

- **Führen Sie offene und vorbehaltlose Mitarbeitergespräche!**
  - Welche Wünsche und Ziele hat der Mitarbeiter?
  - Was erwartet er von seinem weiteren beruflichen Werdegang?

- **Haben Sie Mut, Ihren Mitarbeiter konkret zu fragen!**
  - Stellungnahme der Mitarbeiter zu ihrem Arbeitsplatz (und indirekt auch zu Ihrem Führungsverhalten)!
  - Souveränität und eine objektive Einstellung gegenüber der Mitarbeiterbefragung ist dafür wesentlich!
  - Ihre Bereitschaft, konstruktive Kritik auch von den eigenen Mitarbeitern anzunehmen, fördert das Arbeitsklima erheblich!

Setzen Sie an der Eigenmotivation Ihrer Mitarbeiter an

Wenn Sie die jeweils individuelle Ausgangssituation und die damit zusammenhängenden nicht zufrieden gestellten Bedürfnisse ihres Mitarbeiters erkannt haben, überlegen Sie, welche Mittel und Wege Ihnen zur Verfügung stehen, Ihrem Mitarbeiter in seinem Arbeitsumfeld Anreize anzubieten, im Rahmen seiner Aufgabenerfüllung auch persönliche Ziele zu realisieren.

Natürlich geht es im Rahmen der Mitarbeitermotivation nicht vorrangig um die bedingungslose Befriedigung der Bedürfnisse der Mitarbeiter; defizitäre Bedürfnisse sollten allerdings so weit wie möglich zufrieden gestellt werden, wenn eine grundsätzliche Kooperationsbereitschaft erreicht werden oder der Mitarbeiter ein bestimmtes von Ihnen gewünschtes Verhalten zeigen soll. Vor allem im Bereich der Herzbergschen „Hygienefaktoren" (siehe Kap. 3.3.4.1) müssen unbedingt positive Bedingungen geschaffen werden! Hat der Mitarbeiter das Soll erfüllt, so sind vereinbarte Zusagen einzulösen. Erfolgt die Einlösung gemachter Zusagen nicht, so hat das eine demotivierende Wirkung.

Allgemeine Maßnahmen für mehr Arbeitszufriedenheit und mehr Motivation

Ein Patentrezept zur Steigerung der Motivation gibt es nicht. Die Mitarbeiter, die in einem Unternehmen neu anfangen bringen eine Grundmotivation mit. Diese Motivation zu erhalten und zu steigern ist Ihre

Aufgabe als Führungskraft. Deswegen kommt der Personalauswahl, der Einarbeitung neuer Mitarbeiter und der Weiterentwicklung bestehender Mitarbeiter eine große Bedeutung zu.

Die Beachtung folgender Punkte hilft Ihnen ein motivierendes Arbeitsumfeld zu schaffen.

So schaffen Sie ein motivierendes Arbeitsumfeld

- Klare Definition von Funktionen, Aufgaben, Kompetenzen und Vollmachten.
- Jeder Mitarbeiter muss wissen, wie seine Stellung ist und welche Bedeutung seine Arbeit für das Gesamtunternehmen hat.
- Ganzheitlich Informieren: Dem Mitarbeiter nicht nur das „Was" und „Wie", sondern auch das „Warum" erläutern (Sinnstiftung).
- Versprechungen sind nur motivierend, wenn sie gehalten werden.
- Für die Erfüllung einer Aufgabe müssen die notwendigen Rahmenbedingungen gegeben sein.
- Gewährleistung einer guten Einführung neuer Mitarbeiter durch Hilfestellungen, soziale und fachliche Unterstützung.
- Herausforderungen und interessante Tätigkeiten für die Mitarbeiter schaffen.
- Mehr Anerkennung und Lob. Kleinigkeiten aus Sicht der Führungskraft sind manchmal „Heldentaten" für den Mitarbeiter.
- Konstruktive angemessene Kritik.
- Regeleinhaltung in der Kommunikation, z.B. Vier-Augen-Gespräche, keine Kritik vor Dritten etc.
- Ermöglichung von selbstständiger Arbeit oder Arbeitsanteilen.
- Entwicklung von gemeinsamen Zielen zwischen Führungskraft und Mitarbeiter.
- Delegation von Entscheidungsspielräumen.
- Rechtzeitige und ausreichende Information der Mitarbeiter.
- Einräumen von Vorschlagsrechten, Planungs- und/oder Entscheidungsrechten für die Mitarbeiter.
- Anreize durch Installierung eines Motivationssystems: Prämiensystem, betriebliches Vorschlagswesen, Lohnanreize, freiwillige Sozialleistungen etc.
- Gerechtes und transparentes Lohn- und Gehaltsgefüge.
- Beurteilungen durchführen und mit den Mitarbeitern besprechen.
- Potenziale ermitteln und Entwicklungsmöglichkeiten mit den Mitarbeitern besprechen.
- Rechtzeitige Schulung und planvolle Weiterbildung.
- Schaffen Sie innerbetriebliche Aufstiegsmöglichkeiten. Das bedeutet langfristige Personalplanung und Personalentwicklung.
- Gutes Betriebsklima schaffen und durch das eigene Verhalten ein Vorbild geben.

3.3.4.5   Das Motivationsgespräch

Mit lediglich *einem* Gespräch ist das Thema Motivation für die Führungskraft nicht erledigt. Im Gegenteil: In *allen* anderen Mitarbeitergesprächen finden sich Elemente des Motivationsgespräches wieder. Dies bedeutet:

> EINE „MOTIVIERENDE KOMMUNIKATION" IST DIE GRUNDLAGE FÜR EINE ERFOLGREICHE FÜHRUNG.

Das Grundprinzip der Motivation ist also überall anzuwenden. Dafür müssen Sie die Bedürfnisse Ihres Gegenübers ermitteln oder ganz konkret erfragen und entsprechend diesen Bedürfnissen Anreize oder reizvolle Ziele bieten. Sie sollten nachfragen, ob Ihr Gegenüber ein potenzielles Ziel ebenfalls erstrebenswert findet. Anschließend ermöglichen Sie ihrem Mitarbeiter aktiv zu werden, z.B. durch Einbringen eigener Ideen für die Umsetzung sowie seiner Beteiligung bei der späteren Realisierung.

Methode

- Positiver Einstieg – Lob einer konkreten Handlung
- Reizvolles Ziel nennen
- Machen Sie mit?
- Zustimmung des Mitarbeiters einholen
- Anerkennung – Lob
- Was schlagen Sie vor?
- Konkrete Vereinbarung

Aufbau eines Motivationsgespräches

Der Aufbau eines Motivationsgespräches im Einzelnen:

1. Phase: Aufbau einer positiven Atmosphäre

„Ich weiß, dass ich immer mit Ihnen rechnen kann!"
„Sie sind ein sehr guter Mitarbeiter!"
„Ich finde gut, wie Sie sich in letzter Zeit engagiert haben!"

2. Phase: Nennen eines reizvollen Zieles

„Sie wissen, wir wollen Marktführer werden, um das leisten zu können, sind wir auf Ihre Mithilfe angewiesen!"
„Sie haben einige interessante Ideen ins Gespräch gebracht. Bei der Umsetzung dieser Ideen sind wir auf Ihre Unterstützung angewiesen. Sie können die Projektleitung übernehmen!"

3. Phase: Sich des Mitarbeiters versichern

„Kann ich dabei mit Ihrer Hilfe rechnen?"
„Kann ich mich auf Sie verlassen?"
„Werden Sie uns unterstützen?"

4. Phase: Vorschläge des Mitarbeiters einholen /
            Mitarbeiter motivieren

„Was schlagen Sie vor?"
„Haben Sie eine Idee, wie wir das in die Praxis umsetzen können?"
„Wie wollen wir/Sie vorgehen?"

5. Phase: Konkrete Vereinbarungen treffen

„Also, halten wir Folgendes fest: ... !"
„Wann und in welchem Zeitraum sollen die Ziele umgesetzt werden?"
(Zielvereinbarung sollen gemeinsam schriftlich fixiert werden)

6. Phase: Rückkopplungsgespräch
Die vereinbarten und schriftlich festgehaltenen Ziele (Soll) werden mit
den erreichten Erfolgen (Ist) abgeglichen, neue Impulse einbezogen und
unangemessene neue Ziele überarbeitet.

3.3.4.6   Fallen der Motivation

Falle Nr. 1: Von sich auf andere schließen

Die Führungskraft geht beim Angebot eines reizvollen Ziels von ihren eigenen Prioritäten aus und unterstellt, dass das, was für sie selbst attrak-
tiv ist, auch für ihren Mitarbeiter reizvoll ist.

Die Führungskraft schließt in Bezug auf ein attraktives Ziel von sich auf ihren Mitarbeiter

   Kennt die Führungskraft die Bedürfnisstruktur und die Einstellung
des Mitarbeiters zur Arbeit nicht, so sollte diese erst erfragt und beobachtet werden.

Falle Nr. 2: Grundsätzliche und gleichbleibende
Kooperationsbereitschaft voraussetzen

Die Unterstellung, jeder Mitarbeiter werde prinzipiell kooperieren, sich
sofort motivieren lassen und auf konkrete Nachfrage hin alle Informationen bereitstellen, die für die Führungskraft wichtig sind, ist in vielen
Fällen nicht gerechtfertigt.

   Am Anfang steht das Vertrauen. Ist dieses nicht vorhanden oder aufgrund von unternehmerisch stürmischen Zeiten zeitweise gestört, so gilt
als oberste Pflichtaufgabe die Zurückgewinnung und Herstellung von
Vertrauen. Dies kann in der Regel nur durch konsequentes, aber sensibles und offenes Handeln und Kommunizieren erfolgen.

Mitarbeiter haben in der Regel eine völlig andere Ausgangsbasis als ihre Führungskräfte

Falle Nr. 3: Die Annahme, jeder Mitarbeiter sei motivierbar

Diese Annahme ist genauso vermessen, wie die Annahme, man könnte
jedem Menschen helfen. Sie führt dazu, dass Führungskräfte – vor allem
der mittleren Ebenen – die Ursachen für mangelndes Engagement ihrer
Mitarbeiter ausschließlich im eigenen Führungsverhalten suchen und
sehen. Jedoch ist jeder Mensch für sein Handeln selbst verantwortlich.

Es gibt Mitarbeiter, die sich – aus welchen Gründen auch immer – nicht moti-vieren lassen

Die Führungskraft hat lediglich eine Begleitfunktion, sie muss sich abgrenzen und ggf. auch die eingeschränkten Möglichkeiten der Einflussnahme auf das Verhalten eines Mitarbeiters akzeptieren. Die Führungskraft hat die Aufgabe, dem Mitarbeiter klarzumachen, was das Unternehmen (sie ist in stellvertretender Funktion des Unternehmens tätig) vom Mitarbeiter verlangt. Nimmt der Mitarbeiter trotz vieler Gespräche und Hilfestellungen dies nicht als seine Verantwortung an, so muss er die Konsequenzen aus seinem Handeln in Kauf nehmen. Wird die Verantwortung vom Mitarbeiter nicht übernommen, muss die Führungskraft dies akzeptieren, auch wenn es ihr menschlich schwer fallen sollte. Der Vorgesetzte kann nur seine Hilfe und Bereitschaft anbieten, sie muss aber von Mitarbeiterseite auch wahrgenommen und angenommen werden.

DIE FÜHRUNGSKRAFT KANN UND DARF NICHT DIE VERANTWORTUNG FÜR DAS GESAMTE HANDELN IHRER MITARBEITER ÜBERNEHMEN.

Falle Nr. 4: Die Mitarbeiter nicht aktiv werden lassen

Nutzen Sie das Potenzial Ihrer Mitarbeiter

Die Möglichkeit, dass Mitarbeiter sich mit ihren Ideen, ihrem Wissen und ihrer Persönlichkeit individuell in die Abläufe einbringen können, ist unverzichtbare Voraussetzung für Identifikation und Loyalität. Zum Beispiel im Gespräch durch die Formulierung eigener Ideen und Wortbeiträge, Vorschläge zur Verbesserung oder später im Rahmen der Umsetzung in den Arbeitsalltag. Vorgesetzte, die alles an sich ziehen, ihren Mitarbeitern nicht vertrauen und nicht delegieren können, berauben sich der Potenziale ihrer Mitarbeiter.

Falle Nr. 5: Die Annahme, dass Herausforderungen außerhalb des Unternehmens für die Selbstverwirklichung und Motivation der Mitarbeiter ausreichen

Viele Mitarbeiter suchen sich, wenn der Job zu langweilig ist, andere Möglichkeiten aktiv zu werden, ihre Energie einzusetzen und sich selbst zu verwirklichen. Dies soll nicht das gesamte ehrenamtliche Engagement in Frage stellen, ohne das unser gesamtes Gesellschaftssystem gar nicht in der bekannten Form existieren könnte. Aber auch Unternehmen sind aufgefordert, Routineabläufe und standardisierte Arbeiten zu überdenken und mit Zusatzaufgaben anzureichern, damit die Arbeit interessanter und reizvoller wird und die Menschen sich gefordert fühlen. Dies kann auch in Form von Jobrotation, Vertreterregelungen, Patenschaften etc. geschehen.

Falle Nr. 6: Vereinbarte Maßnahmen auf die lange Bank schieben und nicht direkt nach dem Gespräch umsetzen

Packen Sie die Gelegenheit beim Schopf

Am besten fixieren sie unmittelbar nach einem Motivationsgespräch schriftlich einen Zeithorizont und vereinbaren ganz konkrete Maßnahmen. So beugen Sie einerseits Missverständnissen vor und sorgen vor allem dafür, dass der erzielte Motivationsschwung im Laufe der Zeit nicht wirkungslos verpufft.

Falle Nr. 7: Die gemachten Versprechungen können nicht eingehalten werden

Es dürfen nur Dinge versprochen werden, die sich auch realisieren lassen. Ansonsten wird die Führungskraft unglaubwürdig. Stellt sich erst bei der Umsetzung heraus, dass sich die Versprechungen nicht realisieren lassen, muss sich die Führungskraft erneut mit dem Mitarbeiter zusammensetzen und eine neue Zieldefinition entwickeln.

Stehen Sie zu Ihrem Wort

Falle Nr. 8: Die Unterstellung, dass hohe Motivation notwendig auch hohe Leistung bedeutet

Mitarbeiter können hoch motiviert sein, aber trotzdem nur eine geringe Leistung erbringen. Die Ursachen hierfür können sein:

* Definition zu hoher Anforderungen,
* fehlerhafte technische Ausstattung,
* ablauforganisatorische Probleme z. B. unzweckmäßige Verfahren oder fehlende Schnittstellendefinitionen,
* aufbauorganisatorische Probleme, z. B. diffuse Aufgabenabgrenzung,
* fehlende oder fehlerhafte Prozessinformationen,
* hoher Krankenstand in der Abteilung,
* konfliktreiche zwischenmenschliche Kontakte,
* hinderliche Umwelteinflüsse.

3.4 Von der Demotivation bis zur inneren Kündigung

Das Gegenteil von Motivation ist Demotivation. Beides bedeutet Bewegung. Motivation im positiven Sinne lenkt die Aktivitäten in eine produktive Richtung. Demotivation lenkt die Energie in eine entgegengesetzte, destruktive Richtung. Demotivierte Mitarbeiter setzen ihre Energie dafür ein, sich über Dinge aufzuregen und ihren Ärger herumzuerzählen. Sie beschäftigen sich mehr mit sich selbst als mit Sachfragen. Sie wenden ihre Aktivität weniger frustrierenden Zielen, in der Regel außerhalb ihres Arbeitsplatzes, zu. Diese Energie geht dem Unternehmen im günstigsten Fall nur verloren.

Oft aber richtet sich der Energieeinsatz sogar gegen das Erreichen der unternehmerischen Ziele. Wird diese Energie durch entsprechende Führungsmaßnahmen nicht wieder im Sinne der Unternehmensziele zurückgewonnen, manifestiert sich die Demotivation und führt zu offenen oder versteckten Aggressionsäußerungen, zu Rückzug und schlimmstenfalls zur inneren Kündigung.

Demotivierte und frustrierte Mitarbeiter können ihre Energie gegen das Unternehmen richten

3.4.1 Das Problem – Innere Kündigung

Viele Mitarbeiter haben „innerlich gekündigt" und verweigern ihrem Arbeitgeber die volle Arbeitsleistung. Der Mitarbeiter macht nur das, was unbedingt erledigt werden muss, um nicht besonders negativ aufzufallen (Dienst nach Vorschrift). Alle anderen Dinge packt er nur widerwillig an und lehnt sie – zumindest innerlich – ab.

Innere Kündigung heißt: Bewusster, konsequenter und dauerhafter Verzicht des Mitarbeiters auf Eigeninitiative und Engagement. Jeder vierte Mitarbeiter hat innerlich gekündigt (Statistik der Fachhochschule Rheinland-Pfalz, erhoben 1999/2000).

HÄUFIGSTE URSACHE FÜR INNERE KÜNDIGUNG SIND FEHLER IN DER MITARBEITERFÜHRUNG: DIE MEISTEN INNEREN EMIGRANTEN WERDEN DAZU GEMACHT, NICHT GEBOREN.

3.4.2 Auswirkungen und Folgen der inneren Kündigung

Die Auswirkungen und Folgen der inneren Kündigung können sehr gravierend sein. Im Einzelnen sind die Auswirkungen:

Interne Auswirkung	Externe Auswirkung
Für das Unternehmen	
• Wichtige kreative Potenziale der Mitarbeiter gehen dem Unternehmen verloren.	• Mangelnde Innovationskraft des Unternehmens. Die Erfolgschancen des Unternehmens im Wettbewerb werden geschwächt.
• Die Kosten für das Unternehmen steigen: Die Lohnkosten für den „innerlich gekündigten" Mitarbeiter werden nicht ausgeschöpft. Das Unternehmen braucht mehr Personal, um die anfallende Arbeit zu erledigen.	• Leistungen gegenüber Kunden verteuern sich bzw. der unternehmerische Gewinn sinkt.
• Die Gewinnung engagierter neuer Mitarbeiter fällt zunehmend schwerer, denn schlechtes Arbeitsklima und mangelndes Leistungsniveau des Unternehmens sprechen sich schnell herum.	• Das Image des Unternehmens als attraktiver Arbeitgeber bzw. leistungsfähiger Partner gegenüber Kunden leidet.
• Zeitverzögerungen, schlampige Arbeit, Fehler bei der Auftragsabwicklung etc.	• Vermehrte Kundenbeschwerden. Umsatzeinbußen/Verlust von Kunden.

Für die Kollegen und das Team

- Zeitraubende und „nervende" Diskussionen mit dem „Nörgler".
- Arbeitsunlust und „Schlechtreden" der eigenen Arbeit bzw. der Person/ Qualifikation/ Leistung der Führungskraft können die Motivation und das Arbeitsergebnis einzelner Kollegen und die Teamleistung beeinträchtigen.
- Sinkendes Betriebs- und Arbeitsklima.
- Auf Dauer sinkt das Leistungsniveau aller Mitarbeiter im Team; es ist nicht nachvollziehbar, dass die einen sich engagieren sollen, während die anderen sich durch „Dienst nach Vorschrift" ausruhen.
- Negative Auswirkungen auf die berufliche Entwicklung der Mitarbeiter.

- Verzögerte, mangelhafte Auftragsabwicklung. Unzufriedenheit und Vertrauensverlust des Kunden.
- Mehr Kundenbeschwerden
- Mögliche Umsatzeinbußen
- Imageverlust

Für die Führungskraft

- Verlust an persönlichem Ansehen (unfähige Mitarbeiter = unfähige Führungskraft).
- Aufgaben bleiben unerledigt bzw. können nicht delegiert werden (Überlastung der Führungskraft).
- Wachsende (passive) Widerstände bei den Mitarbeitern (gegen Aufgaben, Person der Führungskraft).
- Wachsender Aufwand für Aufgabenkontrolle.
- Potenziale der Mitarbeiter bleiben ungenutzt.
- Negative Auswirkungen auf die berufliche Entwicklung.

- Imageverlust des Unternehmens (unfähige Führungskraft = unfähiges Unternehmen).
- Mangelnde Innovationskraft des Unternehmens .
- Mangelnde Attraktivität für den internen Aufstieg/ auf dem Arbeitsmarkt.

3.4.3 Kosten durch innere Kündigung

Die tatsächlichen Kosten durch „innere Kündigung" sind schwer zu beziffern, da sie sich aus den unterschiedlichen Faktoren zusammensetzen.

Kostenfaktoren der „inneren Kündigung"

- Lohnkosten und Lohnnebenkosten
  Mindestens 10 Prozent der gesamten Lohn- und Lohnnebenkosten, da sich etwa jeder vierte Mitarbeiter im Zustand innerer Kündigung befindet.
- Gewinneinbußen durch entgangene Aufträge
  Abwanderung der Kunden zur Konkurrenz.
- Gewinneinbußen durch geringeren Auftragsumfang
  Weniger Aufträge als möglich werden erledigt.
- Kosten für zusätzliches Personal
  Bewerbung, Einarbeitung, Lohnkosten, Lohnnebenkosten, Kosten für Arbeitsmittel etc.
- Imageverlust des Unternehmens
  nicht bezifferbar, je nach Branche abnehmende Attraktivität gegenüber Konkurrenzunternehmen.

3.4.4 Signale der inneren Kündigung

Die unterschiedlichsten Signale können auf innere Kündigung bei Mitarbeitern hinweisen.

Soziale Signale:

- Mobbing und Intrigen,
- Distanz zu Kollegen,
- Unechtes und aufgesetztes Verhalten („Coolness", Übereifer),
- ständiger Ärger mit Kollegen und Kunden,
- Desinteresse und Negativismus,
- fehlende Hilfsbereitschaft,
- häufige Krankmeldung,
- Vernachlässigung des Äußeren.

Art der Leistungserbringung:

- Dienst nach Vorschrift (tut aber häufig überlastet),
- beruft sich ständig auf Vorschriften,
- arbeitet immer knapp an der Zielvereinbarungsgrenze,
- häufige Kundenbeschwerden,
- sucht Fehler nicht bei sich, sondern bei Kollegen und Vorgesetzen,
- mangelndes Kostenbewusstsein,
- tut Kollegen kaum einen Gefallen ohne zu murren.

Arbeitszeitverhalten:

- macht kaum Überstunden, auch wenn viel Arbeit anfällt,
- schiebt private Gründe vor, wenn er Überstunden ablehnt,

- hohe Fehlzeiten und großzügige Pausen.

Kundenorientierung:

- beruft sich häufig auf Anweisungen,
- lehnt Kundenwünsche ab, wenn diese zuviel Arbeit machen,
- schiebt Schuld bei Fehlern auf Kunden ab,
- interessiert sich nicht für Marktentwicklungen,
- bagatellisiert Reklamationen.

Persönliche Entwicklung

- lehnt Teilnahme an Weiterbildungsveranstaltungen – oft aus privaten Gründen –ab,
- bildet sich in der Freizeit nicht weiter,
- versucht nicht, sich zu entwickeln, sondern seine Position zu optimieren, auch wenn sich die Rahmenbedingungen verändern,
- ist allem Wandel gegenüber ablehnend.

3.4.5 Innere Kündigung erkennen – Einige Tipps

- Überbewerten Sie das Auftreten einzelner Signale nicht. Nicht jeder Mitarbeiter, der mangelnde Überstundenbereitschaft an den Tag legt oder länger nicht beim Friseur war, hat bereits innerlich gekündigt.
- Achten Sie darauf, ob mehrere Signale der inneren Kündigung bei einem Mitarbeiter über einen bestimmten Zeitraum auftreten.
- Überprüfen Sie die Anzeichen in einem bzw. mehreren Mitarbeitergesprächen.

Tipps für Führungskräfte in einer neuen Position:

- Schenken Sie dem Phänomen „innere Kündigung" besondere Aufmerksamkeit. Nutzen Sie die Chance, durch sensibles und konsequentes Verhalten eingefahrene Situationen aufzubrechen und innere Emigranten wieder „ins Boot" zu holen.
- Geben Sie jedem Mitarbeiter die gleichen Chancen. Häufig hängt die innere Kündigung mit dem Verhalten der letzten Führungskraft zusammen. Verlassen Sie sich daher nicht auf die Vorinformationen Ihres Vorgängers.
- Hat sich einer Ihrer Mitarbeiter eine Chance auf Ihre Position ausgerechnet? Um den Frust abzubauen, sprechen Sie dieses Thema gegenüber dem Mitarbeiter offen an. Treffen Sie klare Vereinbarungen für Ihre Zusammenarbeit.

3.4.6 Ursachen für innere Kündigung

Die häufigste Ursache für die innere Kündigung von Mitarbeitern sind Führungsfehler.

in Führungsfehlern liegen-
de Ursachen für innere
Kündigung
- Es fehlen transparente Grundsätze, nach denen sich das Führungsverhalten richtet.
- Gemachte Zusagen werden nicht eingehalten. Um das Gesicht nicht zu verlieren, redet sich die Führungskraft heraus oder schweigt die Sache tot.
- Zuständigkeiten und Verantwortung sind nicht geklärt. Die Mitarbeiter schieben daher Verantwortung ab bzw. fühlen sich nicht zuständig.
- Die Führungskraft ist gegenüber den Mitarbeitern nicht ehrlich und gesteht eigene Fehler nicht ein.
- Die Leistungsanforderungen an die Mitarbeiter sind nicht klar definiert. Sie wissen daher häufig nicht, was von ihnen erwartet wird.
- Einzelne Mitarbeiter werden bei Gehaltserhöhungen, Beförderungen oder der Verteilung interessanter Aufgaben bevorzugt oder übergangen.
- Die Führungskraft informiert bestimmte Mitarbeiter besser oder schlechter als die anderen.
- Die Führungskraft kümmert sich um bestimmte Mitarbeiter mehr als um andere. Persönliche Sympathien und Antipathien beeinflussen das Führungsverhalten.
- Mitarbeiter werden nach ungleichen Maßstäben kritisiert (großzügig/kleinlich).
- Einige Mitarbeiter werden bei Personalentwicklungsmaßnahmen (z. B. Besuch von Seminaren) bevorzugt.
- Die Mitarbeiter werden nicht genügend gefördert, z. B. durch Weiterbildungsmaßnahmen, die sie für weiterführende Aufgaben qualifizieren.
- Die Mitarbeiter erhalten keine Möglichkeit, aus Fehlern zu lernen. Stattdessen werden Schuldige gesucht.
- In kritischen Situationen stellt sich die Führungskraft nicht vor ihre Mitarbeiter und schützt sie, sondern wälzt im Gegenteil Fehler, Schwierigkeiten etc. auf das „Konto" der Mitarbeiter ab.
- Regelmäßige Mitarbeitergespräche, in denen Führungskraft und Mitarbeiter offene Rückmeldung zu positiven und negativen Leistungen geben (Feedbackgespräche), werden nicht geführt.
- Ständige Kontrolle lässt den Mitarbeitern keinen Spielraum für eigene Entscheidungen und selbstverantwortliches Arbeiten.
- Die Führungskraft mischt sich ständig in die Arbeit ein und korrigiert Entscheidungen der Mitarbeiter, auch wenn dies sachlich nicht unbedingt gerechtfertigt ist.
- Die Führungskraft delegiert Aufgaben nicht bzw. macht alle interessanten Dinge selbst.
- Leistungsträger werden überlastet, schwächere Mitarbeiter werden dagegen „abgeschrieben", ohne sich die Mühe zu machen auch diese zu fördern.

- Die Führungskraft ist zu großzügig und greift nicht genügend ein, wenn Mitarbeiter sich nicht an Vereinbarungen und Regelungen halten.
- Um einen engagierten Mitarbeiter nicht aus seinem Einflussbereich zu verlieren, blockiert die Führungskraft den innerbetrieblichen Aufstieg und so die Entwicklung des Mitarbeiters.
- Die Führungskraft kümmert sich nicht um die sozialen Belange der Mitarbeiter und hilft ihnen nicht bei persönlichen Problemen.
- Abteilungsfeiern und andere gemeinsame Aktionen, die das Wir-Gefühl stärken, hält die Führungskraft für verschwendete Zeit.

3.4.7 Strategien gegen innere Kündigung

Führen Sie ein offenes Gespräch

- Prüfen Sie den Sachverhalt sorgfältig und sprechen Sie den Mitarbeiter offen auf das Thema an.
- Machen Sie im Gespräch deutlich, was Sie von dem Mitarbeiter verlangen und treffen Sie eine konkrete Leistungsvereinbarung.
- Geben Sie sich nicht mit Ausreden zufrieden (z. B. *„Keine Zeit."*, *„Zuviel Arbeit im Projekt XYZ."* etc.).
  Wenn alle „Stricke reißen", fordern Sie den Mitarbeiter auf, einen Arbeitszeitnachweis (Protokoll der Tätigkeiten und des dafür benötigten Zeitaufwands) zu führen. Analysieren und überprüfen Sie das Protokoll auf Stichhaltigkeit.
- Lag der Grund für die „innere Kündigung" in Ihrem Verhalten oder dem Ihres Vorgängers?
  Wenn der Fehler bei Ihnen liegt, geben Sie Ihren Fehler offen zu. Treffen Sie konkrete Vereinbarungen, wie es weitergehen soll. Halten Sie sich daran, damit es nicht zu einem endgültigen Vertrauensbruch kommt.
- Fordern Sie im Hinblick auf eine zukünftige erfolgreiche Zusammenarbeit von dem Mitarbeiter eine Änderung seines Arbeitsverhaltens ein.

Konkrete Hinweise zu Mitarbeitergesprächen finden Sie in den vorhergehenden Kapiteln.

Bleiben Sie konsequent

- Belassen Sie es nicht bei einem einmaligen Gespräch.
- Nehmen Sie den Mitarbeiter an eine „kürzere Leine", indem Sie sich häufiger berichten lassen, was er macht und an seinem Arbeitsplatz vorbeischauen – so lange, bis Sie erste Anzeichen einer Verhaltensänderung erkennen. Unterwerfen Sie ihn aber keiner „Totalkontrolle".
- Treffen Sie bei einer positiven Entwicklung längerfristige Zielvereinbarungen, die Sie von Zeit zu Zeit in Mitarbeitergesprächen überprüfen.

Beobachten Sie Ihren Mitarbeiter in Bezug auf eine Verhaltensänderung, unterwerfen Sie ihn aber keiner „Totalkontrolle"

- Unterstützen Sie den Mitarbeiter, wenn er anfängt, sich zu engagieren und loben Sie seine Erfolge.
- Übertragen Sie ihm dann interessante Aufgaben und fördern Sie sein Engagement.

Im Fall der Eskalation: Ziehen Sie offensive Grenzen

- Wehrt sich der Mitarbeiter gegen alle Motivationsversuche, können Sie gezwungen sein, ein Exempel zu statuieren.
- Sprechen Sie den Mitarbeiter offen an und weisen Sie ihn auf mögliche Konsequenzen hin.
- Mögliche Konsequenzen können sein:
  - Übertragung minderwertiger Aufgaben,
  - Schlechte Beurteilung,
  - Versetzung,
  - Abmahnung,
  - Kündigung.

Drohen Sie Maßnahmen nicht nur an, sondern führen Sie diese konsequent durch

- Drohen Sie diese Maßnahmen nicht nur an, sondern führen Sie diese konsequent durch. Beziehen Sie dabei den Betriebsrat ein. Wenn Sie Maßnahmen immer nur androhen aber nicht umsetzen, verlieren Sie schnell die Achtung der anderen Mitarbeiter.
- Diese exemplarischen Maßnahmen können auf die anderen Mitarbeiter wie ein „heilsamer Schock" wirken (aber auch „Rebellion" auslösen). Versichern Sie sich daher der Solidarität der anderen Mitarbeiter, um eine Verschlechterung des Arbeitsklimas, Ängsten etc. vorzubeugen.

3.4.8 Präventive Maßnahmen gegen die innere Kündigung

Durch ein mitarbeiter- und leistungsorientiertes Führungsverhalten können Sie der inneren Kündigung Ihrer Mitarbeiter vorbeugen.

Werden Sie zu einem verlässlichen Partner für Ihre Mitarbeiter

- Steuern Sie einen „klaren Kurs" und werden Sie zu einem verlässlichen Partner für Ihre Mitarbeiter.
- Lassen Sie Ihren Mitarbeitern Entscheidungsspielräume.
- Beziehen Sie Ihre Mitarbeiter in wichtige strategische Überlegungen mit ein.
- Zeigen Sie Ihren Mitarbeiten, dass Sie diese als Menschen akzeptieren und nicht nur „Arbeitsmaschinen" in ihnen sehen.
- Unterstützen und schützen Sie Ihre Mitarbeiter.

Maßnahme 1: Führen Sie Ihre Mitarbeiter kooperativ!

- Die Funktion des Vorgesetzten ist es, für bestmögliche Aufgabenerledigung bei gleichzeitig größtmöglicher Zufriedenheit des Mitarbeiters zu sorgen.

Verstehen Sie Ihre Mitarbeiter als Partner

- Die Geführten sind Mitarbeiter und Partner, die am Willensbildungsprozess mitwirken – im Rahmen ihrer persönlichen Fähigkeiten, ihrer Erfahrung und ihres Wissens.

- Die Mitarbeiter haben ein großes Maß an Selbstständigkeit, da der Vorgesetzte Aufgaben, Kompetenzen und Verantwortung soweit wie möglich delegiert.
- Unter Verzicht auf Zwang und persönliches Geltungs- und Machtstreben wird partnerschaftliches Denken und Handeln praktiziert.

Maßnahme 2: Steigern Sie Ihre persönliche Autorität!

- Betrachten und behandeln Sie Ihre Mitarbeiter ohne Vorurteile und Überheblichkeit als Partner, die Sie im Rahmen ihrer Fähigkeiten, ihres Wissens und ihrer Erfahrung aktiv mitwirken lassen.
- Zeigen Sie ausgeprägte Kommunikationsbereitschaft – Bereitschaft, sich mitzuteilen, Fähigkeit zuzuhören und sich einzufühlen.
- Seien Sie im persönlichen Verhalten ein Vorbild für die Mitarbeiter, in Bezug auf Einsatz, Engagement, Loyalität, Aufrichtigkeit und positives Denken.
- Beweisen Sie Selbstvertrauen, indem Sie in schwierigen Situationen Übersicht und Ruhe bewahren, den Mut zu Entscheidungen zeigen und auch bereit sind, eigene Fehler einzugestehen.
- Ermöglichen Sie durch Vertrauen und Delegation Ihren Mitarbeitern, ein hohes Maß an Selbstständigkeit und Selbstverantwortung zu entwickeln.
- Kontrolle macht Führung überhaupt erst möglich. Zeigen Sie daher ein konstruktives Kontrollverhalten und setzen Sie die Führungsinstrumente Anerkennung und Kritik situationsbezogen und aufbauend ein.
- Setzen Sie das als richtig Erkannte auch durch. Ein bestimmter Führungsstil ist nie an sich zu bewerten, sondern der Erfolg ist immer von der Situation und der Nachvollziehbarkeit für die Mitarbeiter abhängig. Während in einer brisanten Situation jeder Verständnis für kurze, knappe, präzise Anweisungen und permanente Kontrolle hat und nur wenig Gestaltungsspielraum erwartet, würde dies in Situationen des gewöhnlichen Berufsalltages den Widerspruch der Mitarbeiter nach sich ziehen und als Führungsschwäche bewertet und abgelehnt werden.

Autorität? So nicht ...

Ohne Autorität ist Führen unmöglich. Das entsprechende Mitarbeiterverhalten sollte aber in der Akzeptanz der Person und der Kompetenz des Vorgesetzten begründet sein und nicht unter Berufung auf die formale Hierarchie erzwungen oder auf unlauterem Wege „erschlichen" werden. Folgende Möglichkeiten Autorität zu erzielen, schaden auf Dauer Ihrer Integrität als Führungskraft:

- Betonung des Befehlscharakters einer Weisung
  Persönliche Autorität darf nicht mit autoritärem Verhalten verwechselt werden. Während persönliche Autorität erworben und perma-

Autoritäres Verhalten macht unglaubwürdig

nent neu unter Beweis gestellt werden muss, bedarf autoritäres Verhalten lediglich der formalen Legitimation durch die Hierarchie. Wer sich in diesem Sinne auf seine Stellung als Vorgesetzter beruft, verliert schnell seine Glaubwürdigkeit und Integrität.

angemessenes Gleichgewicht zwischen Nähe und Distanz

• Betont „kollegiales" Verhalten
Der Vorgesetzte macht seine Mitarbeiter zu vermeintlichen „Kumpeln", deren Kooperationsbereitschaft durch Anbiederung und Schulterklopfen erreicht wird. In kritischen Situationen, in denen der Vorgesetzte im Sinne der Sache gegebenenfalls „unpopuläre" Maßnahmen fordern muss, wird er es dann schwer haben, das Notwendige durchzusetzen.

• Künstliche Distanz schaffen
Das Gegenteil des überzogen kollegialen Verhaltens ist das ängstliche Vermeiden jedes persönlichen Kontaktes in der Hoffnung, so eine unangreifbare Position zu erlangen. Wer sich als Führungskraft so verhält, wird natürlich niemals ein wirklich konstruktives Verhältnis zu seinen Mitarbeitern bekommen.

• Intrigenhaftes Ausspielen der Mitarbeiter gegeneinander
Wer als Vorgesetzter seine Mitarbeiter gegeneinander ausspielt, handelt vielleicht in der Hoffnung, solange die Mitarbeiter sich gegenseitig bekämpfen, als Führungskraft unangetastet zu bleiben. Dass so kein konstruktives Arbeitsklima entstehen kann und wertvolle Energien im täglichen Kleinkrieg gebunden bleiben, liegt auf der Hand.

Die Kultivierung von Herrschaftswissen verhindert, Kompetenzen und Informationen der Mitarbeiter nutzen zu können

• Zurückhaltung von Informationen
Der Vorgesetzte versucht seine Führungsposition auszubauen, indem er seine Mitarbeiter in künstlicher Abhängigkeit hält und dafür sorgt, dass sie wegen fehlender oder unzureichender Informationen nur unzulänglich arbeiten können. Demzufolge sind sie ständig auf die Informationen und Hilfen des Vorgesetzten angewiesen. Wer als Vorgesetzter so sein sog. „Herrschaftswissen" kultiviert, begibt sich natürlich der Möglichkeit, seinerseits von seinen Mitarbeitern sinnvolle Informationen zu erhalten.

Maßnahme 3: Vereinbaren Sie Ziele

Die Vereinbarung konkreter und überprüfbarer Ziele, die für den Mitarbeiter eine interessante und auch zu bewältigende Aufgabe darstellen, kann der inneren Kündigung vorbeugen. Der Mitarbeiter wird motiviert, weil er seine Energie im Rahmen eines für ihn sinnvollen Sinnzusammenhangs einsetzen kann. Konkrete Hinweise zum Führen durch Ziele finden Sie in Kapitel 2.

Maßnahme 4: Verbessern Sie Ihre Beziehungen zu Ihren Mitarbeitern

• Sie achten darauf, dass die Arbeitsplätze mit den passenden Mitarbeitern besetzt werden.

- Sie sorgen für eine überlegte, sinnvolle und systematische Einführung neuer Mitarbeiter.
- Sie geben Mitarbeitern Informationen, die sowohl ihrem objektiven Informationsbedarf als auch ihrem subjektiven Informationsbedürfnis Rechnung tragen.
- Sie achten auf eine Erfolg versprechende Zusammensetzung Ihrer Arbeitsgruppe und kümmern sich um sie.
- Sie richten Ihr Augenmerk auf eine hohe Motivation Ihrer Mitarbeiter, indem Sie nicht zufrieden gestellte Bedürfnisse erkennen und diese im Rahmen des Machbaren zu erfüllen versuchen.
- Sie delegieren Aufgaben, Kompetenzen und Verantwortung an Mitarbeiter, welche die Delegation bei richtiger Handhabung als Vertrauensbeweis empfinden.
- Sie sind stets bereit, bei Auftreten sachlicher oder persönlicher Probleme Mitarbeitergespräche zu führen.
- Sie vermeiden strikt, Ihre Mitarbeiter zu manipulieren.
- Sie betrachten Kontrolle als Führungsaufgabe, die bessere Arbeitsergebnisse zum Ziel hat und praktizieren ein entsprechend konstruktives Kontrollverhalten.
- Sie bemühen sich um ein gutes Betriebsklima.
- Sie denken daran, dass Anerkennung ein lebenswichtiges Vitamin ist und schlummernde Kräfte in Ihren Mitarbeitern wecken kann.
- Sie üben konstruktive Kritik, die aufbaut und das zwischenmenschliche Klima nicht vergiftet.
- Sie erteilen präzise, eindeutige, kurze und durchdachte Anweisungen.
- Sie bemühen sich, auftretende Konflikte sozialverträglich zu lösen.
- Sie achten auf Signale der inneren Kündigung und steuern rechtzeitig dagegen.
- Sie vereinbaren gemeinsam mit Ihren Mitarbeitern realistische und herausfordernde Ziele.
- Sie sind daran interessiert, die Meinungen, das Wissen und die Erfahrung Ihrer Mitarbeiter in Ihre Planungen sowie die von Ihnen zu treffenden Entscheidungen einzubeziehen.
- Sie fördern gezielt Ihre Mitarbeiter.
- Sie schätzen und achten die Persönlichkeit Ihrer Mitarbeiter.

3.5 Fehlzeiten reduzieren

Hohe Fehlzeiten sind für die Unternehmen ebenso wie die innere Kündigung von Mitarbeitern zu einem echten Kostenproblem geworden. Oft gehen innere Kündigung und Fehlen des Mitarbeiters ja Hand in Hand bzw. weisen aufeinander hin, jedoch muss dies nicht immer so sein. Erfahrungswerte in Unternehmen haben ergeben, dass etwa 50 Prozent der Fehlzeiten motivationsbedingte Ursachen haben.

Etwa 50 Prozent der Fehlzeiten haben motivationsbedingte Ursachen

Diese Erfahrungswerte werden unterstützt durch

- Erkenntnisse, dass gut geführte Bereiche einen niedrigeren Krankenstand aufweisen als Bereiche mit Führungsschwächen,
- die Beobachtung, dass Führungskräfte gegenüber Mitarbeitern einen erheblich niedrigeren Krankenstand (ca. 3 %) aufweisen,
- medizinische Aussagen wie, dass sich die Anzahl der psychosomatischen Erkrankungen zwischen 1995 und 2000 verdoppelt hat.

3.5.1   Definition von Fehlzeiten

Fehlzeiten sind die Zeiten, in denen der Arbeitnehmer dem Unternehmen nicht zur Erfüllung seiner Aufgaben zur Verfügung steht. Hierzu gehören:

- Krankenstand (mit und ohne Attest),
- entschuldigtes/unentschuldigtes Fehlen,
- Urlaube,
- gesetzliche Regelungen.

Spricht man von der Reduzierung der Fehlzeiten als Führungsaufgabe, so ist in der Regel der Krankenstand und das Fehlen von Mitarbeitern gemeint, da die Urlaube und die gesetzlichen Regelungen (z.B. Mutterschutz) durch die Führungskraft nicht beeinflussbar sind.

3.5.2   Auswirkungen von Fehlzeiten

Fehlzeiten ziehen beträchtliche Auswirkungen nach sich:

Auf die Unternehmensleitung:

- Betriebliche Ziele werden nicht oder verspätet erreicht,
- zusätzliche Kosten durch Überstunden, Aushilfen etc.,
- Imageverlust,
- Rentabilitätsverschlechterung.

Auf den Vorgesetzten:

- Es entstehen Störungen im Arbeitsablauf,
- Aufwand durch Einweisung von Ersatzkräften,
- zusätzlicher organisatorischer und koordinatorischer Aufwand.

Auf die Kollegen und Mitarbeiter:

- Mehrarbeit.
- höhere physische und psychische Belastung.
- schlechte Arbeitsatmosphäre.
- sinkende Motivation.
- allgemeines Sinken des Wohlbefindens.

Es ist also nicht nur betriebswirtschaftlich sinnvoll und rechnerisch nachvollziehbar, dass eine Reduzierung der Fehlzeiten zum unternehmerischen Erfolg beiträgt. Es ist Aufgabe jeder Führungskraft, Mitarbeitern die öfter fehlen, entweder Hilfestellungen an die Hand zu geben oder auf die entsprechenden Konsequenzen hinzuweisen. Auch hier ist ebenso wie bei der inneren Kündigung konsequentes, kontinuierliches Handeln der Führungskraft gefragt. Fehlzeitenreduzierungen erreicht man nicht von heute auf morgen, sondern nur mit Geduld.

Auch im Falle von Fehlzeiten ist konsequentes, kontinuierliches Handeln der Führungskraft gefragt

3.5.3 Fehlzeiten, die Sie beeinflussen können

Konzentrieren Sie sich auf die Fehlzeiten, die subjektive Ursachen haben. So stellen Sie sicher, dass die Mitarbeiter, die wirklich krank sind, ausreichend Zeit zur Erholung haben und andererseits können Sie sich zielorientiert mit betrieblichen Krankheitsursachen, persönlichem Verhalten und sozialen Umfeldfaktoren der Mitarbeiter beschäftigen.

Konzentrieren Sie sich auf die Fehlzeiten, die subjektive Ursachen haben

Folgende Fehlzeiten können Sie beeinflussen:
- Fehlzeiten aufgrund mangelnder Arbeitssicherheit,
- krankheitsbedingte Fehlzeiten wegen mangelhaften Gesundheitsschutzes,
- Fehlzeiten aufgrund mangelhaften Führungsverhaltens,
- Fehlzeiten aufgrund negativen Betriebsklimas,
- Fehlzeiten aufgrund „Blaumachens" von Mitarbeitern,
- Fehlzeiten aufgrund von Suchterkrankungen,
- Fehlzeiten von Langzeiterkrankten,
- Fehlzeiten aufgrund der Lebensführung des Mitarbeiters (mangelnde Bewegung, mangelnder Stressabbau, ungesunde Ernährung etc.).

Nur eine systematische Reduzierung der Fehlzeiten wird den gewünschten Erfolg bringen. Durch Druck lassen sich Fehlzeiten nicht reduzieren. Sie müssen sich vielmehr um den Mitarbeiter bemühen und „kümmern" und zunächst seine subjektiven Beweggründe nachvollziehen. Die Sorge um den Mitarbeiter sollte dabei im Vordergrund stehen. Dann ist Ihre Hilfe und Unterstützung für den Mitarbeiter wichtig. So können auch die „Blaumacher" ausgemacht und konsequent angeleitet werden.

zunächst die subjektiven Gründe des Mitarbeiters nachvollziehen

Zur konsequenten Bearbeitung von Fehlzeiten sollten Sie die Gründe für Fehlzeiten analysieren, die Mitarbeiter kontinuierlich informieren und deren Bewusstsein für die Unrechtmäßigkeit sensibilisieren sowie Maßnahmen präventiver Art (Arbeitsplatzgestaltung, Weiterbildungen zum Thema gesunde Ernährung, Stressabbau, Bewegung etc.) einleiten. Weiterhin sollten Sie konkrete Maßnahmen zur Senkung der Fehlzeiten ergreifen:
- die Analyse von Fehlzeiten aufgrund der Erfahrungs-/Vergleichswerte in Ihrem Arbeitsbereich,
- Kontakt mit kranken Mitarbeitern halten,
- professionellen Umgang mit Suchtkranken einleiten,
- das gezielte Gespräch nach jeder Krankheit/Fehlzeit (Rückkehrgespräch),
- wiederholtes Gespräch mit Mitarbeitern mit auffälligem Fehlzeitenverhalten, die Hintergründe nicht offenlegen können oder wollen.

3.5.4   Das Rückkehrgespräch

Das Rückkehrgespräch ist ein Gespräch mit dem Mitarbeiter, welches während des laufenden Führungsprozesses situationsabhängig geführt wird. Es ist neben Feedback- und Konfliktgesprächen etc. ein weiteres kommunikatives Führungsinstrument, welches nach Bedarf unabhängig von Beurteilung und Mitarbeiter(jahres)/orientierungsgespräch der Führungskraft und dem Mitarbeiter hilft, das „Loslassen" strukturierter zu gestalten. Es handelt sich hierbei um ein Vier-Augen-Gespräch.

Der Anlass des Rückkehrgesprächs

Das Rückkehrgespräch wird bei der Rückkehr des Mitarbeiters aus jeder Erkrankung geführt und dient der Begrüßung des aus Abwesenheit „zurückgekehrten" Mitarbeiters.

Das Gespräch führt der unmittelbare Vorgesetzte zeitnah, situationsbezogen, aktuell und kurz.

Das Ziel des Rückkehrgesprächs

Ziel des Rückkehrgespräches ist zunächst einmal

den Mitarbeiter willkommen heißen und über das, was während seiner Abwesenheit passiert ist, informieren

• der Freude Ausdruck zu verleihen, dass der Mitarbeiter wieder da ist. Beabsichtigt ist weiterhin:
• dem Mitarbeiter Informationen zu geben über das, was in seiner Abwesenheit gelaufen ist und passiert ist und ihm damit einen sachbezogenen, aktuellen Einstieg wieder zu ermöglichen,
• dem Mitarbeiter die Wiederaufnahme ins Team zu erleichtern oder problemlos zu gestalten,
• zu klären, ob die Krankheit gegebenenfalls arbeitsbedingte Ursachen hatte.

unternehmensbedingte Ursachen der Krankheit klären

Sollte dies der Fall sein, müssen diese Ursachen im Unternehmen beseitigt und Abhilfe geschaffen werden. Falls erforderlich sollten
– Hilfestellungen am Arbeitsplatz des Mitarbeiters gegeben,
– Angebote zur Vermittlung von Expertenhilfe gemacht werden (Betriebsarzt, Sozialbetreuung, Schwerbehindertenvertretung, Unfallkassen, Gleichstellungsbeauftragte, externe Hilfseinrichtungen und Berater).

Tipps zum Rückkehrgespräch

Die Beachtung folgender Punkte kann helfen, das Rückkehrgespräch erfolgreich zu führen.
• Führen Sie immer ein Rückkehrgespräch, wenn Ihr Mitarbeiter aus (i. d. R. längerer) Abwesenheit zurückkehrt (nicht nur im Krankheitsfall).
• Denken Sie daran, es ist ein freudiger Anlass, dass der Mitarbeiter wieder da ist.
• Gehen Sie nach Möglichkeit auf den Mitarbeiter zu.
• Schaffen Sie eine freundliche positive Atmosphäre.

- Achten Sie darauf, dass beim Mitarbeiter nicht der Eindruck der Kritik entsteht.
- Setzen Sie positive Signale. Drücken Sie Ihre Freude auch durch Ihre Mimik, Ihren Blickkontakt etc. aus.
- Stellen Sie sensible und wertschätzende Fragen.
- Legen Sie die Unterlagen für den Mitarbeiter zur aktuellen Information bereit und gehen Sie diese mit ihm durch.
- Signalisieren Sie dem Mitarbeiter, dass Sie auch während seiner Abwesenheit an ihn gedacht haben.
- Involvieren Sie ggf. den Vertreter bzw. bitten ihn nach Beendigung des Gesprächs die Übergabe an den zurückgekehrten Kollegen zu übernehmen oder verweisen Sie im Gespräch auf den Vertreter.
- Sorgen Sie für eine positive Aufnahme des Mitarbeiters im Team und einen reibungslosen Wiedereinstieg.
- Stellen Sie die Bedeutung der Anwesenheit des Mitarbeiters für Team, Arbeitsgruppe, Abteilung und das Unternehmen heraus.
- Bei auffälligem Fehlzeitenverhalten sprechen Sie Ihre Mitarbeiter gezielt an bzw. beziehen die nächste Führungsebene mit ein.

Was Sie auf jeden Fall im Rückkehrgespräch vermeiden sollten:

- Drohen Sie nicht.
- Fallen Sie nicht mit der Tür ins Haus.
- Machen Sie keine Vorwürfe.
- Werden Sie nicht persönlich.
- Werden Sie nicht ironisch oder zweideutig.
- Tischen Sie keine alten Geschichten auf.
- Zweifeln Sie die Krankheit nicht an.
- Verwenden Sie keine negativ besetzten Begriffe wie „Krankfeiern" oder „Blaumachen" etc.
- Kritisieren Sie Ihren Mitarbeiter niemals vor anderen.
- Sprechen Sie nicht unter Zeitdruck.
- Zwingen Sie dem Mitarbeiter keine Lösung auf.
- Erzeugen Sie keinen Druck.
- Lassen Sie keine faulen Kompromisse zu.
- Machen Sie keine Unterstellungen.
- Psychologisieren Sie nicht bei schwierigen Fällen, holen Sie sich vielmehr Unterstützung durch Fachleute (z.B. bei Suchtproblemen).
- Ziehen Sie keine voreiligen Schlüsse.
- Verursachen Sie bei Ihrem Mitarbeiter kein schlechtes Gewissen.

Der Aufbau eines Rückkehrgespräches

Phase 1: Begrüßung und positiver Einstieg
- Drücken Sie Ihre Freude über die Rückkehr des Mitarbeiters aus.
- Sorgen Sie für eine entspannte, freundliche, positive Atmosphäre.

Phase 2:   Den Mitarbeiter involvieren

- Fragen Sie den Mitarbeiter nach seinem Wohlbefinden.
- Geben Sie ihm die Gelegenheit, seine Erfahrungen zu schildern. Zeigen Sie Interesse.
- Fragen Sie nach Ursachen und Zusammenhängen, die auf arbeitsbedingte Zusammenhänge hinweisen.

Phase 3:   Sich des Mitarbeiters versichern

- Fassen Sie nochmals zusammen.
- Prüfen Sie, ob Sie alles richtig verstanden haben.
- Differenzieren Sie die Ursachen so, dass Sie im weiteren Gesprächsverlauf gezielte Aktivitäten mit dem Mitarbeiter entwickeln können.

Phase 4:   Ideen des Mitarbeiters einholen

- Fragen Sie den Mitarbeiter, wie welche Ursache ggf. abgestellt werden sollte bzw. könnte. Was würde ihm konkret helfen?

Phase 5:   Lösung entwickeln

- Bieten Sie dem Mitarbeiter unter Berücksichtigung seiner Ideen, Wünsche und Bedürfnisse Unterstützung und Hilfe an.
- Betonen Sie Ihre Bereitschaft ihn zu unterstützen.

Phase 6:   Motivation

- Sprechen Sie dem Mitarbeiter Mut zu.
- Vermitteln Sie ihm Vertrauen und Zuversicht.

Phase 7:   Konkrete Aktivitäten festlegen

- Vereinbaren Sie, falls erforderlich, konkrete Handlungsschritte mit dem Mitarbeiter.
- Legen Sie fest, wer sich um was kümmert.
- Terminieren Sie die Aktivitäten.

Phase 8:   Informationen vermitteln

- Gehen Sie auf die aktuellen Gegebenheiten ein.
- Vermitteln Sie zügig und sachlich die vorgefallenen Ereignisse.
- Geben Sie dem Mitarbeiter alle Informationen, die er für einen kompetenten Einstieg braucht.
- Schaffen Sie gegebenenfalls eine Brücke zu dem Vertreter, der in der Abwesenheit des Mitarbeiters dessen Aufgaben übernommen hatte.
- Holen Sie die Vertretung gegebenenfalls hinzu.
- Achten Sie auf eine positive Gestaltung der Informationsvermittlung.

Phase 9:   Positiver motivierender Abschluss

- Schaffen Sie einen positiven Abschluss.
- Motivieren Sie den zurückgekehrten Mitarbeiter.

- Drücken Sie nochmals Ihre Freude aus.
- Betonen Sie die Wichtigkeit des Mitarbeiters für Ihr Team.
- Sorgen Sie für eine positive Aufnahme des Mitarbeiters im Team.

Nach dem Rückkehrgespräch

Das Rückkehrgespräch wird in der Regel nicht dokumentiert. Eine Dokumentation ist nur bei Notwendigkeiten von arbeitsplatzbezogenen Veränderungen erforderlich. Diese Dokumentation ist z.B. an den Arbeitskreis Gesundheit oder das Personalmanagement weiterzuleiten. Die Dokumentation darf keinen Hinweis auf Krankheitsart, Krankheitsverlauf oder sonstige persönliche Zusammenhänge des Mitarbeiters enthalten. Der Mitarbeiter erhält in jedem Fall eine Kopie der Dokumentation.

Kontakt halten zu kranken Mitarbeitern

Kontakt zu kranken Mitarbeitern zu halten gehört zu den Fürsorgepflichten der Führungskraft. Viele Menschen leiden unter der sozialen Isolation bei einer Krankheit und freuen sich über Grüße, Anrufe oder Besuche von Kollegen und Vorgesetzten. Natürlich sollte der Kontakt mit dem betroffenen Mitarbeiter abgestimmt sein und nicht gegen seinen Willen erfolgen. Für den Mitarbeiter kann es sehr wichtig sein, über Änderungen in seinem Arbeitsbereich „auf dem Laufenden" gehalten zu werden. So wird er auch keine Ängste entwickeln, dass er nach seiner Krankheit den Anschluss an das gebotene Leistungsniveau nicht schafft. Nach einer längeren Krankheit kann auch ein Gespräch über Wiedereingliederungsmaßnahmen sehr hilfreich sein.

den abwesenden Mitarbeiter auf dem „Laufenden halten"

Je nach Unternehmen und den getroffenen betrieblichen Vereinbarungen werden auch sog. Präventionsgespräche geführt (oft parallel zu Rückkehrgespräch verwendet). Dem Präventionsgespräch liegen formale Aspekte wie eine bestimmte Anzahl von Fehltagen in Folge oder mehrere Fehlzeiten innerhalb eines definierten Zeitraumes zugrunde. Dieses dann institutionalisierte Gespräch wird in der Regel von der Personalabteilung angestoßen, um neben den Zielen des Rückkehrgespräches auffällig erscheinendes Fehlzeitenverhalten vom Vorgesetzten überprüfen zu lassen. Der Vorgesetzte ist dann zu dem Gespräch verpflichtet. Die Überprüfung ist nur insofern relevant und zulässig, wenn die Fehlzeiten durch Umstände am Arbeitsplatz oder im Arbeitsumfeld bedingt sind, denen dann mit entsprechenden Maßnahmen begegnet wird. Lediglich in diesem Falle findet eine Protokollierung des Gespäches statt.

Präventionsgespräche

3.5.5 Das wiederholte Gespräch für Mitarbeiter, die Fehlzeiten ausnutzen

Wenn Sie bei Mitarbeitern ein auffälliges Fehlzeitenverhalten feststellen, müssen Sie dies ansprechen. Dies ist zum Beispiel der Fall, wenn ein Mitarbeiter öfters unentschuldigt ohne Attest fehlt. Bei Mitarbeitern mit auffälligem Fehlzeitenverhalten in die Richtung, dass sie das Fehlen zu-

auffälliges Fehlzeitenverhalten gezielt ansprechen

lasten ihrer Kollegen zu Freizeitzwecken ausnützen, sollten Sie rechtzeitig einschreiten und Grenzen aufzeigen.

Vorgehensweise bei Mitarbeitern, die Fehlzeiten ausnutzen:

Erstes Gespräch (Rückkehrgespräch)

* Hinweis auf das auffällige Fehlzeitenverhalten,
* Vereinbarung mit dem Mitarbeiter, sein Verhalten innerhalb einer bestimmten Zeitspanne zu ändern ,
* Vereinbarung eines zweiten Gesprächstermins,
* Festhalten der Gesprächsergebnisse in einem Protokoll.

Zweites Gespräch

* Unter Rückgriff auf das Ergebnis des ersten Gespräches wird die Verhaltensänderung besprochen. Sollte diese nicht erfolgt sein, so werden nun Konsequenzen, die bei einer Nichtänderung des Verhaltens des Mitarbeiters drohen (siehe auch Kap. 3.2.3.3 Tadelgespräch), klar aufgezeigt.
* Dem Mitarbeiter klarmachen, dass beim nächsten Gespräch der Betriebsrat, die nächste Führungsebene oder ein Vertreter der Personalabteilung involviert werden.
* Festhalten des Gesprächsergebnisses in einem erneuten Protokoll.

Drittes Gespräch

* Nun werden dritte Personen involviert. Das Gespräch findet unmittelbar nach erneuter Fehlzeit des Mitarbeiters statt.
* Es werden nun harte Konsequenzen wie Abmahnung, Versetzung angesprochen.
* Erneute Protokollerstellung.

Viertes Gespräch

* Das Gespräch findet unmittelbar nach der erneuten Fehlzeit des Mitarbeiters statt.
* Es wird auf oberster Entscheidungsebene geführt.
* Der Mitarbeiter wird versetzt oder entlassen.
* Auf jeden Fall rechtlich absichern.
* Auf Beteiligung des Betriebsrates achten.

3.5.6 Umgang mit suchtkranken Mitarbeitern

Beobachten Sie den betreffenden Mitarbeiter zunächst genau

Wenn ein Mitarbeiter Auffälligkeiten zeigt, die auf eine Suchtkrankheit hinweisen, sollten Sie nicht wegschauen und darauf hoffen, dass sich schon alles von alleine regeln wird. Vor allem warten Sie nicht zu lange. Sollten Sie Auffälligkeiten bemerken, beobachten Sie den betreffenden Mitarbeiter zunächst genau. Sprechen Sie den Mitarbeiter aufgrund Ihrer Beobachtungen an. Hat er für sein Verhalten eine plausible Erklärung, bohren Sie nicht weiter, aber beobachten Sie den Mitarbeiter weiterhin sehr aufmerksam.

Natürlich werden die meisten Mitarbeiter, die suchtkrank sind, alles abstreiten und versuchen zu vertuschen. Dies ist aber kein böser Wille, sondern ein Teil der Suchterkrankung. Das Bewusstwerden der Sucht ist bereits ein wichtiger Schritt bei der Befreiung und Genesung von Sucht.

Treffen Sie in jedem Fall mit dem Mitarbeiter eine klare Vereinbarung, wie er sein Verhalten korrigieren soll. Der Suchtkranke wird wegen eines Gespräches sein Verhalten nicht ändern. Er ist aber gewarnt, dass er seine Sucht, wenigstens im beruflichen Bereich, in den Griff bekommen soll. Wenig Sinn macht es, wenn Sie als Vorgesetzter ihn vor anderen Mitarbeitern bloßstellen oder entlarven, seinen Schreibtisch nach Anzeichen für Suchtmittel durchsuchen oder versuchen psychologisch und therapeutisch auf den Mitarbeiter einzuwirken. Schalten Sie frühzeitig über den Betriebsrat oder die Personalabteilung fachlich kompetente Experten mit ein.

Schalten Sie frühzeitig fachlich kompetente Experten mit ein

Bieten Sie dem Mitarbeiter die Möglichkeit einer Entziehungsmaßnahme an. Sie sollten die Kollegen informieren und einen anschließenden positiven Wiedereinstieg des Mitarbeiters ermöglichen. Sensibilisieren Sie die Kollegen nicht für die Suchtproblematik, ist die Gefahr eines Rückfalls bei dem betroffenen Mitarbeiter sehr hoch. Denken Sie beispielsweise an Geburtstage und das Angebot alkoholischer Getränke und den damit verbundenen Druck der Kollegen, wenn sie nicht Bescheid wissen, welche Auswirkungen sie damit bei einem „trockenen Alkoholiker" verursachen.

Nimmt der Mitarbeiter die Hilfe nicht an, so ist mit Betriebsrat und Personalabteilung gemeinsam konsequent vorzugehen. Scheuen Sie sich nicht, härtere Maßnahmen wie Abmahnung oder bei wiederholtem Fehlzeitenverhalten eine Kündigung anzudrohen. Achten Sie allerdings darauf, dass der Mitarbeiter eine Wiedereinstiegszusage erhält, die eine Wiedereinstellung vorsieht, wenn der Mitarbeiter eine Entziehung erfolgreich abgeschlossen hat.

3.5.7 Einige Tipps zur Vorbeugung von Fehlzeiten

- Sorgen Sie allgemein für gute Arbeitsbedingungen der Mitarbeiter.
- Leiten Sie entsprechende Maßnahmen in Bezug auf Arbeitssicherheit, Ergonomie, Technik und Arbeitsmedizin ein bzw. weisen Sie auf entsprechende Problemzonen hin.
- Informieren Sie und sensibilisieren Sie ihre Mitarbeiter für die Thematik Fehlzeiten.
- Bieten Sie den Mitarbeitern die Möglichkeit sich zu informieren über
  - gesunde Ernährung,
  - richtiges Sitzen am Arbeitsplatz,

- Entspannen und Umgang mit Stress,
- Umgang mit Konflikten,
- Mobbing,
- Rauchen,
- Alkohol und andere Suchtgefahren,
- Bewegung und sportliche Aktivitäten,
- Team und Zusammenhalt.

- Achten Sie auf eine offene, wertschätzende Kommunikation miteinander und untereinander.
- Zeigen Sie, wie wichtig Ihnen Ihre Mitarbeiter sind und gehen Sie konsequent vor, damit die Mitarbeiter, die Sie ausnutzen, auf Dauer keine Chance haben.

3.6   Konflikte erkennen und lösen

Konflikte haben einen objektiven und einen subjektiven Aspekt

Konflikte haben in der Regel einen objektiven, äußeren Aspekt (ein Geschehen im Umfeld der Betroffenen), sowie einen subjektiven, psychischen Aspekt (die individuelle Wahrnehmung und Bewertung durch die handelnden Person). Je mehr Personen und Ebenen in den Konflikt verwickelt und aktiv sind, desto komplizierter sind die Verhältnisse, desto komplexer wird das „Konfliktgewebe".

Dies löst bei den Betroffenen durch ihre subjektive Wahrnehmung der Umstände die unterschiedlichsten Gefühle aus wie: persönliche Betroffenheit, sich angegriffen, in Frage gestellt oder nicht beachtet fühlen, Verunsicherung, Abblocken, Verletztheit etc. sind die Folgen. Der Betroffene wird entsprechend mit Flucht und Ablehnung oder Angriff und Offensive reagieren. Die Wahrnehmung der von einem Konflikt betroffenen Personen muss nicht mit der „objektiven" Realität übereinstimmen, ihr Handeln muss Dritten nicht notwendig auf der Basis der üblichen Verhaltensmaßstäbe nachvollziehbar sein.

Im Konfliktfalle meinen viele Menschen, man wolle sie angreifen, was jedoch nicht auch tatsächlich so sein muss. Solche Missverständnisse können durch eine offene Kommunikation, aktives Zuhören und entsprechendes Feedback oftmals einfach geklärt werden.

3.6.1   Heiße und kalte Konflikte

Je nach Hintergrund und zeitlichem Verlauf lassen sich heiße und kalte Konflikte unterscheiden.

Heiße Konflikte

Es herrscht eine Atmosphäre der Überaktivität und hoher Emotionalität. Jede Seite ist von der Richtigkeit ihrer Meinung überzeugt und zeigt ein demonstrativ positives Selbstbild und will die Gegenseite zur Anerkennung der eigenen Position, Forderungen etc. bringen. Die Idealisierung der eigenen Ziele erschwert rationales Denken und Handeln und verhindert den Nachvollzug des Standpunkts der jeweils gegnerischen Partei.

Heiße Konflikte treiben die Konfliktparteien immer wieder zur Konfrontation, sind also „Annäherungskonflikte", mit dem Versuch, den Anderen zu überzeugen.

Heiße Konflikte treiben die Konfliktparteien immer wieder zur Konfrontation

Kalte Konflikte

Das Klima der Konfliktparteien ist geprägt durch Enttäuschungen, Desillusionierung und Frustration. Die Kommunikation ist stockend, zynisch und sarkastisch. Erwartungen an die Gegenseite werden nicht mehr artikuliert; Selbstwertgefühl und positives Selbstbild schwinden, Erstarrung und Isolierung machen sich breit. Jeder flieht und geht dem eventuellen Zwang zum Kommunizieren aus dem Weg.

Kalte Konflikte lassen sich als „Vermeidungskonflikte" definieren und sind in hohem Maße destruktiv. Die beteiligten Konfliktparteien wollen nur noch in Ruhe gelassen werden.

Als „Vermeidungskonflikte" sind kalte Konflikte in hohem Maße destruktiv

3.6.2 Philosophie

* Die wahrgenommenen Symptome sind in der Regel nur Hinweise auf den dahinter liegenden eigentlichen Konflikt.
* Es gilt, hinter den Symptomen nach den Ursachen zu suchen, indem die Ziele, Erwartungen und Interessen der Betroffenen erarbeitet werden.
* Das Herausfinden des eigentlichen Konfliktes ist zentrales Element des Konfliktgespräches.
* Das offene Mitteilen von Störungen hilft, den Konfliktgegenstand zu klären, das Konfliktfeld abzugrenzen und dadurch eine Ausdehnung auf andere Bereiche zu vermeiden.
* Eine kooperative Problemlösung wird angestrebt, die für alle Beteiligten annehmbar ist (konstruktive Konfliktlösung).

KONFLIKTE SIND NICHT AN SICH PROBLEMATISCH, PROBLEMATISCH IST VIELMEHR DER UMGANG MIT KONFLIKTEN UND DIE FORM DER BEWÄLTIGUNG.

Konflikte gehören zum Leben. Konflikte weisen auf Probleme hin und fördern so Innovationen. Sie erfordern Kommunikation und verhindern Stagnation. Sie regen Interesse an und lösen Veränderungen aus. Sie führen zu Selbsterkenntnissen und fördern Lösungen.

3.6.3 Symptome, die auf Konflikte verweisen

Verschiedene Symptome weisen oft schon im Vorfeld auf entstehende Konflikte hin:

Symptome im Vorfeld von Konflikten

- Entscheidungen werden oft aufgrund falscher oder unvollständiger Informationen getroffen.
- Die Beteiligten wissen zunehmend weniger über einander.
- Es entwickeln sich häufig unterschiedliche Ansichten über anstehende Probleme.
- Die Eifersucht untereinander erhöht sich.
- Kleine Sticheleien und Feindseligkeiten nehmen zu.
- Die Kommunikation wird steifer und förmlicher.
- Es gibt häufig Streit über Kleinigkeiten.
- Bei Problemlösungen wird nach Schuldigen und nicht nach Lösungen gesucht.
- Geringfügige Probleme werden zur Entscheidung nach oben bzw. an Dritte delegiert.
- Die Beteiligten berufen sich verstärkt auf Regeln und Anweisungen.
- Die Arbeitsmoral sinkt und die Arbeitseffektivität lässt nach.

3.6.4 Konfliktursachen

Konflikte können verschiedene Ursachen haben. Die wichtigsten Ursachen sind:
- Missverständnisse
  Mangel an Kommunikation und Information
- Unsicherheit
  Mangel an Selbstvertrauen oder Zielklarheit
- Stress
  Mangel an Zeit oder Methodik
- Frustration
  Mangel an Erfolg und Anerkennung
- Veränderungen
  Angst und Unsicherheit bezüglich des „Neuen"
- Abwehrhaltungen/Abwehrmechanismen
  Mangel an Ich-Stärke
- Außenseiterposition
  Mangel an sozialer Anpassung
- Unvermögen
  Mangel an Können, Wissen etc.

Konflikte im betrieblichen Alltag haben gerade in den letzten Jahren stark zugenommen

Konflikte im betrieblichen Alltag haben gerade in den letzten Jahren stark zugenommen. Einige Gründe kommen hier zusammen.

Zum einen verändern sich die Märkte immer schneller und die Unternehmen müssen sich entsprechend auch verändern. Dies führt intern im Unternehmen zu Widerständen, Machtkämpfen und sozialen Auseinandersetzungen.

Weiterhin haben sich viele traditionelle Strukturen geändert. Führungskräfte können sich nicht mehr nur aufgrund ihrer Position Autorität verschaffen, sich sicher fühlen oder Macht ausüben. Dies verlangt soziale und persönliche Kompetenz der Führungskraft und Souveränität im Umgang mit Meinungsverschiedenheiten und Konflikten.

Der Leistungsdruck ist enorm gestiegen, der Kampf um Stellen ist härter geworden. Das Arbeiten im Team verlangt Kooperationsbereitschaft und Kooperationsfähigkeit von jedermann. Um Teamleistungen erfolgreich zu erreichen, müssen die Teams lernen, konstruktiv mit Konflikten

und eigenverant-
gsspielraum und
renzen, Kompe-
ine eindeutigen
mmiert.

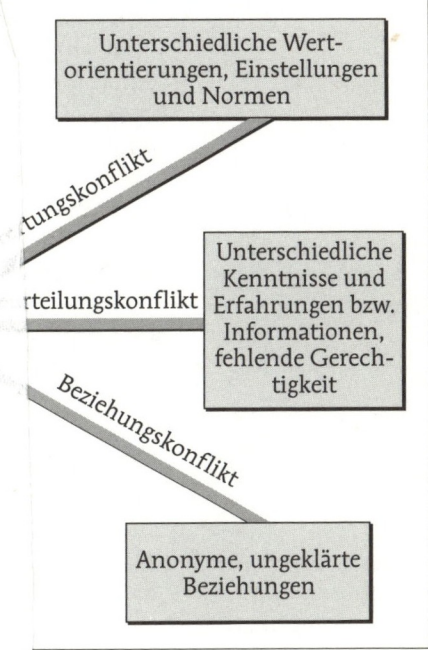

at lässt sich die Eskalation vieler Konflikte vermeiden. Folgende Schritte sind dabei zu beachten.

die Eskalation von Konflikten vermeiden

3.6.5.1 Diagnostizieren

Diagnostizieren bedeutet:
• Klären Sie kritische Punkte,

- Stellen Sie fest, wer die Beteiligten sind,
- Benennen Sie die Konfliktquellen.

Im Vorfeld von Entscheidungen und Veränderungen können nicht sämtliche Gegebenheiten und die Interessen aller handelnden Personen gleichermaßen berücksichtigt werden. So sind Konflikte vorprogrammiert. Konflikte sind aber nicht nur negativ, sondern sie liefern der Führungskraft viele wertvolle Informationen. Über die Bewältigung von Konflikten erhält die Führungskraft die Chance, an Informationen zu kommen, die sie im Rahmen des normalen Arbeitsalltages in der Regel nicht erfahren würde. So erfährt sie, wo im Team zwischen den Mitarbeitern die „Chemie nicht stimmt", wie einzelne Mitarbeiter sich selber und ihre Leistungen sehen, wie Belastungen von den einzelnen Mitarbeitern wahrgenommen werden, welche Probleme „im Raum stehen" oder warum „etwas nicht stimmt". Ob sich daraus ein konkreter Handlungsbedarf und für wen ergibt, ist im Einzelfall zu lösen.

Konflikte sind für Führungskräfte immer aufschlussreich

Wichtig ist, dass die Führungskraft den Konflikt nicht als Bedrohung empfindet und ihn „unter den Tisch kehrt" bzw. versteckt. Konflikte entwickeln sich weiter, bis es schließlich zu gravierenden Fehlern kommt oder ein unterschwelliger Konflikt zu einer offenen Auseinandersetzung eskaliert. Im fortgeschrittenen Stadium ist die Konfliktlösung dann wesentlich aufwändiger und schwieriger.

Alle am Konflikt Beteiligten sollten in die Konfliktlösung mit involviert werden

Alle am Konflikt Beteiligten sollten in die Konfliktlösung involviert werden. Das ist in der Realität nicht immer einfach, da sich ausbreitende Konflikte „Kreise ziehen" und viele Menschen betreffen. Die Führungskraft hat die Aufgabe, diesen Konflikten auf den Grund zu gehen und damit das Konfliktfeld immer weiter einzuengen, bis der Konflikt geklärt ist.

Bei besonders schwierigen Konflikten empfiehlt es sich, einen neutralen Moderator oder Berater zur Diskussion und Klärung des Konfliktes hinzuzuziehen.

Konflikte, die in direktem Bezug zur Arbeitsleistung der Mitarbeiter stehen

Als Vorgesetzter müssen Sie sich einer Vielzahl von Konflikten stellen, die in direktem Bezug zur Arbeitsleistung Ihrer Mitarbeiter stehen. Hier nur einige wenige Beispiele:

- Ihr Mitarbeiter will mehr Gehalt, als Vorgesetzter möchten oder können Sie aber nicht mehr bezahlen.
- Ihr Mitarbeiter will mehr Urlaub, was das gesamte Urlaubsgefüge durcheinander bringen würde.
- Ihr Mitarbeiter fehlt häufiger mit fadenscheinigen Begründungen.
- Ihre Mitarbeiter haben unterschiedliche Ansichten zum Thema Rauchen.
- Ein Mitarbeiter hat etwas gegen einen anderen und will mit ihm nicht mehr zusammenarbeiten.
- Einige Mitarbeiter sind in einem Punkt gänzlich anderer Meinung als Sie.

In allen diesen Fällen sollten Sie als Vorgesetzter in der Lage sein, eigene Interessen zu artikulieren, die Interessen der Beteiligten anzuhören und zu berücksichtigen und gemeinsam mit ihnen eine Lösung zu entwickeln und in die Tat umzusetzen.

3.6.5.2 Planen

Planen bedeutet:
- Erkennen Sie Ihre eigenen Verhaltensmuster
- Planen Sie Ihre Strategie

Um Konflikte konstruktiv angehen zu können, ist es zunächst sinnvoll zu erkennen, wie man grundsätzlich mit Konflikten umgeht. Das individuelle Konfliktverhalten hängt eng mit der grundsätzlichen Verhaltensdisposition zusammen, die man vertritt. So lassen sich hier etwa in Bezug auf den Umgang mit Konflikten der „Konfliktbereite", der „Harmoniebedürftige", der „Negative" und der „Positive" voneinander unterscheiden.

Welchem grundsätzlichem Konfliktverhalten neigen Sie zu?

- Der Konfliktbereite ist sehr temperamentvoll und setzt sich voll für seine Ziele ein. Er kämpft wie ein Löwe. Er will immer Recht behalten und gewinnen. Es sind immer die anderen gewesen. So neigt er dazu, die anderen zu kritisieren, anzuklagen und die Schuld für das Scheitern von Dingen bei anderen zu suchen.
- Der Harmoniebedürftige zeichnet sich dadurch aus, dass er jedem Streit aus dem Weg geht, sehr schlecht Nein sagen kann, sich lieber ausnutzen lässt als einen Konflikt auszutragen, sich nicht abgrenzt und seine Interessen vertritt, auch offensichtliche Widersprüche leugnet und ignoriert.
- Der Negative weiß im Voraus schon immer, was alles schief geht, dass es sowieso nicht klappen kann und dass alles nichts bringt. Es lohnt sich nicht etwas zu tun, weil doch immer alles anders kommt. Alles Neue sowie Veränderungen und mögliche Lösungen werden von Anfang an negativ belegt.
- Der Positive ist in der Lage mit Konflikten konstruktiv umzugehen. Er spricht seine Meinung aus, vertritt seine Interessen und verfolgt seine Ziele. Er nimmt jedoch Rücksicht auf die Bedürfnisse der anderen Betroffenen und geht respektvoll mit ihnen um. Er sucht Lösungen, die für alle tragbar sind.

Versuchen Sie, unabhängig davon, welche Verhaltensdisposition Ihnen nahe liegt, ein konstruktives Konfliktverhalten zu trainieren, eventuelle Schwächen abzubauen und zu lernen, mit den Betroffenen in einer Art und Weise umzugehen, die sowohl den sachlichen Anforderungen als auch soweit wie möglich den persönlichen Interessen gerecht wird.

Versuchen Sie, sowohl den sachlichen Anforderungen als auch soweit wie möglich den persönlichen Interessen gerecht zu werden

3.6.5.3 Vorbereiten und Ausführen

Vorbereiten und Ausführen bedeutet:
- Verwenden Sie einen Problemlösungsrahmen
- Üben Sie

Erst wenn Sie Ursache und Hintergründe des Konflik- tes kennen, können Sie eine Strategie entwickeln

• Führen Sie Ihren Plan aus

Handeln Sie in Konfliktfällen nicht vorschnell, sondern nehmen Sie sich Zeit. Gehen Sie dem Konflikt auf den Grund. Machen Sie sich den Unterschied zwischen dem aktuellen Thema (Was passiert im Moment?) und dem tiefer liegenden Grund des Konfliktes klar. Ansonsten können Sie leicht in eine falsche Richtung gelenkt werden und laufen Gefahr, durch eine vorschnelle Reaktion den Konflikt noch zu verschärfen.

Erst wenn Sie die Ursache und die Hintergründe des Konfliktes kennen, können Sie eine Strategie entwickeln. Überlegen Sie sich genau, was angesichts der Konfliktsituation Ihr Interesse sein muss. Welches Ziel wollen Sie mit welcher Vorgehensweise verfolgen?

Vergegenwärtigen Sie sich im Vorhinein mögliche Reaktionen der am Konflikt beteiligten Personen. Sehen Sie sich Ihren Gesprächspartner genau an, wie wird er reagieren, was ist sein Interesse, welche Argumente wird er anführen? Im Team und in anderen Konflikten, in die mehrere Personen involviert sind, ist es wichtig, die Personen herauszufinden, die die tragenden Rollen im Konflikt einnehmen.

3.6.6 Methode

Grundsätzlich haben sich bei der Bewältigung von Konflikten die Schritte folgender Methodik bewährt:

• Feststellen um welche Art des Konfliktes es sich handelt (siehe hierzu auch Abb. 3.3).
• Konflikte offen ansprechen. Dies sollte in Form von Ich-Botschaften geschehen. (Die Formulierung: *„Sie nehmen zunehmend Aufgaben wahr, die eigentlich in den Kompetenzbereich von Frau XY fallen."* weckt in dem betreffenden Mitarbeiter notwendig eine Verteidigunshaltung. Die sachliche Aussage: *„Ich habe festgestellt, dass Sie seit drei Wochen die Datenauswertung XY vornehmen."* dürfte dagegen neutraler aufgenommen werden.)
• Unterschiedliche Wahrnehmungen sammeln, den Betroffenen mitteilen und dabei versuchen, individuell festgefahrene Standpunkte anhand der sachlichen Gegebenheiten zu relativieren (alle Beteiligten involvieren)
• Hintergründe der Störung herausarbeiten.
• Individuell als Störungen oder kritikwürdig empfundene Gegebenheiten in konkrete, für die Allgemeinheit nachvollziehbare Wünsche umformulieren.
• Allen Beteiligten die Chance geben, Vorschläge einzubringen.
• Mögliche Einwände und Konsequenzen der Lösung prüfen, beurteilen und bewerten.
• Verfahren und /oder Verhaltensweisen suchen, mit deren Hilfe die Konflikte geklärt werden können.
• Einigung auf ein Verfahren zur Konfliktlösung, das für alle Beteiligten annehmbar ist.

3.6.7 Der Aufbau eines Konfliktgespräches

Das Konfliktgespräch im Einzelnen:

1. Phase: Positiver Einstieg / Störung anmelden:

- Mitteilung, welche Personen Konflikte als Störung im Sach- und Beziehungsbereich empfinden. Das Mitteilen von Störungen hilft
  - den Konfliktgegenstand zu klären,
  - das Konfliktfeld abzugrenzen,
  - eine Ausdehnung auf andere Bereiche zu vermeiden.
- Zeit nehmen und Konflikt klar ansprechen.
- Ich-Botschaften verwenden.
- Kooperation anbieten und darauf verweisen, dass eine Lösung angestrebt wird, die alle Beteiligten akzeptieren und innerhalb derer sie sich wieder finden können.

2. Phase: Meinungen der Beteiligten einholen:

- Klären, ob und wie die Störung von den anderen wahrgenommen wurde. Missverständnisse klären.
- Blickwinkel erweitern und individuelle Standpunkte anhand sachlicher Gegebenheiten relativieren.
- Keine Bewertung der Aussagen.
- Alle Beteiligten zu Wort kommen lassen.

3. Phase: Hintergründe der Störung herausarbeiten:

- Ursachen suchen. Ziele, Erwartungen und Interessen der Betroffenen herausarbeiten.
- Unterschiedlichkeiten akzeptieren,
- Versuchen, die Meinungen anderer nachvollziehen.

4. Phase: subjektiv empfundene Störungen in nachvollziehbare Wünsche umformulieren:

- Wünsche konkret formulieren, damit die anderen ebenfalls konkret Stellung nehmen können.
- Alle Beteiligten auffordern, Lösungsmöglichkeiten aus ihrer Sicht vorzuschlagen.
- Ängste abbauen, keine Wertung, möglichst viele Vorschläge.

5. Phase: Lösungen erarbeiten:

- Allen Beteiligten die Chance geben, Vorschläge angstfrei einzubringen. Vorschläge anderer auf positive Punkte hin untersuchen.
- Lösungsmöglichkeiten kritisch beleuchten.

6. Phase: Auf eine für alle annehmbare Lösung einigen:

- Mögliche Einwände prüfen. Konsequenzen der Lösungen beurteilen und bewerten.

- Streichung der für Einzelne unannehmbaren Lösungen.
- Die beste für alle annehmbare Lösung ermitteln.
- Zustimmung von allen Beteiligten verbal oder nonverbal einfordern.

7. Phase: Wege zur Ausführung der Lösung suchen:

- Verfahren und/oder Verhaltensweisen suchen, mit deren Hilfe die Lösung realisiert werden kann.
- Klare Handlungsgrenzen bestimmen.
- Genau festlegen, wer bis wann was tut.
- Möglichst alle Beteiligten in die Aktivitäten miteinbeziehen.
- Auf eventuelle Änderungen der Vorgehensweise hinweisen, falls die Lösung nicht erfolgreich umgesetzt werden kann.
- Festlegung eines Kontrolltermins zur Überprüfung und gegebenenfalls zur Korrektur der Vorgehensweise.
- Gesprächsbeendigung und Verabschiedung.

3.6.8   Allgemeine Regeln zum Umgang mit Konflikten

So haben Sie die Chance, für Konflikte eine für alle Beteiligten akzeptable Löung zu finden:

- Versuchen Sie, sich in die Lage aller anderen Beteiligten zu versetzen.
- Seien Sie offen und aufgeschlossen für die Interessen und Argumente der anderen.
- Achten Sie darauf, dass alle gemeinsam an der Aufgabe arbeiten.
- Denken Sie daran, dass Konflikte sich nur dann konstruktiv lösen lassen, wenn alle Betroffenen zufrieden gestellt werden können.
- Treffen Sie keine Schuldzuweisungen, suchen Sie nicht nach „Sündenböcken".
- Interpretieren Sie keine Aussagen, sondern erfragen Sie die konkreten Hintergründe.
- Unterdrücken Sie Emotionen nicht, sondern lassen Sie sie zu.
- Hören Sie aufmerksam zu und geben Sie Feedback.
- Keine Ironie und Bagatellisierung.
- Geben Sie jedem die Möglichkeit sein Gesicht zu wahren.
- Akzeptieren Sie Konflikte als natürlichen Bestandteil der Zusammenarbeit.
- Sind Sie von einem Konflikt persönlich betroffen, schaffen Sie Distanz. Bitten Sie um Bedenkzeit und treffen Sie keine vorschnellen Entscheidungen. Schlafen Sie eine Nacht darüber.

- Regen Sie die Konfliktbeteiligten dazu an, den Konfliktgegenstand von verschiedenen Perspektiven aus zu betrachten. Das erhöht das Verständnis füreinander und führt zu tragfähigeren Lösungen.
- Sprechen Sie in dem Gespräch auch über die Art und Weise der Kommunikation und thematisieren Sie das, was zwischen Ihnen und den Gesprächspartnern passiert (zu den unterschiedlichen Kommunikationsebenen siehe auch Teil B, Abb. 2.1). Unterbrechen Sie hierfür das eigentliche Gespräch. Sprechen Sie über Ihre Wahrnehmungen und entwickeln Sie Lösungen, wie die Kommunikation im Gesprächsverlauf verbessert werden kann. Treffen Sie mit den Gesprächsteilnehmern klare Vereinbarungen und setzen Sie danach das ursprüngliche Gespräch fort.

  Wichtig ist diese sog. „Metakommunikation" (also die Kommunikation über die Art und Weise der Kommunikation) besonders dann, wenn Sie den Eindruck haben, dass lediglich vordergründig über sachliche Themen diskutiert wird, hinter denen eigentlich aber etwas ganz anderes steckt, was niemand direkt äußern möchte.
- Je komplexer die Konflikte sind, desto aufwändiger und langwieriger wird das Konfliktmanagement. Besonders schwierig ist die Handhabung „kalter Konflikte", da sich die streitenden Parteien aus dem Wege gehen und nicht mehr miteinander reden.

  Hier ist es wichtig, dass Sie als Führungskraft erst einmal mit den verschiedenen Parteien einzeln reden. In den Einzelgesprächen können Sie gemeinsam mit dem betroffenen Mitarbeiter Ziele, Probleme und Wahrnehmungen herausarbeiten und ihn für ein Konfliktgespräch stärken und motivieren. Machen Sie dies mit allen Beteiligten, bevor sie an einen Tisch kommen. Nach einer solchen Vorbereitungsphase können Sie die Beteiligten zu einem gemeinsamen Gespräch bitten. Durch eine einfühlsame und behutsame Vorgehensweise sollten Sie den Beteiligten Mut machen, den Konflikt mit Ihrer Hilfe anzugehen.

  Bauen Sie Ihre Mitarbeiter auf und stärken Sie sie. Geben Sie allen Beteiligten Zeit, sich in Ruhe einzubringen und Lösungsansätze vorzutragen. Sagen Sie klar, was Sie für ein Konfliktverhalten erwarten und warum. Am besten vereinbaren Sie ein weiteres Gespräch für die Entscheidung der Lösung, sodass jeder Beteiligte sich in Ruhe über die individuellen Konsequenzen klar werden kann.

3.6.9 Wie beugt man Konflikten vor?

Verkomplizieren Sie den Sachverhalt nicht und nennen Sie die Dinge beim Namen. Sprechen Sie die Dinge an, wenn sie anstehen. Fördern Sie eine angemessene Streitkultur. Aus Harmoniebedürfnis Konflikte nicht anzusprechen führt nicht zu Lösungen. Besser „es knallt" und ein „reinigendes Gewitter" setzt ein als unterschwellige Konflikte gären zu lassen. Drücken Sie sich präzise aus und definieren Sie Begriffe, bzw. erklären Sie, was Sie meinen. Viele Konflikte entstehen durch Missverständnisse. Nicht jeder Mensch hat die gleichen Vorstellungen und Bilder im Kopf. Nicht jeder versteht z.B. unter Engagement, Vertrauen, Einsatzfreude und Zuverlässigkeit das gleiche. Unterstützen Sie ihre Mitarbeiter darin, eine eigene Meinung zu haben, diese auch zu äußern und abweichende Meinungen nicht als Angriff oder Ablehnung zu verstehen, sondern als Chance für die Verbesserung einer Sache oder einer Situation.

Sprechen Sie regelmäßig mit Ihren Mitarbeitern über die Art und Weise der Kommunikation

Sprechen Sie regelmäßig mit Ihren Mitarbeitern über die Art und Weise der Kommunikation. Legen Sie gemeinsame Spielregeln fest. Regen Sie Ihre Mitarbeiter zu einem gemeinsamen Miteinander an. Wenn die menschliche Ebene stimmt, lassen sich Dinge viel leichter aus der Welt schaffen. Dazu gehört auch, dass Sie durch Konsequenz und Klarheit Vertrauen schaffen. Jeder Verlust an Glaubwürdigkeit wirkt im Konfliktfall doppelt. Pflegen und fördern Sie offene Kommunikation.

3.7   Führungskräfte können Mobbing verhindern

lang andauernde Konflikte können in Mobbing umschlagen

Konfliktsituationen im Arbeitsalltag sind unausweichlich. Dauern diese jedoch über einen längeren Zeitraum an – in der Regel spricht man von einem halben Jahr und mehr – dann kann der Konflikt in Mobbing übergehen.

Von Mobbing spricht man, wenn über einen längeren Zeitraum hinweg eine oder mehrere Personen eine andere Person angreifen, anfeinden oder sonstige Übergriffe tätigen, um ihr das Arbeitsleben schwer zu machen.

3.7.1   Faktoren, die Mobbing begünstigen

Mobbing wird durch die Art der Organisation der Arbeit, die Gestaltung und Leitung der Arbeit begünstigt. So entsteht sowohl durch quantitative Überlastung als auch durch qualitative Unterforderung Stress, der sich begünstigend auf die Entwicklung von Mobbing auswirkt. In wirtschaftlich schwierigen Zeiten hat Mobbing Hochkonjunktur. In über 70 Prozent der Fälle geht Mobbing vom Vorgesetzten aus und wird gerade in Krisenzeiten häufig zu einer Art betrieblicher Personalführung, schreibt Dieter Zapf, Professor für Arbeitspsychologie an der Universität Frankfurt, in der in München erscheinenden Frauenzeitschrift Elle. Bei unklarer Arbeitslage und dem Wegfall von Arbeitsplätzen im Betrieb sei das „Wegekeln" anderer eine diskrete Lösung.

In wirtschaftlich schwierigen Zeiten hat Mobbing Hochkonjunktur

Mobbing kann sowohl durch Überlastung des Mitarbeiters als auch durch Unterforderung begünstigt werden. Überlastung entsteht, wenn der Mitarbeiter mehr zu tun hat, als er bewältigen kann. Der dadurch entstehende Stress kann in Mobbing gewissermaßen ein Ventil finden.

Von qualitativer Unterforderung spricht man dann, wenn Mitarbeiter z.B. durch die Automatisierung verschiedener Vorgänge geistig nicht mehr genug gefordert sind. Sie wenden sich dann einem Feld zu, in dem sie „kreativ und geistig aktiv" sein können und mobben sozusagen aus Langeweile. Sie mobben lieber als geistig zu verkalken. Dies bedeutet, die Führungskräfte sind gefordert, monotone Aufgaben mit Zusatztätigkeiten zu versehen und Spielräume für die Kreativität der Mitarbeiter einzuräumen, um Mobbing schon im Ansatz zu verhindern.

3.7.2 Folgen des Mobbings

Mobbing ist durch Intrigen und eine unsachliche, die Person angreifende Kommunikation charakterisiert. Hänseleien, Gemeinheiten und dumme Witze machen das Opfer mundtot. Dadurch, dass in vielen Fällen der oder die Mobber mehr Zustimmung und Bestätigung bei Kollegen und Vorgesetzten finden als die Opfer, beginnt ein Kreislauf, der fatale Folgen für die Betroffenen haben kann, wenn niemand dagegen steuert. Die sozialen Beziehungen im Unternehmen verschlechtern sich, das Ansehen des Unternehmens in der Öffentlichkeit nimmt ab, die Unsicherheiten der Betroffenen nehmen zu. Manchmal zerbricht das Mobbing-Opfer an diesen Umständen. Wenn die Kraft zur Veränderung fehlt, endet der Berufsweg zuweilen im vorzeitigen Ruhestand; Depressionen oder Krankheit können die Folge sein.

Mobbing betrifft nicht nur die Mobbing-Opfer, sondern verschlechtert nachhaltig das gesamte Arbeitsklima

Mobbing bedeutet Stress, löst Stressverhalten aus und damit verschiedene Körperreaktionen wie Herz- und Kreislaufbeschwerden, Kopfschmerzen, psychische Reaktionen und Organerkrankungen. Damit ist Mobbing auch ein betriebswirtschaftliches Problem. Der Krankenstand steigt, die Produktivität sinkt. Der Gemobbte bleibt zunächst einige Tage, später oftmals mehrere Wochen dem Arbeitsplatz fern. Aber selbst, wenn der Gemobbte an seinem Arbeitsplatz ist, kreisen seine Gedanken um andere Themen als seine Arbeit. Damit nimmt die Effektivität und Produktivität weiter ab. Seine Konzentration lässt nach, Fehler schleichen sich ein, die Leistung sinkt.

Mobbing ist auch ein betriebswirtschaftliches Problem

Auf Kritik reagiert er mit Flucht oder Abwehr. Ein Kreislauf beginnt, in den unweigerlich auch die Kollegen und ihre Arbeit mit hineingezogen werden. Sie werden sich nach einer bestimmten Zeit zu Recht in ihrer Arbeit beeinträchtigt fühlen und berechtigte Kritik an ihrem Kollegen äußern, was wiederum zu neuen unvermeidbaren Sanktionen führen muss.

Akzeptiert der Vorgesetzte das Intrigenspiel und setzt diesem nichts entgegen, so wird sich die gesamte Kommunikations- und Informationskultur entsprechend negativ gestalten. Informationen werden nicht weitergegeben, versteckte Angriffe und Ironie sind an der Tagesordnung, die Motivation sinkt und die Mitarbeiter beschäftigen sich mehr mit sich selbst als mit der Arbeit. Zudem überträgt sich dieses schlechte Klima auf das Verhältnis zu anderen Abteilungen.

3.7.3   Wie Sie Mobbing entgegen wirken!

Sie müssen versuchen, ihre Mitarbeiter zu einem funktionierenden sozialen System zusammenzuführen. Dazu gehört auch der Umgang miteinander und die Art und Weise der Kommunikation. Ein Witz ist nur ein Witz, wenn auch der Gegenüber ihn lustig findet. Witze auf Kosten von Schwächeren zu machen ist unfair und für die betroffene Person unter Umständen sehr verletzend. Auf Dauer sollte dieses Verhalten von der Führungskraft in Frage gestellt werden. Mobber müssen deutlich in ihre Schranken verwiesen werden. Notfalls sollte die Führungskraft mit Abmahnung, Versetzung oder Kündigung reagieren.

Mobber müssen deutlich in ihre Schranken verwiesen werden

Wenn Sie als Führungskraft regelmäßige Einzelgespräche mit den Mitarbeitern führen und ihnen die Möglichkeit der Reflexion, der kritischen Äußerung und der kreativen Ideeneinbringung ermöglichen, wird viel Sprengstoff im Vorfeld entschärft und die Gefahr des Mobbings reduziert. Unterstützung können Betriebsrat, Betriebsarzt oder eine andere Vertrauenspersonen leisten. Sie helfen auch festgefahrene Situationen aufzubrechen.

Mobbing bedingt schlechte Produktionsqualität, unzureichenden Umgang mit Ressourcen, erhebliche Kosten durch Ausfallzeiten, Abwehrverhalten gegenüber notwendigen Veränderungen, höhere Personalfluktuation, Verlust fachlicher Qualität und eines guten Betriebsklimas. Dringt Mobbing nach außen, ist der Imageverlust des Unternehmens und seiner Führung groß. Negative Folgen für Personalgewinnung und Marktbehauptung sind vorprogrammiert.

Führungskräfte sind als erste in der Lage, diesen Kreislauf zu durchbrechen. Durch offene und positive Kommunikation können sie den Mobbern ihre Plattform entziehen und damit für das Unternehmen und die Betroffenen enormen materiellen und immateriellen Schaden abwenden.

4   Bilanz ziehen – Mitarbeiter beurteilen und Zielerreichungen feststellen

Mitarbeiter in regelmäßigen Abständen zu beurteilen und zu prüfen, in welchem Ausmaß die gesetzten Ziele erreicht worden sind, gehört zu den wichtigsten Führungsaufgaben. Jeder Vorgesetzte muss sich eine Meinung über die Leistung und das Arbeitsverhalten seiner Mitarbeiter bilden.

Dies ist Voraussetzung, um im Hinblick auf die Ziele des Unternehmens gezielt auf die Mitarbeiter einwirken und sie fördern zu können. Nur wenn die Mitarbeiter über ihren Leistungsstand informiert sind, lassen sich entsprechende Maßnahmen auch motivieren.

4.1 Mitarbeiter beurteilen

4.1.1 Definition der Mitarbeiterbeurteilung

Unter Mitarbeiterbeurteilung versteht man ein standardisiertes und formales Verfahren, durch das der Vorgesetzte veranlasst wird, die Mitarbeiter in regelmäßigen Zeitabständen unter bestimmten Kriterien zu beurteilen.

Beurteilen heißt, die Leistungen einer Person bei der Durchführung der Gesamtaufgabe einzuschätzen und anhand eines Vergleichsmaßstabes einzustufen. Die Beurteilung lebt von aufsummierten „Einzelurteilen", die in vielen Einzelkontrollen, Gesprächen, Beobachtungen und Leistungsvergleichen gewonnen wurden.

Richtig eingesetzt liefern Mitarbeiterbeurteilungen wichtige Informationen für die Analyse des Mitarbeiterbestandes in Hinblick auf die Erfüllung der gestellten Anforderungen sowie darüber hinausgehende Potenziale der Mitarbeiter. Sie ist für die Führungskraft zentraler Orientierungspunkt und für den Mitarbeiter ebenso. Sie leistet einen Beitrag zur Mitarbeitermotivation, indem sie die Leistungen der Mitarbeiter anerkennt. Sie dient der Kompetenzeinschätzung und damit der Personalentwicklung. Falsch eingesetzt oder falsch verstanden führen Mitarbeiterbeurteilungen zu Frustration und Leistungsabbau.

Zentraler Punkt bei allen Beurteilungssystemen ist es, die subjektive Beurteilung eines jeden Vorgesetzten so weit wie möglich zu objektivieren und transparent zu machen. So wird sie zu einem Grundmodul vieler personalpolitischer Maßnahmen.

die subjektive Beurteilung eines jeden Vorgesetzten so weit wie möglich objektivieren und transparent machen

4.1.2 Die Beurteilung als Element des Führungsprozesses

Eine wichtige Voraussetzung für die Mitarbeiterbeurteilung ist das Mitarbeiterjahres/(orientierungs)gespräch (siehe Kap. 1) oder eine entsprechende Zielvereinbarung. Dies dient der Orientierung und der Motivation des Mitarbeiters. Es werden Absprachen über die Ziele des kommenden Zeitraums getroffen und es wird vereinbart, mit welchen Maßnahmen diese zu erreichen sind. In der Beurteilung wird bilanziert, inwieweit der Mitarbeiter die Anforderungen seines Arbeitsplatzes während des abgelaufenen Beurteilungszeitraums erfüllt hat.

Durch die sachgerechte und unbeeinflusste Durchführung der Beurteilung wird die Grundlage für Leistungsbereitschaft und Motivation der Mitarbeiter geschaffen. Jede Beurteilung ist gleichzeitig die Dokumentation des Führungsverständnisses und Führungsverhaltens. Sie legt Zeugnis ab über Souveränität und Qualität des Beurteilers.

Jede Beurteilung ist gleichzeitig die Dokumentation des Führungsverständnisses und Führungsverhaltens

4.1.3 Ziele der Beurteilung

Ziele der Beurteilung sind
- die Qualifikationen,
- das Arbeitsverhalten sowie

- die Fähigkeiten

des Mitarbeiters zu erkennen um, die Personen entsprechend optimal einsetzen zu können.

Die Beurteilung ist Grundlage für :
- personen- und sachgerechte Personalentscheidungen/Personaleinsatz,
- Ermittlung leistungsabhängiger Entgeltbestandteile (Leistungsentgelte) und Lohn- und Gehaltsfindung,
- Hilfe in der Personalführung,
- Hilfe für die Personalentwicklung.

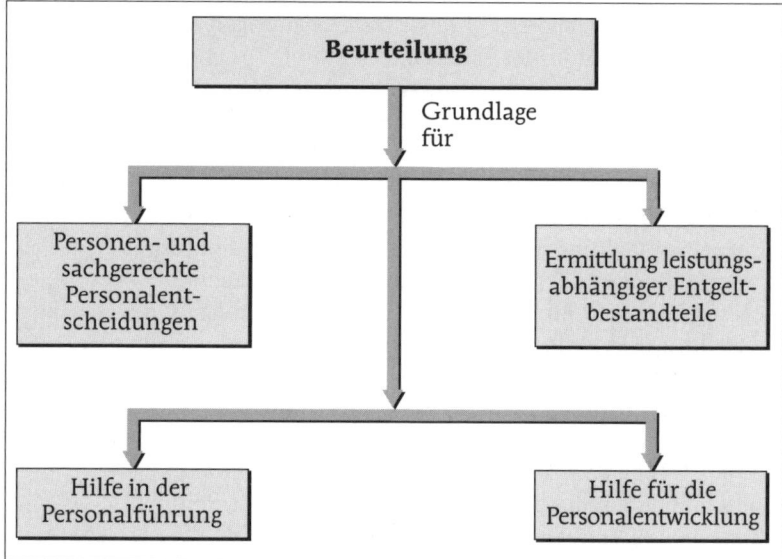

Abb. 4.1: Die Beurteilung als Grundlage für Entscheidungen im gesamten Personalwesen

personen- und sachgerechte Personalentscheidungen

1. Die Beurteilung ist Grundlage für personen- und sachgerechte Personalentscheidungen. Sie ist Instrument für die Personaleinsatzplanung mit dem Ziel der Optimierung des Personaleinsatzes. Sie sorgt für den richtigen Mann / die richtige Frau auf dem richtigen Platz und stellt die Kontrolle der bereits getroffenen personalwirtschaftlichen Entscheidungen und Maßnahmen dar. Durch die Beurteilung gewinnt das Unternehmen Informationen über die bisherigen Leistungen der Mitarbeiter. Auf dieser Grundlage können Entscheidungen über innerbetriebliche Versetzungen, Beförderungen oder die Bildung von Arbeitsteams getroffen werden. Weiterhin sind diese Daten Grundlage dafür, nach der Probezeit bestimmte Mitarbeiter zu übernehmen oder sich von bestimmten Mitarbeitern zu trennen.

2. Die Beurteilung ist die Grundlage für eine gerechte Lohn- und Gehaltsfindung sowie zur Schaffung von monetären Anreizen in Form von Leistungsentgelten bzw. leistungsabhängigen Entgeltbestandteilen. Die Zielsetzung ist es, ein leistungsgerechtes Vergütungssystem zu schaffen. Dies gewinnt immer mehr an Bedeutung. Fast jedes Unternehmen hat leistungsabhängige Vergütungsbestandteile, die an eine Leistungsbeurteilung oder Zielerreichung gekoppelt sind. *gerechte Lohn- und Gehaltsfindung und leistungsgerechtes Vergütungssystem*

3. Die Beurteilung ist ein Instrument der Personalführung. Sie liefert Informationen darüber, wie der Vorgesetzte seinen Mitarbeiter im Hinblick auf seine Leistung einstuft. Sie klärt, wo die Stärken und Schwächen der Mitarbeiter liegen und welche Verbesserungsmöglichkeiten sich hier anbieten. *Instrument der Personalführung*

Das Ziel ist die Intensivierung der Kommunikation zwischen Führungskraft und Mitarbeiter sowie die Anerkennung der Leistung des Mitarbeiters, die Verbesserung und Steigerung seiner Leistung sowie die Optimierung der Führung des Vorgesetzen.

4. Als Letztes ist die Beurteilung ein wichtiges Instrument der Personalentwicklung. Sie liefert Informationen zum bisherigen Leistungsverhalten, zum Verbesserungspotenzial sowie dem nicht ausgeschöpften Leistungspotenzial der Mitarbeiter. Auf dieser Grundlage kann die Auswahl förderungswürdiger Mitarbeiter und die Feststellung des Bildungsbedarfs erfolgen. Wird eine solche Form der Beurteilung kontinuierlich im Unternehmen entwickelt, trägt dies zur Motivation der Mitarbeiter, ihre festgestellten Potenziale zu nutzen, bei. *Instrument der Personalentwicklung*

Beurteilungssysteme haben die Zielsetzung, mehr Gerechtigkeit in der Beurteilung der Leistungen der Mitarbeiter zu erreichen. Dies setzt voraus, dass die Mitarbeiterbeurteilung systematisch erfolgt. Diese Systematik schließt ein, dass die Beurteilung aller Mitarbeiter zum gleichen Zeitpunkt, nach gleichen Spielregeln, zum gleichen Zweck, mit den gleichen Beurteilungskriterien, -skalen und -maßstäben stattfindet. Weiterhin schließt eine systematische Vorgehensweise ein, dass die Beurteiler gleich vorgehen und alle einen relativ gleichen Wissensstand haben.

4.1.4 Die verschiedenen Dimensionen der Beurteilung

Im Rahmen der Beurteilung werden drei Dimensionen unterschieden. Diese sind:

Dimensionen der Beurteilung		
Leistungsbeurteilung	Persönlichkeitsbeurteilung	Potenzialbeurteilung

Im Mittelpunkt steht die Leistungsbeurteilung

- Im Mittelpunkt steht die **Leistungsbeurteilung**. Darunter versteht man die Beurteilung der Leistung eines Mitarbeiters in einem fest definierten Zeitraum in Hinblick auf die Anforderungen seines Arbeitsplatzes. Neben der reinen Leistung wird auch das Verhalten des Mitarbeiters im Zusammenhang mit der Erbringung seiner Leistung beurteilt, da sich dieses in der Regel erheblich auf die Leistung auswirkt. Die Leistungsbeurteilung setzt prinzipiell voraus, dass die Arbeitsleistung vom Mitarbeiter beeinflussbar und vom Beurteiler bewertbar ist.

Beurteilung sämtlicher Leistungen, die der Mitarbeiter während des gesamten Beurteilungszeitraums erbracht hat

  Die Leistungsbeurteilung erfolgt immer vergangenheitsorientiert und umfasst in der Regel einen Zeitraum von einem oder zwei Jahren. Sie berücksichtigt sämtliche Leistungen, die der Mitarbeiter während des gesamten Beurteilungszeitraums erbracht hat. Die Beurteilung des Mitarbeiters darf sich nur an den spezifischen Anforderungen seines Arbeitsplatzes orientieren. Außer den planmäßig zu erledigenden Aufgaben sind auch alle Sonderaufgaben sowie die Mitarbeit in Projekt- oder Arbeitsgruppen zu berücksichtigen. Eindrücke außerbetrieblicher Geschehnisse, die nicht mit dem Aufgabenbereich des Mitarbeiters im Zusammenhang stehen sowie vor der letzten Beurteilung liegende Ereignisse müssen unberücksichtigt bleiben.

  Eine objektive Beschreibung des Arbeitsplatzes, verbunden mit Maßstäben betriebswirtschaftlicher Wertschöpfung kann auch wesentlich zur Arbeitsplatzbewertung beitragen.

  Leistungsbeurteilungen werden in der Praxis als Hilfsmittel zur gerechteren Lohn- und Gehaltsfindung herangezogen sowie zur Motivation und Förderung von Mitarbeitern eingesetzt.

Potenzialbeurteilung prognostiziert auf der Grundlage der erbrachten Leistungen mögliche zukünftige Leistungsentwicklungen

- Die **Potenzialbeurteilung** richtet sich auf die Eignung eines Mitarbeiters in Hinblick auf zukünftige Aufgaben und die Möglichkeiten seiner individuellen beruflichen Weiterentwicklung. Sie ist zukunftsorientiert und prognostiziert auf der Grundlage der erbrachten Leistungen mögliche zukünftige Leistungsentwicklungen. Sie hat zum Ziel, die fachliche Qualifikation und die persönlichen Merkmale des Mitarbeiters, die für die betriebliche Zielsetzung bedeutsam sind, festzustellen. Potenzialbeurteilungen werden im Rahmen der innerbetrieblichen Besetzung vakanter Stellen, zur Nachwuchsplanung der Fach- und Führungskräfte, zur individuellen Laufbahnplanung sowie zur Bildungsbedarfsermittlung eingesetzt.

- Die **Persönlichkeitsbeurteilung** stellt die Persönlichkeit des Mitarbeiters in den Vordergrund. Diese Form der Beurteilung findet in der Praxis in verschiedenen Bereichen der Personalauswahl und Teamzusammenstellung Anwendung. Sie wird in Form von Tests, Gesprächen und im Assessment Center durchgeführt. Es handelt sich dabei um das Erkennen bestimmter Verhaltensmuster und Verhaltensmerkmale. Weitergehende tiefenpsychologische Betrachtungen stoßen auf rechtliche Beschränkungen. In der Regel gehört die Persönlichkeitsbeurteilung nicht zu den direkten Aufgaben der Führungskraft in der Mitarbeiterführung, da dies weiter gehende psychologische Kenntnisse erfordert.

Für die Mitarbeiterführung sind Leistungsbeurteilung und Potenzialbeurteilung die wichtigsten Instrumente. Diese können getrennt oder in Kombination angewandt werden. Wichtig ist, dass die anwendenden Führungskräfte in der Lage sind, beides voneinander getrennt zu betrachten und zu beurteilen, weil eine gute Leistungsbeurteilung nicht notwendig auch eine hohe Potenzialeinschätzung nach sich ziehen muss und umgekehrt. Durch die Kombination der beiden Beurteilungen kann die Mitarbeiterbeurteilung auch den zukunftsorientierten Aspekt betonen und damit wesentlich zur Mitarbeitermotivation beitragen.

Für die Mitarbeiterführung sind Leistungsbeurteilung und Potenzialbeurteilung die wichtigsten Instrumente

4.1.5 Zeitpunkt der Beurteilung

In Bezug auf die Beurteilungszeitpunkte sind zwei Arten von Beurteilungen zu unterscheiden.
* regelmäßige, periodische Beurteilungen
* anlassbedingte Beurteilungen

Regelmäßige, periodische Beurteilungen werden für alle Mitarbeiter durchgeführt. Sie sind häufig die Grundlage für eine periodische Lohn- und Gehaltsüberprüfung. Diesen Beurteilungen liegt ein systematisches Beurteilungssystem zugrunde. Die Abstände betragen in der Regel ein oder zwei Jahre. Die entsprechenden Kommunikationsinstrumente sind das Beurteilungsgespräch, Mitarbeitergespräch, Zielerreichungsgespräch, gegebenenfalls das Förder- und Potenzialgespräch.

Die Abstände zwischen regelmäßigen Beurteilungen betragen in der Regel ein bis zwei Jahre

Anlassbedingte Beurteilungen werden z.B. bei Ablauf einer Probezeit, bei Versetzungen oder Beförderungen, bei Wechsel des Vorgesetzten, Veränderung der Kompetenzen, Zwischenzeugnis auf Wunsch des Mitarbeiters, bei Disziplinarmaßnahmen, dem Ausscheiden aus dem Unternehmen sowie bei Zeugniserstellung durchgeführt. Hier besteht nicht die Notwendigkeit, dass ein systematisches Beurteilungssystem im Unternehmen zur Beurteilung der Mitarbeiter bereits eingesetzt wird.

4.1.6 Nutzen und Vorteile eines systematischen Beurteilungsverfahrens

Ein richtig eingesetztes Beurteilungsverfahren bringt für das Unternehmen, den Vorgesetzten und den Mitarbeiter gleichermaßen Vorteile und nützt jeder dieser Gruppen.

4.1.6.1   Der Nutzen für das Unternehmen

Das Unternehmen erhält Informationen über die Personallage im Unternehmen. Es erhält ein umfassendes Bild über Leistungsvermögen und Eignungsgrade der Mitarbeiter. Es erfährt Einsatzmöglichkeiten und Entwicklungsmöglichkeiten der Mitarbeiter. Dies ermöglicht dem Unternehmen auch in Zeiten von Umstrukturierung und Veränderung eine mitarbeitergerechte Personalplanung und einen optimalen Personaleinsatz zu gewährleisten. Damit wird der Personaleinsatz optimiert und die Planungsprozesse können wesentlich glaubwürdiger und effizienter gestaltet werden. Ein weiterer Nutzen für das Unternehmen ist, dass es eine Grundlage für die Schaffung eines leistungsbezogenen und gerechten Vergütungssystems erhält.

auch in Zeiten von Umstrukturierung und Veränderung einen optimalen Personaleinsatz

Die Beurteilung kann weiterhin die Grundlage für eine effiziente und mitarbeitergerechte Weiterbildungspolitik sein. Durch die Ermittlung des konkreten Bildungsbedarfs der einzelnen Mitarbeiter und die Zusammenführung der Einzelbedarfe ist es möglich, eine gezielte Planung von Weiterbildungmaßnahmen und deren Kontrolle zu erreichen. Dies bedeutet in der Regel, systematische Seminarplanung statt Ad-hoc-Entscheidungen, weitsichtig aufeinander aufbauende Konzepte statt isolierter Einzelmaßnahmen, nachvollziehbare und berechenbare Maßnahmenplanung.

Damit steigt die Glaubwürdigkeit der Personalpolitik und der unternehmerischen Führungskultur. Es wird mehr Effizienz erreicht und die Mitarbeiter bringen dem Unternehmen mehr Vertrauen und Akzeptanz entgegen.

4.1.6.2   Der Nutzen für den Vorgesetzten

Der Vorgesetzte kann aus einem richtig angewandten Beurteilungsverfahren ebenfalls großen Nutzen ziehen. Er erhält umfassende Informationen über den Leistungsstand seiner direkten Mitarbeiter – und zwar zum gleichen Zeitpunkt und unter vergleichbaren Kriterien. Er kann sich damit intensiv mit dem jeweils aktuellen Leistungsstand, den Lücken, den Potenzialen und dem Verhalten seiner Mitarbeiter auseinander setzen. Durch die Einführung eines systematischen Beurteilungssystems wird zudem die Beurteilung gewissermaßen legalisiert und kann von den beurteilten Mitarbeitern nicht als persönliche Schikane oder Profilierungsversuch ihres direkten Vorgesetzten bewertet werden. Damit ist Gerüchten und emotionalen Angriffen ein Riegel vorgeschoben.

Beurteilung als Unterstützungsmaßnahme des Vorgesetzten für seine Mitarbeiter

Der Vorgesetzte kann sich so ein Bild über die Stärken und Schwächen seiner einzelnen Mitarbeiter machen und gezielte Maßnahmen mit den Mitarbeitern diskutieren, wie deren Stärken zu nutzen oder Schwächen auszugleichen sind. Er ist so unterstützende Kraft für den Mitarbeiter. Im Rahmen eines unternehmensweit eingeführten Beurteilungssystems ist die Mitarbeiterbeurteilung kein singuläres Instrument einer bestimmten individuellen Führungskraft, sondern integrativer Bestandteil ihrer

Arbeitsplatzbeschreibung. Eine persönliche Rechtfertigung entfällt damit. Dies kann Sicherheit vermitteln, vor allem wenn ein Unternehmen bislang nicht über ein Beurteilungssystem verfügt oder es eher sporadisch anwendet. Das bedeutet:

EIN SYSTEMATISCH EINGEFÜHRTES UND ERNST GENOMMENES BEURTEILUNGSSYSTEM, WELCHES RICHTIG ANGEWANDT WIRD, BESTÄTIGT DIE FÜHRUNGSKRAFT IN IHRER FÜHRUNGSROLLE UND IN IHREM SELBSTVERSTÄNDNIS, WIE EINE FÜHRUNGSROLLE WAHRZUNEHMEN IST.

Weiterhin erfährt der Vorgesetzte, wo Probleme in der Organisation, an Schnittstellen oder in der Zuarbeit bestehen. Er kann somit Konflikte erkennen, sie lösen und in Folge diesen auch vorbeugen. Als letzten wichtigen Punkt unterstützt ein Beurteilungssystem die Führungskraft in der Ermittlung des Weiterbildungs- und Förderbedarfes des einzelnen Mitarbeiters.

Zusammengefasst lässt sich also sagen, dass die Führungskraft bei richtigem Einsatz der Beurteilungen eine Stärkung ihrer Führungsfunktion erfährt. Zum einen persönlich, da sie den Rückhalt eines Gesamtsystems als vorgegebenen Rahmen hat, zum zweiten, da sie viele Informationen komprimiert erfährt, die sie sonst mit viel mehr Aufwand erfragen und einzeln hätte zusammentragen müssen.

Ist die Führungskraft im laufenden Jahr ihrer Aufgabe „Rückmeldung zu geben" und „Teilergebnisse zu kontrollieren" nachgekommen, stellt die Beurteilung und deren Ergebnis die logische Konsequenz und den Abschluss einer Führungsperiode dar. Benutzt die Führungskraft allerdings die Beurteilung und das Beurteilungsgespräch als einziges Feedback und spricht alles, was ihr im Laufe der gesamten Führungsperiode aufgefallen ist, lediglich zu diesem Zeitpunkt an, ohne dass darauf im Vorfeld schon einmal hingewiesen wurde, so wirkt dies auf den Mitarbeiter wie ein Schock, weil er keine Möglichkeit der Korrektur mehr hat, sondern die Beurteilung nur noch hinnehmen kann.

Die Beurteilung stellt den Abschluss einer Führungsperiode dar

4.1.6.3 Der Nutzen für den Mitarbeiter

Die Beurteilung hat für den Mitarbeiter viele Vorteile, auch wenn im ersten Moment der eine oder andere Mitarbeiter erst einmal mit Grauen an Schule und Noten denken mag. Deshalb ist es umso wichtiger, das Beurteilungssystem systematisch und transparent zu installieren, um den Vorbehalten vieler Mitarbeiter nicht schon im Vorfeld Recht zu geben.

Beurteilungssysteme systematisch und transparent installieren, um den Vorbehalten vieler Mitarbeiter nicht schon im Vorfeld Recht zu geben

Der Mitarbeiter erhält in der Beurteilung ein Feedback über seine in der Beurteilungsperiode erbrachte Leistung. So bekommt er Aufschluss über die Erwartungen seines Vorgesetzten und seine Leistung. Der Mitarbeiter erfährt, welche Prioritäten in seinen Aktivitäten zu setzen sind. Dies ist sehr wichtig, weil Prioritäten sich zum einen im Laufe des Jahres verschieben können und zum anderen die Prioritätensetzung des Mitarbeiters nicht mit der Prioritätenerwartung des Vorgesetzen übereinstimmen muss. Ist seine Leistung gut, so erfährt er Anerkennung und Lob und weiß damit seine Prioritätensetzung bestätigt. Ist die Leistung verbesserungswürdig, erfährt er konstruktive Kritik und bekommt Verbesserungsmöglichkeiten an die Hand. Dies gilt für seine Leistung, sein Verhalten und seine Prioritätensetzung.

Die Beurteilung gibt dem Mitarbeiter eine Orientierungshilfe

Der Mitarbeiter kann sich in Folge besser selbst einschätzen. Dies funktioniert aber nur, wenn er auch in der Lage ist, der Argumentation und Begründung der Beurteilung seines Vorgesetzten zu folgen. Wird er einfach nur mit vielen Fehlern konfrontiert, auf die er in der Vergangenheit nie aufmerksam gemacht wurde, so entspricht das nicht dem Gerechtigkeitsempfinden des Mitarbeiters. Zu Recht fragt er nach, wieso, wann und warum diese Fehler als Begründung der Einschätzung des Vorgesetzten herangezogen werden und wieso er von der Führungskraft niemals darauf angesprochen worden ist. Er hat das Gefühl, nichts mehr ändern zu können, welches mehr Resignation als Motivation auslöst. Er empfindet es als unfair, dass er keine Chance mehr hat, sein Verhalten zu verändern, damit die Veränderung seines Verhaltens sich positiv auf die Beurteilung auswirken kann.

Regelmäßiges Feedback des Vorgesetzten macht die Beurteilung für den Mitarbeiter nachvollziehbar

Es ist für den Mitarbeiter also von Nutzen, wenn der Vorgesetzte regelmäßiges Feedback gibt. Damit ist die Beurteilung auch kein unberechenbares Risiko mehr, sondern eine Bestätigung der Selbsteinschätzung des Mitarbeiters und das Ergebnis vieler Rückmeldungen. Der Mitarbeiter erfährt Förderung durch gezielte Weiterbildung. Dies signalisiert ihm Interesse, Wertschätzung und die Einbindung seiner Person in einen zukunftsorientierten Prozess. Damit werden auch Selbstwertgefühl und Selbstbewusstsein gefördert. Er erfährt den Vorgesetzten als Helfenden zur Erreichung seiner Ziele im Rahmen der unternehmerischen Zielsetzung.

Ein so verstandenes und umgesetztes Beurteilungssystem trägt zum Dialog, zum besseren Verständnis und zu mehr Vertrauen und Akzeptanz zwischen Vorgesetzten und Mitarbeitern bei. Verfahrensfehler bei der Anwendung des Beurteilungssystems, wie z.B. auf dem Flur ein paar beiläufige Worte: „ *… Ach ja, was ich Ihnen noch mitteilen wollte …* ", nimmt der Mitarbeiter schmerzlich wahr und quittiert dies mangelnde Führungsverhalten mit Misstrauen, Ironie, Blockade etc., jedenfalls nicht mit Motivation, Engagement und Akzeptanz der Führungskraft.

4.1.7 Einwände, Bedenken und Widerstände gegen eine Beurteilung

Gegen regelmäßige Beurteilungen werden auch viele Bedenken geäußert.

Bedenken vonseiten der Führungskräfte:

- Die Beurteilungsschemata sind zu umfangreich, unübersichtlich, oder unverständlich.

- Die Beurteilung birgt die Gefahr, dass die Vorgesetzten zu sehr in die Privatsphäre des Mitarbeiters eindringen.
- Nicht alle Vorgesetzte können gut beurteilen, der subjektive „Nasenfaktor" lässt sich nicht ausschließen.
- Die Gefahr der Subjektivität ist immer gegeben.
- *„Man kennt doch seine Leute, wofür ein Beurteilungssystem?"*
- *„Das Verfahren ist viel zu zeitraubend und zu kompliziert."*
- *„Was das alles kostet."*
- *„Schulungen der Beurteiler nützen nur begrenzt was, das macht sowieso jeder wie er meint."*
- *„Das habe ich schon 20 Jahre so gemacht, immer aus dem Bauch heraus, wofür ein System?"*
- *„Wir reden doch das ganze Jahr miteinander, wieso ein vorgeschriebenes Gespräch?"*
- *„Es gibt kein objektives Verfahren, um Menschen zu beurteilen."*

Vorgesetzte sind oftmals nicht besonders interessiert daran, Beurteilungen abzugeben. Die Auseinandersetzung mit dem System, der Definition der Kriterien, deren Ausprägungen und eine entsprechende sachliche Argumentation fällt oft schwer. Hinzu kommt, dass vielen die Beurteilungsmaßstäbe nicht genügend vertraut sind. Das mindert die Bereitschaft laufende Beurteilungen abzugeben und diese zu verantworten. Der Vorgesetzte verlässt sich lieber auf seine vermeintliche Menschenkenntnis und sein „Bauchgefühl".

Auch vonseiten der Mitarbeiter wird die Beurteilung nicht nur positiv gesehen.

Bedenken vonseiten der Mitarbeiter :

- *„Die Beurteilung ist ein Eingriff in die Privatsphäre."*
- *„Die Beurteilung ist nicht objektiv, also immer subjektiv."*
- *„Die Beurteilung ist unverständlich."*
- *„Die Argumente und Begründungen sind an den Haaren herbeigezogen."*
- *„Die Ergebnisse der Beurteilung sind rein zufällig."*
- *„Das wird sowieso nicht offen besprochen."*

4.1.8 Wer beurteilt wen?

4.1.8.1 Mitarbeiterbeurteilung

Unter Mitarbeiterbeurteilung versteht man die Beurteilung der Mitarbeiter durch ihren unmittelbaren, direkten Vorgesetzten. Nur er ist in der Lage, ein korrektes Bild der Leistung und des Verhaltens des Mitarbeiters an seinem Arbeitsplatz aufzuzeigen.

Beurteilung der Mitarbeiter durch ihren unmittelbaren, direkten Vorgesetzten

Dem direkten Vorgesetzten sind sowohl die Anforderungen des jeweiligen Arbeitsplatzes als auch die zu setzenden Prioritäten bekannt. Er

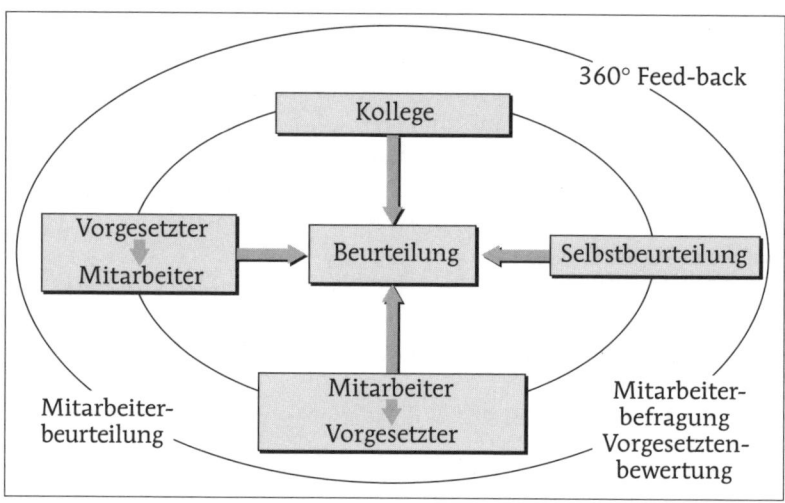

Abb. 4.2: Wer beurteilt wen?

kennt Aufgabeninhalte, Leistungsziele und die Verhaltensanforderungen an den Mitarbeiter. Er hat die Übersicht über die qualitative und quantitative Leistungserbringung seiner Mitarbeiter. Er soll dem Mitarbeiter durch seine Beurteilung offen legen, wie er dessen Leistung einschätzt und welche Entwicklungs- und Fördermaßnahmen in diesem Zusammenhang sinnvoll und wichtig sind. In der Regel wird die Beurteilung des Mitarbeiters durch den direkten Vorgesetzten dem nächsthöheren Vorgesetzten zur Kontrolle und Bereichsabstimmung vorgelegt. Bei Meinungsverschiedenheiten und Eskalationen übernimmt der nächsthöhere Vorgesetzte die Moderation und Vermittlung in erster Instanz. Weiterhin achtet er auf die Einhaltung der Regeln und die richtige Anwendung des Beurteilungsverfahrens.

4.1.8.2   Vorgesetztenbeurteilung/ Mitarbeiterbefragung

die Mitarbeiter beurteilen
ihren direkten Vorgesetzen

Im Rahmen der Vorgesetztenbeurteilung beurteilen die Mitarbeiter ihren direkten Vorgesetzen. Dies wird meistens in Form einer schriftlichen Umfrage durchgeführt. In einem unternehmensindividuellen Fragebogen können die Mitarbeiter ihre Führungskraft im Hinblick auf verschiedene Führungskriterien einstufen. In der Regel geht es hier um Führungskriterien wie Delegationsbereitschaft, Kommunikations- und Informationsverhalten, Förderung der Mitarbeiter, Konfliktverhalten, Entscheidungs- und Problemlösungsverhalten, Motivation und Zusammenarbeit. Den Kriterien sind Skalen zwischen 0 bis 6 zugeordnet oder Ausprägungen wie „immer", „zeitweise", „manchmal", „gar nicht", die der Mitarbeiter für seine Einstufung entsprechend ankreuzt. Die Bewertungen in den von den einzelnen Mitarbeitern ausgefüllten Bögen werden kumuliert und dem Vorgesetzten zur Verfügung gestellt.

In der Praxis findet eine Vorgesetztenbeurteilung in isolierter Form wenig Anwendung, sondern wird in der Regel in eine Mitarbeiterbefragung zu verschiedenen Themen mit eingebunden.

Die Befürworter der Vorgesetztenbeurteilung sehen die Vorteile darin, dass Führungsfehler schneller und frühzeitig erkannt werden. Dies ermöglicht schnelles Handeln. Weiterhin erhält der Vorgesetzte eine Rückmeldung, wie sein Führungsverhalten bei den Mitarbeitern angenommen oder abgelehnt wird und dadurch konkrete Ansatzpunkte, sein Führungsverhalten entsprechend zu korrigieren. Damit ist die Führungskraft auch in der Lage, sich selbst besser einzuschätzen. Die aktive Rolle des Mitarbeiters in der Gestaltung des Führungsverhältnisses ist sicherlich auch ein Pluspunkt.

Führungsfehler können schneller und frühzeitiger erkannt werden

Dagegen stehen auch Nachteile, die eine Vorgesetztenbeurteilung mit sich bringt. Problematisch könnte zum einen die fehlende Akzeptanz der Führungskräfte und deren Angst vor Konsequenzen sein. Eine viel größerer Schwierigkeit kann aber darin bestehen, dass die Mitarbeiter ihre Führungskräfte lediglich kurzfristig und gefühlsbetont einschätzen und deren Funktion, die Interessen des Unternehmens zu vertreten, nicht ausreichend genug berücksichtigen oder keine tiefer gehenden Zusammenhänge mit in ihre Beurteilungen einfließen lassen.

Im Sinne solcher Zusammenhänge müssen Führungskräfte oftmals auch „unpopuläre" Entscheidungen fällen und umsetzen, für die ihre Mitarbeiter wenig Verständnis haben. Beispielsweise sind die Ergebnisse der Mitarbeiterbeurteilung mit Sicherheit schlechter, wenn der Vorgesetzte im Vorfeld die Aufgabe hatte, verschiedene Abteilungen aufzulösen und sich von einer Anzahl von Mitarbeitern zu trennen, als wenn alles seinen gewohnten Gang geht und der Vorgesetzte Zeit für eine Tasse Kaffee, für einen Geburtstag etc. hat. Solche negativen Umstände würden eine Vorgesetztenbeurteilung in ein falsches Licht setzen und die Ergebnisse wären wenig aussagekräftig. Es ist also ganz entscheidend, in welchem zeitlichen und unternehmerischen Umfeld die Vorgesetztenbeurteilung stattfindet.

Es ist entscheidend, in welchem zeitlichen und unternehmerischen Umfeld die Vorgesetztenbeurteilung stattfindet

Weiterhin ist für das Gelingen einer Vorgesetztenbeurteilung eine unabdingbare Voraussetzung, dass das Unternehmen über eine offene Gesprächskultur verfügt, dass die Beurteiler – also die Mitarbeiter – durch Schulung lernen, mit dem Beurteilungssystem umzugehen und die oben angesprochenen Punkte voneinander zu trennen, dass die Mitarbeiter anonym bleiben und keine Einzelbeurteilungen publik werden. Es muss weiterhin sichergestellt sein, dass die abgegebenen Beurteilungen anonymisiert werden und die Vorgesetzten eine entsprechende Rückmeldung erhalten. Auch sie müssen über Fördermaßnahmen wie Führungstraining oder Coaching Entwicklungsmöglichkeiten erhalten. Eine Vorgesetztenbeurteilung kommt nur für größere Unternehmen in Betracht, wo jeder Vorgesetzte eine Anzahl von Mitarbeitern hat, sodass er das Ergebnis seiner Bewertung nicht personifizieren kann.

Es muss sichergestellt sein, dass die abgegebenen Beurteilungen anonymisiert werden

4.1.8.3   Das 360-Grad-Feedback

Eine weitere Form der Vorgesetztenbeurteilung ist das 360-Grad-Feedback, welches in letzter Zeit zunehmend als Instrument für die Rückmeldung gegenüber Führungskräften Anwendung findet.

Das 360-Grad-Feedback bei Führungskräften beinhaltet die Beurteilung der Führungskräfte von verschiedenen Seiten und Hierarchiestufen. Die Beurteilung erfolgt sowohl in horizontaler Sicht, als auch in vertikaler Sicht und verbindet aufgrund der Vielschichtigkeit der Anforderungen in Führungspositionen verschiedene Beurteilermeinungen miteinander. So fließen Eindrücke der Vorgesetzten, von Kollegen auf gleicher Führungsebene und der Mitarbeiter in die Beurteilung mit ein. Auch Eindrücke von Kunden oder anderen im Umfeld befindlichen Personen können involviert werden.

So erhält man ein umfassendes und facettenreiches Bild der Leistung und der Potenziale der Führungskraft. (siehe auch Kap. 4.4.2.1 Potenzialanalyse für Führungskräfte). Einseitige Einschätzungen, wie bei der Einschätzung der Vorgesetzten nur durch die Mitarbeiter, werden somit vermieden.

4.1.8.4   Kollegenbeurteilung

Wenn Mitarbeiter gleicher Ebene andere Mitarbeiter beurteilen, spricht man von einer Kollegenbeurteilung. Dies wird hauptsächlich in kleineren Arbeitsgruppen und Teams eingesetzt und auch anhand eines standardisierten Fragebogens durchgeführt. Die Beurteilungen werden anschließend gemeinsam in der Gruppe besprochen und ausgewertet. Sie ist kein Ersatz für die klassische Mitarbeiterbeurteilung. Ihr Ziel ist vielmehr die Reflexion einer gemeinsamen Arbeit und Leistung.

Ein Nachteil ist, dass durch die ständige Beobachtung das Arbeitsklima stark belastet werden kann. Weiterhin lässt sich die Beeinflussung der Beurteilungsergebnisse durch persönliche Beziehungen der einzelnen Gruppenmitglieder nicht verhindern. Auch hier ist die Tendenz zu Fehlurteilen sehr hoch. Aus diesem Grund ist die Kollegenbeurteilung nicht sehr verbreitet.

4.1.8.5   Selbstbeurteilung

Schätzt ein Mitarbeiter sich selbst ein, spricht man von einer Selbstbeurteilung des Mitarbeiters. Die Selbstbeurteilung entspricht der subjektiven Wahrnehmung des Mitarbeiters. Sie findet in der Praxis im Rahmen der Erstellung von Zeugnissen Anwendung. Der Mitarbeiter formuliert sein Zeugnis vor und diese Vorlage dient dem Arbeitgeber als Grundlage für das endgültige Zeugnis.

Die Selbstbeurteilung findet sich auch im klassischen Beurteilungsverfahren wieder. So wird der Mitarbeiter im Beurteilungsgespräch aufgefordert, seine eigene Leistung in Bezug auf die verschiedenen Kriterien einzuschätzen. So erfährt der Vorgesetzte, wie der Mitarbeiter sich und seine

Leistung sieht und kann darauf aufbauend seine eigene Einschätzung und die entstandenen Übereinstimmungen und Diskrepanzen mit dem Mitarbeiter besprechen. Auch in den Feedback-Gesprächen verschiedener Auswahlverfahren, wie Potenzialanalysen und Assessment-Center, wird der Beteiligte immer zuerst zur Selbsteinschätzung aufgefordert. So kann man Selbst- und Fremdbild aufeinander abstimmen und die Divergenzen klären. Ein weiterer Vorteil ist, dass der Mitarbeiter und der Vorgesetzte sich gleichermaßen auf das Gespräch vorbereiten können.

4.1.9 Formen der Beurteilung

4.1.9.1 Freie Beurteilung

Bei der freien Beurteilung ist die Auswahl der Beurteilungskriterien und die Festlegung der Ausprägung dem Beurteiler überlassen. Sie erfolgt durch verbale Beschreibung ohne Festlegung und Definition der Beurteilungsmerkmale und ohne Vorgabe der Bewertungs- und Gewichtungsstufen. Eine Form der freien Beurteilung ist das Beurteilungsgespräch, dem keine schriftliche Beurteilung vorausgegangen ist. Um größtmöglichen Nutzen aus dieser Form der Beurteilung zu ziehen, ist es sehr wichtig, das Gespräch entsprechend vorzubereiten und zu strukturieren.

keine vorgegebenen Beurteilungsmerkmale und Bewertungsstufen

Die andere Form der freien Beurteilung beinhaltet das schriftliche Formulieren der Beurteilung; allerdings in einer völlig freien Form. Der Vorteil liegt in der großen Differenzierungsbreite. Vom Beurteiler erfordert sie aber einen erheblichen Formalisierungsaufwand und sie ist in ihrer Aussagekraft weitgehend von den Wertemaßstäben und der sprachlichen Ausdrucksfähigkeit des Vorgesetzten abhängig. Die Ergebnisse unterschiedlicher Vorgesetzter sind nur begrenzt miteinander vergleichbar und schwierig auszuwerten. Eine freie Beurteilung findet in der Praxis Anwendung bei kleinen Gruppen und bei der Bewertung von Führungskräften.

4.1.9.2 Halbstandardisierte Beurteilung

Bei dieser Form der Beurteilung werden zwar die einzelnen Merkmale der Beurteilung vorgegeben, jedoch meistens ohne Merkmalsausprägungen und ohne Definition der Beurteilungsstufen. Die Beurteilungsmerkmale dienen daher lediglich als Anhaltspunkte für die Beschreibung der Leistung. Dieses Verfahren setzt voraus, dass die Führungskräfte ein gleiches Verständnis der einzelnen Merkmale haben, mit dem Beurteilungssystem souverän umgehen können und Erfahrung im Führen von Beurteilungsgesprächen haben.

keine Angabe von Merkmalsausprägungen

4.1.9.3 Standardisierte/Gebundene Beurteilung

Bei der standardisierten Beurteilung werden zum einen die einzelnen Merkmale vorgegeben, nach denen die Leistungen und das Leistungsverhalten des Mitarbeiters beurteilt werden und andererseits die einzelnen

Beurteilungsstufen genau definiert, die die Ausprägungen der einzelnen Kriterien kennzeichnen.

Die standardisierte Form der Beurteilung ist einfach zu handhaben

Diese Form der Beurteilung hat verschiedene Vorteile. Sie ist wesentlich einfacher zu handhaben als die freie Beurteilung. Die vorgegebenen Merkmale und Stufen lenken den Vorgesetzten. Sie helfen, die Subjektivität der Beurteilung einzuschränken. Sie lenken alle Vorgesetzten in die gleiche Richtung. Die Anzahl der Beurteilungskriterien ist für alle Vorgesetzten gleich. Durch die klare Definition der Beurteilungsmerkmale sowie die Einheitlichkeit und Vergleichbarkeit der Kriterien schafft sie eine gute Voraussetzung, allgemein verbindliche Ergebnisse für personalpolitische Entscheidungen auszuweisen. Die Auswertung der standardisierten Beurteilung ist nicht nur einfacher und zeitsparender als die der ungebundenen Varianten, sondern durch ihre Vergleichbarkeit auch aussagekräftiger. Deshalb findet dieses Verfahren vor allem in größeren Unternehmen Anwendung.

4.2 Zielorientierte Mitarbeiterbeurteilung – Zielerreichungskontrolle

Bei der zielorientierten Mitarbeiterbeurteilung stehen die gesetzten Ziele und deren Erreichung im Mittelpunkt. Die Ziele wurden im Rahmen der Zielvereinbarung (siehe Kap. 1 und 2) mit dem Mitarbeiter individuell vereinbart. Sie wurden aus den Unternehmenszielen abgeleitet und im Rahmen des Zielvereinbarungsgespräches gemeinsam besprochen. Als Synonym für das zielorientierte Beurteilungsgespräch wird in der Praxis der Ausdruck **Zielerreichungsgespräch** verwendet. Es erfolgt turnusmäßig und soll zusammenfassend eine Bewertung über Grad und Maß der Zielerreichung leisten.

zielorientiertes Beurteilungsgespräch = Zielerreichungsgespräch

Die Grundlagen der Zielvereinbarung und mögliche Inhalte des Zielvereinbarungsgespräches sind im Kapitel 2 „Ziele vereinbaren" dargestellt.

4.2.1 Leistungsstandards festlegen

Zur Überprüfung der Zielerreichung müssen Leistungsstandards festgeschrieben werden, die eine Einschätzung über die Zielerreichung des Mitarbeiters erlauben. Ebenso wie in der Mitarbeiterbeurteilung Kriterien zur Beurteilung festgelegt werden, so müssen für die Überprüfung der Zielerreichung Kriterien (Leistungsstandards) festgelegt werden.

Kriterien für die Beurteilung des Grades der Zielerreichung

Diese werden gemeinsam mit dem Mitarbeiter in der Zielvereinbarung festgelegt. Ein Beispiel:

Der Sachbearbeiter macht seine Arbeit gut, wenn …

quantitatives Ziel: *… er 50 Anträge pro Tag bearbeitet.*

qualitatives Ziel: *… er die neuen Mitarbeiter einarbeitet.*

Weitere Dimensionen können in die Leistungsstandards eingebunden werden:

Der Mitarbeiter hat sein Ziel erreicht, wenn ...

Zeitfenster: *... er die Aufgabe XY bis zum ... erledigt hat.*

Art und Weise der
Aufgabenerfüllung: *... er XY anwendet , erledigt, einsetzt.*

Methode: *... er unter Anwendung ... von ...*

Die Formulierung dieser Leistungsstandards ist sehr zeitintensiv. Deshalb sollte man sich auf eine dreistufige Skalierung beschränken. Die Bewertung der Zielerreichung des Mitarbeiters erfolgt im Vergleich zu den vereinbarten Zielen.

Die Bewertung der Zielerreichung wird dem Mitarbeiter in einem Zielerreichungsgespräch vermittelt.

dreistufige Skalierung

4.2.2 Tipps für das Zielerreichungsgespräch

So wirkt Ihr Zielerreichungsgespräch motivierend:

- Planen Sie den Termin rechtzeitig und verbindlich.
- Überfallen Sie Ihren Mitarbeiter nicht.
- Nehmen Sie sich für das Gespräch die notwendige Zeit.
- Verwenden Sie die Dokumentation des Zielvereinbarungsgesprächs wie eine Checkliste.
- Machen Sie sich zu jeder Zielformulierung Notizen, zeichnen Sie auch Beobachtungen und Verhaltensweisen auf, begründen Sie diese.
- Arbeiten Sie zunächst die Stärken des Mitarbeiters heraus.
  - Wurde das Ziel erreicht?
  - Wie wurde es umgesetzt?
- Erst anschließend sollten Sie sich den Schwächen widmen:
  - Welche Leistungen sind zu verbessern?
  - Welchen konkreten Beitrag kann die Personalführung zur Verbesserung leisten?

Nicht jede Abweichung von der Zielvereinbarung hat ihre Ursache notwendig im Leistungsverhalten Ihres Mitarbeiters. Eine Vielzahl von betriebsinternen und betriebsexternen Faktoren beeinflusst das Leistungsergebnis des Mitarbeiters.

4.2.3 Zwischen Zielvereinbarung und Zielerreichung

Diese Phase des „Führungsalltags" ist entsprechend den allgemeinen Führungsrichtlinien zu gestalten. Die Führungskraft „lässt" ihren Mitarbeiter hier zwar „los", jedoch ist sie nicht der Aufgabe der Rückmeldungen, des Feedbacks und der Zwischenkontrolle (siehe auch Kapitel 3 „Loslassen und Rückmeldungen geben") entbunden.

Die Ziele dürfen im
Tagesgeschäft nicht in
Vergessenheit geraten

Die Ziele dürfen im Tagesgeschäft nicht in Vergessenheit geraten, Abweichungen und aktuelle Besonderheiten müssen unverzüglich kommuniziert werden. Kurze Feedback-Gespräche über den aktuellen Stand der Dinge sollten regelmäßig stattfinden. Auch zufällige Kontakte kann die Führungskraft zum Austausch über den Stand der Zielerrreichung nutzen.

Damit signalisiert die Führungskraft zum einen Interesse am Mitarbeiter und seiner Zielrealisierung und drückt andererseits aus, dass die mit dem Mitarbeiter (vielleicht schon vor längerer Zeit) getroffenen Zielvereinbarungen nichts an Aktualität verloren haben. In regelmäßigen Gesprächen sollten die Mitarbeiterziele in einem permanenten Abstimmungsprozess zwischen Mitarbeitern und Vorgesetzten thematisiert werden. Nur so können Probleme so frühzeitig wie möglich erkannt und Fehler korrigiert werden.

4.2.4 Vorteile der zielorientierten Mitarbeiterbeurteilung

Global arbeitende Unternehmen setzen zielorientierte Mitarbeiterbeurteilungen, vor allem bei Führungskräften, bereits weltweit ein. Folgende Vorteile ghen damit einher:

- Die Beurteilungen finden rein aufgabenbezogen statt.
- Durch eindeutige Ziele und Leistungsstandards gibt es auch eindeutige Bezugsgrößen.
- Die Leistung des Mitarbeiters kann objektiv eingestuft werden.
- Der Mitarbeiter kennt die Anforderungen.
- Es gibt eindeutige Leistungsmaßstäbe.
- Durch den konkreten und rein inhaltlichen Bezug zum Arbeitsplatz liefert die zielorientierte Mitarbeiterbeurteilung zuverlässige, arbeitsplatzbezogene Informationen.
- Stärken und Schwächen des Mitarbeiters sind erkennbar.
- Die Kommunikation zwischen Vorgesetztem und Mitarbeiter wird durch die regelmäßig stattfindenden Gespräche intensiviert.

4.3 Beurteilungsverfahren

4.3.1 Voraussetzungen für die Einführung
eines Beurteilungssystems

Am Anfang steht zunächst einmal die Einführung eines Beurteilungssystems. Folgende Punkte entscheiden über den Erfolg:

- Akzeptanz bei Führungskräften und Mitarbeitern als zentraler Punkt,
- Praktikabilität des Verfahrens,
- Objektivität des Verfahrens,
- Zuverlässigkeit des Verfahrens,
- Gültigkeit des Verfahrens.

4.3.2　Die Einführung eines Beurteilungsverfahrens

Die Einführung eines Beurteilungsverfahrens beinhaltet folgende Prozess-Schritte:

- Erarbeitung einer Beurteilungskonzeption durch eine betriebliche Projektgruppe/externen Berater,
- Diskussion des Beurteilungskonzeptes mit Betriebsleitung und Führungskräften,
- Beteiligung des Betriebsrates,
- Entscheidung über das Beurteilungsverfahren im Einvernehmen mit dem Betriebsrat,
- Information der Mitarbeiter (Betriebsversammlung, Rundbrief, Schwarzes Brett etc.),
- Schulung der Vorgesetzten (Beurteiler),
- Durchführung der Beurteilung mit Erstellung des Beurteilungsbogens und Führung der Beurteilungsgespräche,
- Auswertung der Beurteilungsergebnisse.

4.3.2.1　Akzeptanz bei Führungskräften und Mitarbeitern

Die Akzeptanz des Beurteilungssystems bei Beurteilern und Mitarbeitern ist die Grundvoraussetzung für den Erfolg eines Beurteilungssystems. Die Notwendigkeit, diese Akzeptanz zu schaffen, resultiert schon aus der Tatsache, dass Beurteilungen in der Regel von den Mitarbeitern zunächst als bedrohlich und nicht als unterstützend empfunden werden und dass vonseiten der Vorgesetzten die Abgabe von Beurteilungen ebenfalls nicht als wünschenswerte Aufgabe empfunden wird.

In der Regel stoßen Beurteilungen bei Mitarbeitern und Führungskräften zunächst einmal auf Ablehnung

Vorgesetzte empfinden Beurteilungen als belastend, da diese einen Mehraufwand an Zeit, Kommunikation, Auseinandersetzung etc. bedeuten und die Beziehung zum Mitarbeiter negativ beeinflussen können. Eine abwehrende Haltung von Vorgesetzten und Mitarbeitern führt dazu, dass die Zweckerfüllung der Beurteilung in Frage gestellt wird. Im Falle der Ablehnung können Beurteilungen schlimmstenfalls sogar dazu führen, dass sich Kommunikation und Leistungstransparenz nicht verbessern, sondern grundlegend verschlechtern, weil alle Beteiligten „mauern".

Der Grundgedanke der Beurteilung – Förderung der Mitarbeiter zur Leistungsverbesserung und -entwicklung – kann nur umgesetzt werden, wenn Führungskräfte und Mitarbeiter auch dazu motiviert sind. Lehnen Vorgesetzte und Mitarbeiter das Beurteilungssystem dagegen ab, ist kaum eine offene Diskussion über Möglichkeiten der Leistungssteigerung und Entwicklungsmöglichkeiten zu erwarten. Dies bedeutet:

IM VORFELD DER EINFÜHRUNG EINES BEURTEILUNGSSYSTEMS MUSS EINE UMFASSENDE AUFKLÄRUNG UND INFORMATION ALLER MITARBEITER ERFOLGEN, UM DIE AKZEPTANZ UND MOTIVATION DER HANDELNDEN PERSONEN SICHERZUSTELLEN.

4.3.2.2   Praktikabilität des Beurteilungsverfahrens

Der Beurteilungsaufwand sollte auf ein vertretbares Maß festgelegt werden, um die Führungskräfte nicht mit der Durchführung des Beurteilungsverfahrens zu überfordern. Es muss im betrieblichen System praktikabel, also anwendbar sein. Dies bedeutet, dass die meisten in der Praxis verwendeten Beurteilungsverfahren ein Kompromiss aus

Kompromiss aus inhaltlichem Anspruch und Kosten- und Nutzenrelation

- inhaltlichem Anspruch
- Kosten- und Nutzenrelation

darstellen.

Um den Beurteilungsaufwand in einem vertretbaren Rahmen zu belassen, werden in der Praxis gewöhnlich die Beurteilungskriterien begrenzt. Da eine angemessene Auswahl der Merkmale allerdings eine wesentliche Voraussetzung für die objektive Beurteilung ist, müssen diese vollständig, klar formuliert und eindeutig voneinander unterscheidbar sein sowie die Anforderungen in der Gesamtheit erfassen. Entscheidend für die konkrete Ausgestaltung des Beurteilungssystems sind das Ziel und der Zweck des Verfahrens.

Die objektive Vergleichbarkeit ist besonders wichtig

Die objektive Vergleichbarkeit ist besonders wichtig, wenn die Beurteilungen die Grundlage für Lohndifferenzierungen oder leistungsabhängige Entgeltbestandteile sind. Diese Vergleichbarkeit muss nicht nur zwischen den Beurteilungen der einzelnen Vorgesetzten, sondern auch für die Bereiche und für das gesamte Unternehmen sichergestellt werden. Dabei ist die Vergleichbarkeit naturgemäß durch die verschiedenen Anforderungen an den verschiedenen Arbeitsplätzen eingeschränkt. Der Umgang mit den Beurteilungskriterien in Bezug auf die unterschiedlichen Anforderungsprofile der verschiedenen Arbeitsplätze unter Anwendung eines standardisierten Beurteilungsverfahrens muss daher von den Beurteilern professionell beherrscht werden. Dies sollte unbedingt in einem Beurteilungstraining geübt werden.

Liegt der Zweck des Beurteilungsverfahrens dagegen in erster Linie in einer zukunftsorientierten Verbesserung der Motivation und Förderung der Mitarbeiter sowie der Entwicklung von gezielten Weiterbildungskonzepten, so sind nicht ganz so strenge Verfahrensvorschriften anzuwenden. Hier tritt die individuelle Beratung und die Verständigung zwischen Vorgesetzten und Mitarbeitern in den Vordergrund.

Wichtig für die Praktikabilität eines Beurteilungsverfahrens ist nicht zuletzt, dass es so aufgebaut und formuliert ist, dass es von Menschen eingesetzt und gehandhabt werden kann, die in der Regel nicht über weiterführende psychologische Kenntnisse verfügen.

4.3.2.3   Objektivität des Beurteilungsverfahrens

emotionale Urteile vermeiden

Fehlurteile entstehen am häufigsten durch Mangel an Objektivität. Beurteiler lassen oft ihre Emotionen, Hoffnungen, Stimmungen und Einstellungen mit in die Beurteilung einfließen. Um objektiv beurteilen zu können, muss der Vorgesetzte in der Lage sein, seine Stimmungen und

Einstellungen von den Fakten zu trennen und die vorgebrachten Begründungen sachlich zu beweisen bzw. durch Beispiele zu belegen. Ein wesentliches Hilfsmittel dabei ist der standardisierte Beurteilungsbogen, der Hilfestellungen zur Begründung gefundener Beurteilungen dem Vorgesetzten an die Hand gibt.

Eine völlige Objektivität ist nicht zu erreichen, da jeder Wahrnehmungsprozess von Erwartungen, Einstellungen, Idealen gekennzeichnet ist. Die Erwartungshaltung des Vorgesetzten wird sich in seinem Verhalten gegenüber dem Mitarbeiter niederschlagen und damit wird der Mitarbeiter zu einem Verhalten angehalten, welches die Erwartungshaltung seines Vorgesetzten bestätigt und damit noch verstärkt. Dies muss sich der Beurteiler klarmachen, dann wird er in der Lage sein, seine Erwartungen immer wieder zu überprüfen und möglichst objektiv den Mitarbeiter zu beurteilen.

Diese Gefahr subjektiv verfälschter Beurteilungen kann verringert werden, wenn der Beurteiler

Möglichkeiten der Verhinderung subjektiver Urteilsbildung

- sich die möglichen Fehlerquellen und Möglichkeiten zu ihrer Vermeidung bewusst macht,
- die Leistungen und Verhaltensweisen des Mitarbeiters regelmäßig beobachtet und
- die Leistungen der Mitarbeiter nur im Hinblick auf die zu erfüllenden Anforderungen des Arbeitsplatzes beurteilt.

Das bedeutet, der Beurteiler muss ständig bemüht sein, die Qualität und die Quantität seiner Beobachtungen zu steigern, er sollte seine Mitarbeiterbeurteilung nicht vorschnell oder emotional belastet vornehmen und auch in der Lage sein, sich selbst in Frage zu stellen und er muss im Beurteilungsgespräch dem Mitarbeiter die Gelegenheit geben, seine Beurteilung und die zugrunde gelegten Fakten nachzuvollziehen.

4.3.2.4 Zuverlässigkeit des Beurteilungsverfahrens

Unter Zuverlässigkeit versteht man, wenn unter der Voraussetzung des gleichen Beurteilungssystems verschiedene, von einander unabhängige Beurteilungen zu dem selben Ergebnis führen. Abweichungen entstehen lediglich durch die Verschiedenheit der zu beurteilenden Mitarbeiter, nicht aber durch Veränderungen im System.

Wichtig ist insbesondere für die Führungskräfte/Beurteiler:

- **Verwendung eines einheitlichen Maßstabes**

  Dies bedeutet, dass sich die Beurteiler über den Maßstab einig sein müssen und diesen auch entsprechend auf alle zu Beurteilenden gleich anwenden. Eine besondere Rolle kommt dabei dem nächsthöheren Vorgesetzten zu, der die Beurteilungen kontrolliert und koordiniert. Eine zuverlässige und leistungsgemäße Beurteilung der einzelnen Mitarbeiter kann nur sichergestellt werden, wenn in der gesamten Organisationseinheit gleiche Maßstäbe verwendet werden.

Nur die Anwendung einheitlicher Maßstäbe gewährleistet die Objektivität der Beurteilung

- **Treffen einer Beurteilung, die von vorangegangenen Beurteilungen unabhängig ist**

  Das alleinige „Maß" der Beurteilung ist das aktuelle Anforderungsprofil des jeweiligen Arbeitsplatzes, von dem sich die einzelnen Beurteilungskriterien ableiten lassen. Ausgehend von dieser verbindlichen Grundlage werden die individuellen Beurteilungen einzelner Mitarbeiter dann entsprechend unterschiedlich ausfallen.

4.3.2.5 Gültigkeit der Ergebnisse

Erfasst das Beurteilungssystem alle Merkmale, die es erfassen soll?

Von Gültigkeit spricht man, wenn ein Beurteilungssystem alle Merkmale erfasst, die es erfassen soll. Dies kann durch eine genaue Arbeitsplatzbeschreibung bzw. Anforderungsprofilbeschreibung mit einer angemessenen Gewichtung (Priorisierung) der einzelnen Beurteilungsgesichtspunkte entsprechend ihrer Bedeutung im Rahmen der Tätigkeiten gewährleistet werden.

4.3.3 Phasen des Beurteilungsverfahrens

Jedes Beurteilungsverfahren ist in verschiedene Phasen unterteilt.

Die sieben Phasen des Beurteilungsverfahrens

Phase 1: Festlegung von Beurteilungskriterien
Phase 2: Priorisierung der Beurteilungskriterien entsprechend den Anforderungsprofilen der zu beurteilenden Mitarbeiter
Phase 3: Beobachten und Beschaffung von Informationen
Phase 4: Bewertung der Daten
Phase 5: Erstellung der Beurteilung
Phase 6: Beurteilungsgespräch mit dem Mitarbeiter
Phase 7: Dokumentation und Archivierung der Beurteilungsergebnisse

---

Phase 1: Festlegung von Beurteilungskriterien

Welche Kriterien werden den Besonderheiten des jeweiligen Arbeitsplatzes gerecht?

Im ersten Schritt müssen die Beurteilungskriterien festgelegt werden. Diese müssen alle wichtigen Merkmale erfassen, dürfen aber nicht zu umfangreich sein, um die Anwendung der Kriterien nicht unnötig zu erschweren. Die Beurteilungskriterien können z.B. aufgegliedert werden in:

- Kontaktverhalten internen und externen Kunden gegenüber,
- Soziales Verhalten und Zusammenarbeit,
- Quantität der Arbeit,
- Qualität der Arbeit,
- Persönlicher Einsatz, Engagement, Belastbarkeit, Selbstständigkeit,
- Effizienz, Wirtschaftlichkeit und Kosten-Nutzenbewusstsein,
- Führungsverhalten.

Da jeder Mensch sich etwas anderes unter den oben genannten Begrifflichkeiten vorstellt, ist es wichtig, die Merkmale nicht nur zu benennen, sondern auch zu umschreiben und mit Inhalt zu füllen, damit alle sich unter dem jeweiligen Merkmal auch annähernd das Gleiche vorstellen und die Beurteiler in gleicher Weise auch die gleichen Merkmale annähernd gleich bewerten können.

Merkmale der Kriterien inhaltlich festlegen

Die einzelnen nun in Folge aufgeführten beispielhaften Beurteilungskriterien müssen selbstverständlich unternehmensspezifisch angepasst oder aufbereitet werden. Ein Dienstleistungsunternehmen definiert seine Beurteilungskriterien (bzw. seine Subkriterien und Fragestellungen) anders als ein produzierendes Unternehmen.

Kontaktverhalten internen und externen Kunden gegenüber

Definition: Die Art und Weise der Zusammenarbeit und die Gestaltung der Kontakte mit internen und externen Kunden durch den Mitarbeiter. Eine wesentliche Rolle dabei spielen:

Wie ist die Qualität des Umgangs mit Kunden?

- das Informationsverhalten über tatsächliche und potenzielle Kunden
- das Ausrichten des eigenen Handelns an den Marktgegebenheiten und Bedürfnissen des Kunden
- die Beobachtung des Marktes und der Konkurrenz
- das Bestreben, dem Kunden die gewünschten Produkte/Dienstleistungen in sehr guter Qualität zu bieten und ihm dabei den Umgang und Kontakt mit dem Unternehmen so angenehm wie möglich zu machen (serviceorientiertes Verhalten: „Informationspolitik", Termintreue, Beachtung des größtmöglichen Kundennutzens etc.).

Beispiele für Subkriterien und hier mögliche Fragestellungen:

- Geht der Mitarbeiter auf Kunden zu, fragt er nach ihren Wünschen?
- Reagiert der Mitarbeiter schnell, freundlich und flexibel?
- Wie verhält er sich bei Beschwerden und Reklamationen?
- Bringt er Kundenwünsche und Unternehmensziele in Einklang?
- Argumentiert er aus Kundensicht?
- Ist er in der Lage, sich in den Kunden hineinzuversetzen (Perspektivenwechsel)?
- Informiert er sich über Markt, Konkurrenz, Kunden?
- Entspricht sein Wissen dem aktuellen Stand?
- Bemüht der Mitarbeiter sich um Einhaltung der Qualitätsansprüche?

Soziales Verhalten und Zusammenarbeit

Definition: Unter Zusammenarbeit versteht man die Art und Weise, auf die der individuelle Beitrag eines Mitarbeiters zur Gesamtleistung zustande kommt. Eine wesentliche Rolle spielen dabei:

Welchen Beitrag steuert der Einzelne zur Gesamtleistung bei?

- die Bereitschaft und Fähigkeit auf andere Menschen zuzugehen, Kontakte zu knüpfen und mit anderen sachlich zusammenzuarbeiten,

- die Respektierung anderer Bereiche (keine Ausweitung des eigenen Aufgabenbereiches auf Kosten anderer),
- die Kommunikations- und Informationstätigkeit, d.h. die Aufrechterhaltung des für die Zusammenarbeit erforderlichen Informationsflusses und Kommunikationsbedarfs,
- die Art und Weise des Umgangs miteinander (Hilfsbereitschaft, Korrektheit, Höflichkeit und Anstand, Verträglichkeit, Anerkennung von Kritik und die Bereitschaft zuzuhören und andere Menschen und Meinungen ernst zu nehmen).

Beispiele für Subkriterien und mögliche Fragestellungen:

- Ist die Bereitschaft zur sachlichen Zusammenarbeit vorhanden?
- Integriert sich der Mitarbeiter ins Team?
- Übernimmt der Mitarbeiter Anregungen, Ideen?
- Wie arbeitet der Mitarbeiter bei gemeinsamen Problemlösungen?
- Werden Menschen, Delegationsbereiche, Meinungen und Beiträge respektiert?
- Werden Erfahrungen ausgetauscht? Wird Wissen weitergegeben?
- Werden Unterlagen weitergegeben und für andere nutzbar gemacht?
- Entspricht das Verhalten nach außen und innen den allgemein üblichen Umgangsformen?
- Wie geht der Mitarbeiter mit Kritik um?
- Wie verhält er sich in Konfliktfällen?
- Unterstützt er andere und bietet seine Hilfe an?
- Wie kommuniziert er? Drückt er sich klar, deutlich und differenziert aus?
- Wie verhält er sich in Diskussionen, Verhandlungen und Sitzungen?
- Wie präsentiert er sich selbst?

Quantität der Arbeit

Innerhalb welcher Zeit wird welche Arbeit bewältigt?

Definition: Unter Quantität versteht man die Arbeitsmenge je Zeiteinheit bzw. die für eine bestimmte Arbeit benötigte Zeit.

Die Beurteilung erfolgt grundsätzlich am Arbeitsergebnis (Menge, aufgewendete Zeit usw.). Ist dies nur bedingt möglich, sind Einsatz (Fleiß, physischer Aufwand) und Wirkung (Wirksamkeit, Geschicklichkeit) zu beurteilen. Auch die Terminierung von Aufgaben kann durch dieses Kriterium erfasst werden.

Beispiele für Subkriterien und mögliche Fragestellungen:

- Wieviel Zeit wird für die Ausführung einer bestimmten Aufgabe benötigt (Richtzeiten, Erfahrungswerte, individuelle Vorgaben)?
- Wie groß ist der gezeigte Einsatz (Fleiß, physischer Aufwand)?
- Wie groß ist die Wirkung (Wirksamkeit, Geschicklichkeit, Nutzen)?
- Wieviel Zeit wird für die Lösung eines Problems benötigt?
- Wieviel Zeit wird für eine erstmalige Arbeitsausführung benötigt?

- Wieviel Zeit für Wiederholungen oder Verbesserungen?
- Wie teilt sich der Mitarbeiter die Zeit ein?
- Wie rasch wird eine Routine erarbeitet?
- Gibt es vermeidbare Zeitverluste?
- Wird die Zeit sinnvoll genutzt (z.B. bei Arbeitsunterbrechungen)?
- Ist die Quantität unter Druck und bei monotonen Arbeiten gleichbleibend?
- Werden vereinbarte Termine (z.B. Bereitstellung von Zahlenmaterial, Bereinigung von Unterlagen, Kundentermine usw.) eingehalten?
- Werden periodisch vorkommende Routinearbeiten fristgemäß durchgeführt?

Qualität der Arbeit

Definition: Unter Qualität versteht man die Güte eines Arbeitsergebnisses hinsichtlich seines Verwendungszweckes.

Wie effizient und wirtschaftlich arbeitet der Mitarbeiter?

Qualität ist kein Selbstzweck an sich, sondern sollte in Hinblick auf die Eignung eines Arbeitsergebnisses für den vorgesehenen Verwendungszweck verstanden werden – also im Sinne der Effizienz und Wirtschaftlichkeit der Erbringung einer Leistung. Ist die Beurteilung von Qualität am Arbeitsplatz schwierig, so sind Sorgfalt, Zuverlässigkeit, Gewissenhaftigkeit usw. wichtige Beurteilungshilfen. Bei komplexen Aufgaben sind auch qualitative Zielsetzungen (siehe Zielvereinbarungen und Zielerreichungen) einsetzbar.

Beispiele für Subkriterien und mögliche Fragestellungen:

- Entspricht die Problemlösung der Aufgabenstellung?
- Entspricht das Arbeitsergebnis bzw. die Arbeitsausführung der Aufgabenstellung?
- Wird die Aufgabenstellung sinnvoll umgesetzt?
- Werden neue Lösungen gesucht?
- Werden alle Problemaspekte erfasst und richtig eingeschätzt?
- Wie wird optimale Wirtschaftlichkeit sichergestellt?
- Wie sorgfältig, gewissenhaft und zuverlässig wird die Arbeit durchgeführt?
- Wird die Problemlösung zweckmässig dargestellt und ausreichend begründet?
- Werden fachliche Entscheidungen getroffen?
  Mit welcher Qualität?
- Werden Qualitätsnormen eingehalten und sichergestellt?
- Welche Beanstandungen am Ergebnis gibt es?
- Welche Fehler sind passiert?
- Werden unbrauchbare Arbeitsergebnisse vorgelegt?
- Wie genau müssen die Arbeitsergebnisse kontrolliert werden?
- Wie oft müssen die Arbeitsergebnisse kontrolliert werden?
- Wie prozessorientiert sind die Lösungen?

Persönlicher Einsatz, Engagement, Belastbarkeit und Selbstständigkeit

Wie engagiert und selbst-ständig ist der Mitarbeiter?

Definition: Das selbstständige und aktive Einbringen der einzelnen Person unabhängig von Überwachung und Anleitung durch andere.

Dazu gehört das Lösen der übertragenen Aufgaben sowie die dafür aufgebrachte Zeit- und Wissensinvestition vonseiten des Mitarbeiters unter ökonomischen Gesichtspunkten.

Beispiele für Subkriterien/Mögliche Fragestellungen:

- Werden Aufgaben aus eigenem Antrieb aufgegriffen und vorangetrieben?
- Wie schnell stellt sich der Mitarbeiter auf veränderte Situationen und Bedingungen ein?
- Werden unter erschwerten Bedingungen gleichbleibende Leistungen erbracht?
- Trägt der Mitarbeiter zur Optimierung im eigenen Arbeitsbereich bei?
- Wird Verantwortung übernommen?
- Gibt er nicht zu schnell auf, sondern „beißt" sich durch?
- Wird auch unter erhöhtem Leistungs- und Zeitdruck organisiert gearbeitet?
- Weiß der Mitarbeiter seine Handlungsspielräume zu nutzen?

Effizienz, Wirtschaftlichkeit und Kosten-Nutzenbewusstsein

Handelt der Mitarbeiter wirtschaftlich?

Definition: Unter Effizienz versteht man den wirtschaftlichem Einsatz materieller und personeller Mittel.
Dies beinhaltet im Einzelnen

- den zweckmäßigen und sorgfältigen Umgang,
- den sinnvollen Einsatz und die
- optimale Nutzung

aller verfügbarer Ressourcen.

Ressourcen sind: Gebäude, Anlagen, Energie, Maschinen und Apparaturen, Geräte und Werkzeuge, arbeits- und fachtechnische Unterlagen, Hilfs- und Verbrauchsmaterial etc. Personelle Mittel sind betriebseigene oder fremde Mitarbeiter, Berater oder Sachverständige, die in die Aufgabenstellung involviert sind oder gegebenenfalls involviert werden können.

Beispiele für Subkriterien und mögliche Fragestellungen:

- Werden alle sinnvollen arbeits- und fachtechnischen Unterlagen zur Lösung der Aufgaben herangezogen?
- Werden Informationen zu Problemen beschafft und verwendet?
- Wird durch den Einsatz von Hilfsmitteln die Aufgabe preiswerter oder schneller gelöst?
- Wird durch den Einsatz von Hilfsmitteln die Aufgabe qualitativ besser gelöst?

- Erfolgt die Bedienung/der Umgang mit Geräten etc. entsprechend den Vorschriften, Anweisungen und technischen Standards?
- Wird auf den Werterhalt der Ressourcen geachtet, z.B. Säuberung, Reparatur, Wartung, etc.?
- Werden Fehler und Störungen rechtzeitig weitergegeben?
- Werden die im Unternehmen vorhandenen Kompetenzen im ausreichenden Umfang genutzt (Fachstellen, Kollegen, etc.)?
- Wird bei Schwierigkeiten und Problemen Unterstützung gesucht und angenommen?
- Wird durch Hinzuziehen von interner und externer Fachkompetenz ein besseres Ergebnis erzielt?

Führungsverhalten

Definition: Unter Mitarbeiterführung versteht man die Fähigkeit des Vorgesetzten, den Mitarbeitern Orientierungen vermitteln zu können, sie für die Ziele des Unternehmens und für ihre Tätigkeit und deren Inhalte zu begeistern und zu verpflichten.

Dazu gehört insbesondere die sachliche Führungstätigkeit in Form von Planen, Organisieren, Kontrollieren und Entscheidungen treffen. Weiterhin ist das persönliche Führungsverhalten in Form von Überzeugungskraft, Vorbildfunktion und dem Willen und der Fähigkeit, Verantwortung für unternehmerische Entscheidungen zu übernehmen, gefragt. Des Weiteren umfasst die Mitarbeiterführung die Fähigkeit und nicht zuletzt auch den Willen zur Delegation von Aufgaben und Verantwortlichkeiten. Die Führungskraft koordiniert die Aktivitäten der Mitarbeiter, definiert die Verantwortungsbereiche und integriert sie ins Team. Sie definiert Handlungsspielräume des Mitarbeiters, um seine Leistung gestalten zu können und gibt ihm kontinuierliche konstruktive Rückmeldungen über seine Arbeitsergebnisse. Sie fördert die Weiterentwicklung des Mitarbeiters und achtet auf seine Fähigkeiten und Potenziale und bespricht mit ihm die daraus für ihn entstehenden Chancen.

Beispiele für Subkriterien und mögliche Fragestellungen:

- Formuliert die Führungskraft klar ihre Erwartungen?
- Setzt die Führungskraft realistische Ziele?
- Werden den Mitarbeitern angemessene Handlungsspielräume übertragen?
- Werden die Mitarbeiter zur Verantwortungsübernahme und selbstständigem Handeln angeregt bzw. dazu hingeführt?
- Bringt die Führungskraft dem Mitarbeiter Wertschätzung und Vertrauen entgegen?
- Werden die Mitarbeiter motiviert?
- Werden Erfolge gemeinsam geteilt?
- Wird regelmäßig über Arbeitsleistungen gesprochen?

- Werden konkrete Handlungsschritte zur Ergebniskontrolle festgelegt?
- Weiß der Mitarbeiter, wo er steht?
- Werden die Führungsinstrumente im Sinne des Unternehmens und der Führungskultur eingesetzt und gelebt?
- Werden Potenziale der Mitarbeiter erkannt und gefördert?
- Werden Aufgaben entsprechend den Kompetenzen verteilt?
- Engagiert sich die Führungskraft für ihre Mitarbeiter?
- Werden die Mitarbeiter entsprechend ihren Fähigkeiten und Kompetenzen eingesetzt?
- Wie geht die Führungskraft mit Konflikten, Kritik und Rückdelegation um?
- Wird die Kompetenz der Mitarbeiter in Form von eingebrachten Ideen von der Führungskraft optimal genutzt?
- Werden Informationen an die Mitarbeiter in ausreichendem Maße und in angebrachter Art und Weise weitergegeben?
- Werden die Mitarbeiter bei der Beseitigung von Schwachstellen unterstützt? Und wie?
- Werden die Interessen des Unternehmens gegenüber den Mitarbeitern vertreten?
- Werden die Interessen der Mitarbeiter dem Unternehmen gegenüber von der Führungskraft vertreten?

Phase 2: Merkmale entsprechend dem Anforderungsprofil priorisieren

Welche vorrangigen und welche nachrangigen Aufgaben sieht die Stellenbeschreibung vor?

Auf der Basis der Beurteilungskriterien wird nun ein stellenspezifisches Anforderungsprofil für den jeweils in Frage stehenden Mitarbeiterarbeitsplatz erstellt. Zu diesem Zweck werden die entsprechenden Merkmale in eine Prioritätenfolge gebracht. Die höchste Priorität haben die Merkmale der Priorität A. Geringste Priorität haben die Merkmale mit der Priorität C.

Regeln für die Priorisierung

- Zu beachten ist, dass ein Merkmal mit Priorität A nicht etwa dreimal so wichtig ist wie ein Merkmal mit der Priorität C. Die Priorisierung stellt vielmehr eine Feindifferenzierung dar. Die Merkmale sind relativ zueinander zu priorisieren.
- Da prinzipiell jeder Arbeitsplatz vorrangige und nachrangige Aufgaben hat, gilt unabhängig vom jeweilgen Anforderungsprofil und für alle Hierarchieebenen, dass nicht alle Merkmale die gleiche Priorität haben können.
- Die Priorisierung hängt nicht vom Schwierigkeitsgrad der Aufgabe ab, der ja in Bezug auf den jeweiligen Mitarbeiter immer subjektiv ist, sondern von der geforderten Qualität und der Zeit, die diese Aufgabenerfüllung dem Mitarbeiter abverlangt.

- Arbeitsplätze mit gleichen Aufgaben haben grundsätzlich auch die gleiche Priorisierung. Jedoch führen geschäftlich bedingte oder gewollte Veränderungen im Aufgabenfeld, wie Sonderaufgaben, Projektaufgaben etc., zu einer Abweichung der Prioriäten.
- Merkmalspriorisierungen sind innerhalb der Organisationseinheiten abzustimmen. Abweichungen müssen begründet werden.
- Sind dem zu beurteilenden Arbeitsplatz keine Führungsaufgaben zugeordnet, entfällt das Kriterium Mitarbeiterführung natürlich.

Phase 3: Beobachten und Informationen beschaffen

Die Führungskraft beobachtet das Verhalten des zu beurteilenden Mitarbeiters. Sie folgt weder Gerüchten noch Vermutungen, sondern stützt ihre Beurteilung auf Fakten, die sie begründen und nachweisen kann. Auf der Grundlage vergangener Gespräche und Notizen sowie der verschiedenen Leistungskontrollen während des gesamten Beurteilungszeitraumes ergibt sich eine Vielzahl von Fakten als Grundlage für die Beurteilung.

Die Beurteilung beruht auf nachweisbaren und begründbaren Fakten

Die Führungskraft legt ihrer Beurteilung nicht einmalige Schwächen und Fehler zugrunde, sondern ermittelt typische und wiederholt auftretende Merkmale, die eine gewisse Ausprägung und einen Trend erkennen lassen. Die Führungskraft sammelt auch positive Fakten während des Beurteilungszeitraumes und spricht diese ebenso sachlich und fundiert wie die negativen Fakten an.

Festhalten der Informationen

Da das Gedächtnis in der Regel unzuverlässiger ist als man gemeinhin annehmen mag, ist es sehr wichtig, sich in anschaulicher Form und ohne Wertung (Journal oder Beobachtungsprotokoll) kurze Notizen über das Beobachtete zu machen. Diese Notizen sollten möglichst konkret gehalten sein. Statt: *„Frau Meier ist eine gute Sachbearbeiterin"* sind in diesem Sinne Formulierungen wie: *„Frau Meier zeigt gute Beratungsleistungen, ... setzt sich ein, ... ist belastbar, ... erzielt dauerhaft überdurchschnittliche Ergebnisse"* aufschlussreicher.

Beobachtungen knapp und anschaulich festhalten

Vor allem Positives festzuhalten wird oft vergessen, weil es als Selbstverständlichkeit aufgefasst wird. Negatives bleibt dagegen öfter und länger im Gedächtnis. Die positiven und negativen Beobachtungen sollten sachlich und ohne Wertung festgehalten werden. Je konkreter später die Begründungen für die Beurteilung sind, desto größer ist die Glaubwürdigkeit der Beurteilung und damit auch die der beurteilenden Führungskraft.

Das **Beobachtungsjournal** zur Speicherung von Informationen ist die Grundlage für eine objektive Beurteilung und die Basis für ein sachlich geführtes Beurteilungsgespräch. Die Bedeutung des Journals liegt in der Sammlung von Fakten und in der Grundlage für eine beweiskräftige, nachvollziehbare Argumentationsführung des Vorgesetzten.

Phase 4: Bewerten der Daten

100 Prozent oder Durchschnitt – das ist hier die Frage

Die Bewertung des beobachteten Mitarbeiterverhaltens erfolgt entsprechend dem Anforderungsprofil und der Arbeitsplatzbeschreibung des jeweiligen Mitarbeiters. Als Maßstab wird die zu erwartende Normalleistung zu Grunde gelegt. Ausschlaggebend für das Prozedere ist, ob man hier einen „durchschnittlichen Mitarbeiter" definiert oder als Maßstab für die „zu verlangende Normalleistung" eine hundertprozentige Leistungserfüllung ansetzt. In der Praxis erfüllt ein durchschnittlicher Mitarbeiter keine hundertprozentige Leistung, sondern ist eher unter 100 Prozent zu sehen. Bezugsgröße sollte daher kein besonders leistungsstarker aber auch kein ausgesprochen leistungsschwacher Mitarbeiter sein. Ist diese Frage nicht eindeutig geklärt, sind Maßstabsfehler nicht zu vermeiden und Mitarbeiter werden unter- oder überbewertet.

Maßstab ist hundertprozentige Leistungserfüllung oder der durchschnittliche Mitarbeiter

Rangordnung erstellen

Unter den zu beurteilenden Mitarbeitern wird in der Regel pro Merkmal eine Rangfolge erstellt. Zum Abschluss der Bewertung werden nochmals alle Mitarbeiter in Bezug auf sämtliche Merkmale bewertet, damit das Gesamtbild schlüssig ist.

Weiterhin kann man auch eine prozentualisierte Rangskala mit einer schrittweisen Entscheidung kombinieren. Zu diesem Zweck wird zunächst eine Grobzuordnung zum Bereich „über der allgemeinen Leistungserwartung" oder „unter der allgemeinen Leistungserwartung" vorgenommen; danach werden die so entstehenden Gruppen wieder aufgeteilt und immer weiter differenziert, bis die Rangfolge genügend aussagekräftig ist. Auch hier ist für den Erfolg des Beurteilungsverfahrens entscheidend, ob die Definition der Bezugsgröße für „über" und „unter" als „100 Prozent" oder „Durchschnitt" angesetzt wird.

Wird das Beurteilungsverfahren herangezogen, um den Mitarbeitern sozusagen als Leistungsprämien variable Entgeltbestandteile zukommen zu lassen, kann diese Definitionsfrage zum Dreh- und Angelpunkt der Bewertung werden.

Phase 5: : Beurteilung erstellen

Nach der Festlegung der Rangfolge wird die Beurteilung erstellt. Als Hilfsmittel steht der unternehmensindividuelle **Beurteilungsbogen** zur Verfügung.

Der Beurteilungsbogen enthält die festgelegten Beurteilungsmerkmale und eine Skalierung

Dieser Beurteilungsbogen enthält die einzelnen festgelegten Beurteilungsmerkmale und eine Skalierung, in die der Vorgesetzte seine Beurteilungsergebnisse einträgt.

Er besteht aus folgenden Grundelementen:

- Angaben zur Person,
- Angaben zur Funktion/Abteilung/Arbeitsplatz des Mitarbeiters,

- Priorisierung der Beurteilungsmerkmale auf den Arbeitsplatz des Mitarbeiters bezogen,
- Beurteilung der Leistung des Mitarbeiters im Beurteilungszeitraum im Hinblick auf die definierten Beurteilungsmerkmale mit entsprechendem Eintrag in die Skalierung,
- Gesamtbeurteilung (in der Regel als verbale Zusammenfassung der einzelnen Beurteilungskriterien),
- Vorschläge für die weitere berufliche Entwicklung,
- Potenzialeinschätzung (Einschätzung der Eignung des Mitarbeiters für die Übernahme zusätzlicher Aufgaben in der Zukunft),
- ggf. Zielvereinbarungen,
- Hinweise auf die Möglichkeit der Beschwerdeeinlegung,
- Abschließende Angaben (Datum, Unterschriften etc.).

Je nach Zielgruppe können noch unterschiedliche Angaben, wie Tarifgruppe, Entgelthöhe hinzukommen. Eine gebundene Beurteilung ist nicht geeignet, wenn es um die Persönlichkeitsbeurteilung geht.

Festlegung von Skalierungsstufen

Eine Skalierung ist die Einteilung eines Wertekatalogs in verschiedene Bewertungsstufen.

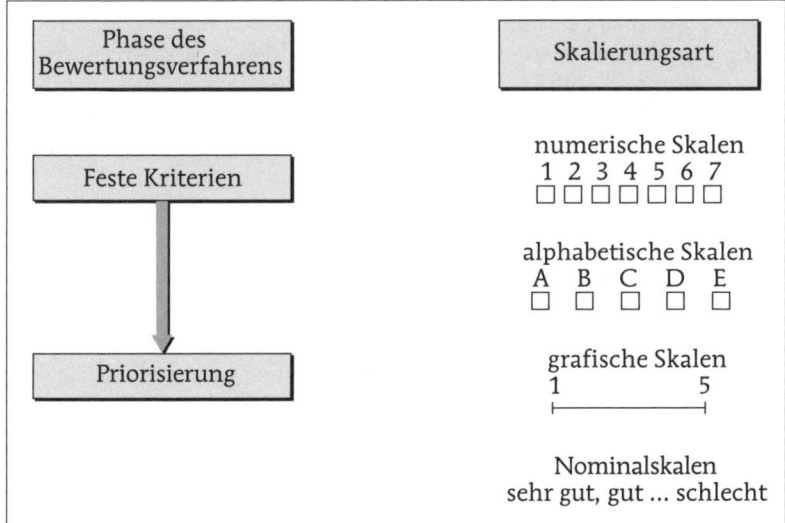

Abb. 4.3: Skalierungsarten

Es gibt unterschiedliche Möglichkeiten der Skalierung.

- Numerische Skalen (Zahlenwerte)

Man unterscheidet Skalierungen mit 3 bis 9 Stufen. Bei der Dreier-Skalierung gibt es nur die Abstufung 1 bis 3, wobei 1 „sehr gut" und 3 „man-

*Die Fünferskalierung
weckt oft negative Erinne-
rungen an Schulnoten*

gelhaft" bedeutet. Bei der Fünferskalierung unterscheidet man die Abstufungen von 1 bis 5, wobei 1 „sehr gut" und 5 „mangelhaft" bedeutet. Der Bezug zu Schulnoten ist hierbei sehr stark und wird in der Regel sehr kritisch gesehen. Nachteil der Fünferskalierung ist, dass die Tendenz zur Deierskalierung besteht. So werden Extremwerte sehr wenig eingesetzt. Vorteil dieser Skalierung ist die Übersichtlichkeit und Einfachheit. Bei der 9-Stufen-Skalierung verfügt man über 9 Skalierungsstufen zwischen „sehr gut" und „mangelhaft". Hier ist zwar das differenzierte Einschätzen möglich, jedoch sind 9 Stufen recht unübersichtlich. Zu empfehlen ist die Siebenerskalierung. Hier werden meistens die Stufen 5 und 7 verwendet. Vorteil der Siebenerskalierung ist, dass ein differenziertes Einschätzen auch im Mittelfeld möglich ist und dieses auch in der Regel so genutzt wird.

• Alphabetische Skalen (Buchstaben)

Abstufungen von A bis E, wobei A wieder sehr gut und E mangelhaft bedeutet. Der Bezug zu Schulnoten (zumindest zu den deutschen Schulnoten) ist nicht mehr gegeben.

• Grafische Skalen (Skalenstrahl)

Abstufungen sind hier unbegrenzt möglich. Diese Methode erlaubt es dem Vorgesetzten, durch einen Buchstaben oder ein Kreuz auf einem Skalenstrahl seine Beurteilung festzuhalten. Dies ermöglicht ein sehr differenziertes Vorgehen, verlangt aber vom Vorgesetzten ein souveränes Umgehen mit dem Beurteilungsverfahren, da das System freier ist und damit der Erfolg von der beweisfähigen und stichhaltigen Argumentation des Vorgesetzen abhängt.

• Nominalskalen (Begriffe)

Abstufungen von „sehr gut", „gut", „befriedigend", „ausreichend" und „schlecht" oder „übertrifft die Anforderungen in besonderem Umfang", „übertrifft die Anforderungen", „erfüllt die Anforderungen im vollen Umfang", „erfüllt die Anforderungen fast immer" und „erfüllt die Anforderungen nicht immer".

Diese verschiedenen Skalierungsmöglichkeiten können einzeln wie beschrieben eingesetzt werden oder mit einer entsprechenden verbalen Beschreibung des Beurteilungskriteriums verbunden werden. Um Interpretationsfehler zu vermeiden, empfiehlt es sich, die Beurteilungsmerkmale verbal zu umschreiben und zu definieren. Dies erleichtert den Beurteilern die Zuordnung.

Eine rein verbale Umschreibung des Beurteilungskriteriums in allen Ausprägungen ist auch möglich. Es erleichtert dem Beurteiler seine Einschätzung noch mehr und Fehleinschätzungen werden minimiert. Jedoch ist der Zeitaufwand bei der Skalenbeschreibung sehr hoch.

Beim Beurteilen sollte zunächst der eigene Standpunkt und Maßstab kritisch überprüft werden. Erst danach werden Arbeitsergebnisse und Leistungsanforderungen miteinander ins Verhältnis gesetzt. Nur Verhaltensweisen, die häufig und eindeutig beobachtet wurden (und am besten auch festgehalten wurden) eignen sich für eine Beurteilung. Der Maßstab ist immer das definierte Anforderungsprofil für die Tätigkeit.

Nur Verhaltensweisen, die häufig und eindeutig beobachtet wurden, eignen sich für eine Beurteilung

Gibt es keine definierten Anforderungsprofile im Unternehmen oder für den zu bewertenden Bereich, so fehlt die Grundlage für eine sachliche Beurteilung, da kein eindeutiger Maßstab definiert ist. Eine Beurteilung ist dann in der Regel schriftlich niederzulegen und zu begründen.

Aufgrund mangelnder Ausdrucksgewandtheit, taktischen Absichten, nichts sagenden wohlklingenden Formulierungen können je nach angewandtem Verfahren die Beurteilungsaussagen verschleiert oder verfälscht werden.

Fehler in der Beurteilung

Im Rahmen des Beurteilens kann es zu prinzipiellen Fehlern kommen, deren Kenntnis Fehlurteilen vorbeugen kann.

1. Beurteilungsfehler durch Wahrnehmungsverzerrungen

• Halo-Effekt/Überstrahlungs-Effekt

Der Beurteiler bewertet einen Mitarbeiter hinsichtlich eines einzigen Merkmals besonders positv oder besonders negativ und zieht aufgrund dieser Einzelbewertung einen Rückschluss auf das Gesamtbild des Mitarbeiters. Gewissermaßen als Folge der „Überstrahlung" einer guten bzw.

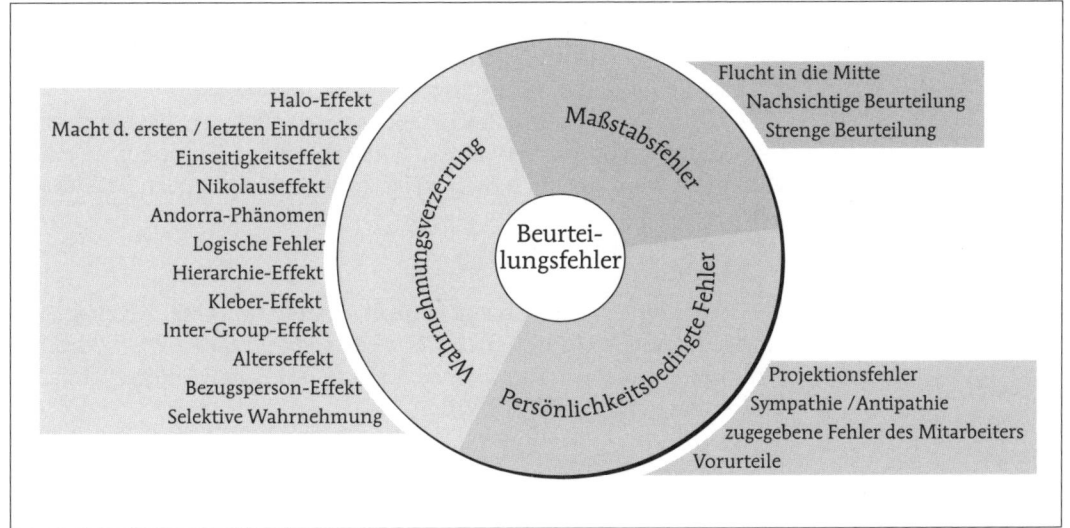

Abb. 4.4: Arten von Beurteilungsfehlern

schlechten Leistung auf alle anderen Leistungen entsteht so ein nicht zutreffendes Pauschalurteil. Diese Gefahr tritt insbesondere dann auf, wenn Mitarbeiter über stark ausgeprägte Eigenschaften verfügen.

• Macht des ersten oder letzten Eindrucks

Der Beurteiler hält am besonders einprägsamen ersten oder letzten Eindruck eines Mitarbeiters fest, ohne in seiner Beurteilung die dazwischen liegenden Verhaltensweisen zu berücksichtigen. Hierdurch wird eher eine Einzel- statt eine Gesamtleistung des Mitarbeiters beurteilt.

• Recency-Effekt/Einseitigkeitseffekt

Ein bestimmtes, besonders herausragendes Verhalten oder ein einzelner Vorfall prägen die Beurteilung unangemessen stark. Die Beurteilung wird auf ein besonders dramatisches Ereignis abgestellt.

• Nikolauseffekt

Dieser Effekt beruht auf der Beobachtung, dass die Leistungen der Mitarbeiter kurz vor der Beurteilung ansteigen. Zum einen aufgrund des Wissens um die bevorstehende Beurteilung, zum anderen wegen der Tatsache, dass der Vorgesetzte kurz vor der Beurteilung öfter einmal „vorbeischaut" und sich sein Bild macht. Der Begriff „Nikolauseffekt" bezieht sich auf die Vorweihnachtszeit, in der sich auch die Kinder besonders Mühe geben, weil sie den Besuch des Weihnachtsmanns erwarten.

• Andorra-Phänomen

Mit dem nach dem Schauspiel von Max Frisch benannten „Andorra-Phänomen" ist der Prozess gemeint, dass jemand durch sein Verhalten exakt die Erwartungshaltung bestätigt, die man ihm gegenüber bringt. Damit sehen sich dann diejenigen, die jemandem schon immer eine bestimmte Verhaltensweise unterstellt haben, bestätigt.

Der Mitarbeiter passt sich so zunehmend der Rolle an, die Vorgesetzte oder Kollegen von ihm erwarten. Eine schlechte Meinung über einen Mitarbeiter wird so eine schlechte Leistung zur Folge haben und umgekehrt.

• Logische Fehler

Der Beurteiler schließt von einem beobachteten Merkmal auf eine Leistungskategorie, die durch dieses Merkmal nicht repräsentiert wird. So wird zum Beispiel jemand, weil er einen freundlichen Eindruck macht, auch als fachlich gut eingeschätzt.

• Hierarchie-Effekt

Thematisiert wird hier das Vorurteil, dass Mitarbeiter der oberen Hierarchieebenen grundsätzlich qualifizierter seien als Mitarbeiter der unteren Hierarchieebenen.

- Kleber-Effekt

Der Beurteiler orientiert seine Beurteilung an den bisherigen Beurteilungen des Mitarbeiters und „klebt" förmlich an den vergangenen Bewertungen.

- Inter-Group-Effekt

Die Beurteilung fällt umso positiver aus, je öfter der Beurteiler mit dem Mitarbeiter Kontakt hat oder ihn sieht. Die daraus resultierende Intergration in die Gruppe überträgt sich auf die Beurteilung. Zudem kennen sich Vorgesetzter und Mitarbeiter gut und können besser aufeinander eingehen und miteinander umgehen.

- Alterseffekt

Hier wird ein Zusammenhang zwischen Beurteilungsniveau und Alter unterstellt, so werden beispielsweise Leistungen von Mitarbeitern ab Mitte dreißig zunehmend negativer eingeschätzt.

- Annahme einer Bezugsperson/ Bezugspersonen-Effekt

Eine Bezugsperson wird bewusst oder unbewusst zum Maßstab aller Mitarbeiter gemacht. Die Leistungen aller anderen Mitarbeiter werden dann mit dieser Person und nicht mit den Anforderungen des Arbeitsplatzes verglichen.

- Selektive Wahrnehmung

Der Beurteiler nimmt nur einen Teil der Geschehnisse wahr. Er verleiht einzelnen Vorfällen – ob positiv oder negativ – in seiner Beurteilung größeres Gewicht.

2. Persönlichkeitsbedingte Beurteilungsfehler

- Ähnlichkeiten zu sich selbst/Projektionsfehler

Je ähnlicher Mitarbeiter dem Beurteiler in seinen positiven Eigenschaften sind, desto günstiger kann die Beurteilung ausfallen. Ebenso können Verhaltensweisen, die der Beurteiler an sich selbst nicht schätzt und die er bei Mitarbeitern wiederfindet, zu einer schlechteren Beurteilung führen.

- Beziehungen des Beurteilers zu seinem Mitarbeiter/ Sympathie und Antipathie

Je angenehmer die Beziehung des Beurteilers zu Mitarbeitern ist, desto günstiger kann die Beurteilung ausfallen.

- Fehler des Mitarbeiters, wenn er sie zugibt

Wenn der Mitarbeiter eigene Fehler zugibt, kann dies dazu führen, dass der Beurteiler diese im Rahmen seiner Beurteilung als weniger wichtig erachtet („vergeben und vergessen").

- Vorurteile

Kein Mensch ist frei von Vorurteilen. Vorurteile verkörpern Verallgemeinerungen und stellen folglich nicht auf die individuelle Persönlichkeit des Beurteilten ab. Sie entstehen aufgrund der Meinung von Dritten oder früheren Erfahrungen oder der pauschalen Zuordnung bestimmter Verhaltensmerkmale zu bestimmten Personengruppen.

3. Maßstabsfehler

- Flucht in die Mitte

Der Beurteiler siedelt übermäßig viele Beurteilungen in der Mitte der Bewertungsskala an. Die Leistungsunterschiede zwischen den Mitarbeitern werden dadurch nicht mehr deutlich. Gründe für diesen Fehler können sein, dass der Beurteiler entweder kein klares Bild von den zu beurteilenden Mitarbeitern hat oder sich scheut, besonders gute oder schlechte Leistungen zu begründen.

- Nachsichtige Beurteilung

Es werden nur hohe Bewertungen vergeben. Gründe hierfür können ein großes Harmoniebedürfnis und geringe Konfliktbereitschaft der Führungskraft sein (Tendenz, niemanden weh tun zu wollen).

- Strenge Beurteilung

Dieser Fehler tritt auf, wenn eine Führungskraft an sich selbst und ihr Umfeld sehr hohe Anforderungen stellt und diesen Maßstab auch an ihre Mitarbeiter anlegt.

Die Gauß'sche Normalverteilung

Insbesondere Maßstabsfehler können vermieden werden, wenn sich der Beurteilende an der sog. Gauß'schen Normalverteilung orientiert

Insbesondere Maßstabsfehler können vermieden werden, wenn sich der Beurteilende an der sog. Gauß'schen Normalverteilung orientiert. Der Gauß'schen Normalverteilung liegt die Annahme zugrunde, dass viele Menschen durchschnittlich befähigt sind, und nur wenige extrem gute oder extrem schlechte Fähigkeiten haben. Demgemäß müssen sich also auch die Leistungen verteilen und auch die Beurteilungsergebnisse entsprechend ausfallen. Die Normalverteilung ist realistisch dann zu erwarten, wenn die zu beurteilende Gruppe mehr als 25 Personen umfasst. Bei der Beurteilung von kleineren Gruppen können sich natürlich individuelle Verschiebungen ergeben, die sich aber bei der Zusammenführung der Beurteilungen in der gesamten Organisationseinheit (größer als 25 Personen) wieder relativieren müssten.

Der objektive Beurteiler erfasst unter Berücksichtigung der Anforderungen des Arbeitsplatzes das Leistungsergebnis und Leistungsverhalten der Mitarbeiter. Er bewertet fair und scheut auch nicht die Anwendung von Extremwerten. Seine Beurteilungen entsprechen der Gauß'schen Normalverteilung.

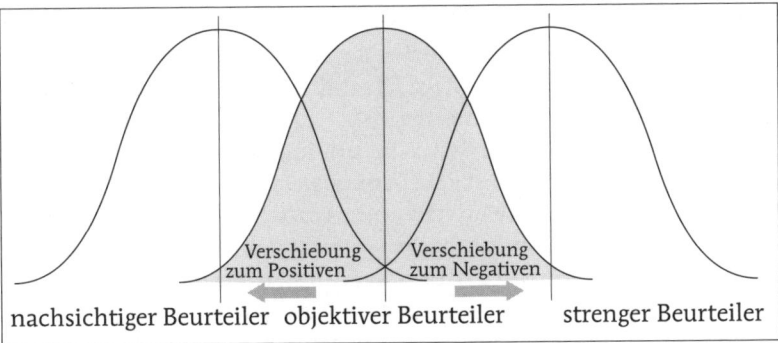

Verschiebung
zum Positiven Verschiebung
zum Negativen

nachsichtiger Beurteiler objektiver Beurteiler strenger Beurteiler

Abb. 4.5: Verschiebung der Normalverteilung

Der nachsichtige Beurteiler bewertet seine Mitarbeiter überdurchschnittlich gut, sodass eine Verschiebung der Kurve ins Positive erfolgt. Beim strengen Beurteiler bewegt sich die Kurve entsprechend ins Negative. Beurteilt der Vorgesetzte dagegen zu vorsichtig, gruppieren sich alle Beurteilungen um den Mittelwert.

Vermeidung von Beurteilungsfehlern

Eine fehlerhafte Beurteilung kann für den betreffenden Mitarbeiter zum einen finanzielle Einbußen bedeuten und zum anderen auch den beruflichen Aufstieg verzögern oder sogar verhindern. Die Annahme, dass Führungskräfte notwendigerweise auch die Fähigkeit besitzen, ihre Mitarbeiter angemessen zu beurteilen, wird den Tatsachen nicht gerecht.

Eine fehlerhafte Beurteilung kann für den betreffenden Mitarbeiter weitreichende Folgen haben

Im Vorfeld der Einführung von Beurteilungen oder neuer Führungskräfte sind daher entsprechende Schulungen unerlässlich. Weiterhin müssen Massnahmen eingeleitet werden, die den Führungskräften die Verantwortung bewusst machen, die sie im Rahmen von Beurteilungen übernehmen.

Unabhängig von der Bewältigung des Tagesgeschäftes sollten Führungskräfte Gelegenheit bekommen, sich mit den Fehlern auseinander zu setzen, die ohne einen entsprechenden Bewusstmachungsprozess jeder Mensch in Bezug auf Beurteilungen zunächst zumindest teilweise machen wird. Eine weitere Hilfe zur Vermeidung von Beurteilungsfehlern ist die Verpflichtung der Führungskräfte, Beurteilungsresultate mit ihren Mitarbeitern zu besprechen und ihre Bewertung so zu rechtfertigen.

Phase 6: Beurteilungsgespräch mit dem Mitarbeiter

Die nächste Stufe der Mitarbeiterbeurteilung ist das Führen eines Beurteilungsgespräches.

Form und Inhalt des Beurteilungsgesprächs

Ein kompetent und offen geführtes Beurteilungsgespräch ist eine wesentliche Voraussetzung dafür, dass der Mitarbeiter das Beurteilungsverfahren, seine Beurteilung und deren Konsequenzen im besten Falle akzeptieren und im schlechtesten Falle zumindest nachvollziehen kann. Das Beurteilungsgespräch ist kein Spontangespräch, d. h. beide Parteien können sich vorbereiten. Es findet grundsätzlich unter vier Augen statt.

Das Beurteilungsgespräch stellt eine Festschreibung sowohl der Leistung des Mitarbeiters als auch die Festschreibung der Qualität des Führungsverhaltens und der Ausübung der Führungsfunktion dar

Das Beurteilungsgespräch hat einen formalen Charakter, da es eine Festschreibung sowohl der Leistung des Mitarbeiters darstellt und in der Personalakte archiviert wird, als auch die Festschreibung der Qualität des Führungsverhaltens und der Ausübung der Führungsfunktion. Das Beurteilungsgespräch ist ein stark hierarchisch geprägtes Mitarbeitergespräch. Ist ein Beurteilungssystem im Unternehmen eingeführt, so ist das Beurteilungsgespräch Pflichtbestandteil des Verfahrens.

Im Gespräch steht die Leistung im Vordergrund und das in Bezug auf diese Leistung beobachtete Verhalten. Das Beurteilungsgespräch ist in der Regel ein Mitteilungsgespräch. Das bedeutet, die Beurteilung wird nicht im Sinne der Neufindung oder einer gemeinsamen Findung entwickelt, sondern die vom Vorgesetzten erstellte Beurteilung sowie die Begründungen, die zu dieser Beurteilung geführt haben, werden erläutert und diskutiert. Die Perspektive ergibt sich aus der Beurteilung. Meinungsverschiedenheiten in diesem Gespräch können bestehen bleiben. Im Gespräch muss der Mitarbeiter mit seiner Unterschrift bestätigen, dass er die Beurteilung zur Kenntnis nimmt. Dies bedeutet nicht notwendig, dass er mit dem Ergebnis der Beurteilung auch einverstanden sein muss.

Vorbereitung auf das Beurteilungsgespräch

Der Erfolg eines Beurteilungsgespräches hängt von einer intensiven Vorbereitung ab

Wesentliche Voraussetzung für den Erfolg des Beurteilungsgesprächs ist eine intensive Vorbereitung. Einige Punkte für die Vorbereitung:

Organisatorisch:

- Ist der Termin rechtzeitig festgelegt, damit sich alle Beteiligten vorbereiten können?
- Ist ein freundlich wirkender Besprechungsraum reserviert?
- Ist für das Gespräch mindestens eine Stunde Zeit eingeplant?
- Liegen nicht mehr als zwei Gespräche pro Tag?
- Ist der Mitarbeiter im Vorfeld ausreichend über Verfahren, Vordrucke und Anwendung informiert worden?

Inhaltlich:

- Ist die Beobachtung fortlaufend und regelmäßig gewesen?
- Erstrecken sich die Beobachtungen auf den gesamten Beurteilungszeitraum?
- Ist die Beurteilung auf genügend Einzelurteilen aufgebaut?

- Liegen Notizen (Journale, Beobachtungsprotokolle) über Beobachtungen in ausreichendem Umfang vor?
- Sind die Beurteilungsfehler weitestgehend ausgeschaltet?
- Sind die Beurteilungsergebnisse sachlich und ausreichend begründbar?
- Hat der Mitarbeiter das Verfahren verstanden?
- Ist der Maßstab allen Beteiligten einheitlich klar und bekannt?

Persönlich

- Welche charakteristischen Verhaltensdispositionen lassen sich an dem Mitarbeiter beobachten?
- Was soll dem Mitarbeiter vermittelt werden?
- Wie soll es dem Mitarbeiter vermittelt werden?

Sorgen Sie für eine angenehme Gesprächsatmosphäre und dafür, dass alle Unterlagen, die Sie für das Gespräch benötigen, auch vorliegen.

Der Ablauf eines Beurteilungsgespräches

Der Ablauf eines Beurteilungsgespräches im Einzelnen:

1. Phase: Gesprächseröffnung

- Wählen Sie eine Einleitung, die das Interesse des Mitarbeiters hervorruft (eine unglückliche Einleitung kann den gesamten Gesprächsverlauf negativ beeinflussen).
- Zeigen Sie Interesse am Mitarbeiter.
- Informieren Sie ihn über Ziele, Ablauf und voraussichtliche Dauer des Gespräches.
- Fragen Sie nach, ob der Mitarbeiter das Verfahren verstanden hat oder ob es noch offene Fragen zum Verfahren und Vorgehen von seiner Seite gibt. Klären Sie diese Fragen vorab.

2. Phase: Bezug zum Arbeitsplatz herstellen

- Aufgabengebiet des Mitarbeiters, Anforderungsprofil des Arbeitsplatzes und Priorisierung der Beurteilungsmerkmale besprechen.
- Gegebenenfalls stellen Sie den Bezug zum Mitarbeiterorientierungsgespräch oder zu verschiedenen Gesprächen, die während des gesamten Beurteilungszeitraumes stattgefunden haben, her.

3. Phase: Diskussion der Beurteilung

- Legen Sie Ihre Beurteilung in allen Beurteilungskriterien einzeln dar. Jedes Beurteilungskriterium muss einzeln besprochen werden.
- Beginnen Sie immer mit positiven Eindrücken, besprechen Sie die fehlerhaften Eindrücke und entwickeln Sie für jeden Punkt mit dem Mitarbeiter eine Perspektive.

- Begründen Sie Ihre Aussagen sachlich und fundiert.
- Lassen Sie Rückfragen des Mitarbeiters zu.
- Weichen Sie nicht aus, sondern liefern Sie Fakten.
- Notieren Sie sich Vorschläge oder Fragen des Mitarbeiters, um darauf gegebenenfalls im weiteren Verlauf des Gespräches zurückzukommen oder aufzubauen.
- Aktives Einbeziehen des Mitarbeiters
  - Fragen Sie aktiv nach der Sichtweise des Mitarbeiters.
  - Fordern Sie den Mitarbeiter zur Selbsteinschätzung auf.
  - Betonen Sie Übereinstimmungen und diskutieren Sie Meinungsverschiedenheiten. Stellen Sie seine Probleme konkret aus Ihrer Sicht dar.
  - Erläutern Sie Ihre Aussagen, begründen Sie sie mit Fakten.

5. Phase: Lösungen planen und vereinbaren

- Welche Lösungen und Möglichkeiten der Verbesserung gibt es aus Sicht des Mitarbeiters?
- Welche Form der Unterstützung möchte er, braucht er, hat er bereits?
- Legen Sie Ziele und Maßnahmen gemeinsam fest.
- Vereinbaren Sie Rückmeldungen und Ergebniskontrollen zur Sicherstellung des Ergebnisses.
- Besprechen Sie individuelle Entwicklungsmaßnahmen.

6. Phase: Gesprächsabschluss

- Fassen Sie nochmals alle Ergebnisse zusammen. Betonen Sie den zukunftsorientierten Aspekt des Gespräches.
- Nehmen Sie dem Mitarbeiter die Angst, dass es sich bei der Beurteilung um ein abschließendes Werturteil (unabänderlich) über seine Person handelt. Betonen Sie, dass der Mitarbeiter die Möglichkeit hat, diese Beurteilung mit seinem Verhalten maßgeblich (zum Positiven) zu bestimmen und dass Sie ihn mit allen Mitteln, die Ihnen zur Verfügung stehen, dabei unterstützen werden.
- Machen Sie keine leeren Versprechungen.
- Treffen Sie andererseits aber auch keine konkreten Zusagen in Bezug auf das Erreichen einer individuellen Leistungsverbesserung.
  (Wenn der allgemeine Leistungsstandard im nächsten Jahr insgesamt höher liegen sollte, könnte trotz Anstrengungen von Seiten des Mitarbeiters eine [numerisch] gleiche Beurteilung die Folge sein und die Zusagen ließen sich nicht einlösen, was demotivierend auf den Mitarbeiter wirken würde.)
- Ermutigen Sie den Mitarbeiter, seine Leistungserbringung aktiv zu gestalten.
- Bringen Sie ihr Vertrauen in seine Fähigkeiten zum Ausdruck und stellen Sie seine Bedeutung für das Unternehmen heraus.
- Danken Sie dem Mitarbeiter für das Gespräch.

Tipps für die Gesprächsführung im Beurteilungsgespräch

So führen Sie ein erfolgreiches Beurteilungsgespräch

- Führen Sie ein ungezwungenes, freundliches, nicht provozierendes Gespräch.
- Erkennen Sie gute Arbeitsergebnisse und angepasstes Verhalten des Mitarbeiters an.
- Geben Sie dem Mitarbeiter Zeit, Ihre Begründungen und Ausführungen zu hinterfragen und zu verstehen. Betrachten Sie entsprechende Rückfragen nicht als Infragestellung Ihrer Beurteilung.
- Lassen Sie sich nicht auf Gehaltsdiskussionen ein.
- Vergleiche zu anderen Mitarbeitern oder sogar namentliche Nennungen sollten nicht stattfinden.
- Spielen Sie die Mitarbeiter nicht gegeneinander aus.
- Lesen Sie niemals den Wortlaut aus den Beobachtungsjournalen ab. Händigen Sie diese auch nicht dem Mitarbeiter zur Ansicht aus.
- Charakter, Weltanschauung, politische Gesinnung oder Lebensweise des Mitarbeiters sind nicht Thema des Gespräches.
- Verfallen Sie nicht in Plauderei.
- Heben Sie niemals schon bekannte Schwachstellen und Fehler des Mitarbeiters besonders hervor.
- Stellen Sie mangelnde Leistungen des Mitarbeiters fest. Versuchen Sie diese dem Mitarbeiter durch Ihre Argumentation und durch Fakten nachvollziehbar zu machen.
- Stellen Sie durch gezielte Fragen einen echten Dialog her.
- Gehen Sie in diesem Zusammenhang auf Probleme und Argumente des Mitarbeiters ein.
- Würgen Sie keine aufkommende Kritik ab.
- Machen Sie sich nicht unfehlbar und gestehen Sie Ihre Fehler ein.
- Legen Sie das Gewicht bewusst auf künftige Entwicklungen.
- Halten Sie vereinbarte Lösungsvorschläge und Verbesserungsmaßnahmen schriftlich fest. Setzen Sie verbindliche Termine.
- Beachten Sie Hinweise auf eventuelle organisatorische Schwachstellen. Werten Sie diese Hinweise aus und gehen Sie diesen nach.

Die Nachbereitung des Beurteilungsgespräches

- Betrachten Sie das Gespräch noch einmal im Rückblick. Was ist gut gelungen? Was wollen Sie beim nächsten Gespräch anders machen?
- Leiten Sie die vereinbarten Maßnahmen zur Leistungsverbesserung ein und kontrollieren Sie Durchführung und Ergebnis.
- Zeigen Sie ständig Interesse an den Verbesserungsbemühungen Ihres Mitarbeiters und geben Sie ihm Rückmeldungen. Ermutigen Sie ihn durch Anerkennung und Lob auch kleiner Schritte.
- Führen Sie die vereinbarten Ergebniskontrollen durch.

**Phase 7: Die Dokumentation und Archivierung
der Beurteilungsergebnisse**

*Der unterzeichnete
Beurteilungsbogen doku-
mentiert die Ergebnisse*

Die Dokumentation der Beurteilungsergebnisse ist durch den Beurteilungsbogen abgesichert. Der Mitarbeiter und der Vorgesetzte unterzeich-
nen den Beurteilungsbogen.

Da sie in einem direkten Zusammenhang mit der Arbeitsleistung und
dem Arbeitsverhältnis des Mitarbeiters steht, ist die Beurteilung nach
Abschluss des Beurteilungsgesprächs in der Personalakte zu archivieren.
Beurteilungen sind dauernd in der Personalakte aufzubewahren, weil die
Personalakte ein möglichst vollständiges Bild des Mitarbeiters und sei-
nes Beschäftigungsverhältnisses geben soll.

4.3.4   Rechtliche Aspekte

Grundsätzlich ist der Arbeitgeber frei hinsichtlich der Einführung eines
Beurteilungssystems. In vielen Firmen sind diese bereits tarifrechtlich
vereinbart. Der Betriebsrat hat gemäß § 94 Betriebsverfassungsgesetz
(BetrVG) ein Mitbestimmungsrecht bezüglich der Aufstellung allgemeiner Beurteilungsgrundsätze. Der Betriebsrat kann die Einführung allgemeiner Beurteilungsgrundsätze aber nicht vom Arbeitgeber verlangen. Er
kann diese aber verhindern, wenn keine inhaltliche Einigung erzielt
wird. Daher empfiehlt sich eine frühzeitige Einbeziehung des Betriebsrates bei der Einführung eines Beurteilungssystems. In der Regel werden
Arbeitgeber und Betriebsrat die Einführung eines Beurteilungssystems
über eine Betriebsvereinbarung regeln. In dieser sind die allgemeinen Beurteilungsgrundsätze und die Vorgehensweise festgelegt.

*Der Betriebsrat hat ein
Mitbestimmungsrecht
bezüglich der Aufstellung
allgemeiner Beurteilungs-
grundsätze*

Der Mitarbeiter hat nach § 82 Absatz 2 BetrVG ein Recht darauf, dass
ihm die Berechnung und Zusammensetzung seines Arbeitsentgelts erläutert und die Beurteilungen seiner Leistungen offen gelegt sowie die
Möglichkeiten seiner beruflichen Entwicklung im Betrieb ausgewiesen
werden. Hierzu kann der Mitarbeiter ein Mitglied des Betriebsrates hinzuziehen. Dies gilt auch für den Fall, dass das Unternehmen kein formales Beurteilungsverfahren hat. Der Mitarbeiter hat jederzeit das Recht in
seine Personalakte Einsicht zu nehmen (§ 83 Abs.1 BetrVG).

Der Mitarbeiter hat nach §§ 84 – 86 BetrVG ein Beschwerderecht. So
kann er im Beanstandungsverfahren gegen seine Beurteilung Beschwer-
de einlegen. Die Vorgehensweise wird unternehmensspezifisch in der
Betriebsvereinbarung festgelegt.

4.4   Potenzialbeurteilung

Leistungs- und Potenzialbeurteilungen sind Instrumente der Personalbeurteilung, mit deren Hilfe ein Unternehmen die Personalstruktur bewusst steuern und so eine möglichst hohe Effizienz des Personaleinsatzes

erreichen kann. Die Potenzialbeurteilung ist als Ergänzung der Leistungsbeurteilung zu sehen. Sie muss die Fähigkeiten und Kapazitäten eines Mitarbeiters erfassen; diese Bestimmung des Leistungs- und Fähigkeitspotenzials ist nur über eine sachgerechte Personalbeurteilung zu erreichen.

Die Potenzialbeurteilung ist die zukunftsorientierte Ergänzung der Leistungsbeurteilung

4.4.1 Die Durchführung der Potenzialbeurteilung

Die Durchführung einer Potenzialbeurteilung von Mitarbeitern ist abhängig von:

* dem Wissen, über das die Mitarbeiter verfügen und das sie für die Erfüllung neuer Aufgaben nutzen können,
* den Fähigkeiten, die sie zur Erfüllung neuer Aufgaben einsetzen können,
* dem Grad der Übereinstimmung des eigenen Interessenfeldes mit den neuen Aufgabengebieten.

Werden Leistungs- und Potenzialbeurteilung in einem Beurteilungskonzept aus Vereinfachungsgründen zusammengeführt, so sollten sich die Beurteiler die folgenden Beurteilungsfehler immer bewusst machen: Die sehr gute Leistung eines Mitarbeiters muss nicht unbedingt ein Indiz dafür sein, dass der Beurteilte auch ein hohes Potenzial hat. Umgekehrt kann ein hohes Potenzial vorhanden sein, ohne dass die Leistung sehr hoch ist. Ist dies der Fall, könnte das Hinweis auf eine Fehlbesetzung sein.

Die Qualität der Leistung eines Mitarbeiters muss nicht unbedingt auch ein Indiz für sein Potenzial sein

4.4.2 Potenzialanalyse

Nach wie vor sind viele Führungskräfte der Meinung, dass sie die Potenziale ihrer Mitarbeiter selber am besten beurteilen können, da sie diese ja schließlich „kennen" und jeden Tag mit ihnen zusammenarbeiten.

In der Praxis ist dies allerdings nicht immer zufrieden stellend. So werden beispielsweise Querdenker vielfach eher als Störenfriede und weniger als Potenzialträger gesehen. Auch beobachten Führungskräfte in der Regel ihre Mitarbeiter lediglich in Bezug auf die Potenziale, die sich im eigenen Bereich verwenden lassen (wenn überhaupt) und weniger im Sinne einer zukunftsorientierten Personalentwicklung mit Blick auf das Unternehmen als Ganzes. Zudem nagt auch an manchem Vorgesetzten der Zweifel, dass er, wenn er seinem Mitarbeiter beispielsweise Potenzial für eine Führungsposition bescheinigt, gewissermaßen am eigenen Ast sägt. Und wer tut das schon gerne.

Vielfach bleibt eine Potenzialbeurteilung in den subjektiven Bezügen und Rücksichtnahmen des Vorgesetzten stecken

In sofern ist es notwendig, dass

* die Potenzialbeurteilung mit Neutralität und Sachlichkeit durchgeführt wird, z.B. unter Mitwirkung externer Berater und Moderatoren,
* bereichsübergreifend die Interessen des Unternehmens im Vordergrund stehen,
* die Beteiligten dem Verfahren offen gegenüberstehen und es als Chance betrachten und nicht als Personalkarussell,
* ein einheitliches Verfahren gewählt wird.

Unabhängig davon welches Verfahren man zur Potenzialbeurteilung, -einschätzung und -erfassung einsetzt, muss man sich im Klaren darüber sein, dass jedes menschliches Verhalten immer einen Aspekt der Unberechenbarkeit beinhaltet und damit die Erkenntnisse einer Potenzialbeurteilung lediglich eine Prognose darstellen können. Die Sicherheit, mit der das vorhergesagte Verhalten auch eintritt, nimmt allerdings zu, je mehr Informationen man hat und je öfter bestimmte Merkmale in der Vergangenheit beobachtet worden sind.

Die Zielsetzung für die Potenzialanalyse bestimmt letztendlich, welches Verfahren zum Einsatz kommt

Die Zielsetzung für die Potenzialanalyse bestimmt letztendlich, welches Verfahren zum Einsatz kommt. Im Rahmen der Erfassung der Potenziale für Führungs- und Managementaufgaben werden daher andere Methoden eingesetzt als für die Erfassung der Mitarbeiterpotenziale auf allen Ebenen.

Die gängigen Verfahren der Potenzialanalyse auf allen Hierarchieebenen sind die Selbst- und Fremdeinschätzung.

4.4.2.1   Verfahren der Potenzialanalyse für Führungfunktionen

Diese sind:
* Assessment-Center / Potenzial-ACs,
* Management –Audits

mit entsprechend unternehmensindividueller Vorgehensweise.

Verfahren zum Abgleich und zur Kontrolle der Potenzialenschätzungen sind:
* Mitarbeitergespräche,
* Potenzialrunden, Integrationsrunden oder Personalrunden.

Ein weiteres gängiges Verfahren, welches kostengünstiger und weniger zeitaufwändig ist, ist das 360 ° Feedback für Führungskräfte zur Beurteilung und Potenzialeinschätzung, wenn Beurteilung und Potenzialeinschätzung zusammengefasst sind.

Problemfelder der Potenzialanalyse

Für das Unternehmen stellt eine zukunftsorientierte Potenzialanalyse eine echte Herausforderung dar. Das Unternehmen muss in diesem Zusammenhang nämlich verschiedene Fragestellungen klären:
* Welche Mitarbeiter sind in einem besonderen Maße geeignet, in Zukunft bestimmte Schlüsselfunktionen im Unternehmen zu übernehmen?
* Welche Mitarbeiter werden mit welchen Qualifikationen in Zukunft wo benötigt?
* Wo sind die Leistungsträger, die dazu geeignet sind, Positionen mit Verantwortung und Führungsfunktionen zu übernehmen?
* Wie können die Mitarbeiter unter Berücksichtigung ihrer Fähigkeiten im Zuge von Umstrukturierungen adäquat neu eingesetzt werden ?

* Gibt es bestimmte Tätigkeitsbereiche, die sich ausgliedern lassen und im Rahmen deren Neuorganisation sich Mitarbeiter viel besser entfalten können, wie beispielsweise Telearbeit?

4.4.2.2 Ziele eines Personal-Reviews – Potenzialerfassung aller Mitarbeiter

Unternehmen müssen sich heute schnell und flexibel immer neuen Marktbedingungen anpassen. Die Mitarbeiter müssen dies auch. Ein **Personal-Review** ermöglicht die Einschätzung aller Mitarbeiter und ihrer Potenziale. Hier Aufschluss zu gewinnen ist die Voraussetzung, um in Zukunft Veränderungen annehmen und im Rahmen weitsichtiger kompetenter Personalentwicklung und Personalplanung gestalten zu können.

In Zeiten hohen Veränderungsdruckes ermöglicht ein Personal-Review die Einschätzung aller Mitarbeiter und ihrer Potenziale

Sind die im Unternehmen vorhandenen Potenziale nicht systematisch erfasst worden, ist eine Umstrukturierung, die Versetzung von Mitarbeitern oder die Zuordnung neuer Tätigkeitsbereiche immer eine Krisenentscheidung. Sind die Potenziale dagegen systematisch erfasst, ist es möglich, die Fähigkeiten der Mitarbeiter bei der Neuorganisation zu involvieren und damit persönlich motivierende und sachlich fundiertere Entscheidungen zu treffen.

Zur Erstellung eines Personal-Review kommen alle Führungskräfte in kleinen Gruppen (z.B. bereichsweise) zusammen. Ziele sind:
* den Bedarf für mögliche Neu- und Nachbesetzungen zu erfassen,
* Potenzialkriterien festzulegen, z.B. in den Kompetenzfeldern Sozial-, Fach-, Persönlichkeits-, Führungs-, Veränderungs-, Medien- und Methodenkompetenz,
* Diskussion mit den betroffenen Mitarbeitern in Hinblick auf die Möglichkeit der Übernahme von Schlüsselpositionen zu führen,
* Gespräche mit den Mitarbeitern, die für Führungsaufgaben und die Übernahme von Verantwortung vorgeschlagen werden, zu führen,
* Mitarbeiter zu erfassen, die vorgeschlagen werden für: Assessment-Center, Projektarbeit, Förderprogramme und weiterführende Seminare,
* ein Grundkonzept für den Umgang mit Förder- und Entwicklungsprogrammen zu entwerfen.

4.4.3 Prüfung der Realisierungschance des Potenzials

Bei der Einschätzung des Potenzials sollte darauf geachtet werden, dass die Realisierung des Potenzials auch eine realistische Chance hat. So ist der bisherige Lebensweg des Mitarbeiters, die verbleibende Spanne seines Berufslebens, die Einschätzung seiner Leistungen und die Akzeptanz seiner Person auch über den eigenen Bereich hinaus sowie die Verfügbarkeit seinem Profil entsprechender Positionen zu berücksichtigen. Die kritische Überprüfung der Potenzialeinschätzungen soll Glaubwürdigkeit und Vergleichbarkeit der Potenzialeinschätzungen verbessern.

4.4.4 Information des Mitarbeiters

Der Mitarbeiter sollte durch ein entsprechendes Rückmeldegespräch oder im nächsten Mitarbeiter(jahres)orientierungsgespräch über seine Potenzialeinschätzung informiert werden.

Diese Transparenz gegenüber dem Mitarbeiter bringt folgende Vorteile mit sich

- Der Mitarbeiter kann sein berufliches Weiterkommen aktiv mitgestalten.
- Er weiß, dass seine Fähigkeiten dem Unternehmen nützen und erkannt worden sind.
- Der Mitarbeiter kann entscheiden, welche Prioritäten er in Zukunft setzen möchte.
- Förderungs- und Qualifizierungsmaßnahmen können gemeinsam erörtert und vereinbart werden.

Nur wenn dem Mitarbeiter sein Potenzial auch offen gelegt wird, kann es sinnvoll genutzt werden

Die Konsequenz daraus ist, dass der Vorgesetzte dem Mitarbeiter in jedem Falle seine Potenziale offen legen sollte, unabhängig davon ob der Mitarbeiter von den in Frage kommenden Fördermaßnahmen Gebrauch machen möchte. Beispielsweise kann eine Mitarbeiterin, die nur halbtags arbeitet, durchaus hohe Potenziale haben und durch die Kenntnis ihrer Möglichkeiten dazu motiviert werden, ihre Arbeitszeit auszuweiten.

Potenziale anzusprechen ist die eine Seite, diese sinnvoll auszuschöpfen ist die andere Seite. Nicht jeder Mitarbeiter wird seine Potenziale ausschöpfen wollen oder können, sei es aufgrund von privaten Rahmenbedingungen oder persönlichen Entscheidungen. Der Mitarbeiter sollte auch in diesem Fall im Rahmen seiner Vorbereitung auf das Gespräch zu einer realistischen Selbsteinschätzung aufgefordert werden. Nur so werden Differenzen sichtbar und können diskutiert werden.

4.4.5 Potenzialbeurteilung für Führungskräfte

Insbesondere für die Besetzung von Führungspositionen spielt die Potenzialbeurteilung eine entscheidende Rolle. Ist sie doch die Grundlage für eine mittel- und langfristige Führungskräfteplanung und -entwicklung, um frühzeitig die entsprechenden Potenziale zu erkennen, zu fördern und für das Unternehmen einsetzbar zu machen.

Die Förderung des internen Führungskräftenachwuchses wird zunehmend wichtiger

Führungsnachwuchs bekommt man nicht in neun Monaten, heißt es karikierend, dies bedeutet, gerade heute, wo die Führungskräfte knapper werden, ist es wichtig, dass die Unternehmen sich um die Entwicklung interner Nachwuchskräfte nicht nur Gedanken machen, sondern Programme zur gezielten Entwicklung des Führungskräftebestandes auflegen und kontinuierlich ausbauen.

Die Einschätzung des Potenzials dient dazu, individuelle Entwicklungsmöglichkeiten sowie den dazugehörigen Förder- und Entwicklungsbedarf aufzuzeigen und danach konkrete Schritte zur Realisierung festzulegen.

Die Potenzialeinschätzung ist eine wesentliche Grundlage für die Analyse und Bewertung der Potenzialsituation im gesamten Unternehmen. So wird z.B. transparent, wo das Führungskräftepotenzial besonders ausgeprägt ist bzw. wo Defizite bestehen. Damit werden Impulse für gezielte Förder- und Entwicklungsmaßnahmen gegeben. Flächendeckend im Unternehmen eingesetzt, erschließt die Potenzialbeurteilung alle für das Unternehmen wichtigen Führungs- und Managementpotenziale und schafft damit eine Grundlage für Besetzungs- und Nachfolgeüberlegungen. Dies kann, kontinuierlich und ernsthaft eingesetzt, manches Problem der fehlerhaften Besetzung von Führungspositionen und Ad-hoc-Entscheidungen bei Personalflukuationen verhindern und so manche kostspielige Personalbeschaffungsmaßnahme gar nicht erst notwendig werden lassen. Um zur Einschätzung von Potenzialen von Führungskräften im Unternehmen zu kommen, gibt es unterschiedliche Methoden. Diese Methoden müssen heute objektiver sein als in vergangener Zeit und sie müssen auch umfassendere Ergebnisse liefern. Weiterhin sollen sich diese Methoden direkt im Unternehmen umsetzen lassen. Dafür sind in der Regel spezialisierte Personalberater erforderlich. Diese haben Erfahrungen mit verschiedenen zur Potenzialermittlung entwickelten Analysemethoden, bringen Kenntnisse aus Potenzialanalysen unterschiedlicher Unternehmen mit und sind als neutrale Experten nicht in den Unternehmensalltag eingebunden.

Spezialisierte Personalberater bringen als externe Experten die nötigen Kenntnisse mit

Beispiel für die Durchführung einer Potenzialanalyse:

1. Zielsetzung der Potenzialanalyse klären

Identifizierung von Personen, die sich für die Übernahme von Führungsaufgaben und Verantwortungen eignen. Weiterhin müssen Überlegungen gemacht werden, ob sich die Einrichtung eines Förderkreises oder eher die personenindividuelle Förderung anbietet.

2. Mitarbeitergespräche und ggf. Fördergespräche führen

Aufbauend auf den bereits beschriebenen Mitarbeitergesprächen sollten die Führungskräfte mit den Mitarbeitern konkret die Potenziale besprechen – was diese sich in Zukunft zutrauen, welche Positionen sie sich vorstellen können in Zukunft zu übernehmen.

Wichtig ist hierbei, dass die Potenzialanalyse nicht nur auf die Führungspositionen beschränkt wird, sondern auch Schlüsselfunktionen wie Vertrieb, Kundenkontakt und –beratung, IT-Bereiche etc. mit erfasst werden. So kann das Unternehmen systematisch die Personalplanung effizient und zukunftsorientiert gestalten. Wenn die festgestellten Potenziale offen mit den Mitarbeitern besprochen werden, können die Potenzialaussagen regelmäßig von beiden Seiten überprüft werden.

Die Potenzialanalyse sollte auch alle Schlüsselfunktionen einbeziehen

Mitarbeiter, die dem Kreis der zukünftigen Führungskräfte angehören, können leichter zum Verbleib im Unternehmen motiviert werden. Mögliche Abwanderungsgedanken werden somit reduziert.

4.4.5.1 Differenzierung der Potenzialaussagen

Die Potenzialaussagen werden in der Regel differenziert in
- noch keine Potenzialaussage möglich (z.B. aufgrund der kurzen Unternehmenszugehörigkeit)
- kein weiterführendes Potenzial (richtige Person am richtigen Platz)
- Potenziale für weiterführende Aufgaben vorhanden
- kurzfristig einsetzbar; einsetzbar ab …

Potenzialstatus						
○	global Potenzial (international)					
⇈	high Potenzial über nächste Ebene hinaus					
↑	Ebene vertikale Führungsposition					
⇗	Ebene horizontale Projektleitung					
→	Ebene horizontale Fachfunktion					
●	kein weiterführendes Potenzial					

	Leistungsstatus	mangelhaft ⇊	manchmal ↓	voll ⇄	übertrifft manchmal ↑	übertrifft dauernd ⇈
Kompetenzstatus entsprechend dem Anforderungsprofil	Fachkompetenz					
	Strategische Kompetenz					
	Unternehmerische Kompetenz					
	Führungskompetenz					
	Sozialkompetenz					
	Veränderungskompetenz					
	Persönlichkeitskompetenz					
	Medienkompetenz					

Abb. 4.6: Kreuzmatrix Potenzialeinstufung und Kompetenzstatus

Die möglichen Einsatzbereiche sind:
- horizontal (Fachebene)
- vertikal (nächste Hierarchieebene)
- über nächste Ebene hinaus (high potential)
- international (global potential)

Einschätzung der Qualifikation für weiterführende Aufgaben

Die Merkmale müssen am Anforderungsprofil und den Beurteilungskriterien ausgerichtet sein. Dies gilt unabhängig vom Hierarchiegrad der einzuschätzenden Potenzialgruppen.

Die Einschätzung von Führungs- und Fachkräften mittlerer und oberer Ebenen im Rahmen einer Potenzialeinschätzung ist mittlerweile sehr geläufig. Um neue Aufgaben im Führungs- und Verantwortungsbereich besetzen zu können, müssen die entsprechenden Kompetenzfelder entwickelt werden (z.B. Fachkompetenz, unternehmerische und strategische Kompetenz, Sozialkompetenz, Führungskompetenz, Veränderungskompetenz, Medienkompetenz und Persönlichkeitskompetenz). Dies bedeutet, der Vorgesetzte muss den jeweiligen Mitarbeiter in Hinblick auf diese Kompetenzen einschätzen und den entsprechenden Entwicklungsbedarf aus seiner Sicht definieren.

4.4.5.2 Potenzial-, Integrations-, Personalrunden für die verschiedenen Führungsebenen

Die jeweils getroffenen Potenzialeinschätzungen werden in Potenzial-, Integrations- oder Personalrunden einer kritischen kollegialen Diskussion unterzogen, die im Rahmen einer Besprechung des Leitungsgremiums der jeweiligen Geschäftseinheit unter entsprechender Moderation stattfindet. In der Regel nehmen an den Potenzialrunden eines Geschäftsbereiches teil: der Geschäftsbereichsleiter, die direkten Vorgesetzten der jeweiligen zu besprechenden Mitarbeiter, der Betriebsrat sowie in der Regel ein Vertreter der Personalabteilung als Koordinator und Moderator.

Die jeweils getroffenen Potenzialeinschätzungen werden einer kritischen kollegialen Diskussion unterzogen

Es werden alle Führungskräfte der betreffenden Ebene durchgesprochen. Besondere Aufmerksamkeit gilt den entsprechenden Potenzialträgern. Die Potenzialeinschätzung wird durch den Vorgesetzen vorgestellt und entsprechend erläutert. Die anderen Teilnehmer haben die Gelegenheit ihre Sichtweisen einzubringen.

Anschließend werden alle Führungskräfte einer Ebene (z.B. anhand einer Einstufungsmatrix, siehe Abb. 4.7) vergleichend betrachtet. Der Kreis verständigt sich über ggf. notwendige Änderungen der Potenzialeinschätzung im Quervergleich. Abweichende Einschätzungen werden besprochen.

Nach den Erkenntnissen aus der Potenzialrunde ist die Potenzialeinschätzung gegebenenfalls durch den Vorgesetzten und den Personalbereich zu bearbeiten, bevor sie der Führungskraft bzw. dem Mitarbeiter mitgeteilt wird.

4.4.5.3 Potenzial- Assessment- Center

Abgleich der Potenzialein-schätzungen in Seminaren, in denen Potenzialträger spezifische Aufgaben bewältigen müssen

Zum fachkundigen Abgleich der Potenzialeinschätzungen vonseiten des Vorgesetzten bieten sich so genannte Potenzial-Assessments an. In Form eines Seminars mit maximal 8 teilnehmenden Potenzialträgern lassen sich die Selbsteinschätzung des Mitarbeiters und die Fremdeinschätzung des Vorgesetzten überprüfen.

Verschiedene Übungen werden so zusammengestellt, dass sie die jeweilig zu erfassenden Kompetenzbereiche erfassen und abdecken. In jeder Übung sind unterschiedliche Kompetenzbereiche angesprochen, sodass sich auch in der Beobachtung Kontrollwerte zur Relativierung des Ergebnisses und zur Sicherheit der Beobachter ergeben. Die Übungen bilden, gemessen an den zukünftigen Anforderungen, verschiedene Leistungssituationen ab. Die Potenzialträger haben die Aufgabe diese

Einblick in das jeweilige komplexe Verhalten jedes Potenzialträgers

Leistungssitutationen zu gestalten. So ist ein Einblick in das jeweilige komplexe Verhalten jedes Potenzialträgers in den verschiedenen Leistungssitutationen möglich. Beispiele für klassische Übungen sind Präsentation verschiedener Themen, Diskussion, strukturierte Gesprächsführung, Entscheidungsfindung, Organisieren und Planen unter Zeitlimit, Teamarbeit unter Zeitlimit und Qualitätsvorgaben.

Die Übungen werden unternehmensspezifisch ausgearbeitet

Durch die Personenzahl wird eine annähernd realistische Gruppensituation wie in einem Team oder einer Projektgruppe erreicht. Die Übungen werden jeweils unternehmensspezifisch ausgearbeitet, um so den Teilnehmern einen möglichst freien Umgang mit für sie realistisch nachvollziehbaren Aufgabenstellungen zu ermöglichen. Die Beobachtungen werden von erfahrenen Beobachtern (intern und extern) vorgenommen und anschließend diskutiert und ausgewertet.

Ein persönliches Feedback-Gespräch zwischen je einem Beobachter und einem Teilnehmer übermittelt dem Teilnehmer die Beobachtungsergebnisse des Beobachtungsgremiums. Dieses Feedback-Gespräch ist ein wichtiger Bestandteil für die Akzeptanz einer solchen Potenzialanalyse bei den Mitarbeitern im Unternehmen. Wird es nicht kompetent und sensibel geführt, wird ein Potenzial-Assessment von den Mitarbeitern eher als Prüfungs- und Ausselektionsverfahren eingestuft denn als „Schatzsuche auf der Suche nach verschiedenen Talenten". Daher darf der Mitarbeiter

Im Sinne der Mitarbeiter-motivation sollten auch nach dem Assessment die Dinge prinzipiell offen bleiben

auf keinen Fall das Gefühl vermittelt bekommen, dass die Ergebnisse des Gesprächs im Sinne eines „Das war's" ein abschließendes Werturteil darstellen und den endgültigen Rahmen seiner Entwicklungsmöglichkeiten im Unternehmen abstecken. Der mit solch einem abschließenden Urtel einhergehende Imageverlust ist gravierend und für den Aufbau einer systematischen Personalentwicklung wenig förderlich.

4.4.5.4 Management-Audits

Management-Audits werden eingesetzt, um die Potenziale der Manager festzustellen und eine verlässliche Informationsbasis zu haben, welche Position intern mit welcher Führungskraft zu besetzen ist.

Führende Headhuntinggesellschaften haben eigenständige Audit-Methoden entwickelt, um diese Managementpotenziale zu erfassen. Diese Audits werden für die erste und zweite Führungsebene in Abgrenzung zur Entwicklung des Führungsnachwuchses eingesetzt.

Das Ziel des Audits ist die Optimierung der Abstimmung zwischen Unternehmensstrategie und dem Führungskräftepotenzial, welches für die Umsetzung der Strategie vorhanden ist. Dies heißt, die Strategieumsetzung erfolgt im Dialog mit der vorhandenen Management-Führung. Da sich aufgrund von Veränderungen auf dem Markt auch die Rahmenbedingungen für das Management ändern, ist es wichtig, herauszufinden, inwieweit sich diese Veränderungen intern auswirken und wie diese im zukunftsorientierten Management zu berücksichtigen sind. Das Audit wird somit zu einem Instrument, welches in regelmäßigen Zeitabständen eingesetzt werden sollte, um den Veränderungsprozesse auch im Management Rechnung zu tragen und die Potenziale der einzelnen Führungskräfte optimal ausschöpfen zu können.

Optimierung der Abstimmung zwischen Unternehmensstrategie und dem Führungskräftepotenzial

Management-Audits sind die konsequente Weiterentwicklung des Dialogs zwischen Unternehmen und Mitarbeiter. Isoliert entwickelte Strategien und Ziele verlieren ihren Sinn, wenn sie sich nicht an der Realität der Umsetzbarkeit orientieren.

4.4.5.5 Das 360 °Feedback als Methode zur Potenzialeinschätzung

Eine weitere Methode zur Beurteilung des Managementpotenzials der Führungskräfte ist das 360 °Feedback (siehe Kap. 4.1.8.3). Dieses ist weniger aufwändig und kostspielig als Potenzial-ACs oder Management-Audits mit externen Experten, enthält aber zusätzliche Aspekte zu den aufgeführten Potenzialrunden für die Auswahl und Entwicklung von Führungskräften.

(Zum Thema: Entwicklungen planen und realisieren, siehe Kapitel 5 „Entwicklung und Förderung der Mitarbeiter")

4.5 Personalauswahl und Beurteilung von Mitarbeitern für eine neue Stelle

4.5.1 Interne oder externe Besetzung?

Die Suche nach den geeigneten Personen, um adäquat die entsprechenden Stellen zu besetzen, sollte nach Möglichkeit im Unternehmen beginnen (interne Besetzung von Stellen, interne Stellenausschreibungen) und erst, wenn keine geeigneten Personen im Unternehmen ausgemacht wurden, sollten externe Bewerber mit in die Auswahl einbezogen werden (externe Besetzung von Stellen, externe Stellenausschreibungen). Insbesondere die Besetzung von Führungspositionen wird von Unternehmen

zunächst einmal interne Stellenausschreibung

bevorzugt intern gelöst. Dies setzt aber voraus, dass die Unternehmen intensive Weiter- und Ausbildung in den einzelnen Hierarchiestufen betreiben, um frei werdende Positionen qualitativ hochwertig aus den eigenen Reihen besetzen zu können.

Gründe, die für eine interne Besetzung von Stellen sprechen:

- Positive Auswirkung auf das Betriebsklima insgesamt,
- motivierender Effekt für alle Nachwuchskräfte, dass man „weiterkommt",
- unternehmensspezifische Erfahrung und Insiderwissen der Mitarbeiter aufgrund der Betriebszugehörigkeit und der internen Aus- und Weiterbildung,
- geringere Beschaffungskosten,
- kürzere Einarbeitungszeiten und -kosten,
- Reduktion der Gefahr der Differenz zwischen den Vorstellungen des Mitarbeiters und den Anforderungen des Unternehmens (*„Das habe ich mir aber ganz anders vorgestellt."*),
- Reduktion der Gefahr der Fehlbesetzung insgesamt,
- weniger Konflikte und Missverständnisse z.B. über Anforderungen, Vorstellungen etc.

Gründe, die gegen eine interne Besetzung von Stellen sprechen:

- erhöhte Gefahr der Rivalität unter den Bewerbern,
- die Sicherheit, automatisch weiterbefördert zu werden kann eine gewisse Trägheit der Mitarbeiter auslösen,
- zu wenig Auswahl,
- kein „frisches Blut" und damit auch keine neuen Impulse,
- nur eingeschränkte Erfahrungen über mögliche andere Arbeits- und Führungsmöglichkeiten (z.B. aus anderen Unternehmen).

Durch spezifische Auswahlverfahren werden die Gefahren externer Personalbeschaffung verringert

Ein Unternehmen kann auf Dauer seinen Personalbestand nicht nur aus eigenen Mitarbeitern sichern. Dies würde zu Betriebsblindheit und Isolierung des Unternehmens führen. Der Personalbedarf kann langfristig nur über interne und externe Personalbeschaffung gedeckt werden. Allerdings liegt das Risiko bei der externen Personalbeschaffung höher, da die Leistung des Bewerbers nicht im Voraus im Detail erkennbar und einschätzbar ist. Um dieser Gefahr Rechnung zu tragen, werden in der Praxis mehrstufige Auswahlverfahren eingesetzt. Diese werden aber vermehrt auch für interne Auswahlprozesse und für Auswahlprozesse mit internen und externen Bewerbern eingesetzt.

Auch öffentliche Ausschreibungen richten sich an interne und externe Bewerber, um das externe Bewerberangebot mit betriebseigenem Potenzial vergleichen zu können. Wird ein interner Bewerber ausgewählt und in die neue Stelle „berufen", so ist dessen Position besonders stark und gefestigt.

4.5.2 Folgen einer falschen Einstellungsentscheidung

- Hohe Kosten durch Fehlinvestition
- Zeitverlust und Kosten durch:
  - Stelleninserat
  - evtl. Personalberaterkosten
  - Bewerbungsbearbeitung (Zwischenbescheide, Einladungen, Telefonate, Versand von Infomaterial, Absagen etc.)
  - Personalauswahlverfahren
  - Einarbeitung des neuen Mitarbeiters
  - die notwendige Auswahl eines weiteren neuen Mitarbeiters
- Die Aufgaben des neuen Mitarbeiters sind unzureichend, falsch oder gar nicht erledigt worden: Negative Auswirkungen auf die anderen Mitarbeiter (insbesondere, wenn der neue Mitarbeiter nicht ins Team passte)
- Negative Rückschlüsse auf die Personalauswahlkompetenz des Vorgesetzten

4.5.3 Finden eines passenden Mitarbeiters

Unter Personalauswahl versteht man im Allgemeinen ein institutionalisiertes Verfahren zur Auswahl der für die Anforderungen der neuen Stelle qualitativ am besten geeigneten Mitarbeiter.

institutionalisiertes Verfahren zur Auswahl der für die Anforderungen der neuen Stelle am besten geeigneten Mitarbeiter

Die verschiedenen Verfahren haben alle die gleichen Zielsetzungen. Sie leisten einen Beitrag, die Bewerber in ihrer Gesamtheit als Persönlichkeit für das Unternehmen transparenter und greifbarer zu machen und damit die Gefahr einer Fehlbesetzung und hoher personaler Fehlinvestionen zu vermeiden. Die Verfahren können einzeln oder in verschiedenen Kombinationen angewandt werden.

Das heißt, es geht bei der Personalauswahl im Wesentlichen darum, einen zur Corporate Identity des Unternehmens passenden Mitarbeiter zu finden. Dies stellt kein Werturteil dar, aber erklärt, warum interne Stellenausschreibungen weniger risikoreich sind und noch andere Vorteile haben. Diese Mitarbeiter haben sich nämlich schon bereits in der Vergangenheit als „passend" zum Unternehmen erwiesen.

Entsprechend der Corporate Identity des Unternehmens und damit in Folge den festgeschriebenen Werten der Unternehmenskultur des Unternehmen ergibt sich der Rahmen, in welchen sich die Bewerber integrieren lassen müssen. Die Bewerber sollten sich in den gelebten Werten wiederfinden können. Dies ist die Grundlage dafür, dass sich der Bewerber später im Unternehmen wohl fühlt.

Die Bewerber sollten sich in den im Unternehmen gelebten Werten wiederfinden können

Der Bewerber verfügt gewissermaßen auch über seine persönliche „Corporate Identity", die sich im äußeren Erscheinungsbild, seiner Selbstdarstellung, seiner Kommunikation und in seinem Verhalten widerspiegelt. Auch er hat eine „Lebensphilosophie" bzw. Werte, die er wichtig findet oder ablehnt – Meinungen, Einstellungen und Erfahrungen, die seine gesamte Persönlichkeit abrunden.

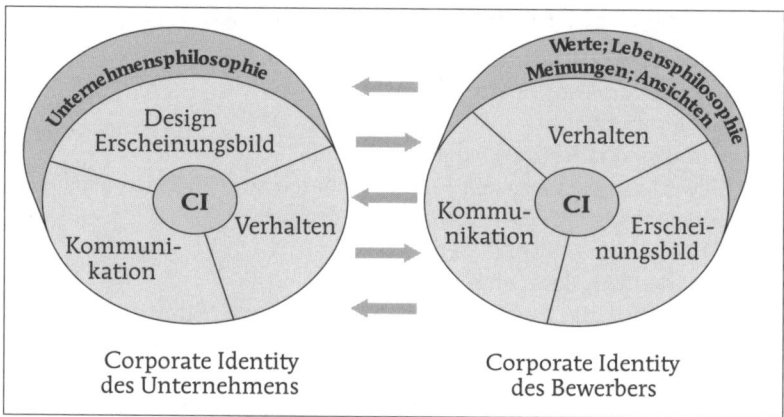

Abb. 4.7: Der passende Bewerber

Im Auswahlverfahren geht es darum, zur bestehenden Corporate Identity des Unternehmens und zu der Stellenanforderung den passenden Bewerber zu finden. Deswegen werden in den verschiedenen Auswahlverfahren Teilbereiche der Corporate Identity des Bewerbers in Hinblick auf die Stellenanforderung erfasst, vergleichend betrachtet und der Bestgeeignete ausgewählt. Nur so wird ein Arbeitsverhältnis auf Dauer zufrieden stellend für beide Seiten verlaufen.

Dies setzt voraus, dass die Stelle definiert ist, sodass auch ein Maßstab für die zu bewertende Qualität und Eignung der Bewerber für diese Stelle vorhanden ist.

4.5.4 Der Prozess der systematischen Personalauswahl

Die systematische Personalauswahl läuft in mehreren Prozessschritten ab.

Prozessschritte der systematischen Personalauswahl	
Schritt 1:	Anforderungen an den Bewerber definieren
Schritt 2:	Grobselektion durchführen
Schritt 3:	Die Personalauswahl aufgrund des Verhaltens Einsatz von Personalauswahlverfahren
Schritt 4:	Auswahlgespräche vorbereiten
Schritt 5:	Auswahlgespräch durchführen (Informationen sammeln)
Schritt 6:	Auswahlgespräch nachbereiten und Auswahlentscheidung treffen (gesammelte Informationen auswerten)

Schritt 1: Anforderungen an den Bewerber definieren

Vor Beginn der Personalauswahlverfahren muss klar sein, welche Anforderungen die zu besetzende Stelle an die Qualifikation des Bewerbers stellt. Eine entsprechende Stellenbeschreibung bildet die Grundlage für das gesamte Einstellungsverfahren. Aus ihr ergibt sich dann ein entsprechendes Anforderungsprofil sowie eine Tätigkeitsbeschreibung, die wiederum Grundlage für die Formulierung von Ausschreibung und Stellenanzeige sein sollte. Als Pendant wird im Auswahlverfahren ein Eignungsprofil der Bewerber erarbeitet und dieses bildet die Grundlage für die Entscheidung zugunsten eines Bewerbers.

Stellenbeschreibung und Eignungsprofil

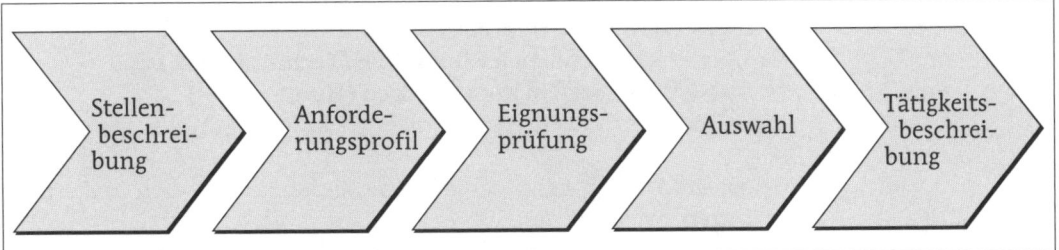

Abb. 4.8: Stufen der Personalauswahl

Erstellung einer Stellenbeschreibung

In einer Stellenbeschreibung werden alle Arbeitsinhalte, Kompetenzbereiche, organisatorische und kommunikative Beziehungen, die mit dieser Stelle verbunden sind wie Über- und Unterordnungen, Vertretungsregelungen und Informationspflichten, beschrieben. Damit werden Verantwortungsbereiche abgegrenzt und definiert sowie die Verknüpfungen zu anderen Einheiten des Unternehmens festgeschrieben. Aus der Stellenbeschreibung kann der Bewerber ersehen, wie die Stelle im gesamten hierarchischen System des Unternehmens angesiedelt ist, welche Verantwortlichkeiten sich damit verbinden und ob die grundsätzlichen Aufgaben in seinem Interesse liegen. Weiterhin kann er sehen, ob sich seine Vorstellungen von Weiterentwicklung mit den Möglichkeiten der zu besetzenden Postition decken.

Eine Stellenbeschreibung sollte so definiert sein:

- dass eine Vielzahl von Bewerbern diese Stelle ausfüllen kann,
- dass die Stelle genügend Freiraum für den Inhaber bietet, seine Persönlichkeit und seine Fähigkeiten einzubringen,
- dass der Mitarbeiter seine eigenen Vorstellungen und Bedürfnisse mit den Zielen des Unternehmens in Einklang bringen kann.

Anforderungen an eine Stellenbeschreibung

Das bedeutet, die Stellenbeschreibung liefert den Rahmen, in dem der einzelne Stelleninhaber sich entsprechend seinen Fähigkeiten und seiner Persönlichkeit einbringen und seine Arbeit aktiv gestalten kann.

Definition des Anforderungsprofils

Welche positionsspezifischen Anforderungen sind an den Stelleninhaber oder Bewerber zu richten?

Das Anforderungsprofil beschreibt, welche positionsspezifischen Anforderungen an den Stelleninhaber oder Bewerber zu richten sind.

Entsprechend der Priorität sind die Anforderungen positionsspezifisch zu gewichten. Besonders bei der Besetzung von Fach-, Schlüssel- und Führungspositionen ist es unerlässlich, ein Anforderungsprofil zu erstellen. Das Anforderungsprofil ist kein Ersatz für die Stellenbeschreibung.

Ein umfassendes Anforderungsprofil erhält man durch Tätigkeitsanalysen und die Untersuchung der Anforderungen der Position an den Stelleninhaber.

Maßgebend sind hier folgende Fragen:
- Über welche **fachlichen Fähigkeiten (Technical skills)** und
- über welche **sozialen Kompetenzen (Human skills)**

muss der Bewerber verfügen, damit er die Aufgabe gut erledigen kann?

Selbstverständlich muss sich das Anforderungsprofil auch in der Stellenanzeige wiederfinden.

Mangelnde persönliche Fähigkeiten lassen sich nicht so einfach ausgleichen wie fachliche Defizite

Prinzipiell ist es eine Erfahrungstatsache, dass sich mangelnde persönliche Fähigkeiten (z.B. Engagement, Einsatzfreude, schnelle Auffassungsgabe, vernetztes Denken und Kommunikation) nicht bzw. nicht so einfach ausgleichen lassen wie fachliche Defizite (z.B. Kenntnis von Verwaltungsvorschriften). In Bezug auf „Human Skills" sind die üblichen Anforderungsmerkmale, z.B. „Führungsstärke" vielfach zu allgemein, um Bewerber in ihren Fähigkeiten differenziert einschätzen zu können.

Die CIT-Technik-Methode zur Anforderungsanalyse

Eine einfache Methode zur Anforderungsanalyse ist die **CIT-Technik (Critical-Incidents-Technique)**.

1. Definition kritischer Arbeitssituationen

In welchen kritischen Arbeitssituationen sind Mitarbeiter besonders gefordert?

Definieren Sie die „kritischen" Arbeitssituationen, in denen Mitarbeiter besonders gefordert sind und sich „gut geeignete" Mitarbeiter (leistungsstark, erfolgreich) von „schlecht geeigneten" Mitarbeitern (weniger leistungsstark bzw. weniger erfolgreich) signifikant unterscheiden lassen. Stellen Sie ca. 8 bis 10 solcher Situationen zusammen, die auch sehr unterschiedlich sein können.

„Kritische" Arbeitssituationen für einen Mitarbeiter im Kundenservice wären etwa
- Reklamationsfälle
- aus dem üblichen Servicerahmen fallende Kundenwünsche
- Kundenkommunikation vor dem Hintergrund von Lieferschwierigkeiten
- schwierige und festgefahrene Verhandlungssituationen etc.

2. Was unterscheidet „gute" von „schlechten" Mitarbeitern

Ermitteln Sie nun die Verhaltensweisen, die den „gut geeigneten" Mitarbeiter in dieser Situation ausmachen und solche, die das Verhalten des „schlecht geeigneten" Mitarbeiters auszeichnen.

Wie verhalten sich „gute" und „weniger gute" Mitarbeiter in „kritischen" Arbeitssituationen?

Im Falle von Kundenreklamationen würde hier der „gut geeignete" Mitarbeiter aufgeschlossen reagieren, sich flexibel auf die Bedürfnisse des Kunden einstellen und selbstständig nach einer pragmatischen Lösung suchen.

Der „schlecht geeignete" Mitarbeiter dagegen empfindet die Reklamation des Kunden als Belastung und fürchtet die unnötige Mehrarbeit. Er schiebt die unangenehme Aufgabe auf, zieht sich auf Autoritäten zurück und arbeitet nach vorgefertigten Lösungen.

3. Die Verhaltensunterschiede als Grundlage des Anforderungsprofils

Arbeiten Sie die Verhaltensunterschiede zwischen dem „gut geeigneten" und „schlecht geeigneten" Mitarbeiter heraus. Aus ihnen lässt sich die Grundlage des Anforderungsprofils entwickeln.

In Bezug auf das Thema Kundenreklamation wären beispielsweise erwünschte Eigenschaften:

* Serviceorientierung
* Flexibilität
* Aufgeschlossenheit
* Kundenfreundlichkeit
* Initiative.

Die spätere mögliche Aussage über den Erfolg des Bewerbers ist umso sicherer,

* je spezifischer und zutreffender die Anforderungsanalyse die spätere Arbeitssituation wiedergibt. Es empfiehlt sich, in die Aufgabenanalyse einen aktuellen (erfolgreichen) Stelleninhaber und den jeweiligen Vorgesetzten (für die zukünftige Entwicklung der Anforderungen) einzubeziehen.
* je strukturierter Ihre Anforderungsanalyse ist.

Beispielhafte Checklisten zur Anforderungsanalyse

Arbeitsaufgaben der zu besetzenden Position		
	Zeitlicher Umfang	Notwendige Qualifikation
Hauptaufgaben: Administrative Aufgaben:		

Sonstige Anforderungen des Arbeitsplatzes	1	2	3	4	5	6
Zeitlich flexible Einsatzbereitschaft						
Bereitschaft zur Mehrarbeit (ohne Ausgleich)						
Bereitschaft zur Mehrarbeit (mit Ausgleich)						
Reisetätigkeit						
Ständig wechselnde Einsatzorte						
Intensives Arbeiten im Team						
Selbstständigkeit						
Verantwortungsumfang						
Verantwortung für eigenes Budget (Euro …)						

1 = niedrig   6 = hoch

Umfeldfaktoren der Position			
Umfeldfaktor	zu beachten ja	nein	Anmerkungen
Großraumbüro			
Einzelbüro			
Büro wird geteilt mit …			
Aufgabengebiet wird zusammen bearbeitet mit …			
Mitarbeiter berichten an …			
Anzahl der Kollegen in der Abteilung			
Enge Kooperation/ Zusammenarbeit mit …			

Das fachliche Anforderungsprofil

„Muss"- und
„Kann"-Kriterien

Da es den „idealen" Bewerber nicht gibt, definieren Sie vorab „Muss"- und „Kann"-Kriterien.

Muss-Kriterien sind für die Aufgabenerfüllung unbedingt notwendig. Definieren Sie diese als „K.O.-Kriterien", die den Bewerber bei Nichterfüllung sofort aus der Auswahl nehmen, z.B. fehlender Führerschein bei einer Außendienstposition.

Was darf dem Bewerber auf keinen Fall fehlen?

Kann-Kriterien sind wünschenswert, aber nicht zwingend notwendig. Diese eher „weichen" Kriterien werden in der Endphase der Auswahl entscheidungsrelevant.

Das fachliche Anforderungsprofil ist die Checkliste für die Bewerbervorauswahl (Telefon oder schriftliche Bewerbung).

Fachliches Qualifikationsprofil			
Anforderung	Muss	Kann	Definition
Ausbildungsberuf			
Hochschulstudium			
Fachhochschulstudium			
Zusatzausbildung			
Spezialisierung			
IT-Kenntnisse			
Spez. Softwarekenntnisse			
Weiterbildungen			
Berufserfahrung			
Branchenerfahrung			
Produktkenntnisse			
Sprachkenntnisse			
Mobilität			
Führerschein			
Alter			
Geschlecht			
Familienstand			

Das soziale Anforderungsprofil

Hilfreich bei der Definition des sozialen Anforderungsprofils sind die folgenden Fragen:
- Wie soll die Aufgabe wahrgenommen werden?
- Welche sozialen Kompetenzen sind dafür notwendig?
- Wie stark sollen diese ausgeprägt sein?
- Welche Verhaltensweisen darf der Mitarbeiter auf keinen Fall zeigen?

Das soziale Anforderungsprofil (Beispiel)						
Soziale Kompetenz	1	2	3	4	5	6
Kommunikationskompetenz						
• Kontaktfreude						
• Rhetorik						
• Überzeugungskraft						
Führungskompetenz						
• Motivationsfähigkeit						
• Delegationsfähigkeit						
• Verantwortungsbewusstsein						
Verkäuferische Fähigkeiten						
• Verhandlungsgeschick						
• Einfühlsamkeit						
• Abschlusssicherheit						
Arbeitsverhalten						
• Ausdauer						
• Belastbarkeit						
• Teamfähigkeit						
• Engagement						
• Kritikfähigkeit						

Das Anforderungsprofil sollte sich an den gleichen Kriterien orientieren, die später den Beurteilungskriterien zugrunde gelegt werden

Bei der Auswahl von Fach- und Führungskräften und bei der Besetzung von Schlüsselpositionen wird das Anforderungsprofil entsprechend den geforderten Kompetenzen zusammengestellt, definiert und priorisiert. Wichtig ist dabei, dass das Anforderungsprofil sich an den gleichen Kriterien orientiert, die später den Beurteilungskriterien zugrunde gelegt werden.

Stellengesuche gezielt ausschreiben

Die im Anforderungsprofil erarbeiteten notwendigen Qualifikationen und Kompetenzen werden in der Stellenausschreibung umgesetzt. Die Muss-Kriterien müssen in der Anzeige und in der internen Ausschreibung aufgeführt sein. Nur so kann der richtige Bewerberkreis angesprochen werden.

Wichtige Informationen sind z.B.:
- Notwendige Ausbildung
- Genaue Bezeichnung der vakanten Position
- Notwendige Berufserfahrung, Branchenkenntnis

- Notwendige besondere Fähigkeiten
- Hierarchische Einordnung der Position
- Termin, zu dem die Stelle zu besetzen ist
- Geforderte Mobilität und Reisetätigkeit
- Bewerbungsanforderungen
- Bewerbungsvorgehen.

Die Stellenanzeige als Werbeträger

Die Stellenanzeige ist neben ihrer eigentlichen Funktion gleichzeitig auch Werbe- und Informationsträger für das Unternehmen. Formulierung und Gestaltung sollten diesem Aspekt Rechnung tragen und zu folgenden Punkten Auskunft geben:

- Wer sind wir?
  (Größe, Marktposition, Mitarbeiter, Unternehmenskultur etc.)
- Was produzieren und leisten wir?
- Was unterscheidet uns von anderen Unternehmen?
- Was haben wir zu bieten?
  (Karrieremöglichkeiten, Vergütungssystem, Weiterbildungsmöglichkeiten, soziale Leistungen, Arbeitszeit etc.).

Die Stellenanzeige ist gleichzeitig auch Werbe- und Informationsträger für das Unternehmen

Schritt 2: Grobselektion durchführen – Vorauswahl der Bewerber

Je besser die Grobselektion ist, umso effizienter werden die nachfolgenden Auswahlverfahren verlaufen.

Zur Grobselektion stehen zur Verfügung:

- Die Bewerbungsunterlagen (siehe Erfassungs- und Bewertungsbögen Gesamtbewerbung, Lebenslauf, Anschreiben, Zeugnisse)
- Der telefonische Erstkontakt (siehe Checkliste und Bewertungsbogen)

Die Bewerberangaben können bereits während des Telefonates eingetragen werden. Die Kurzbeurteilung sollte unmittelbar nach dem Telefonat ausgefüllt werden.

Anhand der Bewertungsbögen für den telefonischen Erstkontakt bzw. die Bewerbungsunterlagen kann eine Grobselektion durchgeführt werden. Es muss aber jedes Mal überprüft werden, ob bestimmte K.O.-Kriterien vorliegen bzw. Muss-Kriterien fehlen.

Je besser die Grobselektion ist, umso effizienter werden die nachfolgenden Auswahlverfahren verlaufen

Die Grobselektion anhand der Bewerbungsunterlagen

Bewertungsgrundlagen zum Gesamteindruck der Bewerbung:

- Wie hat der Bewerber nach Ihren Maßstäben und im Vergleich zu anderen Bewerbern die Aufgabe der Selbstdarstellung erfüllt?
- Hat sich der Bewerber in die Entscheidungssituation des Personalverantwortlichen hineinversetzt (relevante Bezüge zur Stellenausschreibung)?

- Wie geht der Bewerber mit den Informationswünschen des Unternehmens um?
- Zeigt der Bewerber, dass ihm seine Bewerbung ernst und wichtig ist?

Einteilung in 3 Gruppen Es empfiehlt sich, die Bewerber bei der Grobselektion in 3 Gruppen einzuteilen:
- Eindeutig positive Kandidaten:
  Einladung zum Kennenlern- oder Bewerbungsgespräch oder zum Test, Assessment-Center etc.
- Eindeutig negative Kandidaten:
  Absage
- Uneindeutige Kandidaten:
  Warteliste, Zwischenbescheid.

Bewertungsbogen für das Gesamtbild der schriftlichen Bewerbung

Gesamtbild der Bewerbung	1	2	3	4	5	6
• Sauberkeit						
• Lesbarkeit (klares Schriftbild, gutes Farbband, ordentlicher Computerausdruck, gute Kopien)						
• Gestaltung						
• Struktur und Übersichtlichkeit						
• Formulierung						
• Rechtschreibung, Orthografie						
• Vollständigkeit relevanter Informationen						
• Übersichtliche und logische Anordnung der Unterlagen						
Bewerberfoto						
• Qualität des Fotos (keine Freizeit- und Automatenfotos)						
• Ausstrahlung						
• Eindruck						
• Aussehen/Kleidung						

1 = sehr gut   6 = ungenügend; nach Schulnotensystem

Die Bewertung des Lebenslaufs

Zunächst empfiehlt es sich, den Lebenslauf auf Vollständigkeit, inhaltliche Lücken und Mängel, Auffälligkeiten und Besonderheiten zu erfassen.

Erfassungsbogen Lebenslauf

	Anmerkungen zu Vollständigkeit, inhaltlichen Lücken, Mängeln, Auffälligkeiten und Besonderheiten
Persönliche Situation • Familienverhältnisse • Alter • Sonstiges **Lebenslauf** • Lücken • Schwankungen	
Beruflicher Werdegang • Berufliche Stationen • Ausbildung/Studium/Abschlüsse • Wehrdienst/Ersatzdienst/soziales Jahr • Abweichungen von einer kontinuierlichen Entwicklung • Rhythmus des Stellenwechsels • Diskrepanzen zwischen Berufsausbildung und beruflichem Werdegang • Sonderqualifikationen/Zertifikate • Besondere Leistungen, Beförderungen, Auszeichnungen • Auslandsaufenthalte	
Zeugnisse über berufliche Tätigkeit • Kündigung durch Arbeitgeber/ auf eigenen Wunsch • Deutliche, individuelle Bewertungen	
Schulzeugnisse • Schulabschluss • Extreme Noten, Abschlussnote • Sonstiges	
Anlagen zum Lebenslauf • Beschreibung der letzten/jetzigen Tätigkeit • Liste Veröffentlichungen/Vorträge etc. • Angabe von Referenzen • Anerkennungsschreiben (z. B. bei freiberuflichen Mitarbeitern)	

Im Anschluss daran wird der Lebenslauf bewertet:

Bewertungsbogen Lebenslauf			
Frage:	ja	nein	**Anmerkungen / Besonderheiten**
Entsprechen Ausbildung und Berufserfahrung den Anforderungen?	+	–	(Branchenerfahrung, Hintergrund wissen)
Ist der Bewerber unter- oder überqualifiziert?	–	0	(führt evtl. zur vorzeitigen Kündigung)
Gibt es Lücken der zeitlichen Kontinuität?	–	0	Nachfragen
Stimmen die Zeitangaben mit den Daten der Unterlagen überein?	–	0	Nachfragen
Wurde die Ausbildung im üblichen Zeitrahmen mit Erfolg abgeschlossen?	+	–	Nachfragen bei langen Zeiten
Bei Berufsanfängern: • Tätigkeiten neben der Ausbildung • Eigenfinanzierung des Studiums/der Ausbildung? • Praktika in unterschiedlichen Firmen absolviert?	+ + +	– 0 –	
Hat der Bewerber häufig die Firma gewechselt?	–	+	Achtung, zu häufiges Wechseln deutet auf Jobhopping hin
Wurden Weiterbildungen absolviert? Passen diese zur ausgeschriebenen Position?	+	–	
Sind die beschriebenen Freizeitaktivitäten mit der zu besetzenden Position zeitlich vereinbar?	+	–	
Hat der Bewerber seine jetzige/ letzte Tätigkeit ausreichend beschrieben (z. B. Anlage im Lebenslauf?)	+	–	Eignung für die ausgeschrieben Stelle detailliert nachfragen
Lebensalter (Indiz für die physische und psychische Belastbarkeit, aber auch Erfahrung)			
Familienstand (Hinweis auf die berufliche Mobilität)			

Da der Lebenslauf für Fragen im Auswahlgespräch eine Menge Hinweise enthält, ist es ratsam, entsprechende Notizen für das Auswahlgespräch vorzubereiten.

Die Bewertung des Anschreibens

Das Anschreiben ist der individuellste Teil der Bewerbung. Durch seine sorgfältige Analyse können Sie Rückschlüsse auf die Selbsteinschätzung, Gründe für die Bewerbung etc. treffen.

Als individuellster Teil der Bewerbung lässt das Anschreiben weitreichende Rückschlüsse zu

Formale Anforderungen an das Anschreiben:

- Vollständige Postanschrift und Telefonnummer des Bewerbers,
- Vollständige und korrekte Anschrift des Unternehmens, bei dem er sich bewirbt,
- Datum des Anschreibens,
- Sauberer Ausdruck (guter Tintenstrahler oder Laserdrucker),
- Angemessene Papierqualität,
- Unterschrift des Anschreibens.

Inhaltliche Anforderungen an das Anschreiben

Das Anschreiben sollte einen klaren Bezug zur Stellenanzeige aufweisen, individuell formuliert sein (kein Massenanschreiben) und auf die Informationswünsche des Unternehmens eingehen.
Es sollte zudem die nachfolgenden Informationen enthalten:
- Wichtige bisherige Tätigkeiten (grob),
- Besondere Fähigkeiten und Kenntnisse,
- Fachspezifische Qualifikationen,
- Soziale Kompetenzen,
- Grund der Bewerbung bei diesem Unternehmen (Hat der Bewerber sich über Ihr Unternehmen informiert, z.B. in Bezug auf Produkte, Märkte, Erfolgsfaktoren?),
- Möglicher Eintrittstermin,
- Angabe der Anlagen,
- Ggf. Gehaltsvorstellung,
- Evtl. Angabe von Hobbys (nur Berufsanfänger).

Beurteilung der Zeugnisse

Aus den Zeugnissen können Sie die Qualifikationen entnehmen, die der Bewerber im Laufe der Zeit erworben hat. Hierzu gehören Schulzeugnisse, Praktikumszeugnisse, Arbeits- und Dienstzeugnisse sowie sonstige Nachweise, z.B. Zertifikate und Teilnahmebestätigungen von Weiterbildungsmaßnahmen, Lehrgängen und Seminaren.

Zeugnisarten:

- Einfaches Zeugnis:
Enthält lediglich Aussagen über Art und Dauer der Beschäftigung.

- Qualifiziertes Zeugnis:
Einfaches Zeugnis, das um Aussagen zu Führung und Leistung erweitert ist.
- Zwischenzeugnis:
Zeugnis während eines bestehenden Arbeitsverhältnisses.

Bestandteile des Zeugnisses:

- Persönliche Daten (Name, Geburtsdatum, Geburtsort),
- Dauer der Beschäftigung,
- Tätigkeitsbeschreibung,
- Beruflicher Werdegang, Tätigkeitsbereich und Funktionen, Persönlichkeitsbeurteilung, Fleiß, Zuverlässigkeit, Vertrauenswürdigkeit etc.,
- Leistungsbeurteilung,
- Austrittsformel.

Was bei der Beurteilung von Zeugnissen zu beachten ist

- Ist die Zeugnisauswahl relevant?
(nach 10-jähriger Berufstätigkeit keine Grundschulzeugnisse, keine Schul- und Praktikantenzeugnisse)
- Sind alle wesentlichen Ausbildungen und Berufstätigkeiten durch Zeugnisse belegt?
- Wird das Fehlen wichtiger Nachweise nachvollziehbar begründet?
- Stimmen Datums- und Zeitangaben in Lebenslauf und Zeugnissen überein?
- Sind die Zeugniskopien von guter Qualität?
- Gibt es zeitliche Lücken zwischen Austrittstermin und Zeugnisdatum?
- Wird ein „Zeugniscode" (feststehende Formulierungen zur Beurteilung des Arbeitnehmerverhaltens) verwendet?
- Wird der Veränderungswunsch plausibel begründet?
(Kündigung vonseiten des Arbeitnehmers, Arbeitgebers oder Aufhebung in gegenseitigem Einverständnis?)
- Wird die Erstellung eines Zwischenzeugnisses begründet?
- Sind Ausbildungsnoten und Dauer der Ausbildungszeit in Bezug auf die Stellenbeschreibung passend?
(Anhaltspunkte vor allem bei Berufsanfängern, z.B. Mathematik, Deutsch, Fächerkombination zum Abitur etc., Gesamtabschlussnote)

Arbeitszeugnisse

aussagefähige Hinweise auf die beruflichen Erfahrungen und fachlichen Fähigkeiten

Im Rahmen der Analyse von Arbeitszeugnissen kommt es darauf an, aussagefähige Hinweise auf die beruflichen Erfahrungen und fachlichen Fähigkeiten zu erhalten, da beim Erstellen von Zeugnissen Fehleinschätzungen, Ab- oder Zuneigungen, sogar mangelnde Ausdrucksfähigkeit des Verfassers Objektivität und Wertigkeit des Zeugnisses herabsetzen können. Man unterscheidet zwischen einem einfachen Zeugnis als Ar-

beitsnachweis oder Arbeitsbescheinigung mit rein formaler Aussagekraft, einem Zwischenzeugnis und einem qualifizierten Zeugnis.

Ein **Zwischenzeugnis** wird erstellt:
- zur Vorlage bei bestimmten Weiterbildungen,
- auf Wunsch des Mitarbeiters,
- wenn der Aufgabenbereich des Mitarbeiters in einer Firma sich wesentlich ändert,
- wenn das Arbeitsverhältnis für einen längeren Zeitraum unterbrochen wird,
- bei Kündigung von Arbeitgeber- oder Arbeitnehmerseite.

Zwischenzeugnis

Das **qualifizierte Zeugnis** ist ein ausführliches Zeugnis, das zum einen
alle formalen Aspekte des Arbeitsverhältnisses abschließend erfasst (Beginn, Ende, Funktion etc.) und beinhaltet darüber hinaus qualifizierte
Aussagen, in welcher Art und Weise die Aufgaben erbracht wurden, also
Bewertungsaussagen über das Verhalten der Person im Arbeitsprozess
und im Unternehmen.

Das qualifizierte Zeugnis enthält Bewertungsaussagen über das Verhalten der Person im Unternehmen

   Eine genaue Analyse der Arbeitszeugnisse ermöglicht Aussagen über
Selbstständigkeit, Initiative und Interesse der betreffenden Person. Weiterhin finden sich in der Regel Angaben zu Sorgfalt, Zuverlässigkeit und
Vertrauenswürdigkeit. Allerdings ist es nicht so leicht, diese Aussagen in
passender Weise zu interpretieren.

Fallen in den Zeugnissen:

Arbeitszeugnisse sind nicht notwendig objektiv. Sie sollten also sorgfältig analysiert und interpretiert werden. Folgende Punkte sind hier besonders zu beachten:
- Eindeutigkeit der Definitionen „volle Zufriedenheit", „vollste Zufriedenheit", „im Großen und Ganzen zufrieden stellend".
- Falscher Gebrauch des Zeugniscodes. Entsprechende Zeugnisformu-
  lierungen sind heute für jedermann zugänglich.
- Viele Mitarbeiter formulieren ihre Zeugnisse selbst vor. Der Zeugnis-
  aussteller übernimmt aus Bequemlichkeit Passagen, die zu sehr
  schmeicheln und nicht den Tatsachen entsprechen.
- Unternehmen stellen Mitarbeitern ein gutes Zeugnis aus, damit beim
  Weggang keine Konflikte und langen Diskussionen entstehen. Beweggründe können sein: „Wir wollen ihm keine Steine in den Weg legen." oder „Hauptsache, er ist bald weg". Dies trifft vor allem in kleineren und mittleren Betrieben zu.

Sehr wichtig ist es daher, die Zeugnisse im Zusammenhang mit Lebens-
lauf und Anschreiben zu analysieren und nicht isoliert zu betrachten.
Weiterhin empfiehlt es sich zwischen den Zeilen zu lesen und auch die
Zeugniscodierung sehr kritisch und im Zusammenhang zu betrachten.
Negative Vorkommnisse werden in der Regel nicht erwähnt oder positiv

Zeugnisse im Zusammen-hang mit Lebenslauf und Anschreiben analysieren

umschrieben. Weiterhin ist es üblich zu Dingen, die negativ zu werten sind, keine Aussagen zu machen.

Beispiel: Ein Kundenberater und Projektleiter nimmt seine Aufgaben nur unzureichend wahr und arbeitet völlig ineffizient. Hier finden sich im Zeugnis meist keine Angaben zu Zielorientierung, Wirtschaftlichkeit und Effizienz sowie zu unternehmerischem Denken und Handeln. Vielmehr gehen in einem solchen Fall die Aussagen eher in Richtung „großes Interesse", „hohe Kreativität", „Ideen und Anregungen", „Beziehungspflege", „Beliebtheit".

Bewertung von Referenzen

Referenzen gegbenenfalls überprüfen

Referenzen sind Empfehlungen über den Bewerber. Sie sind zu unterscheiden nach sachlichen Referenzen, die zur Bestätigung von Leistungen und Fähigkeiten dienen, und so genannten Renommierreferenzen, die dazu dienen, einen guten Eindruck zu erwecken. Auch wenn Referenzen in der Regel sehr subjektiv ausfallen, kann es von Fall zu Fall nützlich sein, eine Referenzprüfung vorzunehmen, durch Fragen den Bezug zu Zeugnisaussagen herzustellen, um so eventuelle Widersprüche transparent zu machen.

Bewertung des Lichtbildes

Das Lichtbild ist unverzichtbarer Bestandteil der Bewerbungsunterlagen. Es vermittelt einen ersten optischen Eindruck des Bewerbers. In jedem Falle sollte das Lichtbild dem aktuellen äußeren Erscheinungsbild des Bewerbers entsprechen und entsprechend der zu besetzenden Position einen positiven Eindruck machen. In gewisser Weise zeigt das Bild, inwieweit der Bewerber in der Lage ist, sich im Zusammenhang mit der zu besetzenden Stelle zu präsentieren.

Auch Qualität und Größe des Bildes zeugen von der Kompetenz des Bewerbers im Umgang mit dem Auswahlverfahren und in der Auseinandersetzung mit Anforderungen der Position.

Grobselektion – Telefonischer Erstkontakt nach einer Anzeige

Organisatorisches:
- Der Ansprechpartner muss unter der angegebenen Telefonnummer und zur ggf. angegebenen Zeit erreichbar sein.
- Weiterleitung der Telefonate/gezielte Information aller ggf. beteiligten Mitarbeiter im Hause sicherstellen (z. B. Telefonzentrale).
- Bewertungsbogen bereitlegen, Terminplaner zur Terminvereinbarung bereithalten (Zeit für Gespräche rechtzeitig vor der Anzeige blocken).

Tipps für das Erstgespräch am Telefon mit dem Bewerber:
- Bewerber freundlich begrüßen, sich vorstellen und Interesse bekunden.

Bewertungsbogen für den telefonischen Erstkontakt	
	Notizen und Bewertungen
Bewerberangaben • Name .... • Alter .... • Telefonat vom .... • Derzeitige Tätigkeit .... • Telefon .... • Anschrift	
K.O.-Kriterien • ... • ...	
freiwillige Informationen des/der Bewerbers/in • ... • ...	
Kurzbeurteilung • Stimme (deutlich, verwaschen etc.) • Redetempo (langsam, hektisch etc.) • Ausdrucksweise (hochgestochen, salopp etc.) • Fragen (viele, detailliert, überflüssig, durchdacht etc.) • Fragerichtung (z.B. nur Arbeitsklima, Vergütung etc.) • Sonstige Beobachtungen • Gesamteindruck • Hinweise für das Kennenlerngespräch	

Abb. 4.9: Bewertungsbogen für den telefonischen Erstkontakt (Beispiel)

- Namen registrieren (ggf. nachfragen), deutlich aussprechen und benutzen.
- Aufmerksam und geduldig zuhören; mit den „Augen des Bewerbers" sehen, um sich besser in ihn hineinversetzen zu können.
- Auf Fragen und Feststellungen eingehen, ohne zu diskutieren.
- Welchen Grund hat der Bewerber für den Anruf? Will er sich nur ins Gespräch bringen oder hat er klare Fragen bezüglich seiner Eignung für die vakante Position? Beziehen sich seine Fragen auf die Stellenausschreibung?
- Sind die gestellten Fragen berechtigt? Ist z.B. die Stellenbeschreibung unklar ausgedrückt, sodass Missverständnisse auftreten könnten?

- Kurze Information über das Unternehmen und die Position geben.
- Abfrage der K.O.-Kriterien, um festzustellen, ob es Ausschlussgründe gibt.
- Bewerbungsunterlagen erbitten bzw. konkrete Terminvereinbarung treffen.
- Namen, Anschrift, Telefon, Kurzbewertung anhand des Bewertungsbogens (unmittelbar nach dem Telefonat) ausfüllen.

Ein bereitliegender und schon während des Gespräches ausgefüllter Bewertungsbogen (siehe Abb. 4.9) hilft den ersten Eindruck festzuhalten.

Schritt 3:   Die Personalauswahl aufgrund des Verhaltens – Feinselektion

Es ist schwierig, Aufschluss über das Verhalten und die Persönlichkeit des potenziellen Kandidaten zu gewinnen

Hinsichtlich der fachlichen Qualifikation lässt sich eine Bewerberauswahl noch ziemlich einfach vornehmen. Schwierig wird es dagegen, fundierte Aussagen über das Verhalten und die Persönlichkeit des potenziellen Kandidaten zu treffen. Dies liegt zum einen an der relativen Zeitknappheit im Auswahlprozess und zum anderen an der Komplexität der späteren Aufgaben, die sich im Rahmen des Auswahlprozesses nur sehr unzureichend abbilden lassen, um so eine halbwegs sichere Aussage über das wahrscheinliche Verhalten des Bewerbers auf der späteren Position machen zu können.

In der Praxis werden diverse Testverfahren angewandt und persönliche Gespräche geführt, um in dem knappen Zeitumfang, der in der Regel zur Besetzung einer Stelle zur Verfügung steht, Eindrücke über das Verhalten und die Persönlichkeit des Kandidaten zu erhalten.

Verfahren zur Personalauswahl

Psychologische Testverfahren

Merkmals- und Eigenschaftserfassung

Bei den psychologischen Tests handelt es sich um Verfahren, bei denen in standardisierten Situationen bestimmte Merkmale oder Eigenschaften von Personen erfasst werden und deren Resultate zu einer Einstufung innerhalb der Bewerbergruppe führen. Die Anwendung psychologischer Tests hängt von der Größe eines Unternehmens ab. Da solche Tests einen Eingriff in den Persönlichkeitsbereich des Bewerbers darstellen, wird ihr Einsatz vielfach sehr kritisch gesehen.

Dennoch werden sie nach wie vor durchgeführt. Kleinere Betriebe greifen schon aus Kostengründen eher zum gängigsten Verfahren – der Begutachtung der Bewerbungsunterlagen und dem persönlichen Gespräch in Form eines Interviews.

Zu den psychologischen Testverfahren gehören:

- Intelligenztests
- Leistungstests

* Persönlichkeitsfragebogen
* Projektive Verfahren.

Die psychologischen Testverfahren werden zur Prüfung verschiedener Funktionen wie Sensorik, Motorik, räumliche Vorstellungskraft, Gedächtnis, Kombinations- und Konzentrationsfähigkeit ebenso eingesetzt wie zur Messung bestimmter Eigenschaften, Einstellungen und Interessen. Sie sollen die Gesamtpersönlichkeit, die Persönlichkeitsstruktur oder einzelne Persönlichkeitsmerkmale erfassen.

Die Persönlichkeitstests haben gravierende Nachteile:

* Sie sind juristisch und psychologisch zweifelhaft.
* Sie greifen in das persönliche Umfeld des Bewerbers ein.
* Sie liefern keine hinreichenden Informationen über die Eignung für eine Führungsposition.
* Sie liefern keine hinreichenden Informationen über das Verhalten in einem Prozess mit Veränderungen.
* Sie liefern keine aussagekräftigen Informationen über Durchhaltevermögen, Beharrlichkeit, Zielorientierung und Strebsamkeit der Kandidaten.

Personalauswahl über Assessment-Center

Das Assessment-Center ist das häufigste Personalauswahlinstrument, welches nach der Grobselektion anhand der Bewerbungsunterlagen in der zweiten Stufe der Personalauswahl Verwendung findet. Assessment-Center werden für die Auswahl von Fach- und Führungskräften eingesetzt. Alle Kandidaten, die im Rahmen der Grobselektion nicht aussortiert wurden, werden zum Assessment-Center eingeladen. In erster Linie setzen Groß- und mittelständische Unternehmen dieses Instrument ein. Der Amerikaner Henry Murray von der Harvard University hat den Begriff Assessment-Center (AC) sowie den inhaltlichen Ablauf geprägt. Der Begriff „assess" bedeutet „beurteilen, einschätzen, bewerten".

Assessment-Center werden für die Auswahl von Fach- und Führungskräften eingesetzt

Das AC ist ein institutionalisiertes, methodisch fundiertes Verfahren, das einen oder mehrere Tage dauert und verschiedene Übungen, Einzelinterviews, Rollenspiele und Gruppendiskussionen beinhaltet und durch psychologische Testverfahren ergänzt werden kann.

Typisch für ein Assessment-Center ist, dass verschiedene Bewerber bei der Lösung spezifischer Aufgaben über den gesamten Zeitraum von einigen „Beobachtern" beobachtet und bewertet werden. Zu den „Beobachtern" gehören in der Regel Führungskräfte des Unternehmens. Bei Bedarf werden auch externe Berater und Psychologen herangezogen sowie ggf. der Betriebsrat des Unternehmens. Ein wesentlicher Bestandteil eines ACs ist das abschließende Feedbackgespräch jedes Teilnehmers mit einem Mitglied des Beobachtungsteams. In diesem Gespräch werden dem AC-Teilnehmer seine Bewertungen vorgestellt und erläutert. Die Qualität der Gesprächsführung in diesem Feedbackgespräch ist mitbestimmend für die Eindrücke, die jeder AC-Teilnehmer mitnimmt.

Führungskräfte des einstellenden Unternehmens und externe Spezialisten beobachten und bewerten das Verhalten der Teilnehmer

Merkmale eines Assessment-Centers

Charakteristische Merkmale eines Assessment-Centers:

- Mehrere Aufgaben für die Teilnehmer; mindestens eine Übung sollte eine Simulation einer für die Stelle typischen Situtation sein. Die Übungen müssen so angelegt sein, dass ein konkretes Verhalten, welches vorher festgelegt wurde, beobachtbar ist.
- Mehrere Beobachter, die über entsprechende Fachkenntnis verfügen und vorher auf ihre Aufgabe vorbereitet wurden.
- Die Endbeurteilung der AC-Teilnehmer ist die Gesamtzusammenfassung aller Einzelbeobachtungen. Die Ergebnisse der Beobachter werden vor dem Feedbackgespräch abgestimmt und zusammengefasst und stellvertretend für alle durch einen Beobachter dem Teilnehmer mitgeteilt. Gleiches gilt für alle Aufgaben. Einzelergebnisse werden dem Teilnehmer nicht zugänglich gemacht.
- Verhaltensweisen, die beobachtet werden sollen, werden im Vorfeld definiert und festgelegt. Sie orientieren sich an den Stellenanforderungen.
- Die eingesetzten Methoden und Übungen sollen nur Informationen über die vorher abgestimmten zu beobachtenden Eigenschaften des Kandidaten liefern.

Gründe für die Einführung eines Assessment-Centers

Gründe, die für die Einführung eines Assessment-Center-Verfahrens sprechen:

- Die Ergebnisse des AC-Verfahrens sind nicht so stark von den subjektiven Wahrnehmungen des Beurteilers abhängig wie bei dem am häufigsten eingesetzten Personalauswahlverfahren, dem klassischen Interview. Hier bestimmen allein die Menschenkenntnis und der persönliche Eindruck des Interviewers die Personalentscheidung. Trotz gründlicher Vorauswahl werden dadurch schnell Fehlurteile produziert. Im AC dagegen wird dieses Risiko durch das Beobachterteam erheblich reduziert, weil die verschiedenen Eindrücke der Beobachter sich zu einem objektiveren Bild des Teilnehmers zusammenfügen.
- Die Beteiligung der Führungskräfte gewährleistet zum einen, dass die Beurteilung sich konsequent an den Anforderungen für qualifizierte Fach- und Führungskräfte ausrichtet und bringt zum anderen mit sich, dass die beurteilenden Führungskräfte die Erfahrungen des ACs für sich persönlich und für die Gestaltung des eigenen Führungsverhaltens nutzen können. Weiterhin steigt so auch die Identifikation mit dem Anforderungsprofil und die Akzeptanz für getroffene Entscheidungen.
- Durch die Variation verschiedener Übungen und Methoden wird die Aussagekraft in Bezug auf ein in Frage stehendes Merkmal verdichtet, kontrolliert und erhöht. In einem AC sollte jedes Merkmal übergreifend in zwei Übungen beobachtbar sein – somit hat man jeweils ein Kontrollergebnis und die gefundenen Ergebnisse sind reproduzierbar und überprüfbar.

- Im Unterschied zu anderen Verfahren bietet das AC die Möglichkeit, mehrere Teilnehmer zur gleichen Zeit bei der Erledigung der gleichen Aufgabe zu beobachten, was im Rahmen des klassischen Vorgehens wie dem Führen aufeinander folgender Einzelgespräche nicht möglich ist.
- ACs erfüllen den Anspruch nach Leistungsbezogenheit, Chancengleichheit, Effizienz und Transparenz.
- Die Einstellung von Führungsnachwuchs stellt für das Unternehmen eine Investition dar. Ein langfristiges Verbleiben des potenziellen Mitarbeiters im Unternehmen wird angestrebt. Wird hier eine personelle Fehlentscheidung getroffen, so führt dies zu erheblichen finanziellen und organisatorischen Belastungen für das Unternehmen. Die Bewerberauswwahl über das AC kann hier die größtmöglichste Sicherheit bieten.

Sicherheit für das Unternehmen

- Auch für den Bewerber, der sich dann später als für die Position nicht geeignet erweist, ist eine Fehlentscheidung und Fehlbesetzung mit persönlichen Nachteilen verbunden. So ist das Suchen einer neuen Stelle, neben dem negativen Gefühl „nicht der Richtige zu sein", eine erhebliche Belastung für den Betroffenen. Entscheidende Vorteile für den AC-Teilnehmer sind: die gleichen Startchancen, der direkte Vergleich untereinander, transparentes Verfahren und das Erkennen eigener Stärken und Schwächen.

Sicherheit für den Bewerber

Zusammengefasst heißt dies, das AC ist eine Methode, die besser als viele andere Methoden hilft, ein vielschichtigeres, objektiveres und damit gerechteres Urteil in der Personalauswahl zu finden. Zwar ist es kostenintensiver als andere Auswahlmethoden. Rechnet man jedoch die möglichen Kosten einer Personalfehlentscheidung dagegen, so ist die wirtschaftliche Berechtigung des ACs belegt.

Wofür setzt man Assessment-Center-Verfahren ein?

Die Anlässe für den Einsatz von Assessment-Center-Verfahren können unterschiedlicher Art sein. Am bekanntesten ist der Einsatz dieses Personalauswahlverfahrens für die Auswahl von Fach- und Führungskräften für die Besetzung vakanter Positionen. Wichtig ist, dass das Unternehmen in absehbarer Zeit mehrere oder gleichrangige Arbeitsplätze zu besetzen hat, mehrere Kandidaten für diese Positionen in Frage kommen und das Unternehmen mit bisherigen Auswahlmethoden nicht zum erwünschten Ergebnis gelangt ist. Bei Besetzung nur einer einmalig vakanten Führungsposition wäre ein AC-Verfahren in jeder Hinsicht viel zu aufwändig.

Auswahl von Fach- und Führungskräften

Weiterhin kann das AC auch für die Potenzialermittlung und -beurteilung (siehe auch Kap. 4.4) eingesetzt werden, um damit mittelfristige Nachfolgeplanungen und langfristige Entwicklungsmaßnahmen gezielt entwickeln zu können. Der AC wird damit zu einer grundsätzlichen Be-

Potenzialermittlung und -beurteilung

standsaufnahme innerhalb eines definierten Personenkreises, der für die Wahrnehmung mehrerer höherwertiger Positionen in Frage kommen könnte. Wichtig ist, dass die Teilnehmer im Feedbackgespräch nicht nur mit Ergebnissen konfrontiert werden, sondern Hinweise auf Fort- und Weiterbildungsbedarf und –möglichkeiten erhalten. So kann der Teilnehmer entsprechend den Ergebnissen des ACs seine Stärken ausbauen und seine beobachteten Schwächen abbauen.

Weniger bekannt ist der Einsatz von ACs zur Personalentwicklung und als Kontrollinstrument.

Personalentwicklung

Auf der Grundlage der Ergebnisse des ACs ist es möglich, gezielte Personalentwicklungsmaßnahmen für die Teilnehmer zu entwickeln. Durch das AC sind die Stärken und Schwächen des Einzelnen aufgedeckt worden. Wichtig ist es nun, dass das Unternehmen Hilfe anbietet, die aufgedeckten Schwächen abzubauen und die Lücken zu schließen, um den Anforderungen der jeweiligen Stellen gerecht zu werden oder den Mitarbeiter im Hinblick auf höherwertige Aufgaben weiterzuentwickeln.

Kontrollinstrument

Als Kontrollinstrument können ACs beispielsweise zur Überprüfung von Schulungserfolgen und zur Analyse von Entwicklungsmaßnahmen beitragen. Das Unternehmen kann Schulungsziele und Schulungserfolge überprüfen und die Teilnehmer können ihre eigenen Lernerfolge wahrnehmen und somit eigene Stärken und Schwächen besser erkennen.

Der Ablauf des Assessment-Center-Verfahrens:

Schritt 1: Vorbereitung des ACs

- Festlegung des Anforderungsprofils,
- Auswahl der Beobachter/Definition Beobachterteam,
- Training/Vorbereitung des Beobachterteams,
- Auswahl der Teilnehmer,
- Auswahl der Übungen.

Schritt 2: Durchführung des ACs

- Aufklärung und Erklärung der Ziele und Spielregeln durch Moderator/Leiter,
- Bearbeitung der einzelnen Übungen durch die Teilnehmer,
- Beobachtung der Teilnehmer durch das Beobachterteam.

Schritt 3: Die Nachbereitung des ACs

- Das Gutachten
- Das Feedback-Gespräch

Wichtige rechtliche Aspekte:

- Der Teilnehmer muss sich persönlich mit der Teilnahme am Verfahren einverstanden erklären.

- Der Teilnehmer muss informiert werden, welche Eignungsmerkmale beobachtet und welche Art von Aufgaben angewandt werden sollen.
- Es dürfen lediglich Merkmale untersucht werden, die für das Arbeitsverhältnis eine aktuelle, wesentliche und klar definierte Bedeutung haben.
- Die Form und der Ablauf des ACs soll weder provozieren noch jemanden in seiner Würde verletzen. Die Übungen müssen im Verhältnis zu den Anforderungen der vakanten Position stehen.
- Der Teilnehmer hat ein Recht darauf, persönlich und ausreichend über die wesentlichen Ergebnisse informiert zu werden.

Psychobiotische Verfahren

Weiterhin gibt es verschiedene Verfahren, die sich mit der Messung und Analyse von Gehirnfunktionen befassen.
Die bekanntesten sind:
- Struktogramm-Analyse
- Brain-Dominance-Analyse.

Die Ergebnisse dieser Analysen werden in einer entsprechenden „Typisierung" der betreffenden Person zusammengefasst. Aufgrund der persönlichen Ausprägungen lassen sich Rückschlüsse ziehen, die für einen effizienteren Personaleinsatz oder die Zusammenstellung von Teams bedeutend sein können. So ist es sinnvoll im Team nicht nur „gleiche Persönlichkeitstypen" zu haben, sondern sich in ihren Persönlichkeitsmerkmalen ergänzende Mitarbeiter, die Synergieeffekte in der Zusammenarbeit realisieren können. Zur Vertiefung möchte ich hier auf weiterführende Fachliteratur verweisen.

Gesprächsformen

Als weitere Formen der Personalauswahlverfahren sind die verschiedenen Gesprächsformen zu nennen. Man unterscheidet:
- Gruppengespräch und Rundgespräche
- Einzelgespräch
  Im Einzelgespräch unterscheidet man:
  - Frei geführtes Interview,
  - Standardisiertes Interview,
  - Strukturiertes Interview,
  - Einzelgespräch mit Real-Erlebnis-Fragemethode (auch vereinzelt als SIGMA-Methode bekannt),
  - Stressinterview.

Gruppengespräch und Rundgespräche

Die Gruppen- und Rundgespräche finden gleichzeitig mit mehreren Bewerbern statt, während im Einzelgespräch immer nur ein Bewerber beteiligt ist. Ähnlich dem Assessment-Center kann man im Gruppenge-

direkter Vergleich der Bewerber

spräch mehrere Personen gleichzeitig beobachten. So ist ein direkter Vergleich der Bewerber möglich. Gruppengespräche werden zumeist in Kombination mit darauf folgenden Einzelgesprächen eingesetzt. So zum Beispiel als Zusatzinstrument bei einer großen Bewerberzahl, um eine Vorselektion vorzunehmen.

Einzelgespräche

Beim Einzelgespräch unterscheidet man unterschiedliche Interview-Methoden.

strukturiertes Interview   Am häufigsten verwendet und am bekanntesten ist das **strukturierte Interview**, welches verschiedene Themenkomplexe vorgibt, die im Interview mit dem Bewerber angesprochen werden. Im Gegensatz zum standardisierten Interview werden jedoch nicht jedem Bewerber die gleichen Fragen gestellt, sondern in den verschiedenen Themenkomplexe entsprechende Prioritäten in den Fragestellungen gesetzt, um die Eindrücke vom Bewerber nicht an einzelnen Fragestellungen, sondern an Bereichen festmachen zu können. Um eine Vergleichbarkeit zwischen den Bewerbern herzustellen und Fehler in der Einschätzung zu vermeiden, ist die strukturierte Interviewtechnik besser geeignet als das freie Interview.

Das **freie Interview** ist lediglich personenbezogen und gibt keine Themenkomplexe für die Befragung des Bewerbers vor.

Stellvertretend für Interview- und Fragetechniken, die den individuellen Charakter des Gespräches mit der strukturierten Gliederung des Gespräches verbinden, werden in Folge das strukturierte Interview und die Real-Erlebnis-Fragemethode (SIGMA-Methode) ausführlich vorgestellt.

Schritt 4:   Auswahlgespräche vorbereiten

Ziele der Gesprächspartner im Bewerbungsgespräch

Das Unternehmen/die Institution will im Auswahlgespräch:

- Eine möglichst genaue Vorstellung von dem potenziellen neuen Mitarbeiter gewinnen (Qualifikation und Persönlichkeit).
- Eventuelle Schwachstellen aufdecken.
- Schriftliche und mündliche Aussagen des Bewerbers vergleichen.
- Die gute oder schlechte Gesprächsvorbereitung des Bewerbers beobachten.
- Den Besten aus allen Bewerbern heraussuchen.

Der Bewerber will im Bewerbungsgespräch:

- Seine Hemmungen und seine Nervosität möglichst gut verbergen.
- Sich optimal präsentieren.
- Seine Arbeitskraft als perfektes Produkt verkaufen.
- Die Frage klären, ob die Institution tatsächlich zu ihm passt.
- Erfolgreich sein, da sehr viel von der Bewerbung abhängen kann.

Die Organisation des Auswahlgesprächs

- Laden Sie den Bewerber schriftlich ein – spätestens vierzehn Tage vor dem Termin (Information bezüglich Anfahrt und Reisekostenerstattung nicht vergessen) und erbitten Sie seine telefonische Terminbestätigung.
- Reservieren Sie einen geeigneten Raum und sorgen Sie für eine angenehme und ungestörte Gesprächsatmosphäre. Stellen Sie Getränke bereit und wählen Sie die Sitzordnung so, dass Sie die Körpersprache des Bewerbers beobachten können.
- Führen Sie das Gespräch möglichst (mindestens) zu zweit, die Auswahlentscheidung wird dadurch sicherer und leichter (z.B. Personalverantwortlicher und späterer Vorgesetzter). Möglich ist auch eine Aufgabentrennung (einer führt das Gespräch, einer beobachtet und protokolliert). In „Stressinterviews" beziehungsweise im Falle von Positionen, in denen es auf Kommunikationsstärke ankommt, finden sich häufig verteilte Rollen als „weicher" und „harter" Gesprächspartner.
- Planen Sie für das Gespräch genügend Zeit ein (auch für Vorbereitung, Nachbereitung und Besprechung mit Ihrem Kollegen).
- Führen Sie die Vorstellungsgespräche innerhalb eines kurzen Zeitraums (ca. 1 Woche), um die Bewerber besser vergleichen und objektiv beurteilen zu können.
- Legen Sie die Unterlagen für das Gespräch bereit:
  - Bewerbungsunterlagen,
  - Stellenbeschreibung/Anzeige,
  - Anforderungsprofil,
  - Checklisten,
  - Unternehmensdarstellung,
  - Formulare zur Reisekostenabrechnung.
- Stellen Sie die Informationen zusammen, die für den Bewerber relevant sind.
- Erstellen Sie einen **Interviewleitfaden** (Schritt 5), damit Sie alle wesentlichen Themenbereiche ansprechen. Der Leitfaden ist Grundlage eines strukturierten Auswahlgesprächs.

Informationen, die Sie dem Bewerber geben sollten

Informationen über das Unternehmen:

- Rechtsform,
- Tochter/Schwesterfirmen, Hauptsitz, Niederlassungen im In- und Ausland,
- Produktpalette, Dienstleistungen,
- Betriebswirtschaftliche Kennzahlen, z. B. Umsatz,
- Marktanteile, Wettbewerbssituation, Zukunftserwartungen,
- Anzahl der Mitarbeiter,
- Unternehmensphilosophie.

Informationen über die Position

- Aufgaben- und Verantwortungsbereich,
- Organisatorische Einordnung, hierarchische Einordnung,
- Kollegen-, Führungs- und Umfeldstruktur,
- Erwartungen an den Stelleninhaber, besondere Herausforderungen der Position,
- Einarbeitungsphase, Einarbeitungsplan,
- Entwicklungsmöglichkeiten.

Informationen über die Vertragsgestaltung

- Gewünschter Eintrittstermin,
- Vertragliche Besonderheiten,
- Einkommen (Bindung an Tarifvertrag?),
- Probezeit,
- Sozialleistungen (betriebl. Altersversorgung, Urlaubsgeld, Weihnachtsgeld, VWL),
- Sonstige Leistungen (Dienstwagen, Gewinn- oder Kapitalbeteiligung etc.),
- Aufstiegs- und Weiterbildungsmöglichkeiten.

Schritt 5:　Auswahlgespräche führen

Tipps für die Personalauswahlgespräche

So bekommen Sie im Personalauswahlgespräch die Informationen, die Sie brauchen

- Stellen Sie Fragen.
- Bitten Sie um Erläuterungen.
  „Bezüglich der Zusammenarbeit mit Ihrem Vorgesetzten erwähnten Sie vorhin ... Können Sie das noch näher erläutern?"
- Wiederholen Sie mit Ihren eigenen Worten die Aussagen des Bewerbers. Diese Methode der „Spiegelung" wird eingesetzt, um einen Eindruck zu bestätigen oder den Gesprächspartner unaufgefordert zu veranlassen, das Thema weiter zu vertiefen:
  „Verstehe ich Sie richtig, dass ... "
  „Wie ist es zu verstehen, wenn Sie einerseits ... , andererseits aber ... "
- Wenn der Bewerber eine Frage beantwortet hat, reagieren Sie nicht mit einer neuen Frage, sondern legen Sie eine Pause ein. Dies signalisiert, dass der Bewerber seine Antwort noch weiter erläutern sollte. Auch dies ist ein Mittel, das Thema zu vertiefen.
- Wenn eine offene Frage noch nicht hinreichend geklärt ist, sollten Sie den Bewerber um eine weitere Erläuterung bitten.

Häufige Fehler in Bewerbungsgesprächen

- Suggestivfragen stellen
  „Sind Sie nicht ebenfalls der Meinung, dass ..."
  Sie erfahren so nichts über den Bewerber, sondern legen ihm vielmehr Antworten in den Mund.
- Provokative/unterstellende Fragen stellen
  „Sind Sie sicher, dass Sie das auch so meinen?"
  „Worin sehen Sie den wesentlichsten Fehler in Ihrer Laufbahngestaltung?"
  „Welches sind Ihre Schwierigkeiten?"
  Provokative Fragen wirken aggressiv und lösen beim Gegenüber Stressreaktionen aus.
- Fangfragen stellen
  „Welche Fachzeitschriften lesen Sie regelmäßig?"
  „Welcher Artikel hat Ihnen in der letzten Ausgabe besonders gut gefallen?"
  „Kennen Sie die Zeitschrift ... "
  Mit Trickfragen wird versucht, den Partner hereinzulegen oder ihn der Unwahrheit zu überführen.
- Zuviel reden
  Reden Sie so wenig wie nötig selbst, sondern lassen Sie den Bewerber reden (offene Fragen stellen).

Interviewtechniken

Ziel des Bewerbungsgespräches ist es, herauszufinden, ob der Bewerber die von Ihnen in der Anforderungsanalyse erhobenen Merkmale erfüllt.

In einem „normalen" nicht entsprechend vorbereitetem Gespräch können Sie einige der Anforderungsmerkmale herausfinden.

MEHR INFORMATIONSGEWINN UND EINE GUTE QUALITÄT DES INTER-
VIEWS ERHALTEN SIE DURCH EIN STRUKTURIERTES INTERVIEW.

Unbewusste Entscheidungen durch Sympathie/Antipathie/Vorurteile und den „ersten Eindruck" (innerhalb der ersten 20 Sekunden) werden abgemildert. Die Entscheidung wird objektiver und die Eignung des Bewerbers besser einschätzbar.

Die schriftlich fixierte Gesprächsvorbereitung für das **strukturierte Interview** ist der **Interviewleitfaden**. Alle Bewerber werden so mit den gleichen Fragen konfrontiert. Dadurch wird die Vergleichbarkeit der Bewerber erhöht und die Gefahr, „sympathische" Kandidaten „harmloser" zu behandeln, verringert. Durch den Leitfaden wird die Gesprächsauswertung systematisiert und vereinfacht.

Das strukturierte Interview bietet die besten Möglichkeiten, gezielt umfassende Informationen über den Bewerber zu bekommen

Um noch treffgenauer feststellen zu können, ob der Bewerber zum Unternehmen passt und für die zu besetzende Position geeignet ist, können Elemente des „situativen Interviews" in das Gespräch eingebracht werden. Dabei gilt es, eine möglichst große Ähnlichkeit zwischen der Beurteilungssituation (dem Auswahlgespräch) und der späteren Be-

*möglichst große Ähnlich-
keit zwischen der Beurteilungssituation und der späteren Bewährungssituation
herbeiführen*
währungssituation (den beruflichen Aufgaben) herbeizuführen.

Zu diesem Zweck stellen Sie dem Bewerber eine der in der Anforderungsanalyse erarbeiteten „kritischen Situationen" (siehe Kap. 4.5.4
Critical-Incidents-Technique) vor. In diese soll er sich hineinversetzen
und erklären, wie er sich (theoretisch) verhält und mit dieser Situation
umgeht: *Nehmen Sie an, Sie wären Mitarbeiter der Firma X in der Position
Y. Sie sind in der folgenden Situation: Wie verhalten Sie sich?*

Auf diese Weise können Sie sich ein Bild der Reaktionen des Bewerbers
machen und vergleichen, ob diese den Reaktionen des „gut geeigneten"
bzw. „schlecht geeigneten" Mitarbeiters entsprechen.

Bauen Sie diese Situation aus, indem Sie ein fingiertes Gespräch im
Rahmen dieser geschilderten Situation führen: *„Sie haben uns geschildert,
dass Sie in dieser Situation ein Gespräch mit Ihrem Mitarbeiter führen würden. Wir möchten dieses Gespräch jetzt mit Ihnen führen. Wenn Sie damit
einverstanden sind, übernehme ich die Rolle des Mitarbeiters, Sie die der
Führungskraft."*

- **Das strukturierte Personalauswahlinterview**

Das strukturierte Interview ist die gängigste Methode des Personalaus-
wahlgespräches. Es beinhaltet einen Fragenkatalog, der für alle Kandidaten gleich ist.

Der allgemeine Ablauf:

Phase 1:   Begrüßung und gegenseitige Vorstellung,

Phase 2:   Fragen zum Unternehmen (Rückschlüsse auf die
             Gesprächsvorbereitung des Bewerbers),

Phase 3:   Die persönliche Situation des Bewerbers (Werdegang),

Phase 4:   Letzte Position/Wünsche bezüglich der neuen Position,

Phase 5:   Persönliche Eigenschaften des Bewerbers,

Phase 6:   Arbeitsverhalten des Bewerbers,

Phase 7:   Umgang des Bewerbers mit Kollegen und Vorgesetzen,

Phase 8:   Leistungsbereitschaft des Bewerbers,

Phase 9:   Arbeitszeit, Gehalt und Sonstiges,

Phase 10:   Spezielle Fragen für Bewerber auf eine Führungs- und auf
             eine Vertriebsposition,

Phase 11:   Informationen über Unternehmen, Aufgabe und Position,
             vertragliche Bedingungen,

Phase 12:   Gesprächsabschluss.

Tipps für das strukturierte Personalauswahlinterview

- Beginnen Sie das Gespräch mit einer Kontaktphase, in der Sie sich
  und Ihre Kollegen sich kurz vorstellen. Direkt im Anschluss sollte
  der Kandidat sich vorstellen und seinen Werdegang ausführlich

darstellen. Erst, wenn Sie alle wesentlichen Informationen über den Bewerber erhalten haben, stellen Sie die Firma und die Position vor.

- **Vermeiden Sie es unbedingt, im Auswahlgespräch zunächst die Firma und die zu besetzende Position darzustellen und erst danach den Bewerber von sich selbst erzählen zu lassen.**
  Der Bewerber kann sonst seine eigenen Informationen an das, was er von Ihnen über das Unternehmen gehört hat, anpassen und sich je nach Anforderungslage präsentieren.

Der Aufbau eines strukturierten Interviews

1. Phase: Gesprächsbeginn und Begrüßung des Bewerbers

- Gestalten Sie eine angenehme Gesprächsatmosphäre (Raum, Sitzordnung, Getränke) und nehmen Sie dem Bewerber einen Teil seiner Nervosität.
- Möglicher Gesprächseinstieg („Warming up")
  „Haben Sie gut hierher gefunden?"
  „Hatten Sie eine angenehme Anreise?"
  „Mit welchem Verkehrsmittel sind Sie angereist?"
- Stellen Sie die anwesenden Gesprächspartner vor.
- Erläutern Sie dem Kandidaten den ungefähren Gesprächsablauf.
- Klären Sie, ob der Bewerber zum bisher Gesagten noch Fragen hat.
- Hinweis, dass der Bewerber am Ende noch Fragen stellen und Details besprechen kann.

2. Phase: Fragen zum Unternehmen

In dieser Phase erfragen Sie die allgemeine Gesprächsvorbereitung des Bewerbers sowie Markt- und Produktkenntnisse.

Was weiß der Bewerber über das Unternehmen?

- *„Wie haben Sie sich auf dieses Gespräch vorbereitet?"*
- *„Was wissen Sie über unser Unternehmen?"*
- *„Wie ist die Inhaberstruktur?"*
- *„Was wissen Sie über unsere Produkte/Dienstleistungsangebote?"*
- *„Welche sind Ihrer Meinung nach unsere erfolgreichsten Produkte?"*
- *„Welche Produkte stellen sich in Zukunft eher schwierig dar?"*
- *„Was wissen Sie über den Markt, in dem wir tätig sind?"*
- *„Können Sie etwas über unsere Wettbewerber sagen?"*
- *„Was wissen Sie über die vakante Position?"*
- *„Warum haben Sie sich bei unserem Unternehmen beworben?"*

3. Phase: Persönliche Situation des Bewerbers

Ausbildung/Beruflicher Werdegang
- *„Bitte schildern Sie uns Ihren bisherigen Lebens- und Ausbildungs-/Berufsweg."*

- … *schulischen Werdegang*
- … *berufliche Ausbildung/Studium*
- *„Was hatte den größten Einfluss auf Ihre Berufswahl?"*
- *„Haben Sie Praktika absolviert? In welchen Unternehmen? Auf wessen Initiative?"*
- *„Welche beruflichen Tätigkeiten haben Sie nach der Ausbildung bis jetzt ausgeübt?"*
  - Aufgaben und Aufgabenschwerpunkte
  - Verantwortlichkeiten und Kompetenzen
  - Länge der Tätigkeit
  - Beförderungen
  - Besondere Aufgaben
  - Weiterbildungen etc.
- *„Wer oder was hatte den größten Einfluss auf Ihre berufliche Entwicklung?"*
- *„Was haben Sie während der einzelnen Stationen Ihres Berufslebens gelernt? Wovon profitieren Sie heute noch?"*
- *„Wo liegen Ihre fachlichen Stärken?"*
- *„Was würden Sie heute anders machen, wenn Sie die Möglichkeit hätten?"*

Familiäre Situation
- *„Wie ist Ihre familiäre Situation?"*
- *„Ist Ihr Partner berufstätig?"*
- *„Wie denkt Ihre Familie über den Stellenwechsel?"*
- *„Wie steht Ihre Familie zu (längeren) Dienstreisen und (häufigen) Überstunden?"*
- *„Sind Sie geografisch flexibel?"*
- *„Würden Sie auch den Wohnort wechseln?"*

4. Phase: Aktuelle Position / Neue Position

Warum strebt der Bewerber die neue Position an?

In dieser Phase können Sie den Grund für den Veränderungswunsch des Bewerbers erfragen sowie Übereinstimmungen/Abweichungen zwischen der bisherigen und der neuen Aufgabe ermitteln.
- *„Bitte beschreiben Sie Ihre momentanen Aufgaben."*
- *„Schildern Sie einen typischen Tagesablauf Ihrer letzten Position."*
- *„Womit waren Sie zufrieden/unzufrieden. Warum?"*
- *„Warum werden Sie die Tätigkeit bei Ihrem letzten Arbeitgeber vermissen?"*
- *„Warum wollen Sie sich verändern?"*
- *„Warum haben Sie Ihre Position so häufig/selten/noch nie gewechselt?"*
- *„Warum sind Sie arbeitslos geworden?"*
- *„Was haben Sie aus unserer Anzeige herausgelesen? Was erwarten Sie von der Aufgabenstellung? Was reizt Sie an der neuen Position?"*
- *„Welche Ziele haben Sie für die neue Position?"*
- *„Wo liegen aus Ihrer Sicht Probleme in der neuen Position?"*

- *„Was wollen Sie in der von uns angegebenen Position längerfristig erreichen?"*

5. Phase: Persönliche Eigenschaften des Bewerbers

In dieser Phase erhalten Sie einen Eindruck in die Persönlichkeit und
Selbsteinschätzung des Bewerbers.

*Eignet sich die Persönlich-
keit des Bewerbers für die
Position?*

- *„Wo sehen Sie die Gründe für Ihren persönlichen Erfolg?"*
- *„Wenn Sie sich einem Fremden beschreiben müssten, wie würden Sie sich
selbst darstellen?"*
- *„Was sind Ihre Stärken?"*
- *„Wie kommen Sie zu dieser Einschätzung? In welchen (Arbeits-)Situatio-
nen hat sich das gezeigt?"*
- *„Was sind Ihre Schwächen? Nennen Sie uns Bereiche, in denen Sie noch an
sich selbst arbeiten."*
- *„Bitte schildern Sie eine Situation, in der Sie keinen Erfolg hatten. Woran
lag es? Was würden Sie heute anders machen?"*
- *„Wie wichtig ist für Sie berufliche Weiterbildung?"*
- *„In welchen Bereichen hätten Sie sich in der Vergangenheit Trainings-
maßnahmen gewünscht?"*
- *„Warum haben Sie diese nicht besucht?"*
- *„Was machen Sie in Ihrer Freizeit? In welchem Umfang?"*

6. Phase: Das Arbeitsverhalten des Bewerbers

In dieser Phase geht es um die Grundeinstellung des Bewerbers zur Arbeit
und seinen persönlichen Arbeitsstil.

*Wie organisiert der Bewer-
ber seine Arbeit?*

- *„Welche Bedeutung hat Arbeit in Ihrem Leben?"*
- *„Was ist wichtig für Ihre berufliche Zufriedenheit?"*
- *„Was ist Ihnen in Bezug auf Ihre Arbeitsumgebung wichtig?"*
- *„Gab es Situationen, in denen Sie eine Entscheidung treffen mussten, die
für Sie persönlich eine große Tragweite hatte?*
- *„Wie würden Sie Ihren Arbeitsstil bezeichnen?"*
- *„Beschreiben Sie bitte Ihre Vorgehensweise bei schriftlich zu bearbeitenden
Aufgabenstellungen."*
- *„Welche Routinearbeiten gibt es bei Ihrer jetzigen Aufgabenstellung und
wie gehen Sie damit um?"*
- *„Wenn es zu Arbeitsablaufproblemen kommt, was sind die Gründe da-
für?"*
- *„Wie arbeiten Sie sich in neue Aufgabenstellungen und Arbeitsabläufe
ein?"*
- *„Wie planen Sie Ihre Arbeit (Prioritätensetzung, Umgang mit unerwarte-
ten Störungen und Aufgaben, Zeitmanagement)?"*
- *„Wie wichtig ist Ihnen die Qualität Ihrer Arbeit? Wie stellen Sie diese si-
cher?"*
- *„Was bedeutet für Sie Quantität der Arbeit?"*
- *„Was ist wichtiger: Qualität oder Quantität der Arbeit?"*

7. Phase: Umgang mit Kollegen und Vorgesetzten

Ist der Bewerber delegations- und teamfähig?

In dieser Phase ermitteln Sie die Einstellung des Bewerbers zu seinen Vorgesetzen und seine Einstellung und Bereitschaft zur Zusammenarbeit mit seinen Kollegen.

- *„Was erwarten Sie von Ihrem Arbeitgeber, Vorgesetzen und ihren Kollegen?"*
- *„In welchen Situationen sprechen Sie sich mit Ihrem jetzigen Vorgesetzten ab und in welchen nicht?"*
- *„Gab es schon einmal ernsthafte Meinungsverschiedenheiten zwischen Ihnen und Ihrem Vorgesetzten? Welche Gründe gab es dafür?"*
- *„Gibt es einen Vorgesetzten, der Sie sehr beeindruckt hat? Warum?"*
- *„Welcher Arbeitsstil Ihres Vorgesetzten motiviert Sie am meisten? Welcher Arbeitsstil beeinträchtigt Ihre Arbeitsleistung?"*
- *„Wie stehen Sie zur Teamarbeit (Vorteile und Nachteile aus der Sicht des Bewerbers)?"*
- *„Was verstehen Sie darunter, wenn Sie sagen „Mir liegt der Umgang mit Menschen"?"*
- *„Ein Kollege hat die Einstellung: Das haben wir schon immer so gemacht; das machen wir auch zukünftig so. Wie bewegen Sie ihn, Änderungen vorzunehmen?"*

8. Phase: Leistungsbereitschaft des Bewerbers

Wie belastbar ist der Bewerber? Welche beruflichen Ziele verfolgt er?

In dieser Phase erhalten Sie einen Eindruck von der Belastbarkeit, Leistungsbereitschaft und den beruflichen Zielen des Bewerbers.

- *„Gibt es Situationen, die für Sie Stress bedeuten? Wie reagieren Sie auf Stresssituationen?"*
- *„Was tun Sie, um sich zu entspannen?"*
- *„Was motiviert Sie, Leistung zu bringen?"*
- *„Was sind Ihre persönlichen Ziele für das nächste Jahr?"*
- *„Was tun Sie, um diese Ziele zu erreichen?"*
- *„Was tun Sie, wenn Sie ein Ziel erreichen bzw. nicht erreichen?"*
- *„Welche beruflichen Pläne haben Sie kurz-, mittel- und langfristig?"*
- *„Wie bringen Sie Privat- und Berufsleben unter einen Hut?"*

9. Phase: Arbeitszeit, Gehalt und Sonstiges

Welche Erwartungen hat der Bewerber bezüglich seines Arbeitsumfeldes?

- *„Wieviel Stunden arbeiten Sie in der Woche?"*
- *„Welche Erwartungen haben Sie an Ihre Arbeitszeit?"*
- *„Wie hoch ist Ihr jetziges Gesamtjahresgehalt?"*
- *„Welche Erwartungen haben Sie an Ihr Einkommen?"*
- *„Sind Sie schwerbehindert?"*
- *„Haben Sie einen gültigen Führerschein?"*
- *„Können Sie uns drei Referenzpersonen nennen, mit denen wir sprechen können?"*
- *„Haben Sie Ehrenämter oder Verpflichtungen?"*
- *„Welche Nebentätigkeiten üben Sie aus?"*

- *„Gibt es Verpflichtungen gegenüber z.B. Freiwilliger Feuerwehr, Technischem Hilfswerk, Katastrophenschutz oder ähnlichen Organisationen?"*

Phase 10 a: Spezielle Fragen für Bewerber auf eine Führungsposition

Diese Fragen richten sich hauptsächlich an Mitarbeiter, die bereits über erste Erfahrungen in der Mitarbeiterführung verfügen bzw. sich auf eine Führungsposition bewerben.

Verfügt der Bewerber über Führungserfahrung?

- *„Mussten Sie schon einmal eine Gruppe von Kollegen und Mitarbeitern für ein spezielles Projekt oder eine bestimmte Aufgabe zusammensetzen und koordinieren? Was war Ihnen wichtig und wie sind Sie vorgegangen?"*
- *„Welche Führungserfahrungen haben Sie? Schildern Sie uns die Wichtigsten.*
- *„Wie informieren Sie sich über den Leistungsstand Ihrer Mitarbeiter?"*
- *„Wie erfahren Sie etwas über die Arbeitsbelastung Ihrer Mitarbeiter?"*
- *„Was ist Ihnen als Führungskraft wichtig?"*
- *„Wie motivieren, kritisieren und loben Sie Ihre Mitarbeiter?"*
- *„Wie und welche Aufgaben delegieren Sie?"*
- *„Wie informieren Sie Ihre Mitarbeiter über die zu erreichenden Ziele?"*
- *„Wie binden Sie Ihre Mitarbeiter in die Entscheidungsfindung ein?"*
- *„Welche Kriterien sind Ihnen in Bezug auf die Beurteilung eines Mitarbeiters besonders wichtig?"*
- *„Was tun Sie konkret für die Entwicklung Ihrer Mitarbeiter?"*
- *„Schildern Sie uns eine problematische Führungssituation (z.B. Erlebnis mit einem »schwierigen« Mitarbeiter) und wie Sie damit umgegangen sind."*
- *„Gibt es Situationen im Umgang mit Mitarbeitern, in denen Sie ungeduldig werden?"*

Phase 10 b: Spezielle Fragen für Bewerber auf eine Vertriebsposition

Diese Fragen richten sich hauptsächlich an Mitarbeiter, die bereits über erste Erfahrungen im Vertrieb verfügen bzw. sich auf eine Vertriebsposition bewerben.

Verfügt der Bewerber über Vertriebserfahrung?

- *„Was wissen Sie über unsere Vertriebsstruktur?"*
- *„Welche Aufgaben des Absatzes sehen Sie?"*
- *„Was reizt Sie am Außendienst und worauf würden Sie gerne verzichten?"*
- *„Was würden Ihre Kunden über Sie als Verkäufer oder Vertriebsmitarbeiter sagen, wenn ich einen von ihnen anrufen würde?"*
- *„Beschreiben Sie uns ein typisches Verkaufsgespräch Ihrer letzten Position."*
- *„Worin lagen die Schwierigkeiten, Ihrem Kundenkreis Ihre Produkte zu verkaufen?"*
- *„Was war Ihr größter Verkaufserfolg?"*
- *„Worin sehen Sie Ihre Erfolgspotenziale als Verkäufer?"*
- *„Wann schätzen Sie Kunden als »schwierig« ein?"*

- *„Schildern Sie bitte eine Situation mit einem »schwierigen« Kunden. Wie haben Sie reagiert?"*
- *„Wie gehen Sie mit Situationen um, in denen Sie nicht sicher sind, was der Kunde von Ihnen erwartet?*
- *„Welche Umsatz- und Ergebnisverantwortungsziele hatten Sie letztes Jahr?*
- *„In wieweit haben Sie Verkaufserfolge erzielt?"*

Phase 11: Informationen über Unternehmen, Aufgabe und Position, vertragliche Gestaltung

Was sollte der Bewerber über Untenehmen und ausgeschriebene Stellung wissen?

Nachdem Sie nun einen umfassenden Eindruck über den Bewerber erhalten haben, informieren Sie ihn über das Unternehmen und die Position. Anhand dieser Informationen soll der Bewerber einschätzen können, ob das Unternehmen und die Stelle seinen Vorstellungen entsprechen.

Zurückgehaltene Informationen, Fehlinformationen oder nicht eingehaltene Versprechungen im Auswahlgespräch können dazu führen, dass der Bewerber die Stelle unter falschen Voraussetzungen antritt. Dies kann zu vorzeitiger Kündigung oder Demotivation mit mangelnden Leistungen führen.

Phase 12: Gesprächsabschluss

- Prüfen Sie, ob alle Fragen geklärt sind.
- Fassen Sie das Gespräch noch einmal in allen wesentlichen Punkten zusammen. Teilen Sie dem Kandidaten mit, wann er eine konkrete Entscheidung von Ihnen erhält.
- Bedanken Sie sich für das Gespräch und verabschieden Sie sich.

• Die Real-Erlebnis-Fragetechnik

vorher definierter Fragenkatalog, der bestimmte definierte Merkmale beobachtbar macht

Im Rahmen der Real-Erlebnis-Fragemethode (SIGMA-Methode) geht man ähnlich wie im situativen Interview vor. Die Fragetechnik wird im Einzel- oder Gruppengespräch angewandt und beinhaltet einen vorher definierten Fragenkatalog, der bestimmte definierte Merkmale beobachtbar macht.

Ähnlich dem AC-Verfahren sind mehrere Personen als Bewerter in dem Personalauswahlgespräch nach der Real-Erlebnis-Fragemethode beteiligt. In der Regel sind dies Führungskräfte des Bedarfsbereiches, eine Vertretung des Personalmanagements sowie der Betriebsrat. Gegebenenfalls ist die Schwerbehindertertenvertretung hinzuzuziehen. Die Beobachter haben die Aufgabe, die Ausführungen des bzw. der Bewerber(s) auf der Grundlage der Fragestellungen in Hinblick auf die Anforderungsmerkmale zu beurteilen.

Im Vorfeld des Gespräches wird entsprechend dem beschriebenen Vorgehen (siehe Grobauswahl) durch die Führungskräfte des Bedarfsbereiches bereits eine Vorauswahl vorgenommen. Wichtigste Grundlage zur Entscheidungsfindung sind die Bewerbungsunterlagen. Die Gründe, die zur Vorselektion geführt haben, sind vom Auswahlgremium zu dokumentieren.

Die zu stellenden Fragen sollen wichtige Merkmale des Anforderungsprofils widerspiegeln und sind von der Führungskraft im Vorfeld zu erstellen. Die Qualität der Fragen entscheidet über die Wertigkeit des Auswahlergebnisses. Der Betriebsrat achtet auf die Einhaltung formaler Gesichtspunkte, stellt aber aktiv keine Fragen.

Die Fragestellungen nach der Real-Erlebnis-Fragemethode:

Gefragt wird nach umfassenden, konkreten Erlebnisbeispielen aus der Realität des bisherigen Arbeitsplatzes (oder sonstiger Erlebnisse des Bewerbers). *konkrete Erlebnisbeispiele aus der Realität des bisherigen Arbeitsplatzes*

Die Fragen beinhalten also keine hypothetischen Formulierungen: *„Was würden Sie tun, wenn … "*, sondern orientieren sich an tatsächlichen Erlebnissen des Bewerbers. Sie ermöglichen damit gute Rückschlüsse auf das Persönlichkeitsprofil des Bewerbers und seine Eignung für die vakanten Positionen.

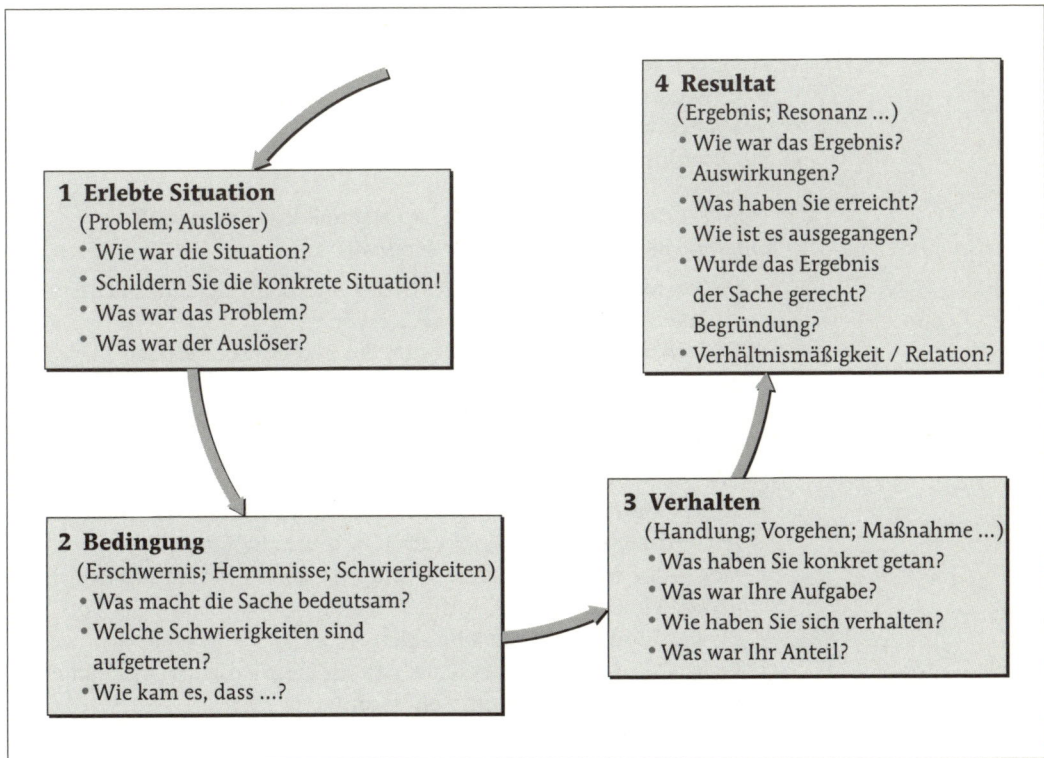

Abb. 4.10: Real-Erlebnis-Fragemethode (SIGMA-Methode)

Jede Fragestellung muss die folgenden 4 Elemente enthalten:
- Erlebte Situation,
- Bedingungen,
- Verhalten,
- Resultat.

Die jeweiligen Aussagen des Bewerbers werden bepunktet vom Beobachterteam. Die Einzelergebnisse werden koordiniert und zusammengefasst und dem Bewerber in einem persönlichen Feedback mitgeteilt.

Der Ablauf eines Personalauswahlgespräches unter Einsatz der Real-Erlebnis-Fragetechnik

1. Begrüßung und Vorstellung des Gremiums
2. Erläuterung des Ablaufes (mit Hinweis, dass das Beobachterteam gezielte Fragen stellt und sich Notizen macht)
3. Aufforderung zur kurzen Selbstdarstellung des Kandidaten, Hinweis auf anschließenden Beginn mit Fragestellungen nach SIGMA-Methode
4. Fragestellungen nach der Real-Erlebnis-Methode
5. Abschluss der Fragestellungen nach der Real-Erlebnis-Methode, Rückkehr zum „Gespräch"
6. Ergänzende Fragestellungen vonseiten des Beobachtungsteams
7. Fragen vonseiten des Bewerbers
8. Organisatorisches weiteres Vorgehen – Bekanntgabe des Ergebnisses, Hinweis auf Feedback
9. Abschluss und Verabschiedung.

Tipps für die Gesprächsführung im Personalauswahlgespräch unter Einsatz der Real-Erlebnis-Methode:

- Stellen Sie alle Beteiligten des Beobachterteams mit ihren entsprechenden Funktionen im Gespräch vor.
- Weisen Sie darauf hin, dass sich die Beobachter Notizen machen werden.
- Geben Sie dem Kandidaten Zeit, sich vorzustellen und seine Motive für die Bewerbung darzustellen.
- Weisen Sie konkret auf den Beginn des „Fragenteils" hin.
- Stellen Sie die Fragen so, dass es immer um konkrete, vom Kandidaten selbst erlebte Situationen und Sachverhalte geht.
- Stellen Sie möglichst kurze W-Fragen (siehe Darstellung Real-Erlebnis-Methode in Abb. 4.10).
- Bleiben Sie am konkreten Beispiel.
- Fragen Sie durchaus „tief nach", damit Sie auch einen ausreichenden Eindruck vom Kandidaten bekommen, z.B.:
  „Wie waren die genauen Umstände?"
  „Was war konkret Ihr Beitrag?"
  „Was haben Sie getan?"

Bewertungsbogen für das Personalauswahlgespräch

Name: ....

Eignungsmerkmal: ....

Fragen:

- Haben Sie so etwas schon einmal bei sich erlebt?
- Was machte die Sache bedeutsam?
- Wie sind Sie damit umgegangen?
- Gab es ein Resultat? Woran messen Sie das Ergebnis?

1. Situation	2. Bedingung
(erlebte Situation, Problem, Auslöser ...)	(Erschwernis, Hemmnisse ...) ... ...
3. Verhalten	4. Resultat
(Handlung, Vorgehen, Maßnahme ...)	(Ergebnis, Resonanz ...) ... ...

Bewertungsskala bitte ankreuzen	1 ☐	2 ☐	3 ☐	4 ☐	5 ☐	Faktor

1 = nicht erfüllt; deutlich unter den Anforderungen für neuen Arbeitsplatz

2 = wenig erfüllt; im Allgemeinen unter den Anforderungen

3 = erfüllt im Allgemeinen die Anforderungen

4 = gut erfüllt; im Allgemeinen über den Anforderungen

5 = übererfüllt; deutlich über den Anforderungen

Abb. 4.11: Bewertungsbogen für das Personalgespräch nach der Real-Erlebnis-Methode (Beispiel: Eignungskriterium)

- Fordern Sie den Kandidaten zu klaren und konkret nachvollziehbaren Aussagen auf auf.
  „Schildern Sie genau ..."
  „Beschreiben Sie ganz konkret wie Sie ..."
- Keine in die Zukunft gerichtete Fragen, wie:
  „Nehmen wir mal an, dass ... Was würden Sie tun?"

- Es geht nicht um Wissensabfragen, sondern um Beschreibungen des Bewerbers.
- Bewerten Sie die Aussagen nicht im Gespräch und stellen Sie diese auch nicht in Frage.

Vorteile der Real-Erlebnis-Fragetechnik

Im Vergleich zu herkömm-
lichen Interviews bietet die
SIGMA-Methode den bes-
ten Aufschluss über die
Eignung eines Bewerbers

Die Real-Erlebnis-Fragetechnik hat folgende Vorteile:
- Sie orientiert sich an den Anforderungsmerkmalen, lässt aber genügend Spielraum, dass sich jeder Bewerber persönlich einbringen muss, also keine vorformulierten Antworten auswendig lernen kann.
- Sie ermöglicht ein objektiveren Gesamteindruck als einzelne hintereinander gestellte Fragen wie im Interview.
- Sie orientiert sich ausschließlich an den tatsächlichen Erlebnissen und Wahrnehmungen des Kandidaten und nicht an hypothetischen Zukunftssituationen.
- Der Kandidat muss schildern, was er gemacht hat und nicht, was er vielleicht tun würde. So wird der Realität vor eventuellem Wunschdenken des Bewerbers der Vorzug gegeben.
- Der Kandidat zeigt durch seine Auswahl der Erlebnisse, die er als Beispiele anführt, welche Prioritäten er setzt, was für die Auswahl eines „zum Unternehmen passenden Kandidaten" sehr wichtig ist.

Voraussetzungen für die erfolgreiche Anwendung der Real-Erlebnis-Fragetechnik

- Es bedarf einiger Übung, damit man mit der Fragetechnik zu brauchbaren Ergebnissen kommt.
- Das Beobachterteam muss im Umgang mit der Fragetechnik sowie im Umgang mit dem Bewertungssystem geschult sein.
- Die Fragestellungen müssen genau überlegt und definiert werden, damit die in Frage stehenden Merkmale auch beobachtbar werden.
- Die Fragestellungen dürfen nicht immer die gleichen sein, sondern müssen jeweils den Anforderungen der vakanten Position entsprechend neu zusammengestellt und ggf. neu formuliert werden.

Schritt 6:   Auswahlgespräch nachbereiten und Auswahlentscheidung treffen

Die Nachbereitung des Auswahlgespräches

Nach dem Gespräch
werden die Eindrücke fest-
gehalten und ausgewertet

Nach dem Gespräch geht es darum, Ihre Eindrücke festzuhalten und auszuwerten.
- Notieren Sie Ihre persönlichen Eindrücke unmittelbar nach dem Gespräch, sonst besteht die Gefahr der Verzerrung oder des Vergessens wichtiger Details (siehe allgemeinen Bewertungsbogen in Abb. 4.12).
- Besprechen und vergleichen Sie Ihre Eindrücke mit dem Kollegen, der mit Ihnen gemeinsam das Gespräch geführt hat.

Bewertungsbogen

War der Bewerber pünktlich?

❑ ja   ❑ nein

Wie ist das äußere Erscheinungsbild?

❑ gepflegt   ❑ einigermaßen   ❑ ungepflegt

Welchen „ersten Eindruck" haben Sie?

❑ sympathisch   ❑ unsympathisch   ❑ abwarten

Ist der Bewerber vorbereitet ins Gespräch gekommen?

❑ ja   ❑ relativ   ❑ nein

Hat der Bewerber Fachkenntnisse?

❑ ja   ❑ nein

Konnte der Bewerber

❑ gut erklären   ❑ nicht gut erklären

❑ sich verständlich ausdrücken   ❑ unverständlich

❑ gut zuhören   ❑ hört nicht zu

War der Bewerber im Gespräch

❑ sachlich   ❑ unsachlich

❑ entgegenkommend   ❑ unbeweglich

❑ höflich   ❑ unhöflich

❑ freundlich   ❑ unfreundlich

❑ einfühlsam   ❑ taktlos

❑ unsicher   ❑ selbstbewusst

Kommt der Bewerber nach Ihrer „Schnelleinschätzung" für die Position

❑ in Frage (detaillierte Entscheidungsfindung)

❑ nicht in Frage

Andere Eigenschaften / Ihr persönlicher Kommentar:

. . . .

. . . .

. . . .

Abb. 4.12: Bewertungsbogen „Ihr persönlicher Eindruck von dem Bewerber"

- Der Interviewleitfaden, in dem Sie bereits während des Gesprächs die Informationen über den Bewerbers festgehalten haben, ist ein wesentliches Instrument für die Auswahlentscheidung.
- Entscheiden Sie: Lohnt sich die detaillierte Entscheidungsfindung mit Analyse der einzelnen Bewerbereigenschaften oder fällt der Bewerber bereits jetzt aus der Auswahl?

Die Auswahlentscheidung

Um die Vergleichbarkeit der Bewerber zu gewährleisten, empfiehlt sich für die Auswertung ein systematisches Vorgehen

Als Quellen für die Auswahlentscheidung stehen Ihnen jetzt zur Verfügung:
- Telefonischer Erstkontakt mit Bewertungsbogen,
- Bewerbungsunterlagen mit Bewertungsbogen,
- Bewerbungsgespräch mit Interview-Ergebnissen bzw. Auswertungen der Real-Erlebnis-Methode,
- Bewertungsbogen „Persönlicher Eindruck".

Im Rahmen der Auswertungs- und Entscheidungsfindung sollten Sie systematisch vorgehen:
- Tragen Sie noch einmal Ihre Anforderungen und die Informationen aus den Bewertungsbögen zusammen.
- Betrachten Sie jetzt Ihre Eintragungen zu den positiven und negativen Eigenschaften des Bewerbers zum Anforderungsprofil und entscheiden Sie sich für eine Bewertung. Gehen Sie auf diese Weise jede einzelne Anforderung durch.

Am Ende haben Sie dann ein Bewerberprofil, das die Bewerber vergleichbar macht und Ihnen die Entscheidung ermöglicht, welcher Bewerber am besten zum Unternehmen und der Position passt.

Personalauswahlentscheidung auf der Grundlage der Real-Erlebnis-Methode

Für jedes einzelne Eignungsmerkmal verwendet jedes Mitglied des Personalauswahlgremiums einen Auswertungsbogen.

Jedes Eignungsmerkmal z.B. Kundenorientierung, Effizienz, Zusammenarbeit oder Führungsverhalten (Auswahlkriterium) wird entsprechend dem Anforderungsprofil im Vorfeld mit einem Gewichtungsfaktor versehen.

Jedes Mitglied macht sich während der Antworten des Bewerbers Notizen zu den vier Kategorien: Situation, Bedingung, Verhalten und Resultat. Diese Ausführungen des Bewerbers werden von jedem Gremiumsmitglied zunächst individuell bewertet und diese Bewertung in seinem Bewertungsbogen vermerkt (siehe Bewertungsbogen Abb. 4.11).

Die jeweils individuellen Ergebnisse werden nun im Gremium zusammengetragen, gemeinsam besprochen und zu einer Gesamtpunktzahl pro Eignungsmerkmal zusammengefasst. Die Gesamtpunktzahl des Eignungsmerkmals wird mit dem Faktor des jeweiligen Eignungsmerk-

mals multipliziert. Die sich so ergebenden Punkte der Eignungsmerkmale werden addiert und ergeben eine Endpunktzahl.

In der Regel wird der Kandidat mit der höchsten Punktzahl auch der
ausgewählte Bewerber sein. Abweichende Entscheidungen sind zulässig,
müssen aber gemeinsam besprochen, begründet und dokumentiert werden.

Die entsprechenden individuellen Erklärungen und Erläuterungen zu
den vergebenen Punkten werden adäquat in einer gesamten Erläuterung
des jeweiligen Kriteriums zusammengefasst.

So erhält man für jeden Kandidaten, entsprechend der Anzahl der gewählten Kriterien, jeweils eine Gesamtpunktzahl und eine Gesamterläu-
terung.

Dies wird in einem Gesamtauswertungsbogen dokumentiert und in
einem möglichen Feedback-Gespräch mit dem Bewerber besprochen.

Mitteilung der Ergebnisse an den Kandidaten

Der letzte Schritt des Personalauswahlverfahrens ist es, dem Kandidaten
das Ergebnis mitzuteilen. Die Mitteilung erfolgt schriftlich. Ein persönliches Feedbackgespräch wäre optimal, ist aber nicht überall vorgesehen
und möglich. Die Bewerbungsunterlagen werden in unversehrter Form
an den Kandidaten zurückgesandt. Der Umgang des Unternehmens mit
Bewerbungen und Kandidaten ist wichtig für das positive Image des Unternehmens. Drückt dieser doch aus, wie mit potenziellen Mitarbeitern
verfahren wird.

Der Umgang des Unternehmens mit Bewerbungen und Kandidaten ist wichtig für ein positives Image des Unternehmens

5 Entwicklung und Förderung der Mitarbeiter

5.1 Die Einarbeitung neuer Mitarbeiter

Die Einführung und Integration neuer Mitarbeiter ist eine sehr wichtige
Führungsaufgabe, da neue Mitarbeiter in der Regel ein hohes Maß an
Motivation mitbringen, mit Regeln, Normen und Erwartungen des neu-
en Arbeitsplatzes aber noch nicht vertraut sind. Dies bedingt, dass sie,
wenn sie gewissermaßen „ins kalte Wasser geworfen werden", sehr viele
Fehler machen, die eigentlich nicht passieren müssten. Das lässt die Motivation schwinden und teilweise in Frustration umschlagen. Die Folgen
gehen zulasten des Unternehmens und könnten durch eine systematisch
geplante Einarbeitung neuer Mitarbeiter ohne größeren Aufwand verhindert werden.

Neue Mitarbeiter sind in der Regel hoch motivert

5.1.1   Gründe für eine systematische Einarbeitung von Mitarbeitern

Einarbeitung systematisch organisieren und gezielt umsetzen

Es gibt gute Gründe, die Einarbeitung neuer Mitarbeiter nicht den Umständen zu überlassen, sondern sie systematisch zu organisieren und gezielt umzusetzen.

- Die Kosten für die Gewinnung und Auswahl von Mitarbeitern sind sehr hoch.
- Häufige Fluktuation belastet das qualitative und quantitative Arbeitsergebnis der Arbeitsgruppe. Dies gilt vor allem, wenn neue Mitarbeiter bereits in der Anfangsphase den Arbeitsplatz wieder wechseln. Ein neuer Mitarbeiter kann zwangsläufig nicht so schnell und gut arbeiten, wie ein eingearbeiteter Mitarbeiter.
- Das Arbeitsklima wird durch häufigen Personalwechsel oft belastet. Vor allem, wenn Mitarbeiter sich nicht im Guten, sondern mit negativen Eindrücken trennen.
- Es weist auf die hohe Führungsqualität eines Vorgesetzten hin, wenn Mitarbeiter, die gerne in seinem Team arbeiten möchten und dorthin wechseln, gut eingearbeitet werden und ein gutes Arbeitsklima mit gesunder Fluktuation erleben.
- Das Image des Unternehmens leidet, wenn Mitarbeiter weitertragen, dass keine systematische Einarbeitung stattfindet. Wer geht schon gerne zu einem Unternehmen, dass das Image hat, seine Mitarbeiter ins kalte Wasser zu werfen und sie nicht gut einzuarbeiten?

Wo der neue Mitarbeiter nach 3 bis 6 Monaten stehen sollte

Eine gute Einarbeitung bedeutet, dass der neue Mitarbeiter nach einer bestimmten Zeit, in der Regel ca. 3 bis 6 Monaten

- weiß, was er an Aufgaben zu bewältigen hat,
- weiß, in welcher Qualität er sie umzusetzten hat,
- in das neue Arbeitsfeld und sein Team integriert ist,
- und eine Bindung (Identifikation und Loyalität) zum Unternehmen entwickelt hat.

DIE GUTE EINARBEITUNG FÄNGT SCHON BEREITS BEI DER BEWERBERAUSWAHL AN.

Bereits im Bewerbungsgespräch sollte ganz offen über Anforderungen und Entwicklungen gesprochen werden

Oft ist ein gravierendes Problem, dass dem Bewerber das Arbeitsfeld in rosigen Farben beschrieben wird und die Realität hinterher ganz anders aussieht. Gestaltet sich beispielsweise die Aufgabe schwieriger als beschrieben, stellen sich die Arbeitsbedingungen als frustrierend heraus, erweist sich das Team als kompliziert und wenig kooperativ, ist eine Bindung zu entwickeln unmöglich, weil die Mitarbeiter nicht wissen, ob sie im Zuge einer Umorganisation noch lange als Abteilung bestehen werden oder nicht. In solchen und ähnlichen Situationen sind „die Neuen" verständlicherweise enttäuscht und wandern aus Frustration wieder ab. Die Konsequenz aus solchen Erfahrungen ist, dass bereits im Bewerbungs- und Einstellungsgespräch ganz offen über Anforderungen und Entwicklungen gesprochen werden sollte.

Weiterhin ist wichtig, dass der Mitarbeiter schon in der Zeit zwischen Einstellung und Arbeitsbeginn Kontakt zum neuen Wirkungskreis erhält. So können Fragen bezüglich Formalitäten, Anfangszeiten, Informationsmaterial etc. schnell und im Sinne des neuen Mitarbeiters geklärt werden.

5.1.2   Der erste Arbeitstag

Wer kennt das nicht, den ersten Arbeitstag in einer neuen Abteilung, in einem neuen Unternehmen? Alles ist neu und verwirrend. Eine Vielzahl von Informationen und Eindrücken prasseln auf einen ein. In dieser Situation ist jede Hilfestellung angenehm.

5.1.2.1   Tipps rund um den ersten Arbeitstag:

* Weiß der Mitarbeiter genau, wo er sich am ersten Arbeitstag melden soll?
* Kennt der Mitarbeiter die Verkehrsanbindungen?
* Weiß er, wo er parken kann?
* Gibt es Besonderheiten beim Einlass in das Gebäude?
* Kennt der Mitarbeiter Zimmer-Nr., Stockwerk etc.?
* Sind ein Mitarbeiterausweis, Essensmarken und sonstige Formalien und Dinge (wie Arbeitskleidung etc.) vorbereitet?
* Ist der Arbeitsplatz des Mitarbeiters vorbereitet?
* Haben Sie an einen kleinen Willkommensgruß gedacht?
* Gibt es etwas, zu dem Sie dem Mitarbeiter gratulieren müssen bzw. können?
* Haben Sie sich Zeit für den Mitarbeiter und ein erstes Gespräch reserviert?
* Haben Sie ein Mitglied des Teams informiert und als Paten zur besonderen Betreuung für den neuen Mitarbeiter vorgesehen?
* Wissen die Kollegen, dass der neue Mitarbeiter kommt und sind diejenigen, die in der unmittelbaren Nähe des neuen Mitarbeiters arbeiten, darauf vorbereitet?
* Sind die Aufgaben des neuen Mitarbeiters geklärt und vorbereitet?

5.1.2.2   Der neue Arbeitsplatz

Achten Sie darauf, dass der Mitarbeiter seinen neuen Arbeitsplatz in adäquater Weise vorfindet. Nichts ist am ersten Tag frustrierender, als einen nicht vorbereiteten Arbeitsplatz vorzufinden.

* Der Arbeitsplatz sollte leer geräumt und sauber sein.
* Arbeitsmittel anderer Mitarbeiter sollten entfernt sein.
* Arbeitsmittel, die der neue Mitarbeiter benötigt, sollten vorhanden sein (Werkzeug, Computer, Schreibmaterial, Telefon, Locher, Tacker, etc.).

- Arbeitsanweisungen, Sicherheitsvorschriften, und sonstige schriftliche Abläufe und Prozessbeschreibungen sowie Organisationsanweisungen sollten vorliegen.
- Eine kleine Aufmerksamkeit als Willkommensgruß, z.B. ein Block, eine Telefonkarte oder ein Maskottchen, das als Werbemittel existiert, fördern eine rasche Integration.

5.1.3   Die Betreuung des neuen Mitarbeiters in der ersten Zeit

Die Betreuung von neuen Mitarbeitern in der ersten Zeit erfordert Geduld und Sensibilität. Versetzten Sie sich in die Situation des neuen Mitarbeiters. Alles ist neu, von der Klingel, dem Aufzug, der Kantine bis zum Telefon. Lauter neue Menschen, neue Namen, neue Wege.

Leisten Sie neuen Mitarbeitern Hilfe zur Selbsthilfe

Sie müssen dafür sorgen, dass der Mitarbeiter sich orientieren kann und Orientierung erhält, entweder von Ihnen oder einer Person Ihres Vertrauens. Schritt für Schritt muss er sich die neue Umgebung, die neuen Regeln und die neuen Kollegen und das neue Arbeiten und Wissen erschließen. Zur Orientierung gehört auch, dass dem neuen Mitarbeiter Grenzen gezeigt und die Erwartungen vonseiten des Unternehmens klar vor Augen geführt werden.

Geben Sie dem Mitarbeiter Informationen

Informationen, die der Mitarbeiter möglichst frühzeitig benötigt

- zum Unternehmen, der Geschichte, zu Strategie, Produkten, Führungskultur, Marktstellung, Größe, Marketingstrategie, Engagement und Werbung,
- zur Bedeutung und Stellung seines Arbeitsfeldes im Unternehmen
- zu Informations- und Organisationsstrukturen und Kommunikationskanälen,
- zum Ablauf von Prozessen,
- zu Kollegen, die in sein Arbeitsumfeld integriert, bzw. im Prozess vor- und nachgelagert sind,
- zu Regeln und Einrichtungen des Betriebes,
- zu Arbeitszeitregelungen,
- zu Überstundenregelungen,
- zur Entlohnung und Zusatzvergütungen,
- zur Arbeitssicherheit,
- zum Verhalten im Krankheitsfall.

Machen Sie einen Rundgang durch das Unternehmen. Achten Sie darauf, dem Mitarbeiter nicht alle Informationen auf einmal zu geben, sondern verteilen Sie diese auf die ersten Tage. So ist es Ihnen möglich, auch mehrere Gespräche mit dem neuen Mitarbeiter zu führen und somit erste Eindrücke vonseiten des Mitarbeiters zu erfahren, Fragen zu beantworten und Informationslücken zu füllen. Auftauchende Probleme oder Fehleinschätzungen können Ihrerseits korrigiert werden. Zudem haben Sie die Möglichkeit, immer wieder Mut zuzusprechen, zu motivieren und zu ermuntern. So werden Unsicherheiten langsam abgebaut. Unterstreichen Sie Ihr Ansinnen mit möglichst konkreten Arbeitsaufträgen, die nicht zu schwierig, aber auch nicht zu leicht sind.

Im nächsten Gespräch können Sie dann schon ein Feedback geben und die Leistungen des neuen Mitarbeiters lenken, steuern oder auch korrigieren, wenn sie sich in die falsche Richtung entwickeln. So können Sie bei guten Leistungen auch Ihre Anerkennung ausdrücken und den neuen Mitarbeiter damit in der kritischen Anfangszeit motivieren und leistungsmäßig stabilisieren. Natürlich sollte das Feedback auch nach der Einarbeitungszeit weiterhin regelmäßig erfolgen und nicht abflachen. Jedoch werden die Gestaltungsspielräume des Mitarbeiters im Laufe der Zeit größer, während Sie in der Anfangszeit dem neuen Mitarbeiter schon öfter „auf die Finger gucken" sollten.

Diese unmittelbaren Rückmeldungen sind für Ihren neuen Mitarbeiter unglaublich wichtig. Nur auf der Basis Ihrer Rückmeldungen lernt der Mitarbeiter Prioritäten und Grenzen kennen, seine Fehler (die jeder macht) zu korrigieren und sich in die vom Unternehmen gewünschte Richtung zu bewegen. Erweitern Sie langsam die Gestaltungs- und Verantwortungsspielräume des neuen Mitarbeiters (siehe auch Kapitel 3 „Loslassen"), aber halten Sie nach wie vor engen Kontakt zu ihm.

Unmittelbare Rückmeldungen sind für Ihren neuen Mitarbeiter unglaublich wichtig

Am Ende der Einarbeitungsphase sollte ein Abschlussgespräch stehen, welches dem Mitarbeiter klarmacht, dass seine Einarbeitungsphase zu Ende ist und damit seine Integration in das Team und Unternehmen als abgeschlossen gilt. In der Regel fällt das Abschlussgespräch mit dem Ende der Probezeit zusammen bzw. ist so rechtzeitig zu führen, dass eine notwendig gewordene Trennung von nicht geeigneten Mitarbeitern noch zum Ende der Probezeit erfolgen kann. Das Gespräch und sein Inhalt sind für den Mitarbeiter vorhersehbar, wenn Sie ihm innerhalb der Einarbeitungszeit regelmäßige Rückmeldungen gegeben haben. Nutzen Sie dieses Gespräch auch, um die Zufriedenheit des Mitarbeiters in Hinblick auf die Unterstützung durch Sie und das Team zu erfragen sowie die weiteren Qualifikationsschritte zu erläutern und ihn damit in den laufenden Führungsprozess zu integrieren.

Am Ende der Einarbeitungsphase sollte ein Abschlussgespräch erfolgen

5.1.4 Das Team und der neue Mitarbeiter

Es ist sehr wichtig, dass die Mitarbeiter des Teams einen neuen Mitarbeiter offen und herzlich aufnehmen und ihm die ersten Tage und Wochen helfen, um ihm den Einstieg zu erleichtern.

Da Sie als Vorgesetzter den Mitarbeiter nicht den ganzen Tag betreuen können, müssen Sie sich diesbezüglich auf Ihre Mitarbeiter verlassen. Dies setzt voraus, dass Sie vorher mit den Kollegen die Einführungsphase des neuen Mitarbeiters besprochen, die damit verbundene Mehrbelastung für das gesamte Team definiert und die Aufgaben entsprechend festgelegt und verteilt haben. Das kann nur gelingen, wenn das gesamte Team mitzieht. Darum ist jede Personalentscheidung immer auch eine

die Kollegen des Teams in die Einarbeitung einbeziehen

Jede Personalentscheidung
ist immer auch eine
Entscheidung, die das
Team mittragen muss

Entscheidung, die das Team mittragen muss. In vielen Fällen bietet es sich an, bereits im Vorfeld das Team mit dem Neuen in Kontakt zu bringen, damit das Team die Führungskraft gewissermaßen in ihrer Entscheidung unterstützend beraten kann. Ist dies nicht machbar, so ist zumindest das Team in großem Umfang zu informieren und bei den weiteren Aktivitäten wie Einarbeitung unbedingt zu fragen und zu involvieren.

Der neue Mitarbeiter sollte auch mit den formellen und informellen Spielregeln im Team vertraut gemacht werden. Dazu gehört die Art und Weise der Kommunikation und Information, der Umgang mit Konflikten und Problemen, das Wissen, wann der Vorgesetzte eingeschaltet werden sollte und wann die Teammitglieder Dinge selber regeln sollten etc.

Auf keinen Fall dürfen die zukünftigen Kollegen über die Zielsetzung der Einstellung und das Aufgabenfeld des neuen Mitarbeiters im Unklaren gelassen werden. Weiterhin darf keine Konkurrenzsituation zwischen den Teammitgliedern und dem neuen Mitarbeiter entstehen.

Der neue Mitarbeiter sollte dem Team vorgestellt werden. Gehen Sie mit dem neuen Mitarbeiter durch Ihre Gruppe und machen Sie alle Mitarbeiter mit dem neuen Kollegen persönlich bekannt. Sollte der Mitarbeiter auch mit Kollegen aus anderen Abteilungen viel Kontakt haben, gehen Sie mit ihm auch dorthin zur persönlichen Bekanntmachung. Geben Sie dem neuen Mitarbeiter und dem jeweiligen Kollegen die Möglichkeit zu einem kurzen Gespräch. Gleiches gilt auch für Kontakte mit Kunden und Lieferanten.

Erarbeiten Sie mit dem
Team einen Einführungs-
plan und besprechen
Sie dessen Realisierung
einmal wöchentlich

Erarbeiten Sie mit dem Team einen Einführungsplan und besprechen Sie dessen Realisierung einmal wöchentlich. Wichtig ist, dass nicht nur eine Person sich um den neuen Mitarbeiter kümmert, sondern dass das ganze Team diese Aufgabe gestaltet und annimmt. Dies bedeutet, dass jeder aus dem Team eine Teilaufgabe übernimmt. Damit verhindern Sie direkt am Anfang Aggressionen und Einstellungen wie: *„Jetzt habe ich den Neuen am Hals", „Der raubt mir die Zeit"* etc. So kann sich bei niemandem das Gefühl einstellen, nun der „Dumme" zu sein, der die undankbare Aufgabe zugewiesen bekommt, den neuen Mitarbeiter über mehrere Wochen „im Schlepptau" mitzuführen.

5.2 Teamentwicklung und Teamführung

Viele Aufgaben im Unternehmen erfordern ein koordiniertes Miteinander von mehreren Mitarbeitern, die nicht immer in einer organisatorischen Einheit zusammenarbeiten. Teamarbeit bedeutet im Idealfall, die Stärken der einzelnen Teammitglieder zu erkennen und in Hinblick auf das gemeinsame Ziel füreinander nutzbar zu machen. In den meisten Unternehmen herrscht die Ansicht, dass konstruktive Teamarbeit geleistet wird. Interessanterweise teilen die Mitarbeiter diese Ansicht nur teilweise.

Der Wunsch, Problemlösungen interdisziplinär im Team zu entwickeln, bleibt in vielen Unternehmen im Ansatz stecken. Mangelnde Vorbereitung der Mitarbeiter, ungeeignete Rahmenbedingungen, Zeitdruck und fehlende Unterstützung vonseiten der Leitung, sind nur einige Ursachen, die Teamarbeit scheitern lassen.

In vielen Unternehmen wird Teamarbeit zwar gewünscht, bleibt jedoch wegen mangelnder Vorbereitung im Ansatz stecken

Häufig bleibt den Teams – bedingt durch eine begrenzte Dauer der Zusammenarbeit – nur eine kurze Zeit „sich zusammenzuraufen" und Wege eines konstruktiven Miteinanders zu finden. Durch den permanent wachsenden Veränderungsdruck, wird sich diese Zeitspanne in Zukunft weiter verkürzen.

Gemeinsam zu planen, zielorientiert zu handeln, ohne die Individualität des Einzelnen in Frage zu stellen und Veränderungen als natürlichen Bestandteil des Teamprozesses anzunehmen, ist ein Lernprozess, den jede Gruppe erst einmal durchlaufen muss.

DAMIT DER TEAMENTWICKLUNGSPROZESS NICHT „AUS DEM RUDER LÄUFT", MUSS ER SENSIBEL GESTEUERT UND GELENKT WERDEN. DIESE AUFGABE STELLT INSBESONDERE DEN TEAMLEITER VOR VIELFÄLTIGE AUFGABEN.

Für das Unternehmen kann insbesondere Teamarbeit ein Instrument zur Lösung komplexer Aufgaben sein. Mitdenken, zuständig sein und sich gemeinsam um die Lösung der Aufgaben bemühen: So trägt der Einzelne zu seinem persönlichen Erfolg, dem der Kollegen und letztendlich dem des Unternehmens bei.

5.2.1 Team – Was ist das?

In der Regel wird eine formelle und arbeitsorganisatorisch zusammengefügte Gruppe von Personen oder Arbeitskräften, die zeitlich unbefristet oder befristet in Hinblick auf ein gemeinsames Ziel zusammenarbeitet, als Team verstanden. Die Begriffe Arbeitsgruppe und Team werden synonym verwendet. Ein wirkliches Team ist aber viel mehr als nur eine Arbeitsgruppe. Ein Team ist mehr als die Summe der Leistungen der einzelnen Mitglieder. Ein Team zeichnet sich dadurch aus, dass es die Kompetenzen und Stärken der einzelnen Personen einsetzt und nutzt, um den gemeinsamen Erfolg zu steigern. Die entstehenden Synergieeffekte führen zur Effizienzsteigerung. Damit sind für Unternehmen gut funktionierende Teams mittlerweile eine Grundbedingung zur Erreichung wirtschaftlicher Zielsetzungen.

arbeitsorganisatorisch zusammengefügte Gruppe von Personen, die zeitlich unbefristet oder befristet in Hinblick auf ein gemeinsames Ziel zusammenarbeitet

Der Teamprozess erfordert:

- einen gemeinsamen Lernprozess im Team,
- ein gemeinsames lösungsorientiertes Handeln – ohne Selbstaufgabe des Einzelnen,

- eine hohe menschliche Akzeptanz und Toleranz allen Teammitgliedern gegenüber,
- ein hohes Maß an Selbstdisziplin für das einzelne Teammitglied, damit die Erwartung an Verlässlichkeit, Einhaltung von Verpflichtungen und Vereinbarungen nicht permanent in Frage gestellt wird.

Die Chancen der Teamarbeit und damit einer höheren Leistung liegen in:

- den Synergien, die durch verschiedene Charaktere, Erfahrungen und Kompetenzen der einzelnen Teammitglieder entstehen,
- der positiven Wirkung der Gruppe auf jedes einzelne Teammitglied, vor allem in Hinblick auf Motivation,
- Reduzierung von Fehlern durch das „Mehraugenprinzip",
- Verteilung von Macht,
- Förderung der Akzeptanz und Toleranz im Umgang mit Andersdenkenden.

Teams werden charakterisiert durch:

- eine geringe Anzahl von Mitarbeitern (max. ca. 12 – 15 Personen),
- unterschiedliche, sich ergänzende Fähigkeiten und Fertigkeiten,
- die Fähigkeit gemeinsame Entscheidungen zu treffen und Probleme zu lösen,
- hohe kommunikative Kompetenz im Umgang miteinander,
- Verpflichtung zur gemeinsamen Zielerreichung und Arbeitsmethodik,
- Übernahme der gemeinsamen Verantwortung.

5.2.2 Rahmenbedingungen für ein funktionierendes Team

Damit sich durch die Arbeit in Teams ergebende Synergieeffekte für die Aufgabenbewältigung genutzt werden können, müssen bestimmte Rahmenbedingungen gegeben sein.

- Relativ selbstbestimmtes Arbeiten; Entscheidungskompetenz im operativen und dispositiven Bereich.
- Relativ selbstständige Planung/Steuerung der Aufgaben; Eigenverantwortung.
- Selbstständige Festlegung der Gruppenziele, der Vorgehensweisen und Arbeitsmethoden.
- Selbstkontrolle, z.B. Produktivität, Qualität, Verbesserungsmöglichkeiten.
- Gegenseitige Vertretung und Unterstützung durch „Job-Rotationen" und Mehrfach-Funktionen.
- Führung der Gruppe durch eine/n selbst gewählten oder bestimmten Gruppenführer/in.
- Teamdenken und kooperative Unterstützung des einzelnen Teammitglieds.

- Beteiligung bei der Auswahl/Ausbildung neuer Teammitglieder/in-
nen.
- Nutzung von Synergien durch Berücksichtigung einzelner Talente,
Fähigkeiten, Kenntnisse und Fertigkeiten für das Gesamtteam.

5.2.3 Das Team und die Geschäftsleitung

Um die gestellten Aufgaben bewältigen zu können, ist ein Team auf die
Unterstützung und die Zusammenarbeit mit der Unternehmensleitung
angewiesen.

- **Klare und realistische Zielsetzungen:**
  Was erwartet die Geschäftsleitung vom Team und warum?

- **Abgleich der Erwartungen der Unternehmensleitung**
  mit dem Team:
  - Was glaubt das Team, erreichen zu können?
  - Wo sieht das Team Schwierigkeiten?
  - Wo sieht die Unternehmensleitung Schwierigkeiten (z.B. Einblick
    in bestimmte Bereiche)?

- **Klärung der Positionierung des Teams innerhalb des**
  Unternehmens:
  - Wie ist das Team angesiedelt?
  - Wo und wie hilft die Arbeit des Teams dem Unternehmen weiter
    (z.B. im Hinblick auf Unternehmensphilosophie, Unternehmens-
    visionen, Unternehmensziele, konkrete Projekte etc.)?
  - Definition des Entscheidungs- und Umsetzungsrahmens mit ent-
    sprechenden Vollmachten. Regelungen zur Kontrolle der Team-
    leistungen.

- **Sicherstellung des Kommunikationsflusses und des Zugangs zu**
  notwendigen Informationen:
  - zwischen vergleichbaren Ebenen und anderen Teams
    (horizontale Information),
  - innerhalb der Unternehmenhierarchie (vertikale Information),
  - von innen und nach außen (externe Kommunikation),
  - Unterstützung des Teams durch die Unternehmensleitung (in
    Wort und Tat),
  - Anerkennung und Motivation der Teammitglieder/innen.

5.2.4 Teamentwicklung

Der Erfolg eines Teams ist davon abhängig, wie die Gruppe ihre eigene
Dynamik erkennt, gestaltet und zu nutzen weiß. Insbesondere ist es

Die Gruppe muss ihre eigene Dynamik erkennen, gestalten und zu nutzen wissen

wichtig, wie die einzelnen Teammitglieder mit sich selber umgehen und wie sie sich untereinander über Prioritäten verständigen, da jedes Teammitglied eigene Prioritäten setzt, die nicht unbedingt deckungsgleich mit denen der anderen Teammitglieder sein müssen. Weiterhin ist wichtig, wie die Teammitglieder feststellen und messen, ob sie als Team erfolgreich sind und wie sie verfahren, wenn etwas nicht klappt. Die Werte, die jeder Einzelne miteinbringt, bestimmen dabei die Dynamik im Team. Die Nutzung der Einzelwerte im Interesse des gesetzten Ziels bestimmt den Teamerfolg.

Ein Team, das neu zusammengestellt wird, muss diese Dynamik in der Gruppe zunächst einmal erkennen, um sie dann entsprechend nutzen und gestalten zu können. Das Team muss sich „finden", Stärken und Schwächen der Teammitglieder in Bezug auf die Teamarbeit und die Teamziele entdecken und kennen lernen, um die Stärken und Potenziale für die Teamarbeit gestalterisch nutzen zu können. Nur so gelingt es auch, im Rahmen gegenseitiger Akzeptanz und Unterstützung auftretende Schwächen entweder abzubauen oder zu lernen sie zu tolerieren. Teamziele lassen sich so durch einen möglichst „effizienten" Einbezug der Kompetenzen der einzelnen Personen bzw. Teammitglieder sehr erfolgreich umsetzen. Unter Kompetenzen sind hier nicht nur die fachlichen Qualifikationen der Teammitglieder zu verstehen, sondern gerade auch persönliche Kompetenzen wie soziale und methodische Kompetenzen etc. (vergl. auch Teil A, Kapitel 3 „Handlungskompetenzen").

Ein Team ist mit einer Fußballmannschaft vergleichbar

Was ein Team leisten muss, um erfolgreich zu sein, kann man am Beispiel einer Fußballmannschaft sehr gut darstellen: Stellen Sie sich eine Fußballmannschaft vor, deren Mittelstürmer sich einfach umdreht und auf sein eigenes Tor schießt. Der Verteidiger gibt den Ball nicht ab, sondern stürmt und versucht alleine ein Tor zu schießen. Der Torwart setzt sich in die Ecke und sagt: Ich möchte heute nicht spielen. Und am Ende des Spiels erzählt einer aus dem Mittelfeld einem Journalisten, welche Konflikte wer mit wem in der Mannschaft hat, und er habe natürlich damit nichts zu tun, und er hätte alles anders gemacht und dann natürlich auch gewonnen. Welchen Eindruck hätten Sie von so einem Team? Wir wollen es Ihrer Phantasie überlassen, ob diese Mannschaft gewonnen hat oder nicht, zumindest nach Toren. In Bezug auf ihre Teamfähigkeit sicher nicht!

Im Rahmen der Organisation von Teams wird vielfach der Tatsache immer noch zu wenig Rechnung getragen, dass Teamarbeit etwas mit jedem einzelnen Teammitglied, mit dem Verständnis seiner selbst, dem Umgang mit den anderen Teammitgliedern (siehe auch Teil A, Kapitel 2 „Emotionale Intelligenz") und der in der Gruppe herrschenden Auffassung von Zuverlässigkeit, Hilfsbereitschaft und Verschwiegenheit etc. zu tun hat. Jeder muss sich unbedingt darauf verlassen können, dass – um bei unserem Beispiel zu bleiben – der Torwart sein Bestes gibt, und zwar im Tor. Gleiches gilt für jedes andere Mitglied in der Mannschaft.

Ein weiterer Gesichtspunkt ist, dass, wenn Einzelne sich nicht an die Spielregeln halten, alle anderen darunter leiden, sogar ihr Erfolg mit in Frage gestellt wird, da in der Regel der Teamerfolg und nicht der Einzelerfolg gewertet wird. Jeder Einzelne kann somit den Erfolg der Mannschaft gefährden oder sogar verhindern.

Das gesamte Team ist immer nur so stark wie das schwächste Mitglied

DER ERFOLG KANN NUR ERREICHT WERDEN, WENN JEDER AN SEINER STELLE SEIN BESTES GIBT UND JEDER SICH AUF DEN ANDEREN HUNDERTPROZENTIG VERLASSEN KANN.

Jedes Team hat seine Eigenarten. Je nach Teamzusammenstellung und Aufgabenstellung dauern die Entwicklungsphasen unterschiedlich lang. Um ein fortgeschrittenes Teamgefühl zu erreichen, benötigen die Teammitglieder Geduld und ein hohes Maß an Eigeninitative. Es kann einige Monate dauern, bis der Teambildungsprozess zur Reife gelangt, aber auch ein bis zwei Jahre, bis die Teammitglieder sich zu ihrer vollen Zufriedenheit in die Gruppe integriert haben. Rückschritte in vorherige Phasen sind immer dann notwendig, wenn Veränderungen stattfinden. Es kommen neue Teammitglieder hinzu oder andere scheiden aus. Der Aufgabenbereich wird verändert und damit werden auch die Ziele neu definiert oder festgelegt. Ein Team, betrachtet als lebendiges System, das sich selbst verändert und entwickelt, lebt durch die Menschen, die es bilden. Jede Handlung jedes Einzelnen wirkt sich auf das gesamte Team aus.

Ein Team ist ein ganzheitliches Gebilde: Jede Handlung jedes einzelnen wirkt sich auf das gesamte Team aus

Angesichts dieser Besonderheiten des Teambildungsprozesses führt in der Regel kein Weg an einer aktiven Koordination aller Teamhandlungen vorbei, das heißt, die Installation einer wie auch immer gearteten Führung ist unabdingbar, wenn der Teamprozess zielführend verlaufen soll.

5.2.5 Phasen der Teamentwicklung

1. Das „Beschnuppern und Kennenlernen" – Die Startphase

Die Startphase eines Teams ist geprägt von Unsicherheit der einzelnen Teammitglieder und formeller Höflichkeit. Ziel ist es, in dieser Phase ein Wir-Gefühl zu entwickeln.

Anfangs geht es darum, ein Wir-Gefühl zu entwickeln

Die einzelnen Stadien sind

* Kennenlernen und Einschätzen der Teammitglieder/innen
* Kompetenzen und Fähigkeiten erkennen
* Ziele fomulieren
* Aufgaben beschreiben
* Vorgehensweise abstimmen
* Beobachtung des Verhaltens der eigenen Person und der Interaktion des Gesamtteams:
  - Welche Unsicherheiten/Unzufriedenheiten bestehen?
  - Wo gibt es Übereinstimmungen/Misstrauen?

- Wie reagieren die anderen?
- Wie ist die Akzeptanz nach innen und außen?
- Wie flexibel verhalten sich die Teampartner im Hinblick auf gewohnte Standards?
- Wie stark sind Selbstorientierung und Teambereitschaft ausgeprägt?

2. Das Team „zusammenschweißen" – die Konfrontationsphase

In der Konfrontationsphase treffen die einzelnen Persönlichkeiten aufeinander

In der Konfrontationsphase treffen die einzelnen Persönlichkeiten aufeinander, die unterschiedlichen Wertvorstellungen sowie die unterschiedlichen Vorstellungen über die Teamarbeit und deren Gestaltung. Manche Teams zerbrechen in dieser Phase, weil sie den Eindruck haben, dass zunächst nichts mehr voran geht. Die Diskussionen erscheinen ausweglos. Die Toleranz Andersdenkenden gegenüber wird stark strapaziert. Einzelne stoßen an ihre persönlichen Grenzen.

Die Konfrontationsphase wird charakterisiert durch:

- Auftreten von Rivalitäten, Durchbrechen von Konflikten
- Auftreten von Widerständen gegen die Vorgehensweise und Aufgabenzuteilung (Ausgrenzen und Zuweisen der Aufgaben an andere)
- Verteilungs- und Machtkämpfe mit gegeneinander gerichteten Aktionen und Einflussnahmen; Verteidigung der eigenen Rolle und Position
- Typische Kommunikationsprobleme treten auf, z.B. aneinandervorbeireden; wechselseitiges Misstrauen, weitschweifige Auseinandersetzungen.

Ziel ist es, in dieser Phase Spannungen und Konflikte anzusprechen, sichtbar zu machen und auszudiskutieren.

3. Effizientes Arbeiten braucht „überprüfbare" Spielregeln – die Organisationsphase

Nach Abbau der emotionalen Spannungen stehen sachliche Aspekte im Vordergrund

In der Organisationsphase stehen nach Abbau der emotionalen Spannungen sachliche Aspekte im Vordergrund. Nun gilt es die Bereitschaft des Teams, gemeinsam zu arbeiten, zu nutzen.

In dieser Phase sollten erfolgen:

- Einheitliche Orientierung und Identität mit den gemeinsamen Teamzielen
- Versachlichung der Beziehungen untereinander. Die Standpunkte können offen ausgetauscht werden, um kreativ nach Lösungsmöglichkeiten zu suchen. Möglichkeiten der Kooperation werden erforscht und Kompromisse werden geschlossen.
- Festlegung von Aufgaben/Funktionen
- Bestimmung von Strukturen, Rahmenbedingungen und Verfahrensweisen

- Festlegung dauerhafter Spielregeln in der Gruppe; Diskussion um Fragen wie Kontrolle und Gruppenregeln. Was passiert, wenn ein Mitglied gegen die aufgestellten Regeln verstößt?

In der Organisationsphase achten die Teammitglieder/innen meist bewußt auf harmonische Zusammenarbeit und Konfliktvermeidung.

Ziel ist es, in dieser Phase die Grundlagen für die Zusammenarbeit als Team festzulegen.

4. Der konstruktive Problemlösungsprozess beginnt – die Realisierungsphase

In dieser Phase zeigt sich, inwieweit die Teamarbeit in die Realität umgesetzt wird. Jedes einzelne Teammitglied ist gefordert, sich an die vereinbarten Spielregeln zu halten. Jeder muss sich auf den anderen verlassen können. Die Bedeutung von Information und Kommunikation untereinander unter Berücksichtigung der miteinander getroffenen Vereinbarungen ist jedem Teammitglied bewusst und es verhält sich entsprechend. Hier zeigt sich, wer nur über Team redet und die jeweils anderen machen lässt oder wer wirklich verstanden hat, worum es im Team geht, nämlich Hand in Hand zu arbeiten mit definierten Aufgaben und unter Anwendung gemeinsamer Regeln.

Die eigentliche Teamarbeit beginnt

Diese Phase ist bestimmt durch:

- Beginn der intensiven Arbeit
- Entwicklung der Fähigkeiten des Einzelnen, mit Problemen kreativ umzugehen
- Entwicklung der Fähigkeiten des Teams, gemeinsame Problemlösungen methodisch und strategisch durchzuführen
- Verstärktes Verständnis für Selbstorganisation und aufgabenorientiertes Verhalten
- Steigende Motivation, Aufgaben im Team zu lösen, Informationen zu teilen, gute Ideen anderer zu unterstützen und Übereinstimmung zu erzeugen
- Verstärktes Wir-Gefühl:
  - Handlungen im Hinblick auf den gemeinsamen Erfolg
  - Verantwortung füreinander, Wertschätzung, gegenseitiges Vertrauen und Zusammengehörigkeitsgefühl
  - Kenntnis und Akzeptanz von persönlichen Stärken und Schwächen
  - Gegenseitige Hilfestellung
  - Hohe Identifikation mit dem Team und dessen Zielsetzungen

Teamarbeit in diesem Sinne heißt:
- **Mit**denken
- **Mit**lösen
- **Mit**handeln
- **Mit**gestalten
- **Mit**verantworten
- **Mit**entscheiden

5.2.6   Die Zusammenarbeit im Team

Die Koordination der Zusammenarbeit und das Realisieren von Synergieeffekten bestimmen den Teamerfolg. Dementsprechend ist das Gelingen der Zusammenarbeit im Team und deren Handling von entscheidender Bedeutung.

Teamarbeit bedeutet, dass jedes Teammitglied gleichwertig ist. Teamarbeit fordert von jedem Engagement, Motivation und Einsatz. Alle Teammitglieder arbeiten mit gleichen Befugnissen, Verantwortlichkeiten und Verpflichtungen. Sie haben Fähigkeiten, die sich ergänzen, Zielvorstellungen, die zueinander passen. Sie benötigen im Team keine Statussymbole oder Titel. Diese treten für die Dauer der Teamzugehörigkeit völlig in den Hintergrund.

5.2.61   Der Teamvertrag

Der Teamvertrag wird gemeinsam von allen Teammitgliedern entwickelt und beschlossen

Der Teamvertrag wird gemeinsam von allen Teammitgliedern entwickelt und beschlossen. Er ist verbindliche Grundlage für Philosophie, Kommunikation und die Gestaltung der Zusammenarbeit. Jedes Teammitglied ist aufgefordert, sich an daran zu halten. Neue Teammitglieder, die hinzukommen, werden in das Team aufgenommen und damit in den Teamvertrag involviert. Teammitglieder, die weggehen, kommen in neue Teams mit neuen Spielregeln und/oder tragen den Teamgedanken in neue Teams. So entsteht eine Teamkultur, die die Wertigkeit der Teamarbeit ausdrückt und mulitplikativ im Unternehmen wirkt.

Beispiel für eine Teamphilosophie:

• Wir haben Mut zu experimentieren.
• Wir haben keine Angst vor dem Risiko.
• Wir sind niemals ganz zufrieden.
• Wir werden immer besser.
• Wir ruhen uns nicht auf unseren Lorbeeren aus.
• Wir erspüren die Trends zuerst.
• Wir handeln so, dass wir bei uns Kunde sein möchten.

Beispiel für einen Team-Vertrag:

So gehen wir miteinander um (beispielhaft):
• Wir kommunizieren offen und ehrlich miteinander.
• Wir drücken uns klar und verständlich aus.
• Wir hören gut zu.
• Wir bemühen uns einander zu verstehen.
• Wir gehen Kompromisse ein.
• Wir tragen die Teamentscheidungen mit.
• Wir akzeptieren, dass Teaminteressen immer vor eigenen Interessen kommen.
• Wir verhalten uns rücksichtsvoll und tolerant.
• Wir sind zuverlässig.

- Wir halten Termine und Absprachen ein.
- Wir informieren uns gegenseitig und geben unser Wissen weiter.
- Wir gehen offen mit konstruktiver Kritik um.
- Wir tragen Verantwortung gegenüber den vereinbarten Zielen und Aufgaben.
- Wir achten und unterstützen die gemeinsam aufgestellten Regeln und Normen.

5.2.6.2 Sörfaktoren in der Teamarbeit

Störfaktor 1: Autoritätsprobleme

Autoritätsprobleme können hervorgerufen werden durch:
- Dominanz des Teamleiters,
- Ressortdenken statt Teamdenken,
- ungleiche Behandlung von Teammitgliedern,
- Mangel an sozialer, kommunikativer oder sachlicher Kompetenz,
- Mangel an Durchsetzungsfähigkeit.

Störfaktor 2: Beziehungsprobleme

Beziehungsprobleme entstehen durch:
- ständiges Vermischen von Sach- und Beziehungsebene,
- Ausspielen von persönlichen Verbindungen und Machtpositionen,
- Anwendung von Killerphrasen,
- Mangel an Offenheit und Vertrauen,
- Ausspielen von Gewinner-Verlierer-Positionen,
- Mangel an Kompromissbereitschaft.

Störfaktor 3: Entscheidungsprobleme

Entscheidungsprobleme werden hervorgerufen durch:
- missverständliche Zielvorgaben,
- unklare Zuständigkeiten,
- mangelnde Prioritätensetzung,
- unklare Zielvereinbarungen,
- Bereichs- und Ressortegoismen,
- unzureichende Kompetenzen und Aufgabendelegation,
- bewusste Verzögerungen,
- zuviel Analyse statt konkrete Handlungen.

Störfaktor 4: Identitätsprobleme

Identitätsprobleme, also eine nur unzureichende Identifikation mit der Gruppe und den Gruppenzielen, entstehen durch:
- ungenügend entwickelten Teamgeist,
- mangelndes Vertrauen untereinander,
- fehlende Team-Identität,
- Distanz der Führungskräfte.

Störfaktor 5: Kommunikationsprobleme

Kommunikationsprobleme entwickeln sich aus:
* mangelhafter Organisation der Kommunikationswege,
* mangelnder Offenheit,
* fehlende Kenntnisse der Kommunikationsgrundlagen,
* Zurückhaltung von Informationen,
* Verzicht auf Argumentationen,
* Durcheinanderreden,
* Mangel an Durchsetzungsvermögen,
* fehlender Sprechfähigkeit und Sprechbereitschaft.

Störfaktor 6: Konfliktbearbeitung

Probleme entstehen durch die Art der Konfliktbearbeitung im Team:
* Umgang mit Interessenkonflikten in der Gruppe,
* Umgang mit Konflikten zwischen Team und Teamleiter,
* Kompetenzstreitigkeiten mit der Gesamtorganisation,
* fehlende Konfliktbereitschaft und -fähigkeit,
* ängstlicher Umgang mit Meinungsverschiedenheiten.

Störfaktor 7: Probleme mit abweichenden Meinungen

Probleme entstehen durch den Umgang mit Meinungsverschiedenheiten:
* Mangelnde Bereitschaft, zuzuhören und sich mit anderen Menschen auseinander zu setzen,
* bloßes Mehrheitsdenken
* mangelnde Akzeptanz und Lächerlichmachen von Ideen,
* Ignoranz gegenüber „Spinnereien" und Visionen,
* „Heruntermachen" Andersdenkender,
* mangelnde Kompromissbereitschaft und Akzeptanz beschlossener Kompromisse,
* mangelnde Selbstkritik.

Störfaktor 8: unterschiedliche Mentalitäten und Verhaltensdispositionen im Team

Probleme, die durch unterschiedliche Mentalitäten der Teammitglieder hervorgerufen werden:
* zu starke Kontraste und zu wenig Akzeptanz zwischen Logikern (sachorientiert, analytisch, strategisch denkenden Typen) und Intuitiven (gefühlsbetont, kreativ, spielerisch-visionär denkenden Typen).

Störfaktor 9: Rahmenbedingungen, Probleme mit der Geschäftsordnung

Probleme, die durch schwierige Rahmenbedingungen hervorgerufen werden:
* mangelhafte räumliche, klimatische, zeitliche, arbeitstechnische Bedingungen,

- Störungen von außen,
- schlechte Moderatoren- und Gruppenleistung,
- mangelnde Teamleistung,
- Unpünktlichkeit,
- mangelnde regelmäßige Freistellung für Gruppenarbeit.

Störfaktor 10: Teamverhalten, Missverhältnis zwischen Sachaufgaben und sozialer Kompetenz

Probleme, die durch ein Missverhältnis zwischen Sachaufgaben und sozialer Kompetenz entstehen:

- zu starke Konzentration auf Sachthemen
- zu wenig Bemühen um Teamgefühl (Offenheit, Harmonisierung, Aufmunterung, Spannungsabbau, Stimmung und Begeisterungsfähigkeit, zu wenig Platz für Gefühle)

Störfaktor 11: Überlastung, ständiger Zeit-, Leistungs- und Konkurrenzdruck

Probleme, die im Zusammenhang mit Überlastung und zunehmendem Druck entstehen:

- Ignoranz der Führungskräfte,
- Hektik des täglichen Arbeitsprozesses,
- mangelnde Prioritätensetzung,
- mangelndes Vertrauen und fehlende Akzeptanz untereinander,
- Perfektionismus,
- Profilierungssucht,
- mangelnde Delegation,
- unterschiedliches Leistungsniveau im Team.

5.2.6.3   Gründe, warum Teamarbeit scheitert

Die 15 wichtigsten Gründe, warum Teamarbeit scheitert:

1. Zuviel Distanz der Führung (*„Macht mal schön …!"*).
2. Zuviel Passivität der Leitung/des Managements (*„Beweist mal, dass das Team es besser kann …!"*).
3. Ungeeignetes Führungsverhalten zerstört Vertrauen, Offenheit und Selbstverwirklichungswünsche der Mitarbeiter/innen.
4. Verantwortung wird nicht konsequent delegiert oder zugelassen.
5. Es werden zu schnell Erfolge erwartet. Teamarbeitarbeit ist jedoch als mittel- bzw. langfristiger Prozess zu sehen.
6. Mangel an methodischem Vorgehen bzw. Unterstützung reduziert die Effizienz der Ergebnisse und führt zu übermäßigen Diskussionen. Es entstehen zu wenig umsetzbare Ergebnisse.
7. Schlechte Moderationsumgebung und -mittel, unzureichende Vorbereitung des Teams (zu wenig Schulung, mangelhafte Betreuung).

8. Führungskräfte wollen (unabhängig von ihrer Rolle im Team) selber Teams moderieren, statt sich als Teammitglieder/innen zu sehen und entsprechend einzubringen.
9. Strategische Ziele des Unternehmens sind nicht bekannt oder werden zu wenig als Orientierungsgrößen verwendet.
10. Versuche schon mit „Insellösungen" handlungsfähig zu werden, demzufolge zu späte Integration der beteiligten Abteilungen und Bereiche.
11. Zu viel Zeitaufwand für die Teamarbeit, zu viel Freizeitaufwand der Mitarbeiter/innen erforderlich.
12. Mangelnde Projektabwicklung, Zeitplanung und Koordination der Schnittstellenthemen.
13. Einzelne Teammitglieder fühlen sich in ihren persönlichen Auffassungen unterdrückt oder nicht genügend berücksichtigt. Sie empfinden im Team den Zwang zur Zurückhaltung und werden passiv, um die Gruppe nicht zu stören oder zu überfordern. Dies führt auch zu negativen Leistungen, Stimmungen oder persönlicher Frustration.
14. Der Zwang zur Übernahme von gemeinsamen Regeln hemmt und blockiert einzelne Teammitglieder.
15. Intoleranz Andersdenkenden gegenüber sowie „enges" Denken verschiedener Teammitglieder führen zu Frustration, Demotivation oder sogar Resignation anderer Teammitglieder, sich für das gemeinsame Vorhaben zu engagieren.

5.2.7   Teamführung

Die Teamführung ist Ergebnis eines gruppendynamischen Prozesses

Die Teamführung ist Ergebnis eines gruppendynamischen Prozesses. Der Teamführer wird von den Mitgliedern bestimmt oder gewählt. Er soll weder Chef noch Befehlsgeber sein; sozusagen eine Führungskraft ohne Vorgesetztenfunktion. Er ist ranggleich mit allen Teammitgliedern.

Als unmittelbarer Vorgesetzter der Teammitglieder hat der Teamleiter Weisungsbefugnis

In der Praxis wird für den unmittelbaren Vorgesetzten der Teammitglieder die Bezeichnung Teamleiter/Teamführer verwendet. Er hat Leitungsbefugnis und ist mit allen Instrumenten der Mitarbeiterführung verantwortlich betraut. Er führt als Teamleiter Orientierungsgespräche, nimmt Beurteilungen vor. Insofern ist der Teamleiter nicht notwendig mit dem Teamführer gleichzusetzen, der sich aus dem gruppendynamischen Prozess innerhalb der Gruppe herausbildet. Formelle und informelle Führung stimmen nicht immer überein; fällt die informelle Führung nicht mit der formellen Leitung zusammen, wirkt sich dies entsprechend negativ auf die Akzeptanz durch das Team aus.

Der „ideale" Teamführer

- ist Generalist und/oder Koordinator für die Spezialisten im Team,
- verfügt über eine ausgeprägte kommunikative Kompetenz,

- wird vom Team akzeptiert,
- ist Ansprechpartner für Problemlösungen, Prozesse, Methoden und Fragen der Integration,
- übernimmt Funktionen als Anreger, Initiator, Promotor, Visionsstifter, aber auch Katalysator, Vermittler, Coach, Mentor und Moderator,
- kümmert sich um die optimalen Bedingungen für die Zusammenarbeit der Teammitglieder,
- sorgt für kreativitätsfördernde Methoden und Prozesse,
- stimmt Zielvorgaben und Aufgabenstellungen ständig ab,
- löst logistische Probleme,
- fasst die einzelnen Aktivitäten des Teams zusammen,
- trägt zum reibungslosen Ablauf bei und „lotst" das Team durch kritische Phasen der Zusammenarbeit,
- ist nach außen Sprecher und Repräsentant des Teams,
- ist Beauftragter für die Beziehungen zu anderen Organisationen, holt Informationen ein und präsentiert/vermittelt die Ergebnisse des Teams an die zuständigen Instanzen.

Tipps für die Teamführung

Tipp 1:   Wählen Sie die richtigen Teammitglieder aus!

Schritt 1: Schätzen Sie die vor Ihnen liegende Arbeit ein.

- Schlüsselprojekte und -aktivitäten,
- kritische Bereiche,
- notwendige Fähigkeiten für die Erledigung der Aufgaben.

Schritt 2: Legen Sie die Auswahlkriterien fest.

- fachliche und spezielle Kenntnisse,
- allgemeine Teamfähigkeiten,
- persönliche Eigenschaften.

Schritt 3: Suchen Sie geeignete Kandidaten.

Schritt 4: Bewerten Sie die Kandidaten und treffen Sie eine Auswahl.

Schritt 5: Informieren Sie (neue) Teammitglieder z.B. über

- Aufgaben, Rollen und Verantwortungsbereiche,
- Ziele (Team und individuell),
- andere Teammitglieder.

Tipp 2:   Stellen Sie eine Teamsatzung auf!

Die Teamsatzung erklärt das Ziel des Teams und gibt eine klare Definition der Rolle und Erwartungen des Teams.
Die Teamsatzung sollte enthalten:

- Gesamtziel,
- wichtige „Kunden" (intern und extern),

- wichtige Ergebnisbereiche
- Richtlinien (s. u.)
- Zeitrahmen.

Tipp 3: *Legen Sie „Spielregeln" fest!*

Diese helfen den Mitarbeitern, für sich selbst die entsprechenden Aktionen in vorgegebenen Situationen festzulegen. Hier einige Beispiele:

Grundsatz:

Wir fühlen uns Entscheidungen, die wir mitgetragen haben, stärker verpflichtet.

Richtlinie:

Die Grundsätze sollen für die Aufgaben, Entscheidungen und Probleme, an denen das Team arbeitet, relevant sein.

Verhaltensrichtlinie:

Alle Teammitglieder erhalten die (für sie notwendigen) Informationen.

Tipp 4: *Setzen Sie Ziele und messen Sie die Ergebnisse!*

- Definieren Sie wichtige Ergebnisbereiche.
- Suchen Sie nach Vergleichsmöglichkeiten in anderen Firmen, Organisationen, Teams (Wer sind die Besten? Was tun die Besten?).
- Setzen Sie sich (erreichbare) Ziele.
- Legen Sie messbare Erfolgsmaßstäbe fest.
- Protokollieren und kommunizieren Sie Ergebnisse.

Tipp 5: *Klären Sie die Rollen und Verantwortungsbereiche der Teammitglieder!*

- Analsieren Sie die zu erledigende Arbeit.
- Definieren Sie gemeinsame Bereiche, für die alle Teammitglieder verantwortlich sind.
- Definieren Sie individuelle Rollen und Verantwortungsbereiche (Fähigkeiten und Erfahrungen der einzelnen Mitglieder).
- Lernen Sie die Rollen der anderen kennen.
- Überprüfen Sie die Rollen regelmäßig.

Tipp 6: *Planen Sie Ihre Aktionen!*

Planen Sie die durchzuführende Aktion ...
- Welche wichtigen Schritte müssen durchgeführt werden?
- Welche spezifischen Aufgaben fallen dafür an?
- In welcher Reihenfolge sollen diese Aufgaben durchgeführt werden?
Wer soll was tun ...
- Wer ist für die Erledigung verantwortlich?
- Wer wird noch einbezogen?

- Wer muss informiert werden?
- Wer hilft, Entscheidungen zu treffen?
- Wer klärt, welche Ressourcen nötig sind? (Mitarbeiter, Zeit, Geld, Dienstleistungen, Ausrüstung etc.).

Tipp 7: Bauen Sie eine positive Atmosphäre für die Teamarbeit auf!

Dazu tragen bei:
- Allgemeiner Zweck:
  Ein konsensfähiger gemeinsamer Auftrag des Teams gibt Ziel und Richtung. Hilfsmittel diesen zu fixieren: Teamsatzung/Teamvertrag; Teamphilosophie; Symbole/Mottos
- Vertrauen der Teammitglieder untereinander
- klare Rollen des Einzelnen
- offene Kommunikation
- Vielfalt, gegenseitige Anerkennung der verschiedenen Persönlichkeiten und ihrer Fähigkeiten und Potenziale
- Ausgewogenheit von Aufgabe und Beziehung, beides ist für die erfolgreiche Teamarbeit wichtig.

Tipp 8: Entwickeln und pflegen Sie die Kommunikation im Team!

- Fordern und geben Sie Feedback.
- Achten Sie auf eine ausgewogene und zeitnahe Information im Team.
- Sprechen Sie Probleme direkt an.
- Drücken Sie den anderen gegenüber Wertschätzung und Achtung aus.
- Schaffen Sie Kommunikationsstrukturen und achten Sie auf deren Einhaltung.
- Legen Sie gemeinsam Kommunikationsregeln fest.
- Sprechen Sie miteinander.

Tipp 9: Treffen Sie Gruppenentscheidungen!

Auf der Basis gemeinsam entwickelter und akzeptierter Entscheidungen erreichen Sie Übereinstimmung im Team.
Ausnahmen:
- Entscheidung liegt außerhalb der Kompetenz des Teams,
- plötzlich auftretende Krisensituationen, die ein sofortiges Handeln erforderlich machen,
- mangelnde technische Erfahrung des Teams.

Tipp 10: Halten Sie effektive Besprechungen ab!

Sorgen Sie für
- geeignete Rahmenbedingungen,
- gründliche Vorbereitung (Inhalte, Zeitplan),
- effektive Leitung und Teilnahme an Besprechungen,
- Nachbereitung und Umsetzung.

Tipp 11: Definieren Sie die Rolle und die Verantwortungsbereiche des Teamleiters (eigene Rolle und eigenen Verantwortungsbereich)!

Tipp 12: Leiten Sie die Gruppe!

*   Beugen Sie Störungen vor (z.B. durch effektive Besprechungen).
*   Konzentrieren Sie sich auf die Operationsrichtlinien (Aufgaben).
*   Nutzen und schätzen Sie die verschiedenen Potenziale und Meinungen der Teammitglieder.
*   Beobachten Sie die Gruppenprozesse und gestalten Sie die Beziehungen.
*   Konzentrieren Sie sich auf das Bestärken erwünschter Verhaltensweisen.
*   Teilen Sie die Verantwortung für den Erfolg.
*   Seien Sie sich Ihrer Rolle als „Vorbild" bewusst.
*   Entscheiden Sie, wo Verbesserungen vorgenommen werden müssen. Legen Sie dafür gemeinsam ein Verfahren fest.
*   Sprechen Sie Konflikte an und beugen Sie diesen vor.

Tipp 13: Lösen Sie Teamprobleme!

*   Erkennen Sie das Problem. Identifizieren Sie die Symptome, trennen Sache und Person voneinander und definieren Sie klar das Problem.
*   Legen Sie gemeinsam die Hauptursachen fest.
*   Sammeln und untersuchen Sie mögliche Lösungen.
*   Wählen Sie eine praktikable Lösung.
*   Setzen Sie die Lösung um.
*   Schätzen Sie den Erfolg ein.

Tipp 14: Handhaben Sie Teamkonflikte professionell!

1. Sprechen Sie den Konflikt offen an.
2. Finden Sie eine gemeinsame Grundlage (Ausmaß, Ursache des Konfliktes).
3. Versuchen Sie, den Konflikt auch aus dem Blickwinkel anderer zu verstehen.
4. Trennen Sie Person und Sache. Greifen Sie das Problem an, nicht die Teammitglieder.
5. Entwickeln Sie einen Aktionsplan (Wer macht was, um den Konflikt zu lösen?) und setzen Sie diesen um.

Tipp 15: Handhaben Sie Teamleistungen personen- und sachorientiert!

*   Definieren Sie die Erwartungen an die Teamleistung als Ganzes und an die einzelnen Teammitglieder.
*   Stellen Sie einen Ergebnisplan auf. Welche spezifischen Resultate sind zur Erfüllung der Erwartungen notwendig?
*   Stellen Sie einen Plan auf, welche spezifische Entwicklungsaktivitäten für jedes Entwicklungsziel erforderlich sind:

- individuelle Fähigkeiten und Kenntnisse, die für das gewünschte Resultat erlangt werden müssen
- Entwicklungsziele mit entsprechenden Entwicklungsaktivitäten
- Setzen Sie die Pläne um.
- Überprüfen Sie den Fortschritt der Leistung und Entwicklung in Bezug auf die wichtigsten Ziele, z.B. erfüllte Erwartungen, konkret erlernte Fähigkeiten und Kenntnisse.
- Entwickeln Sie ein geeignetes Belohnungs-/Entlohnungssystem (was?, wann?, wer?).

5.3 Die Förderung der Mitarbeiter

Die Förderung der Mitarbeiter im Sinne des Unternehmens ist eine sehr wichtige Führungsaufgabe. Jeder Vorgesetzte ist für die Förderung seiner Mitarbeiter verantwortlich. Jedoch werden von den Mitarbeitern Eigeninitiative, Motivation und Offenheit erwartet. *Jeder Vorgesetzte ist für die Förderung seiner Mitarbeiter verantwortlich*

Die Förderung der Mitarbeiter ist am Bedarf des Unternehmens orientiert und sollte individuell entsprechend der persönlichen und fachlichen Eignung des Mitarbeiters erfolgen.

Neben der laufenden Aufgabe, Mitarbeiter einzuarbeiten und das Leistungsniveau der Mitarbeiter aufrechtzuerhalten, geht es im Rahmen der Förderung und Entwicklung von Mitarbeitern primär um Entwicklungsziele in der Zukunft und deren planmäßige Umsetzung.

5.3.1 Formen der Mitarbeiterentwicklung

Arbeitsplatzbezogene Mitarbeiterentwicklung

Entwicklungsziel ist die verbesserte Leistungsfähigkeit im derzeitigen Aufgabengebiet. Hilfe bei der Kompetenzanalyse bietet die aktuelle Stellenbeschreibung sowie das Stärken- und Schwächenprofil des Mitarbeiters. Die mittelfristigen Veränderungen im Arbeitsumfeld sind zu berücksichtigen. *verbesserte Leistungsfähigkeit im derzeitigen Aufgabengebiet*

Beispiele für entsprechende Entwicklungsmaßnahmen können sein: Training on the job, gezielte Coaching- und Unterweisungsmaßnahmen vonseiten des Vorgesetzen, Einarbeitungsprogramme, Patenschaften, Übernahme von Sonderaufgaben oder Seminare zur gezielten Verbesserung der Kompetenz in verschiedenen Bereichen.

Horizontale Mitarbeiterentwicklung

Entwicklungsziel ist die Entwicklung des Mitarbeiters auf gleicher Ebene in Richtung auf ein anderes Aufgabengebiet. Hilfe bei der Kompetenzanalyse bietet wiederum die Stellenbeschreibung sowie das Stärken- und *Entwicklung des Mitarbeiters auf gleicher Ebene in Richtung auf ein anderes Aufgabengebiet*

Schwächenprofil des Mitarbeiters. Im Rahmen der horizontalen Mitarbeiterentwicklung entspricht das Kompetenzprofil der zukünftigen Aufgabe.

Beispiele für entsprechende Entwicklungsmaßnahmen können sein: Projektarbeit, Übernahme von Patenschaften, Einarbeitungsprogramme, Training on the Job, Coaching durch den Vorgesetzten, Übernahme von Zusatzaufgaben, Tagungen, Messen, Schulungen und Seminare.

Vertikale Mitarbeiterentwicklung

Entwicklung und Vorbereitung des Mitarbeiters auf weiterführende Aufgaben

Entwicklungsziel ist die Entwicklung und Vorbereitung des Mitarbeiters auf weiterführende Aufgaben als Vorgesetzer und/oder Fachgebietsexperte. Hilfe bei der Kompetenzanalyse bieten auch hier die Stellenbeschreibung und das Kompetenzprofil der zukünftigen Aufgabe sowie das Stärken- und Schwächenprofil des Mitarbeiters. Die Potenzialanalyse (siehe hierzu auch Kap. 4.4) des Mitarbeiters ist weiterhin eine wesentliche Grundlage für die Kompetenzanalyse.

Beispiele für entsprechende Entwicklungsmaßnahmen können sein: Projektarbeit (leitend), Übernahme von Patenschaften, Einarbeitungsprogramme, Training on the Job, Trainee in Fachabteilungen, Job-Rotation, Mentoring, internationale Entsendung, Tagungen, Messen, Schulungen, Seminare, Teilnahme an einem unternehmensspezifischen Förderungsprogramm für Nachwuchsführungskräfte.

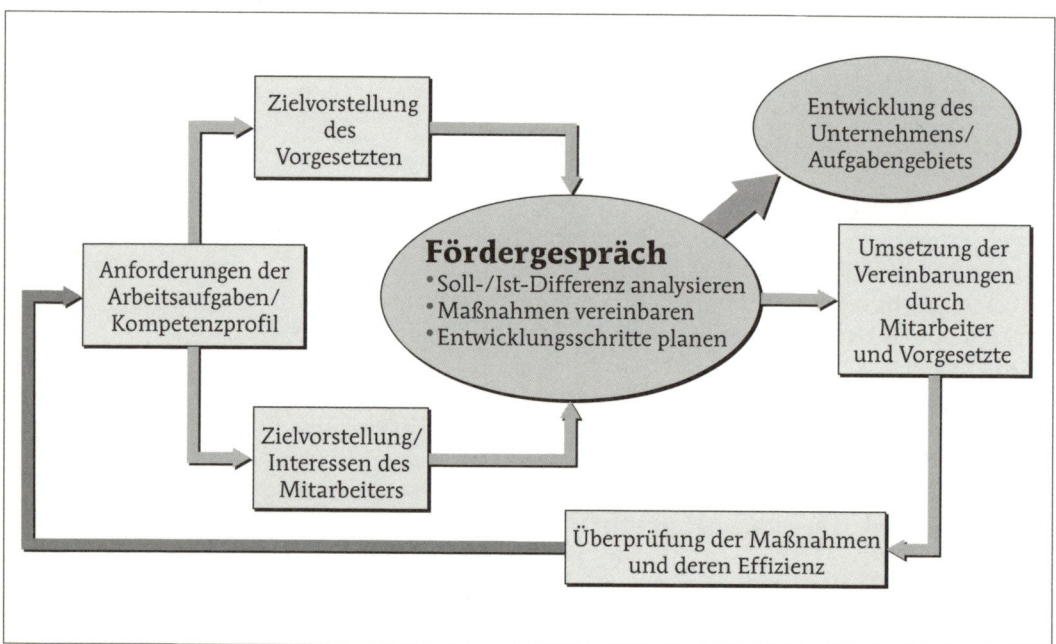

Abb. 5.1: Ablauf der Personalentwicklung

5.3.2 Das Fördergespräch

Die Erfassung des Förderbedarfs und der vorhandenen Potenziale sind wichtige Voraussetzung für die spätere planmäßige Umsetzung von Personalentwicklungsmaßnahmen. Die Erfassung des Förderbedarfs erfolgt in Verbindung mit dem Mitarbeitergespräch, parallel zur Zielvereinbarung oder z.B. im Beurteilungsgespräch. Die Handhabung in den Unternehmen ist individuell verschieden und der Definitition des Führungsprozesses angepasst.

Fördergespräche parallel zur Zielvereinbarung oder im Beurteilungsgespräch

Sind in dem Unternehmen/der Institution Zielvereinbarungen getroffen worden und entsprechende Zielvereinbarungsgespräche eingeführt, so werden z.B. parallel Fördergespräche durchgeführt, um den entsprechenden Förderbedarf festzustellen. Fördergespräche können beispielsweise jedes zweite Jahr stattfinden. Im Einvernehmen mit den Mitarbeitern können diese Gespräche variabel ausgesetzt werden. Dies hängt von den gesamtbetrieblichen Vereinbarungen ab.

Der Anstoß der Gespräche erfolgt durch die Personalabteilung. Die Gesprächsführung und die Protokollierung wird durch den direkten Vorgesetzten und den Mitarbeiter wahrgenommen. Die entsprechenden Gesprächsergebnisse werden in der Personalabteilung ausgewertet. Die Dokumentation des Fördergespräches ist Bestandteil der Personalakte des Mitarbeiters. Die Auswertung durch die Personalabteilung dient der gezielten Planung und Durchführung der Personalentwicklungsmaßnahmen. Weiterhin werden die Mitarbeiter in einem Pool erfasst, der in entsprechende funktions- oder zielorientierte Potenzialgruppen aufgeteilt ist. So werden kontinuierlich Mitarbeiter bereitgestellt, die entsprechend geeignete interne Kandidaten bei Stellenbesetzungen sind. Damit ist bei Stellenbesetzungen eine schnellere und bessere Suche nach geeigneten internen Kandidaten gewährleistet.

Die Dokumentation des Fördergespräches ist Bestandteil der Personalakte des Mitarbeiters

5.3.2.1 Die Philosophie des Fördergespräches

Ausrichtung am Entwicklungsziel

- solide Vermittlung mit Praxisbezug,
- Entwicklung zur Leistungsverbesserung,
- Denken in Fähigkeiten.

Realistische Erwartungen

- weitere Entwicklung auf jeder Stufe rückgekoppelt mit Zielerreichung
- Je höher die Erwartungen, desto mehr wird Eigeninitiative und Flexibilität erwartet.

Solider Erwerb von Fähigkeiten und Fertigkeiten

- Entwicklung braucht Zeit
- Die Entwicklung von Fähigkeiten und Fertigkeiten setzt Kenntniserwerb und praktische Anwendung voraus.

5.3.2.2   Methode des Fördergespräches:

Das Gespräch verfolgt folgende Maximen:

- Absprache, Planung und Festlegung der Entwicklungsziele.
- Die Entwicklung des Mitarbeiters sollte nicht durch Abteilungsinteressen behindert werden.
- Die festgelegten Entwicklungsmaßnahmen sollten auch bei Vorgesetztenwechsel fortgeführt werden.
- Die Prüfung, Anpassung und eventuelle Neuvereinbarung der Entwicklungsziele sollten im Folgegespräch mit dem Mitarbeiter besprochen werden.
- Die Umsetzung der Maßnahmen erfolgt eigenverantwortlich durch den Vorgesetzen und den Mitarbeiter.
- Das Personalmanagement unterstützt die Entwicklung mit entsprechenden Qualifizierungs- und Entwicklungsmaßnahmen.

5.3.2.3   Beispiel eines Mitarbeiterfördergespräches:

Das Gespräch als Instrument, um unternehmerische Zielsetzungen zu verdeutlichen und persönliche Ziele zu konkretisieren.

1. Phase: Die Einführung/Aufbau einer positiven Atmosphäre

„Wie lange sind Sie schon im Unternehmen, Herr/Frau ...?"
„Wie gefällt Ihnen Ihr Arbeitsplatz/ Ihre Position/ Ihre Aufgabe?"

2. Phase: Stärken erfragen

„Was ist Ihnen im Zeitraum ... besonders gut gelungen?"
„Worauf sind Sie besonders stolz?"
„Worin sehen Sie Ihre Stärken in Bezug auf ...?"
„Wodurch haben Sie Ihre gesetzten Ziele erreicht?"
„Wie sichern Sie Ihre Ergebnisse Herr/Frau ...?"

3. Phase: Schwächen erfragen

„Worüber haben Sie sich bei Ihrer Arbeit schon mal besonders geärgert?"
„Was lief im Zeitraum ... nicht besonders gut?"
„Worauf führen Sie das zurück?"
„Was haben Sie dagegen unternommen?"
„Wie kann Ihnen das Unternehmen dabei helfen?"
„Möchten Sie eine Schulung im ...-bereich?"

4. Phase: Konfrontation

„Es liegt im Interesse unserer Firma, wenn Sie das Seminar ... besuchen."
„Ist es auch in Ihrem Interesse, wenn Sie, um in Zukunft das Problem besser lösen zu können, das ... -Seminar besuchen?"
„Entspricht eine berufliche Weiterqualifikation auch Ihren persönlichen Vorstellungen?"

5. Phase: Zielvereinbarungen

„Welche Weiterbildungsmaßnahmen sehen Sie für sich und bezogen auf Ihre Position als wichtig an?"
„Welche Ziele werden Sie mit einer Weiterbildung (besser/leichter) erreichen?"
„Wann und in welchem Zeitraum möchten Sie die Maßnahmen besuchen?"
(Die getroffenen Zielvereinbarungen sollten schriftlich fixiert werden, um unterschiedliche Erwartungshaltungen aufzudecken und Missverständnissen vorzubeugen.)

6. Phase: Bestätigung/Verabschiedung

„Vielen Dank, dass Sie sich Zeit für ein Gespräch genommen haben!"
„Vielen Dank für das offene Gespräch!"
„Ich werde mich mit Ihnen in Verbindung setzen und Ihnen mitteilen, wann wir Ihrem Wunsch entgegenkommen können/Ihnen eine Fortbildung anbieten können!"

7. Phase: Rückkopplungsgespräch

Gesteckte Ziele (Soll) müssen mit den erreichten Erfolgen (Ist) abgeglichen, neue Impulse einbezogen und unangemessene Ziele überarbeitet werden.

5.3.2.4 Nachbereitung des Mitarbeiterfördergespräches

Der mit dem Mitarbeiter gemeinsam erarbeitetete und festgelegte Förderbedarf wird in einem Protokoll festgehalten. Der Mitarbeiter wird über den Inhalt des Protokolls in Form beispielsweise einer Kopie genau informiert. Das Protokoll wird an die entsprechend verantwortlich zeichnende Abteilung/Gruppe weitergeleitet. Dort wird der Förderbedarf gesammelt, ausgewertet und in entsprechenden Förderangeboten definiert. Den unternehmerischen Zielen entsprechend werden Prioritäten in den Förderbedarfen festgelegt und zu einer systematischen Personalentwicklungskonzeption zusammengeführt.

Die festgestellten Förderbedarfe werden zu einer systematischen Personalentwicklungskonzeption zusammengeführt

Beispiele für systematische Personalentwicklungskonzepte sind:
• Entwicklung der Markt-, Kunden- und Serviceorientierung,
• Entwicklung unternehmerischen betriebswirtschaftlichen Denkens,
• Entwicklung medientechnischen Know-hows,
• Weiterentwicklung der Führungskompetenz,
• Entwicklung des Führungsnachwuchses.

In der Regel werden die Förderbedarfe im Mitarbeiter-(orientierungs)gespräch mit erfasst. Nur beim Einsatz von Zielvereinbarungsgesprächen, die zwar die quantitative und qualitative Zielorientierung beinhalten, aber die persönliche Entwicklung der Mitarbeiter nicht berücksichtigen, ist das Fördergespräch als zusätzliches Führungsinstrument verpflichtend.

JEDE FÜHRUNGSKRAFT HAT DIE AUFGABE, DIE MITARBEITER ZU FÖR-
DERN UND ZU ENTWICKELN.

Das Dilemma der Führungskraft: Mitarbeiter entwickeln bedeutet in letzter Konsequenz immer auch Mitarbeiter zu verlieren

Das Paradoxe daran ist, dass die Mitarbeiter in der Regel das Verantwortungsfeld des Vorgesetzten spätestens dann verlassen, wenn sie einen maximalen Entwicklungsstand erreicht haben. Andererseits hat der Vorgesetzte im Interesse des Unternehmens die Verpflichtung, die gut entwickelten Mitarbeiter zu benennen und weiterzugeben, um damit dem Unternehmen den maximalen Nutzen am Potenzial des Mitarbeiters zu ermöglichen. Für den Vorgesetzten ist das nicht immer einfach, weil er auf der einen Seite auf „gut entwickelte Mitarbeiter" angewiesen ist, um seine Zielvorgaben zu erreichen und damit diese Mitarbeiter nur sehr ungern gehen lässt. Andererseits möchte er ihnen keine Steine in den Weg legen oder ihnen den Weg „in neue Entwicklungsstufen" verbauen.

Viele Vorgesetzte lassen Mitarbeiter mit Potenzial nur ungern gehen

Wenn Mitarbeiter mit Potenzial seinen Bereich verlassen, ist dies für den Vorgesetzten immer mit zusätzlicher Belastung verbunden. Entweder kommt ein neuer Mitarbeiter und muss wieder „ganz von unten" aufgebaut werden und ist erst nach einer gewissen Zeit als produktive Kraft zu sehen oder es kommt kein neuer Mitarbeiter (wegen zu dünner Personaldecke oder zu schmalem Budget), was zur Folge hat, dass die Aufgaben des ausscheidenden Mitarbeiters auf die anderen Mitarbeiter der Gruppe verteilt werden müssen.

5.3.3   Personalentwicklung für Führungsnachwuchskräfte

Die Konsequenz aus den Personal- und Potenzialrunden sowie den Potenzial-ACs, Management-Audits oder dem 360° Feedback sind die jeweiligen Gespräche mit dem Mitarbeiter bzw. der Führungskraft zur weiteren Vorgehensweise. Auf keinen Fall dürfen dem Mitarbeiter bzw. der Führungskraft leere Versprechungen gemacht weden. Die Mitteilung, dass vielleicht in ein paar Jahren eine Führungsposition oder qualifiziertere Stelle frei wird und in der Zwischenzeit einige Seminare zu den Themen Rhetorik und Führung oder Fachseminare absolviert werden können, ist für den Mitarbeiter oder die Führungskraft wenig motivierend.

Die Entwicklungsmaßnahmen für den Führungsnachwuchs sollten in einem grundlegenden Konzept, welches auf 3 bis 5 Jahre ausgerichtet ist, festgelegt und beschrieben werden, systematisch aufeinander aufbauen und untereinander inhaltlich und zeitlich abgestimmt sein. Dabei sind Unternehmensprioritäten zu berücksichtigen. Das Konzept muss so angelegt sein, dass Personalzu- und abgänge relativ unproblematisch erfasst werden können und eine Mischung aus „Management by doing" und unterstützenden Entwicklungsmaßnahmen möglich wird.

Das Personalentwicklungskonzept muss langfristige Zielrichtungen verfolgen, andererseits aber auch kurzfristige Personalentscheidungen unterstützen

Das bedeutet, auf der einen Seite muss das Personalentwicklungskonzept konkrete Zielrichtungen und Entwicklungsmaßnahmen enthalten, andererseits muss es die unternehmensrelevante Flexibilität gewährleisten und auch kurzfristige Entscheidungen ermöglichen.

Dabei ist auf die Ausgewogenheit zwischen „learning by doing", entsprechenden Weiterbildungsmaßnahmen, Diskussions- und Erfahrungsrunden und Informationsvermittlung zu achten.

Bei bereits in Führungspositionen tätigen Führungskräften wird die Entwicklung individuell gehandhabt. Der Kompetenzstatus der jeweiligen Führungskraft bildet die Grundlage für die Entwicklung.

Der Aspekt der gezielten, systematischen Personalentwicklung zur Förderung und Entwicklung der Nachwuchsführungskräfte wird in den nächsten Jahren stark an Bedeutung zunehmen. Für potenzielle Bewerber spielen neben finanziellen Aspekten immer mehr die Entwicklungsmöglichkeiten, die ein Unternehmen bietet, eine Rolle.

	Grundangebot **30 Prozent**	Moderation	**(Zusatz)Angebote 70 Prozent** **Management by doing**	Coaching
intern	· Diskussionsrunden mit Führungskräften · thematische Veranstaltungen		· Patenschaften · Job-Rotation · Projektarbeiten · Vertretungen · Auslandseinsatz	
intern	**Schulungen** · Fachkompetenz	Training	· Job-Enrichment · Job-Enlargement · Learning by doing	Beratung
extern	· Sozialkompetenz · Methodenkompetenz · Persönliche Kompetenz			
	extern	extern	intern	extern

Abb. 5.2: Beispiel einer systematischen Personalentwicklungskonzeption
     für Führungsnachwuchskräfte

In dem gezeigten Konzept sind verschiedene Aspekte zusammengeführt.
1. Erfahrungsaustausch und Diskussion mit Führungskräften des Unternehmens
2. themenbezogene Informationsveranstaltungen
3. Führungs-, Verhaltens- und Fachseminare
4. „Management by doing" durch:
   • Job-Rotation
   • Job-Enrichment und Job-Enlargement
   • Vertretungen
   • Produktpatenschaftsübernahme
   • Projektmitarbeit und -leitung
   • ggf. Auslandsaufenthalt

5. Coaching

6. Monitoring (laufend)

Diese im Folgenden beschriebenen Elemente der Personalentwicklung sind selbstverständlich nicht nur den Führungsnachwuchskräften vorbehalten, sondern können in jeder anderen systematischen Personalentwicklung als Elemente zielgruppengerecht eingesetzt oder abgewandelt werden.

strategische Personalentwicklung

In jeder Organisation gibt es Mitarbeiter, die aufgrund ihres festgestellten Potenzials besonders wertvoll sind. Die will man erstens keinesfalls verlieren und zweitens langsam aber sicher an verantwortungsvolle Aufgaben heranführen. Gefragt ist also intelligente und strategische Personalentwicklung.

5.3.3.1 Erfahrungsaustausch und Diskussionsrunden mit Führungskräften

Die Führungspraxis des eigenen Unternehmens detailliert kennen lernen

Ein Instrument in der Personalentwicklung für Nachwuchsführungskräfte ist der Austausch mit Führungskräften verschiedener Funktionen, unterschiedlichen Aufgabenbereichen und unterschiedlichen Persönlichkeiten.

Dies ermöglicht:

- Kennenlernen unterschiedlicher Führungspersönlichkeiten,
- Kennenlernen der unterschiedlichen Facetten der Führung anhand nachvollziehbarer Praxiszusammenhänge,
- die Umsetzung theoretischer Inhalte in der eigenen Firma nachzuvollziehen,
- Reflexion und Feedback,
- von den Erfahrungen und dem Wissen erfahrener Führungskräfte zu profitieren,
- aktive Auseinandersetzung mit der Führungsproblematik im Unternehmen,
- Identifikation mit dem Unternehmen und der Führungsmannschaft.

Es gibt unterschiedliche Möglichkeiten, den Erfahrungsaustauch mit den Führungskräften zu gestalten. Dies könnte zum einen als Gesprächsrunde, aber auch als „Coaching" mit konkreten Aufgaben und entsprechender Entwicklung der Nachwuchsführungskraft verbunden sein. Dies ist unternehmens-, zeitgeist- und von den jeweiligen Rahmenbedingungen abhängig. Entscheidend ist die aktive Auseinandersetzung und gegenseitige Bereicherung des Führungsnachwuchses mit der etablierten Führungsmannschaft.

aktive Auseinandersetzung des Führungsnachwuchses mit der etablierten Führungsmannschaft

5.3.3.2 Themenbezogene Informationsveranstaltungen

Themenbezogene Informationsveranstaltungen dienen dazu, der betroffenen Zielgruppe bzw. dem Führungsnachwuchs gezielte Informationen zu Themen, die aus unternehmerischer Sicht wichtig sind, zu vermitteln.

In der Regel handelt es sich um Veranstaltungen mit einer größeren Teilnehmerzahl, bei der der Wissenstransfer im Vordergrund steht. Dies könnte z.B. eine Informationsveranstaltung zum Thema: Vorstellung des Beurteilungssystems; Einführung von Mitarbeiter-(orientierungs)-jahresgesprächen, Vorstellung des Verfahrens für Potenzialeinschätzung oder Zielvereinbarungen u.a. sein.

Veranstaltungen mit einer größeren Teilnehmerzahl, bei der der Wissenstransfer im Vordergrund steht

Vorteile themenbezogener Informationsveranstaltungen sind sicher der geringe Zeitaufwand und die Größe der Gruppe, die hier in einer einzigen Veranstaltung angesprochen werden kann.

5.3.3.3 Führungs-, Verhaltens- und Fachseminare

Um die geforderten Kompetenzen zu erlangen, müssen die Zielgruppen, hier die Nachwuchsführungskräfte, gezielt geschult werden. Unternehmerisches Denken und Handeln, soziale und kommunikative Kompetenz sind den meisten nicht in die Wiege gelegt worden. Die Integration von Fachseminaren ist daher unerlässlich. Im Kunden- und Servicebereich sind Verhaltenstrainings inzwischen ebenfalls gängige Praxis. In den Seminaren können zum einen aktiv Inhalte erarbeitet und konkrete Hilfestellungen gegeben, zum anderen eigene Verhaltensweisen reflektiert und gegebenenfalls verändert werden. Der Erfolg von Seminaren hängt von der Größe der Trainingsgruppe, den Rahmenbedingungen und natürlich auch von den Qualitäten des Trainers und Moderators ab. Seminare sind Impulsgeber. Die Seminarteilnehmer nehmen diese Impulse auf und sollen sie in ihrem Arbeitsalltag umsetzen. Wichtig ist, nach einer bestimmten Zeit die Umsetzung der Seminarinhalte zu diskutieren, zu kontrollieren oder durch ein Follow-Up in Form eines Workshops wieder neu zu beleben.

gezielte Schulung des Führungsnachwuchses

5.3.3.4 Management by doing

Ein wichtiger Punkt in der Personalentwicklung von Nachwuchsführungskräften ist das so genannte „Management by doing": Die Nachwuchsführungskraft bekommt die Möglichkeit, schon einmal eigene Managementerfahrungen zu sammeln, um damit bereits Erfahrungen im Führungs- und Managementbereich zu machen, die ihr später, wenn sie tatsächlich verantwortungsvolle Aufgaben übernimmt, zugute kommen.

Die Nachwuchsführungskraft bekommt die Möglichkeit, schon einmal eigene Managementerfahrungen zu sammeln

• Job-Rotation

Die bekannteste Variation des Management by doing ist die Job-Rotation. Job-Rotation bedeutet, dass die betreffende Person für einen festgelegten Zeitraum gewissermaßen „rotiert". Sie tauscht ihre Aufgabe also mit jemand anders, der seinerseits wiederum auf einen anderen Posten kommt. Die rotierenden Posten sind festgelegt und dem in Frage kommenden Personenkreis bekannt.

Als Beispiel: Führungsnachwuchskräfte durchlaufen die verschiedenen Bereiche wie Marketing, Vertrieb, Verwaltung, Forschung etc. je nach

innerhalb eines definierten Zeitraums viele Bereiche kennen lernen

Organisationsstruktur des Unternehmens. Festgelegter Rotationszeitraum 2 Jahre und Verweildauer pro Organisationseinheit und Führungsnachwuchskraft 8 Wochen. Rotationszeitraum und Verweildauer sind selbstverständlich entsprechend den individuellen Zielsetzungen des Unternehmens verschieden.

Ziele der Job-Rotation

Ziele der Job-Rotation:
* möglichst breites unternehmerisches Wissen hautnah aufzubauen,
* Kontakte zu allen Bereichen des Unternehmens fachlich und menschlich herzustellen,
* verschiedene Sichtweisen kennen zu lernen,
* prozessorientiertes Denken zu forcieren,
* das Verständnis für die Bedürfnisse der verschiedenen Organisationseinheiten zu erhöhen,
* aktiv auf Menschen und Aufgaben immer wieder neu zuzugehen,
* mit Veränderungen umgehen lernen,
* Selbstbewusstsein und Eigenmotivation stärken.

* **Job-Enrichment und Job-Enlargement**

Der Aufgabenbereich wird um Verantwortlichkeiten „bereichert" oder „vergrößert"

Weitere Variationen des Management by doing sind Job-Enrichment und Job-Enlargement. Hier rotiert der Mitarbeiter nicht durch verschiedene Organisationseinheiten, sondern sein Aufgabenbereich wird entsprechend um bestimmte Verantwortlichkeiten „bereichert" oder „vergrößert".

Das Job-Enrichment beinhaltet die Bereicherung des Aufgabenbereiches in Form einer „attraktiveren Gestaltung". Im Vordergrund steht die Herausforderung z.B. durch Projekte.
Ziel ist
* Motivation der Nachwuchskraft durch neue Herausforderungen,
* Belohnung durch „bereichernde Aufgaben",
* Nutzung der Potenziale ,
* Sammlung von Erfahrungen für spätere verantwortungsvollere Aufgaben.

Das Job-Enlargement beinhaltet eine Vergrößerung des Verantwortungsbereiches, z.B. durch höhere Etatverantwortung, mehr Mitarbeiter, zusätzliche Leitungsbefugnisse.

Selbstverständlich können beide Aspekte in einer Aufgabe erfasst werden. Sie müssen aber nicht deckungsgleich sein, da die Zielsetzungen von Job-Enrichment und Job-Enlargement unterschiedlicher Art sind. Die reale Umsetzung im Personalentwicklungskonzept und in konkrete Projekte und Aufgaben ist unternehmensabhängig.

* **Vertretungen**

Übernahme von Vertretungen von abwesenden Führungskräften

Eine konkrete Maßnahme des Management-by-doing ist die temporär begrenzte Führungsaufgabe in Form der Übernahme von Vertretungen von abwesenden Führungskräften. Die Art und Weise der Vertretung ist

in der Regel in die Arbeitsplatzbeschreibung der angehenden Führungskraft aufgenommen und im Rahmen entsprechender Pflichten und
Kompetenzen definiert. So kommt es für den Führungsnachwuchs zu
temporären Einsätzen als Führungskraft. Vertretungsübernahme ist die
gängigste Form, Mitarbeiter auf verantwortungsvollere Funktionen und
Aufgaben vorzubereiten.

Vertretungsübernahme ist die gängigste Form, Mitarbeiter auf verantwortungsvollere Funktionen und Aufgaben vorzubereiten

- **Übernahme von Produktpatenschaften**

Die Übernahme von Produktpatenschaften ermöglicht es der Nachwuchskraft, ihre Fachkompetenz weiter auszubauen. Dies muss nicht
unbedingt mit späteren Führungsaufgaben gekoppelt sein. Produktpa-
tenschaft bedeutet, dass die Nachwuchskraft die Verantwortung für ein
Produkt übernimmt, dies entspricht in etwa den Aufgaben eines Pro-
duktmanagements auf Zeit.

Ausbau der Fachkompetenz durch Produktmanagement auf Zeit

Vorteil ist:
- Die Nachwuchskraft kann ihr fachliches Know-how einbringen und
  sich profilieren.
- Die Nachwuchskraft übernimmt die Verantwortung für ein Produkt.
- Im Schadensfall produktbezogenes Engagement und begrenztes pro-
  duktbezogenes Risiko.
- Einzelverantwortlichkeit einer Person.
- Temporäre Übertragung von fachlicher Verantwortung.
- Förderung der Zusammenarbeit mit anderen Organisationseinheiten
  und Kollegen.
- Effizienzsteigerung in Betreungsaufgaben.

- **Projektarbeit und Projektleitung**

Personalentwicklung in Projekten bietet sich als Karrieremodell in Unternehmen mit flachen Hierarchien an. Wer qualifizierte Aufsteiger halten will, muss ihnen Perspektiven bieten. Es müssen individuelle Zielvereinbarungen getroffen werden. Genau dies bietet die Personalentwicklung in Projekten. Die Entwicklungsmaßnahmen sind so angelegt,
dass sie das individuelle Potenzial der Leistungsträger entwickeln und deren Leistungsfähigkeit und –bereitschaft fördern.

Karrieremodell in Unternehmen mit flachen Hierarchien

Über Projekte können klar umrissene, begrenzte Ziele vorgegeben
werden, sodass die gewünschten Ergebnisse auch für die Nachwuchskraft klar und transparent sind. Die Nachwuchskraft kann konzeptionelles Denken in Projekten mit den ökonomischen Zielen des Unternehmens verknüpfen. Sie kann die Kommunikation und Information
innerhalb des Projektes definieren, organisieren und gestalten. Sie muss
Entscheidungen treffen und herbeiführen.

überprüfbare und klar umrissene, begrenzte Ziele

Der gesamte Leistungs- und Führungsprozess ist in der Projektarbeit
im temporären abgeschlossenen Rahmen abgebildet. Dies sind ideale Bedingungen für Nachwuchsführungskräfte, um Know-how umzusetzen
und zu erwerben und sich in konkreten Management- und Führungs-

aufgaben zu profilieren. Selbstverständlich müssen die Projekte begleitet und reflektiert werden. Ein ständiges begleitendes Monitoring (siehe hierzu Kap. 5.3.3.6) ist unerlässlich.

- **Auslandsaufenthalte**

Auslandsaufenthalte sind ein notwendiger Aspekt des Management by doing, wenn es darum geht, angehende Führungskräfte in einem international tätigen Unternehmen auf verantwortungsvolle Aufgaben vorzubereiten. Alle genannten Aspekte der Job-Rotation, des Job-Enlargements und des Job-Enrichments oder der Projektarbeit können sich hier wiederfinden. Hinzu kommt ein weiterer Aspekt der Kompetenzentwicklung – die Entwicklung der interkulturellen Kompetenz. Der Umgang mit anderen Gebräuchen, Sitten, Riten, gesellschaftlichen Zusammenhängen, das Agieren auf internationalen Plätzen und die entsprechende Kommunikation sind wichtige Aspekte neben der Erweiterung des Fachwissens und unternehmensspezifischem Wissen.

5.3.3.5   Coaching

Der Begriff „Coaching" hat seinen Ursprung im Leistungssport. Dort bedeutet „to coach" soviel wie „einpauken", „trainieren", „Anweisungen und Tipps geben" – immer mit dem Ziel, die Leistungen des Sportlers zu verbessern.

Beseitigung innerer persönlicher Hindernisse, die der Leistungserbringung und -steigerung entgegenstehen

Von diesem Coaching-Begriff ist in der Personalentwicklung nur noch das Ziel „Leistungsverbesserung" geblieben. Nach dem Grundsatz: „Der Gegner im Kopf ist schlimmer als der Gegner auf der anderen Seite des Netzes" geht es vorwiegend darum, innere persönliche Hindernisse aus dem Weg zu schaffen, die der Leistungserbringung und -steigerung entgegenstehen.

COACHING SETZT DAS POTENZIAL EINES MENSCHEN FREI, SEINE EIGENEN LEISTUNGEN ZU MAXIMIEREN. ES HILFT IHM EHER ZU LERNEN ALS DASS ES IHN ETWAS LEHRT. (John Whitmore)

gezielte Einzelunterstützung zur Sicherstellung bzw. Steigerung der persönlichen Arbeitsleistung

Der Coachingbegriff wird in der Praxis gleichgesetzt mit der gezielten Einzelunterstützung, Einzelberatung, Einzelunterweisung und dem individuellen Einzeltraining des Mitarbeiters in sachlichen und persönlichen Fragestellungen zur Sicherstellung bzw. Steigerung seiner persönlichen Arbeitsleistung. Je nach Zielsetzung und Aufgabenstellung unterscheidet man zwischen verschiedenen Coachingarten und -methoden.

Coachen ist nicht Führen

Coachen ist nicht Führen. Coachen hat einen „beratenden" Aspekt, während Führen bedeutet, Resultate zu erzielen und damit den Zweck des Unternehmens zu verwirklichen. Weiterhin ist es Aufgabe der Führungskraft, die Stärken der Menschen, die die jeweilige Organisation hat, zu nutzen und es ihnen auf diesem Wege zu ermöglichen, auch persönlich erfolgreich zu sein, indem sie eine Leistung für das Unternehmen erbringen. Nicht die Veränderung von Menschen und auch nicht die Beseitigung ihrer Schwächen ist die Aufgabe von Führungskräften, sondern die Umsetzung von menschlichen Stärken und Kompetenzen in unternehmerische Ergebnisse. Der Führungs- und Leistungsprozess ist an Verantwortung, Leistung und Disziplin festgemacht. Dies zeigt sich in der Regel erst, wenn Schwierigkeiten auftreten oder Probleme persönlichen Ursprungs in den Vordergrund treten und es nicht mehr genügt, Leute lediglich „bei Laune zu halten". Dann ist Leistung gefragt und echte Führung.

Coaching ist zu einem Modebegriff geworden, der fälschlicherweise für viele Führungsinstrumente und Führungstätigkeiten herangezogen wird. Grundsätzlich unterscheidet man zwischen externem und internem Coaching.

Externes Coaching

Das klassische Coaching ist so definiert, dass ein neutraler Berater (Coach), der nicht hierarchisch oder aufgabenbezogen mit dem zu Coachenden verbunden ist, ihm als Begleiter für einen befristeten Zeitraum an die Seite gestellt wird, um sich selbst, seine Wirkung auf seine Umwelt und damit verbundene Konflikte und Probleme zu reflektieren, aufzuarbeiten und zu lösen (persönlichkeitsbezogenes Coaching). Damit kann der Gecoachte seine Potenziale voll entfalten und im Sinne des Unternehmens seine Leistungsfähigkeit optimieren.

Ein neutraler Berater wird dem zu Coachenden für einen befristeten Zeitraum als Begleiter an die Seite gestellt

Situationen, in denen ein externer Coach helfen kann:

1. Positionierung der eigenen Führungsrolle im Spannungsfeld zwischen unternehmerischen, sozialen und persönlichen Zielsetzungen

Das Coaching soll hier folgende Aufgaben erfüllen:
* Klarheit über eigene Ziele, Werte und Bedürfnisse erhalten,
* Widersprüche zwischen Denken, Sagen und Tun aufdecken,
* eigene Rolle und Funktionen der Führungskraft klar abgrenzen.

2. Neudefinition der Führungsrolle und -aufgaben infolge von Veränderungsprozessen durch Umstrukturierung, Fusionen, Hierarchieverflachung etc.

Das Coaching soll folgende Aufgaben erfüllen:
* persönliche Unsicherheiten der Führungskraft in Bezug auf die neuen Anforderungen aufdecken und abbauen,
* Hilfestellungen für die Führungskraft im Umgang mit der Verunsicherung der Mitarbeiter; denn diese erwarten eine „Vorbildfunktion" der Führungskraft,
* sensible Begleitung im gesamten Veränderungsprozess,
* Klärung der Erwartungen und Rollenkonflikte im Zusammenhang mit den neuen Aufgaben,

- Fähigkeiten, Potenziale und Schwachstellen der Führungskraft erkennen, reflektieren und produktiv einsetzen bzw. verbessern,
- Lernprozesse in Gang setzen, die es der Führungskraft erlauben, sich kompetent und sicher im neuen Arbeitsumfeld zu bewegen.

3. Stressbelastung / „Burnout"

Bei ständig steigenden Anforderungen an Führungskräfte kommt es nicht selten zu einer Überbelastung, die gesundheitliche und familiäre/persönliche Probleme zur Folge haben kann, in jedem Fall aber langfristig zu einem Belastungs-/Leistungsrückgang bis hin zum Ausfall der gesamten Leistungskraft führt, da in der Regel gerade Führungskräfte dazu neigen, die eigene Belastungsfähigkeit und Leistungskraft zu überschätzen. Die Folge davon ist ein Teufelskreis aus immer noch mehr, aber stetig unproduktiver werdender Arbeit, der sich immer weiter hochschaukelt, auch Dauerstress genannt. Diesem präventiv entgegenzuwirken ist das Ziel des Coachings.
Coaching in diesem Zusammenhang soll also folgende Ziele verfolgen:
- Bewusstmachen der Ursachen,
- Durchbrechen des (zum Teil selbst verursachten) Leistungsdrucks,
- Unterstützung bei der Prioritätensetzung und Finden eines Gleichgewichts zwischen Beruf und Privatleben,
- Entwicklung von individuellen Verhaltensstrategien zur Prävention und zum Umgang mit Konfliktsituationen.

4. Einseitige, „betriebsblinde" Wahrnehmung

Je höher die hierarchische Position, desto problematischer werden die Beziehungen zu anderen Führungskräften. Taktische Überlegungen, unternehmenspolitische Entscheidungen und die Angst vor dem Machtverlust behindern die offene und „ehrliche" Kommunikation miteinander. Es erfolgt kein konstruktives und ehrliches Feedback mehr (der Vorgesetzte ist „unfehlbar"). Damit droht auch hier die Gefahr der Selbstüberschätzung. Eine einseitige oder verzerrte Wahrnehmung und Bewertung von Situationen ist die Folge. Damit kann es zu Fehlentscheidungen kommen. Coaching kann hier Unterstützung geben.
- Coach als unabhängiger Feedbackgeber und „Sparringspartner" für die Führungskraft
- Training der Wahrnehmungsfähigkeit der Führungskraft
- Sensibilisierung gegenüber negativen Verhaltensmustern und destruktiven Einstellungen
- Erarbeitung von Entscheidungsalternativen, die der Führungskraft mehr Handlungskompetenz und -sicherheit geben.

5. Brüche in der Lebens- und Karriereplanung / Motivationsverlust

Es gehört zum Leben dazu, dass auch Schicksalsschläge Menschen aus dem Gleichgewicht bringen können. Durch unerwartete Ereignisse wie z.B. Unternehmensbankrott, plötzliche Kündigung, persönliche schwere Krankheit, Tod eines Angehörigen etc. kann das eigene Selbstbild ins Wanken geraten. Die Folge sind Zweifel am persönlichen Lebenssinn und das Aufkommen von Abwehrmechanismen wie Verdrängung, Regression oder Rückzug.

Unterstützung durch Coaching:

- Bewusstmachung der ablaufenden Mechanismen,
- Dialogpartner für die Standortbestimmung und Definition neuer Lebens- und Karriereziele,
- Unterstützung bei der Entscheidungsfindung,
- Unterstützung beim Neuaufbau und der Neuausrichtung der eigenen Identität.

Ein guter Coach

- ist eine „gereifte" Persönlichkeit mit reichhaltiger Lebenserfahrung,
- besitzt analytische Fähigkeiten, um komplexe Zusammenhänge und Beziehungsgeflechte verstehen und „entwirren" zu können,
- verfügt über eigene Führungserfahrung,
- kennt betriebswirtschaftliche und organisationtechnische Zusammenhänge,
- geht den Ursachen der Probleme auf den Grund (kein „Ja-Sager" bzw. nur oberflächliche Symptombehandlung),
- ist ein kompetenter und akzeptierter Gesprächspartner,
- ist standfest in seinem Vorgehen,
- ist ein guter Zuhörer und führt durch Fragen,
- kann sich in Situationen schnell und sensibel einfühlen,
- ist – wenn nötig – zur Konfrontation bereit,
- gibt ehrliches Feedback,
- ist neutral und „ideologiefrei",
- leistet Hilfe zur Selbsthilfe, statt fertige Lösungen zu präsentieren,
- macht sich selbst möglichst schnell überflüssig bzw. begleitet nur bei Bedarf,
- versucht nicht, massive psychische Erkrankungen zu therapieren,
- lässt sich selbst regelmäßig supervisieren,
- ist in der Auftragsabwicklung professionell.

Damit Coaching erfolgreich sein kann

- nimmt die Führungskraft (der Gecoachte) das Coaching freiwillig in Anspruch; die Motivation zur Kontaktaufnahme geht also von der Führungskraft (dem Gecoachten) aus,
- sichert der Coach der Führungskraft absolute Diskretion gegenüber Dritten zu – auch gegenüber dem Unternehmen,

Voraussetzungen für ein erfolgreiches Coaching

- nimmt das Unternehmen keinerlei Einfluss auf die Inhalte und Ziele der Beratung. Allein die gewünschten Themen und Zielvorstellungen der Führungskraft (des Gecoachten) sind Grundlage der Zusammenarbeit,
- sind die Verfahren und Methoden im Coaching-Prozess für die Führungskraft (den Gecoachten) jederzeit transparent und nachvollziehbar,
- verstehen sich Coach und Gecoachter (Coachee) als gleichberechtigte Partner (kein Lehrer-Schüler-Verhältnis).

Internes Mitarbeitercoaching

Der Vorgesetzte übernimmt die Aufgaben des Coachs im Sinne fachlicher Unterstützung

Von internem Mitarbeitercoaching spricht man, wenn der Vorgesetzte die Aufgaben des Coachs übernimmt. Der Vorgesetzte besitzt aber nicht die oben beschriebene Neutralität eines externen Coachs. Insofern bezieht sich das Mitarbeitercoaching vor allem auf Leistungssteigerung und Unterstützung des Mitarbeiters in fachlicher Hinsicht (z.B. fachbezogenes Coaching). Treten durch Gespräche tiefer greifende Probleme persönlicher Art ans Tageslicht, ist der Vorgesetzte zwar verpflichtet Hilfe anzubieten, seine Hilfe besteht aber nicht in der unmittelbaren Lösung des Problems, sondern in der Weiterleitung des betroffenen Mitarbeiters an eine entsprechende „Expertenstelle" im Unternehmen, die dem Mitarbeiter dann beratend, also auch neutral, bei der Lösung seiner persönlichen Probleme zur Hand geht. Der Mitarbeiter ist nicht verpflichtet, persönliche Probleme seinem Vorgesetzten mitzuteilen, wie dies in der oben beschriebenen Art und Weise in Bezug auf einen externen Coach sinnvoll ist.

Tipps für das Mitarbeiter-Coachinggespräch

- Zu Beginn: Verschaffen Sie sich einen Überblick, wo Ihr Mitarbeiter steht. Sammeln Sie konkrete Beobachtungen über das, was der Mitarbeiter gut macht und über Ansatzpunkte zur Verbesserung.
- Klären Sie vorher, ob der Mitarbeiter ein Coachinggespräch wünscht. Coaching kann nur dann funktionieren, wenn es freiwillig angenommen wird.
- Sorgen Sie für geeignete Rahmenbedingungen für das Coachinggespräch: Genügend Zeit, Ungestörtheit, nette Atmosphäre etc. Setzen Sie sich „über Eck", damit eine entspannte Gesprächsatmosphäre aufkommt (kein „Bewerbergespräch").
- Lassen Sie dem Mitarbeiter genügend Zeit, eigene Gedanken zu äußern. Hören Sie aktiv zu.
- Der Mitarbeiter soll möglichst selbstständig erkennen, wo Ansatzpunkte für die weitere Entwicklung liegen. Führen Sie durch gezielte Fragen zu eigenen Erkenntnissen, statt Ratschläge zu geben.
- Vereinbaren Sie am Ende einen konkreten nächsten Schritt.
- Schließen Sie das Gespräch mit einem positiven Ausblick ab.

Beispiele für Coachinggespräche

Situation 1: Mangelnde Zielorientierung
- Hat Ihr Mitarbeiter seine Ziele aus dem Auge verloren?
- Sind ihm eigene Ziele und Möglichkeiten nicht klar?
- Arbeitet er mit großer Energie, kommt aber nicht zum Erfolg, weil ihm der richtige „Fokus" zur sinnvollen Bündelung der Kräfte auf wichtige Aufgaben fehlt?

Schritt 1:
- Geben Sie Ihrem Mitarbeiter ein Feedback über Ihre Beobachtungen (z.B. mangelnde Leistung trotz hohen Einsatzes, Stärken, die nicht hinreichend genutzt werden etc.).
- Machen Sie deutlich, dass mehr in Ihrem Mitarbeiter steckt, als er im Augenblick zeigt.
- Identifizieren Sie das Problem gemeinsam mit Ihrem Mitarbeiter als Orientierungsproblem (Unklarheit der eigenen Ziele und Möglichkeiten).

Schritt 2:
- Lassen Sie Ihren Mitarbeiter alles niederschreiben, was ihm zu den folgenden 4 Bereichen einfällt.
  Günstig ist es, mit den positiven Punkten (Stärken und Möglichkeiten) zu beginnen.

Hilfreiche Fragestellungen:
- Stärken:
  - *„Was waren Ihre letzten Erfolge?"*
  - *„Welche Fähigkeiten besitzen Sie?"* (z.B. im Umgang mit Menschen)
  - *„Wo liegen Ihre Wissensschwerpunkte?"*
  - *„Was schätzen andere Menschen an Ihnen?"*
  - *„Was machen Sie besonders gut und gerne?"*
- Möglichkeiten:
  - *„Welche Herausforderungen reizen Sie am meisten?"*
  - *„Welche Freiräume lässt Ihnen Ihre Position und Aufgabe?"*
  - *„Mit der Lösung welchen Problems könnte Ihr Team den größten Erfolg haben?"*
  - *„Was wollen Sie in Zukunft verändern und erreichen?"*
- Schwächen:
  - *„Wo fühlen Sie sich bei der Erledigung von Aufgaben unsicher?"*
  - *„Was läuft nicht so gut?"*
  - *„Was ärgert Ihre Kunden und Kollegen am meisten?"*
  - *„Wo sehen Sie bei sich den größten Lernbedarf?"*

- Bedrohungen:
  - „*Was haben andere Menschen, das Ihnen fehlt?*"
  - „*Gibt es Kollegen, die Ihnen „den Rang ablaufen" könnten und warum?*"
  - „*Wie sicher ist Ihrer Meinung nach Ihr Arbeitsplatz?*"
  - „*Welche Veränderungen stehen bevor, die unser Unternehmen betreffen?*"

Situation 2: Neupositionierung und Motivation
- Wollen Sie mit Ihrem Mitarbeiter über neue Aufgaben und Herausforderungen reden?
- Wollen Sie gemeinsame motivierende Ziele mit dem Mitarbeiter definieren und vereinbaren?

In der Regel werden diese Fragestellungen auch im Mitarbeiter-(orientierungs)jahresgespräch miterfasst und besprochen.

Schritt 1: Ziele festsetzen!

- Fragen Sie Ihren Mitarbeiter, welche Ziele er sich in Bezug auf seine Aufgaben setzen will.
  Dazu sollte dem Mitarbeiter klar sein, welche Bedeutung seine Arbeit für das Team hat und vor welchen Herausforderungen das Unternehmen steht. Je deutlicher dies ist, umso höher wird der Mitarbeiter die Messlatte für die Ziele legen.
- Konzentrieren Sie sich im Gespräch auf konkrete, messbare Leistungsziele. So lässt sich genauer ableiten, was getan werden muss, um dieses Ergebnis auch zu erreichen.

Schritt 2: Klären Sie die aktuelle Situation!

- Unterstützen Sie den Mitarbeiter dabei herauszufinden, in welcher Situation er sich gerade befindet. Offene W-Fragen helfen dabei. Aber Achtung! Warum-Fragen treiben den Mitarbeiter in eine Verteidigungsposition und sollten deshalb vermieden werden.
  Statt: *Warum haben Sie das getan?*
  besser: *Was war für Ihre Entscheidung ausschlaggebend?*

Hilfreiche Fragen zur Klärung der aktuellen Situation:
- „*Was passiert jetzt?*"
- „*Wer ist davon betroffen?*"
- „*Wie macht er das?*"
- „*Im Vergleich zu was ist es schwer, was zu tun?*"
- „*Wer sagt das?*"
- „*Für wen gilt das?*"

- „*Was steckt dahinter?*"
- „*Wie hat das funktioniert?*"

Fragen zur Klärung von Emotionen

- „*Was geht in Ihnen vor, wenn Sie an den Vorfall mit dem Kollegen XY denken?*"
- „*Welche Gefühle haben Sie, wenn Sie eine gute Arbeit geleistet haben?*"
- „*Was fühlen Sie, wenn Sie plötzlich XY machen sollen?*"

Fragen zur Klärung von Widerständen

- „*Was haben Sie in der Sache XY bisher unternommen?*"
- „*Was ist dabei herausgekommen?*"
- „*Was hindert Sie daran, XY zu erreichen?*"
- „*Was würde geschehen, wenn das Hemmnis XY beseitigt wäre?*"

Schritt 3: Prüfen Sie die Möglichkeiten!

- Bevor Ihr Mitarbeiter die Handlungsweise zur Zielerreichung festlegt, sollte er möglichst viele alternative Möglichkeiten dazu prüfen. Legen Sie die Optionen nicht fest, sondern lassen Sie den Mitarbeiter eigene Ideen dazu entwickeln.
- Wirken Sie dabei den kreativitätstötenden „Killerargumenten im Kopf" entgegen:
  „Das funktioniert nicht."
  – Was genau hat nicht funktioniert?
  – Ursachen?
  „Das machen die Kollegen nicht mit."
  – Was sind die Gründe dafür?
  – Unter welchen Voraussetzungen würden die Kollegen mitmachen?
  „Dazu habe ich keine Zeit."
  – Was können Sie tun, damit genügend Zeit da ist (Prioritäten setzen, Delegation etc.)
  „Das ist nicht finanzierbar."
  – Nehmen wir einmal an, es stünde genug Geld zur Verfügung – was wäre dann machbar?
  „Das haben wir immer so gemacht."
  – Welche Vorteile könnte es haben, von der alten Methode abzuweichen?

Schritt 4: Legen Sie gemeinsam den Handlungsplan fest!

- Unterstützen Sie Ihren Mitarbeiter dabei, zwischen den Optionen zu wählen und einen Handlungsplan zu erstellen.

Hilfreiche Fragen:

- „*Wird die Handlung zum angestrebten Ziel führen?*"
- „*Auf welche Hindernisse könnten Sie stoßen?*"

- *„Welche Unterstützung benötigen Sie?"*
- *„Wie und wann werden Sie diese Unterstützung erhalten?"*
- *„Wie sicher sind Sie, dass Sie die notwendigen Handlungsweisen auch ausführen werden (mit Bewertung auf einer Werteskala von eins bis zehn)?"*
- *„Wie ist der Zeitrahmen/Teilschritte (unbedingt festlegen lassen!)?"*

Schließen Sie das Gespräch positiv ab.

- Halten Sie die Ergebnisse schriftlich fest.
- Klären Sie Verständnisfragen.
- Lassen Sie den Mitarbeiter bestätigen, dass er den Plan auch ausführen wird.
- Bieten Sie Ihre Unterstützung an.

Der Mitarbeiter sollte das Gespräch mit dem Gefühl verlassen, dass er seine Ziele auch erreichen wird. Nur dann wird er es auch schaffen.

Situation 3: Mangelndes Vertrauen in die eigene Leistungsfähigkeit

- Klagt Ihr Mitarbeiter darüber, dass er die Aufgaben nicht bewältigen kann?
- Hat Ihr Mitarbeiter zu wenig Vertrauen in sich und seine Fähigkeiten?

Schritt 1: Aktivieren Sie das Selbstvertrauen Ihres Mitarbeiters!

- Machen Sie dem Mitarbeiter positive Erlebnisse wieder bewusst. Wo ist ihm etwas Besonderes gelungen (egal, ob beruflich oder privat)?
- Lassen Sie dem Mitarbeiter genügend Zeit, ein positives Erlebnis zu finden.
- Fragen Sie, welche Fähigkeiten zu diesem positiven Ergebnis geführt haben.
- Führen Sie dem Mitarbeiter vor Augen, dass er diese Fähigkeiten einsetzen kann, um auch heute wieder Spitzenleistungen zu erzielen. Das gibt Selbstvertrauen.

Schritt 2: Analyse

- Wo sieht der Mitarbeiter fördernde und hemmende Kräfte, die auf den Versuch, ein bestimmtes Ergebnis zu erreichen, einwirken?
- Arbeiten Sie mit dem Mitarbeiter zusammen aus, wie er die fördernden Kräfte für seinen Erfolg einsetzen kann.
- Betrachten Sie die hemmenden Kräfte aus einem anderen Blickwinkel. Sie werden dadurch häufig weniger belastend.

Was wäre, wenn es sie nicht gäbe? Wo hat diese Kraft womöglich einmal geholfen?

Beispielsweise verunsichert „Nervosität im Kundengespräch" Ihren Mitarbeiter. Diese Unsicherheit hilft aber auf der anderen Seite dabei, die Aufmerksamkeit für die Reaktionen und Bedürfnisse des Kunden zu schärfen und die Konzentration auf das Gespräch zu fördern. Gäbe es diese Nervosität also nicht, würde der Mitarbeiter womöglich arrogant wirken oder den Blick für die Kundenbedürfnisse verlieren.

- Erarbeiten Sie gemeinsam mit dem Mitarbeiter Möglichkeiten, die hemmenden Kräfte – wenn möglich – abzubauen.
- Fördern Sie Selbstverantwortung und Selbstständigkeit des Mitarbeiters; vermeiden Sie Rückdelegation.

Beispielhafter Ablauf des internen Coachings:

① Vorgesetzter stellt neue Aufgabe im Zusammenhang mit der Problemstellung des Mitarbeiters

② Informationssammlung durch Mitarbeiter

③ Mitarbeiter erstellt Plan

④ Vorgesetzter und Mitarbeiter besprechen Plan (ggf. zurück zu 2.)

⑤ Mitarbeiter führt Aufgabe selbstständig aus

⑥ Selbstkontrolle mit Plan

⑦ Ergebnis-Feedback mit Vorgesetztem

⑧ Vorgesetzter stellt neue Aufgabe (Beginn wieder bei 2.)

„Chefcoaching": Mitarbeiter als „Coach" der Führungskraft

Das so genannte Reciprocal Management setzt auf die Führungskräfte-Entwicklung „von unten": Vorgesetzten-Förderung am Arbeitsplatz in Bezug auf reale Probleme in direkter Zusammenarbeit mit den Mitarbeitern. Diese beraten und coachen ihren Chef in schwierigen Situationen.

Reciprocal Management: Führungskräfte-Entwicklung „von unten"

„Wer das Talent hat, jemandem zu helfen, kann es bei jedem anwenden, *auch bei Vorgesetzten. Es gehört auch zu dieser Kunst, Führung nach oben hin auszuüben und einem Vorgesetzten bei der besseren Erledigung seiner Aufgaben zu helfen."* So berichtete ein Obermaat der US-Marine, dass er „unerfahrenen Offizieren" beibringen musste, ihn zu führen. Er sagte ihnen: „Sie kommandieren das Schiff, und ich beobachte alle diese Geräte für Sie; Sie

haben ein Recht zu erfahren, wie es läuft. Fragen Sie mich. Und fragen Sie mich ruhig, Ihnen zu helfen, wenn ich es kann."
(aus Daniel Goleman: Der Erfolgsquotient, 2000)

Die wichtigsten Regeln des Chefcoachings:

Die Mitarbeiter

- geben ihrem Vorgesetzten regelmäßig Rückmeldungen über seine Entscheidungen und sein Führungsverhalten. Sie sind dabei offen und aufrichtig – auch wenn sie nicht mit der Führungskraft übereinstimmen.
- bringen der Führungskraft die Wertschätzung, Loyalität und Akzeptanz entgegen, die sie auch von ihr erwarten.
- erwarten von der Führungskraft keinen Perfektionismus. Sie erlauben ihr und sich selbst, Fehler zu machen und aus diesen zu lernen.
- übernehmen Verantwortung für sich selbst, aber auch gegenüber Kollegen, Kunden, Lieferanten und Vorgesetzen. Sie sehen sich selbst als „Lernpartner" und sind bereit, die Führungskraft zu fördern, indem sie sie von ihrem Know-how und ihren Erfahrungen lernen lassen.
- nehmen ihre Einflussmöglichkeiten nach oben wahr, wenn es um das Wohl des Unternehmens geht. Dann setzen sie sich hartnäckig für ihre Überzeugungen ein.
- sehen Experimente als Chance zum Lernen und haben keine Angst vor dem möglichen Scheitern.
- bringen auch ohne besondere Aufforderung ihr Wissen, ihre Verbesserungsvorschläge und ihre Ideen im Unternehmen ein. Dies gilt ungeachtet der Meinung von Chef und Kollegen.
- sind zur Selbstkritik fähig. Statt den anderen die Schuld zuzuschieben, suchen sie bei Misserfolgen, Krisen und Konflikten den eigenen Anteil am Geschehen.
- arbeiten in Eigeninitiative an ihrer persönlichen Weiterentwicklung, um kompetente, qualifizierte Partner sein zu können.

5.3.3.6   Monitoring und Kontrolle der Entwicklung

Systematisches Monitoring während des gesamten Entwicklungsprozesses sichert den gewünschten Erfolg

Durch systematisches Monitoring während des gesamten Entwicklungsprozesses wird sichergestellt, dass die Maßnahmen und deren Umsetzung auch den gewünschten Erfolg erbringen. Allerdings verläuft die Entwicklung in der Regel nicht störungsfrei. So kann es in der Entwicklungszeit zu Umstrukturierungen, Arbeitsfeldveränderungen, erhöhter Arbeitsbelastung, Konflikten mit den Kollegen etc. kommen. Nicht alles wird motivierend sein. Der Mitarbeiter wird im Rahmen seiner Förderung nicht immer an das Ziel gelangen, welches zu Beginn definiert wurde.

Wichtig aber ist, dass er lernt, die verschiedenen Erfahrungen und die aufgezeigten Horizonte für sich zu nutzen und eine mögliche Weiterentwicklung seiner Person und seiner Persönlichkeit unabhängig von der Fördermaßnahme weiter zu verfolgen und daran zu wachsen, um seine Potenziale gegebenenfalls auch unter veränderten Rahmenbedingungen einsetzen zu können.

Das bedeutet, dass sich allein schon mit dem Feedback von Unternehmensseite, ein „Potenzialträger" zu sein, eine intellektuelle Auszeichnung verbindet, die der Mitarbeiter als Auftakt eines persönlichen Entwicklungsprozesses sehen sollte, den er maßgeblich mitgestalten kann und muss. Die Einstufung als Potenzialträger beinhaltet so gewissermaßen „Vorschusslorbeeren", die ein Mitarbeiter noch in die Tat umsetzen muss. Das Unternehmen bietet ihm dafür Hilfen an.

Während dieses Entwicklungsprozesses können Befragungen z.B. der Kollegen und Mitarbeiter im Umfeld sowie auch einzelner Kunden wertvolle Eindrücke und Impulse vermitteln.

Weiterhin muss der Potenzialträger durch seinen Vorgesetzten oder einen neutralen Berater und Coach persönlich unterstützt werden. Feedback geben, Mut zusprechen, Anerkennung und Unterstützung zeigen, können Motivation und Willen des Potenzialträgers immer wieder aufbauen und ihm helfen.

Kommentierte Literaturempfehlungen

Albach, H.: Mitarbeiterführung. USW-Schriften für Führungskräfte, Band 9, Wiesbaden 1977
Klassiker der Führungslehre. Inhaltlich ein Muss für jeden, der etwas über zeitgemäße Führungsstile erfahren möchte. Die lockere Erzählform verbunden mit Leitsätzen begeistert viele, nicht alle.

Bennis, W.: Führen lernen, Führungskräfte werden gemacht, nicht geboren. München 1996
Klassiker der Führungslehre. Führen heißt für Bennis letztlich nur eine andere Form der Selbstfindung. Nur wer den Mut hat, sein eigenes Potenzial zu entdecken und dadurch zu entfalten, ist auf dem besten Wege Führungsqualitäten zu entwickeln.

Birkigt, K.; Stadler, M. (Hrsg.): Corporate Identity, Grundlagen, Funktionen, Fallbeispiele. München 1980
Umfassende Einführung und Darstellung der Corporate Identity, die Bibel der CI.

Blanchard, K.; Zigarmi, P.: Der Minuten-Manager: Führungsstile. Reinbeck 1995

Brown, W.: 13 Todsünden des Managers. München 1991
Aus dem Amerikanischen. Viele gute Ansätze zur Verbesserung des Führungsverhaltens.

Curth, M. A.; Lang, B.: Management der Personalbeurteilung. München 1990
Grundlagenwerk zur Personalbeurteilung.

Domsch, M.; Regnet, E.; von Rosenstiel, L.: Führung von Mitarbeitern. USW-Schriften für Führungskräfte, Stuttgart 1993
Anhand von Beispielen werden Führungsthematiken dargestellt, die zur Reflexion und Auseinandersetzung auffordern. Lesenswertes Buch zur Vertiefung.

Dreesmann, H.; Kraemer-Fieger, S.: Moving, Neue Managementkonzepte zur Organisation des Wandels. Wiesbaden 1994
Interessant für alle, die mit Veränderungen umgehen oder diese organisieren müssen. Als Hintergrundwissen oder weiterführende Literatur zum Thema – Umgang mit Veränderungen.

Fisher, K.; Rayner, S.; Belgard, W.: Tipps für Teams, 416 Regeln für den Teamerfolg. Landsberg 1995
Ein praktischer Ratgeber für alle Fragen rund ums Team. Für jeden Teamleiter eine wertvolle Hilfe.

Goleman, D.: Der Erfolgsquotient. München 2000
Emotionale Intelligenz am Arbeitsplatz. Das Buch schlechthin für alle, die sich dafür interessieren, wie emotionale Intelligenz in Kommunikation, Führungsstil und in der Organisation verwirklicht werden kann. Sehr lesenswert.

Gordon, Th.: Managerkonferenz. München 1990
Führungstrainingsklassiker.

Haberkorn, K.: Effizient führen. Renningen 1996
Grundlegender Überblick.

Haberkorn, K.: Praxis der Mitarbeiterführung. Renningen 1999

Höhler, G.: Herzschlag der Sieger, Die EQ-Revolution. Düsseldorf 1997
Ein wichtiges Buch für die Diskussion rund um die emotionale Intelligenz.

Holtbernd, Th.; Bernd, K.: Coaching. Köln 1999
Ein Einstieg in das Thema Coaching.

Jonas, R.: Erfolg durch praxisnahe Personalarbeit, Grundlagen und Anwendungen für Mitarbeiter im Personalwesen. Reihe Kontakt & Studium Band 556, hrsg. von Wilfried J. Bartz, Renningen 1998
Dieses Buch bietet einen Überblick über Aufbau- und Ablauforganisation im Personalwesen. Es macht die Zusammenhänge deutlich und enthält alles, damit man sich einen Überblick verschaffen kann.

Kießling-Sonntag, J.: Handbuch Mitarbeitergespräche. Berlin 2000
Ein sehr übersichtliches, gut gegliedertes Buch zur Versachlichung und Optimierung der Mitarbeiterkommunikation. Eine wertvolle Hilfe für jede Führungskraft.

Kobjoll, K.: Motivaction, Begeisterung ist übertragbar. Landsberg 2001
Ein Buch eines erfolgreichen Unternehmers zum Thema Motivation. Gradlinig, konsequent, gnadenlos. Praxis pur.

Kratz, H.-J.: Chef-Checkliste Mitarbeiterführung. Regensburg 1999
Viele Checklisten, übersichtliche Gliederung, Beschränkung auf praxisrelevante Fragestellungen. Sehr zu empfehlen.

Lorenz, M.: Erfolgreiche Personalauswahl, Vom Bewerber zum Top-Mitarbeiter. Planegg 1998
Informatives, übersichtliches und kurzes Buch über alle wichtigen Aspekte der zeitgemäßen Personalauswahl.

Michel E.; Domsch; Ladewig, D. H. (Hrsg.): Handbuch Mitarbeiterbefragung. Berlin 2000
Ein sehr lesenswertes Buch für alle, die zum Thema „Mitarbeiterbefragung" praxisorientierte Umsetzungsvorschläge suchen.

Personalarbeit, Die wichtigsten Formulare, Checklisten und Planungshilfen, Planegg 2000
Verschiedenste Formulare, die als Kopiervorlage oder auf dem PC (incl. CD) für die Dokumentation der Wahrnehmung verschiedener Führungsaufgaben verwendbar sind. Eine Investition für jeden mittelständischen Betrieb, die sich schnell bezahlt macht.

Pfützner, R.: Kooperativ führen, Eine Führungslehre für Vorgesetzte. Köln 1994
Eher ein klassisches Führungslehrbuch, aber übersichtlich und praxisorientiert. Bietet eine wertvolle gut strukturierte Übersicht zu den Grundlagen der Mitarbeiterführung.

Rentrop, N. (Hrsg): Handbuch für den Vorgesetzten, Loseblattsamm-
lung. Bonn 1998
Als praktisches themenorientiertes Nachschlagewerk für den
Führungsalltag gut geeignet.

Richter, M.: Personalführung. Stuttgart 1994
Umfassendes Lehrbuch.

Schulz von Thun, Friedemann: Miteinander reden, Teil 1 und 2.
Reinbek 2001
Grundlagenwerk für die zwischenmenschliche Kommunikation.

Sprenger, R. K.: Mythos Motivation. Frankfurt/New York 1996
Sprenger zeigt in seinem Buch auf, warum so viel, was als Mitarbeiter
motivierend gilt, gar nicht gelingen kann. Provozierend, streitbar, in
Frage stellend. Eine wertvolle Diskussionsgrundlage.

Sprenger, R. K.: Das Prinzip Selbstverantwortung.
Frankfurt/New York 1996.
Wie immer eine wertvolle Infragestellung herkömmlicher Klischees.

Sprenger, R. K.: Aufstand des Individuums, Warum wir Führung komplett neu denken müssen. Frankfurt/New York 2000
Wie alle Bücher von Sprenger ist auch das neuste Buch eine Diskussionsgrundlage, die den Widerspruch geradezu herausfordert. Ein
mutiges und wichtiges Buch. Wertvoll unbedingt, weil längst über-
fällige Diskussionen in Bezug auf Führung in Gang gesetzt werden.

Thönneßen, J.: Macher oder Teammanager, Mitarbeiterführung in der
Praxis. München 1996
Viele Beispiele und Anregungen. Die erzählende Form des Buches
macht es einem leicht, dem Autor zu folgen.

Ueberschaer, N.: Mit Teamarbeit zum Erfolg, So gestalten Sie effizient
die Zusammenarbeit im Unternehmen. München/Wien 1997
Ein Grundlagenwerk für die Gestaltung der Teamarbeit. Von den
Teamanforderungen über die Teamentwicklung bis zur Steuerung
von Teamprozessen. Sehr informativ und empfehlenswert.

Wess, R.: Attila-Management, Die Führungsmethoden des Hunnenkö-
nigs und was wir davon lernen können. Hamburg 1990
Sehr frisches, quer denkerisches und interessantes Buch.

Wildenmann, B.: Professionell Führen. Neuwied 1999
Das Ziel, dem Manager einen umfassenden Checkup seines Arbeits-
bereiches zu ermöglichen, wird erreicht. Verschiedene Analyse- und
Feedbackverfahren ermöglichen es der Führungskraft, Transparenz
in ihr eigenes Führungssystem zu bekommen und anhand der gebo-
tenen Hilfestellungen erkannte Fehler zu bewältigen. Ein Buch, welches der aktuellen Managementpraxis Rechnung trägt.

Wunderer, R.: Führungslehre 1 und 2. Berlin 1980
Klassiker der Führungslehre.

Führen durch Kommunikation

Dieter Herbst
**Interne
Kommunikation**

1999. 176 Seiten.
Kartoniert.
26,80 DM
ISBN 3-464-49038-6

Jochem Kießling-Sonntag
**Handbuch
Mitarbeitergespräche**

2000. 279 Seiten.
Gebunden.
58 DM
ISBN 3-464-48983-3